全国高职高专机电类专业创新型规划教材
融媒体新形态教材

机械设计实训指导

（第2版）

主　编　尹盛莲　徐华俊　武云文
副主编　孙文进　谢梦敏　李洪鹏
主　审　陆尚平　崔文杰

黄河水利出版社
·郑　州·

第 2 版前言

本书是根据《中共中央关于认真学习宣传贯彻党的二十大精神的决定》，国务院《国家职业教育改革实施方案》(简称“职教 20 条”)，中共中央办公厅、国务院办公厅《关于推动现代职业教育高质量发展的意见》，教育部《职业院校教材管理办法》《高等学校课程思政建设指导纲要》《职业教育产教融合赋能提升行动实施方案(2023—2025 年)》，教育部、财政部《关于实施中国特色高水平高职学校和专业建设计划的意见》，水利部、教育部《关于进一步推进水利职业教育改革发展的意见》等文件精神，在中国水利教育协会职业技术教育分会指导下进行编写的。教材及时更新教学标准，将新技术、新工艺、新规范及时纳入教学内容，力争实现项目化、模块化教学模式，突出现代职业教育理念，以学生能力培养为主线，体现出实用性、实践性、创新性的教材特色，是理论联系实际、教学面向生产的高职教育精品规划教材。

本书与《机械设计基础(第 2 版)》(尹盛莲、徐华俊、武云文主编，黄河水利出版社出版)配套使用。

本书以一级圆柱齿轮减速器及以齿轮减速器为主体的一般机械传动装置的设计过程为例，按照实际工作过程，分成 7 个学习项目，对每一工作过程逐一进行具体、扼要的阐述，并注意讲清楚设计中各个阶段的设计思想及设计方法，注意设计思路和方法的引导，启迪学生在融会贯通的基础上进行设计。针对目前课程教学中的薄弱环节及设计中易出现的错误，除加强了结构设计方面的内容外，还用大量的图例，采用正误对照的形式，表达了设计中常见的错误结构，使学生在设计中少走弯路。学生使用本书经教师适当指导就能独立完成课程设计。

本书从实际要求出发，教材上有的内容不再摘录，力求内容精简、适用，题目难度适中，符合高职高专的教学要求，对设计步骤、报告的撰写以及设计过程需要注意的事项，做了详尽的说明。本书采用了最新国家标准、规范和设计资料。为了缩减篇幅和便于使用，书中摘录的标准和规范都根据常用的参数范围进行了精心压缩和编排。

本书编写单位及编写人员如下：山东水利职业学院尹盛莲、武云文、殷秀增，安徽水利水电职业技术学院徐华俊，山西水利职业技术学院孙文进，河南水利与环境职业学院谢梦敏、朱昊云，河南九峰山抽水蓄能有限公司李洪鹏。本书由尹盛莲、徐华俊、武云文担任主编，尹盛莲负责全书编写规划及统稿；由孙文进、谢梦敏、李洪鹏担任副主编；殷秀增、朱昊云参编；由广西水利电力职业技术学院陆尚平教授、金雷科技股份公司崔文杰正高级工程师担任主审。

本书的编写参阅了一些国内和国外出版的同类书籍,书后参考文献未能详尽列出,在此特向有关文献作者表示衷心的感谢!

由于时间仓促,本书难免存在缺点和疏漏,恳请广大读者批评指正。

编　者

2025 年 7 月

目 录

学习项目一 传动装置的总体设计

任务一 了解设计的目的、内容和任务

一、课程设计的目的

机械设计基础课程设计是学生学习机械设计基础课程后进行的一项综合训练。其主要目的是：

(1)通过课程设计，巩固、加深机械设计基础及有关课程的知识，提高学生综合运用这些知识去分析和解决问题的能力。

(2)学习和掌握通用机械零部件、机械传动及一般机械设计的基本方法与步骤，为今后学习专业技术知识打下必要的基础。

(3)提高学生运用设计资料、国家标准、规范去解决设计问题的能力。

(4)提高学生在机械设计中运用计算机的能力。

二、课程设计的内容

机械设计基础课程设计一般选择由本课程中学过的大部分通用机械零件组成的机械传动装置或简单机械作为设计题目。减速器包含齿轮、轴、轴承、键、联轴器及箱体等零件，包括了本课程的主要内容，因此选择减速器进行设计可以使学生得到较全面的基本训练，故目前主要采用以减速器为主体的机械传动装置作为设计内容。

设计的主要内容包括：

(1)拟订和分析传动方案。

(2)选择原动机，计算总传动比及分配各级传动比，计算传动装置运动、动力参数。

(3)传动件的设计。

(4)轴的设计及键联接的选择与校核。

(5)轴承及其组合部件的设计，联轴器的选择。

(6)箱体及附件的设计。

(7)润滑和密封的设计。

(8)装配图和零件图的设计与绘制。

(9)设计计算说明书的编写。

三、课程设计的要求和注意事项

机械设计基础课程设计是学生第一次进行比较全面的综合训练。在设计过程中，学

生必须严肃认真、刻苦钻研、一丝不苟、精益求精,还要积极思考、主动提问,及时向指导教师汇报情况,并注意处理好以下几个问题,才能在设计思想、设计方法和技能上都获得比较大的锻炼和提高:

(1)参考和创新的关系。设计是一项复杂、细致的工作,任何设计都不可能是设计者脱离前人长期积累的经验资料而凭空想象出来的。熟悉和利用已有的资料,既可避免许多重复工作,加快设计进程,同时是提高设计质量的重要保证。善于掌握和使用各种资料正是设计工作能力的重要体现。然而,任何新的设计任务都有其特定的设计要求和具体的工作条件,因而在设计时不可盲目、机械地抄袭资料,而应具体地分析,吸收新的技术成果,创造性地进行设计。

(2)课程设计应在教师指导下由学生独立完成。教师的主导作用在于指明设计思路、启发学生独立思考、解答疑难问题,并按设计进度进行阶段审查。学生必须发挥自己的主观能动性,积极主动地思考问题、分析问题、解决问题,而不应过分地依赖教师,避免"知其然,不知其所以然"。

(3)标准和规范的采用。设计中采用标准和规范,有利于零件的互换性和采用先进的加工工艺,可以收到良好的经济效益;可减少设计工作量,节省设计时间,这也是评价设计质量的指标之一。因此,设计时要严格遵守和执行国家标准。如带轮的直径和带的长度、齿轮的模数、轴承的尺寸等应取标准值。为了制造、测量和安装的方便,一些非标准件的尺寸应尽量圆整成标准数列或选用优先数列,如轴的各段直径的选取。

(4)设计计算和结构要求的关系。设计时设计计算只是提供一个零件的最小尺寸或提供一个方面的依据,还应根据结构和工艺的要求确定尺寸,然后校核强度,或者直接根据经验公式计算尺寸。

(5)学生应在教师的指导下制订设计的进度,并按计划保质保量地完成任务。避免"前松后紧"以至于后来时间太紧而无法完成任务。

四、课程设计的任务

(一)设计题目一:带式输送机传动系统中的一级圆柱齿轮减速器(V带传动)

带式输送机中的传动装置运动简图如图1-1所示。

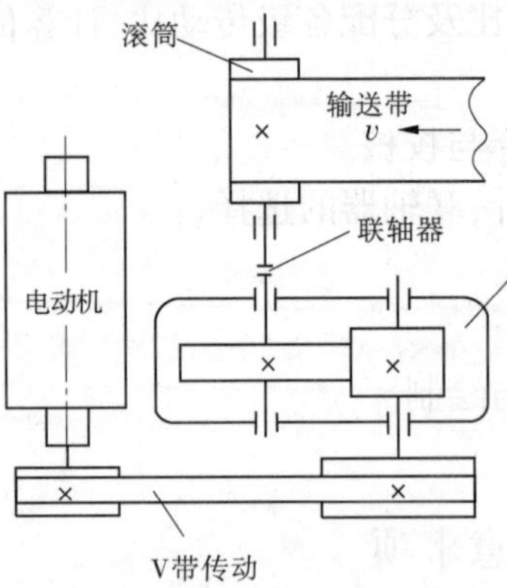

图1-1 带式输送机中的传动装置运动简图

工作条件：输送机连续工作，单向运转，载荷变化不大，空载启动，使用期限10年，两班制工作，输送带速度容许误差为±5%。

原始数据如表1-1所示。

表1-1　原始数据(一)

已知条件	题号				
	1	2	3	4	5
输送带拉力 F/N	3×10^3	2.9×10^3	2.6×10^3	2.5×10^3	2.2×10^3
输送带速度 v/(m/s)	1.5	1.4	1.6	1.5	1.6
滚筒直径 D/mm	400	400	450	450	450

(二)设计题目二：带式输送机传动系统中的一级圆柱齿轮减速器(链传动)

带式输送机一级圆柱齿轮减速器简图如图1-2所示。

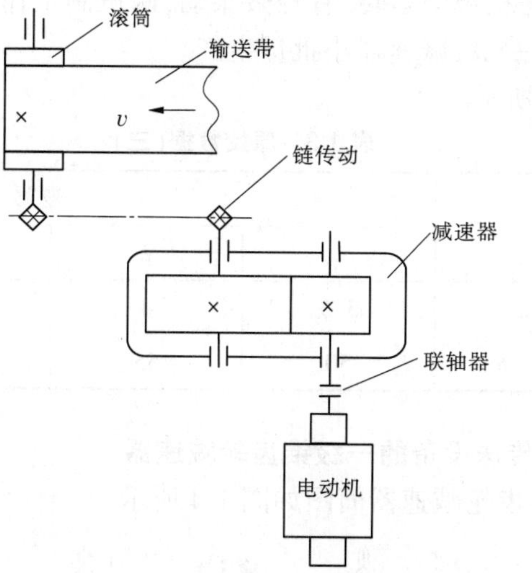

图1-2　带式输送机一级圆柱齿轮减速器简图

工作条件：传动不逆转，载荷平稳，启动载荷为名义载荷的1.25倍，输送带速度容许误差为±5%。

原始数据如表1-2所示。

表1-2　原始数据(二)

已知条件	题号			
	1	2	3	4
输送带拉力 F/N	3 200	3 000	2 800	2 600
输送带速度 v/(m/s)	1.7	1.7	1.7	1.7
滚筒直径 D/mm	450	450	450	450
每日工作时数 T/h	16	16	16	16
传动工作年限/年	10	10	10	10

(三)设计题目三:螺旋输送机传动系统中的一级圆柱齿轮减速器

螺旋输送机一级圆柱齿轮减速器简图如图1-3所示。

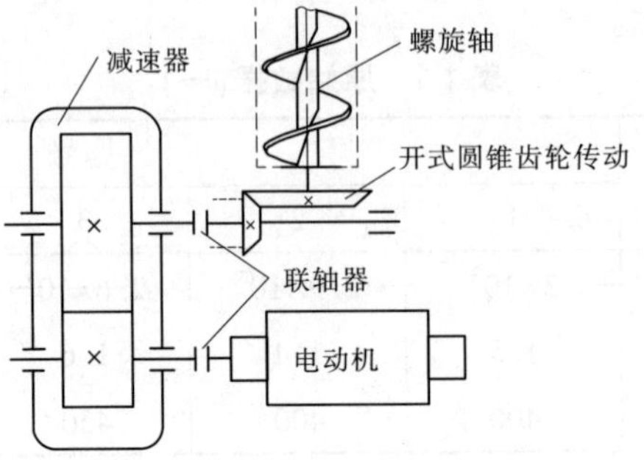

图1-3 螺旋输送机一级圆柱齿轮减速器简图

工作条件:螺旋输送机单向运转,有轻微振动,两班制工作,使用期限5年,输送机螺旋轴转速的容许误差为±5%,减速器小批量生产。

原始数据如表1-3所示。

表1-3 原始数据(三)

已知条件	题号			
	1	2	3	4
螺旋输送机轴功率 P/kW	3.5	4	4.5	5
螺旋输送机轴转速 n/(r/min)	50	55	60	65

(四)设计题目四:传送设备的一级锥齿轮减速器

传送设备的一级锥齿轮减速器简图如图1-4所示。

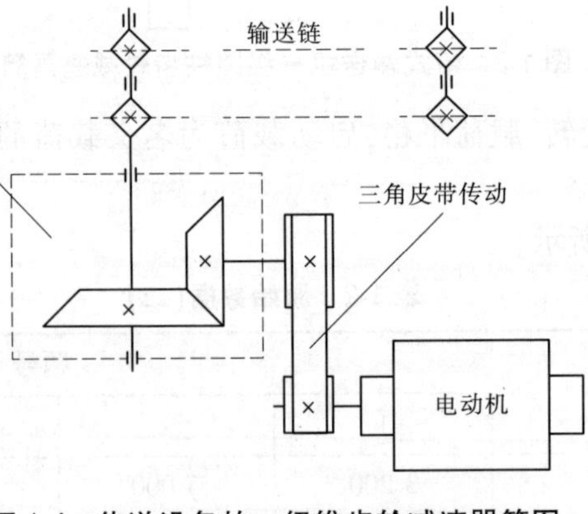

图1-4 传送设备的一级锥齿轮减速器简图

工作条件:单向运转,载荷平稳,启动载荷为名义载荷的1.25倍,每天工作16 h,使用期限10年,输送链速度容许误差为±5%,输送链效率$\eta=0.9$。

原始数据如表1-4所示。

表 1-4　原始数据(四)

已知条件	题号		
	1	2	3
输送链拉力 F/N	2.1×10^3	2.4×10^3	2.7×10^3
输送链速度 v/(m/s)	0.7	0.8	0.9
输送链链轮直径 D/mm	100	125	150

(五)设计题目五:带式输送机传动系统中的展开式二级圆柱齿轮减速器

带式输送机展开式二级圆柱齿轮减速器简图如图 1-5 所示。

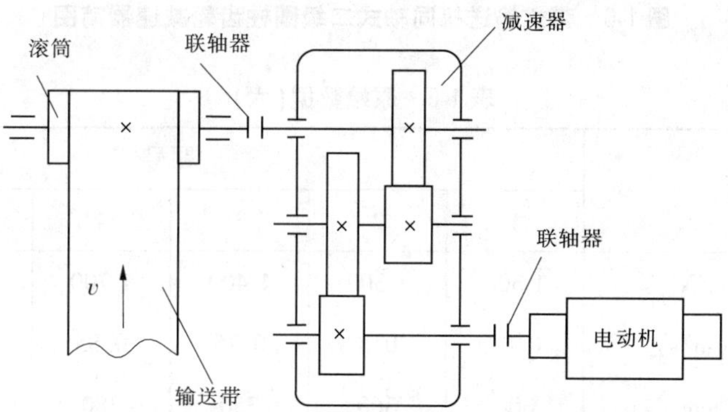

图 1-5　带式输送机展开式二级圆柱齿轮减速器简图

工作条件:单向运转,有轻微振动,经常满载,空载启动,单班制工作,使用期限 5 年,输送带速度容许误差为±5%。

原始数据如表 1-5 所示。

表 1-5　原始数据(五)

已知条件	题号					
	1	2	3	4	5	6
输送带拉力 F/N	1.6×10^3	1.8×10^3	2×10^3	2.2×10^3	2.4×10^3	2.6×10^3
输送带速度 v/(m/s)	1.0	1.1	0.9	0.9	1.2	1.0
滚筒直径 D/mm	400	350	300	300	300	300

(六)设计题目六:带式输送机传动系统中的同轴式二级圆柱齿轮减速器

带式输送机同轴式二级圆柱齿轮减速器简图如图 1-6 所示。

工作条件:要求减速器沿输送带运动方向具有最小尺寸,单向运转,有轻微振动,两班制工作,使用期限 10 年。

原始数据如表 1-6 所示。

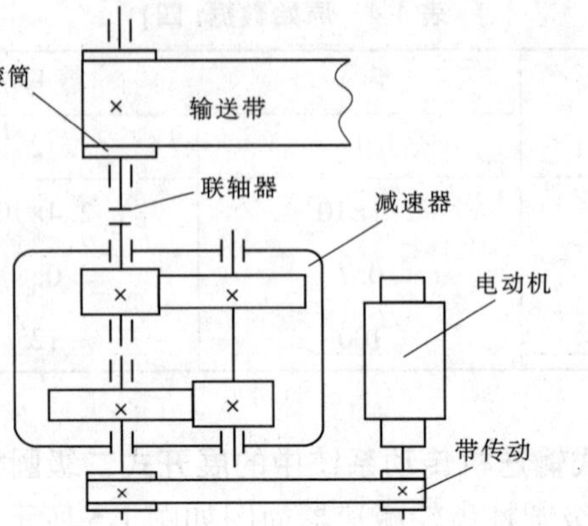

图 1-6　带式输送机同轴式二级圆柱齿轮减速器简图

表 1-6　原始数据(六)

已知条件	题号					
	1	2	3	4	5	6
输送带拉力 F/N	1 300	1 300	1 400	1 700	1 700	1 800
输送带速度 v/(m/s)	0.68	0.8	0.75	0.85	0.75	0.8
滚筒直径 D/mm	300	360	350	380	340	365

(七)设计题目七:带式输送机圆锥-圆柱齿轮减速器

带式输送机圆锥-圆柱齿轮减速器简图如图 1-7 所示。

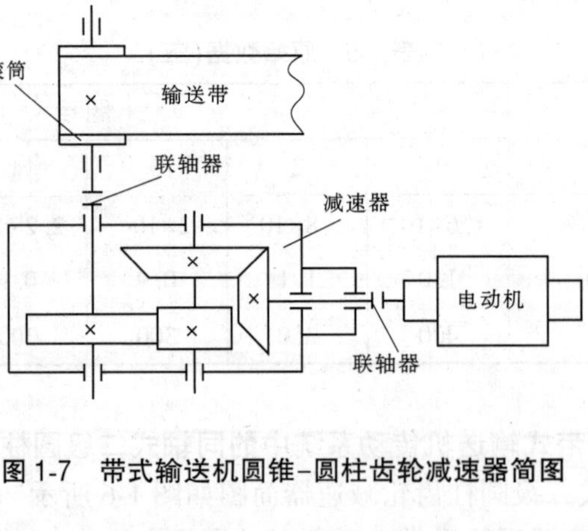

图 1-7　带式输送机圆锥-圆柱齿轮减速器简图

工作条件:连续单向运转,载荷较平稳,两班制工作。环境最高温度 35 ℃,输送带速度容许误差为±5%,小批量生产。

原始数据如表 1-7 所示。

表 1-7　原始数据(七)

已知条件	题号			
	1	2	3	4
输送带拉力 F/N	2 500	2 300	2 100	1 900
输送带速度 v/(m/s)	1.3	1.5	1.6	1.6
滚筒直径 D/mm	400	400	400	400

(八)设计题目八:带式输送机一级蜗杆减速器

带式输送机一级蜗杆减速器简图如图 1-8 所示。

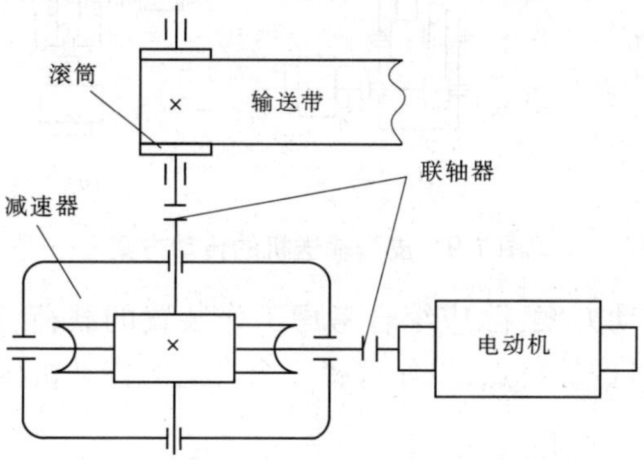

图 1-8　带式输送机一级蜗杆减速器简图

工作条件:输送机连续工作,单向运转,载荷平稳,空载启动,输送带速度容许误差为±5%。三班制工作,使用期限 10 年,减速器小批量生产。

原始数据如表 1-8 所示。

表 1-8　原始数据(八)

已知条件	题号			
	1	2	3	4
输送带拉力 F/N	2 000	2 200	2 500	3 000
输送带速度 v/(m/s)	0.8	0.9	1.0	1.1
滚筒直径 D/mm	350	320	300	275

任务二　分析选择传动方案

机器通常由原动机、传动装置和工作装置三部分组成。传动装置用来传递原动机的运动和动力,变换其运动形式以满足工作装置的需要,是机器的重要组成部分。传动装置的传动方案是否合理将直接影响机器的工作性能、重量和成本。

满足工作装置的需要是拟订传动方案的最基本要求。同一种运动可以由几种不同的传动方案来实现,这就需要把几种传动方案的优缺点加以分析比较,从而选择出最符合实际情况的一种方案。合理的传动方案除满足工作装置的功能外,还要求结构简单、制造方便、成本低廉、传动效率高和使用维护方便。如图1-9所示为皮带输送机的4种传动方案。现分析比较如下:方案(c)的结构紧凑,但在长期连续运转的条件下,由于蜗杆的传动效率低,其功率损失较大;方案(b)传动效率高,传动比准确,但成本高,占用的空间较大;方案(d)的宽度尺寸较方案(b)小,但锥齿轮的加工比圆柱齿轮困难;方案(a)的宽度和长度尺寸都比较大,且带传动不适用于繁重的工作条件和恶劣的环境,但带传动有过载保护的优点,还可以缓和冲击和振动,因此这种方案也得到广泛应用。

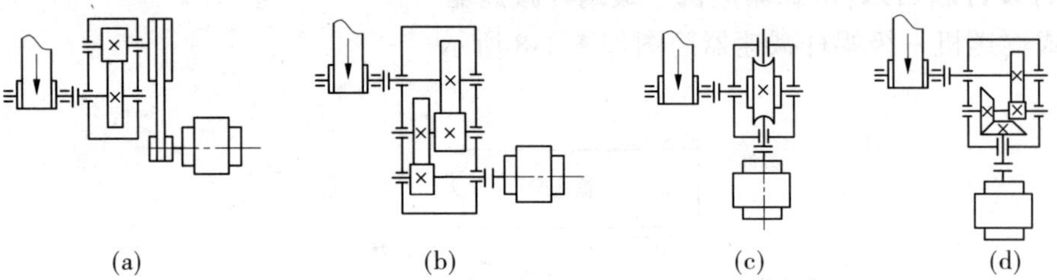

图1-9　皮带输送机的传动方案

拟订一个合理的传动方案,除应综合考虑工作装置的载荷、运动及机器的其他要求外,还应熟悉各种传动机构的特点,以便选择一个合适的传动机构。下面几点内容供选择传动机构时参考:

(1)带传动承载能力较低。在传递相同转矩时,结构尺寸较其他形式大,但传动平稳,能缓冲吸振,宜布置在传动系统的高速级,以降低传递的转矩,减小带传动的结构尺寸。

(2)链传动平稳性差,宜布置在传动系统的低速级。

(3)斜齿轮传动较直齿轮传动平稳,相对应用于传动系统的高速级。

(4)锥齿轮的加工比较困难,一般宜置于传动系统的高速级,以减小其直径和模数。

(5)蜗杆传动大多用于传动比大而功率不大的情况下,其承载能力较齿轮传动低,宜布置在传动系统的高速级,以获得较小的结构尺寸。

(6)开式传动因工作条件差、润滑不良,一般应布置在传动系统的低速级。

(7)在一般情况下,总是将改变运动形式的机构(如连杆机构、凸轮机构等)布置在传动系统的末端。

任务三　选择电动机

电动机是最常用的原动机,具有结构简单、工作可靠、控制简便和维护容易等优点。电动机的选择主要包括选择其类型和结构形式、容量(功率)和转速,确定具体型号。

一、类型和结构形式的选择

电动机已经系列化、标准化,在设计时应根据工作载荷(大小、特性和变化情况)、工作要求(转速高低、调速要求、启动和反转的频繁程度)、工作环境(尘土、油、高温及爆炸气体等)、安装要求及尺寸、质量的特殊限制等条件进行选择。工业上广泛应用三相交流电动机,尤以三相鼠笼型异步电动机应用最多,其中 Y 系列一般用途的全封闭自扇冷鼠笼型异步电动机广泛应用于输送机、搅拌机等。煤矿井下及其他有易燃易爆气体的场合应选用防爆电动机,如 YB 系列电动机。Y 系列电动机的技术数据见附录 B。

二、选择电动机的型号

(一)确定皮带输送机所需功率

电动机的功率主要根据工作装置的功率来确定。工作装置的功率根据工作阻力和速度确定,即

$$P_w = \frac{F_w v_w}{1\,000} \tag{1-1}$$

式中　F_w ——皮带输送机的阻力(输送带拉力),N;

v_w ——皮带输送机的线速度,m/s。

(二)传动装置的效率

传动装置的效率按下式确定:

$$\eta = \eta_1 \eta_2 \eta_3 \eta_4 \eta_5 \tag{1-2}$$

式中　η_1——三角带传动效率;

η_2——齿轮传动效率;

η_3——滚动轴承的效率;

η_4——联轴器的效率;

η_5——运输机平型带传动效率。

常见机械传动效率见表 1-9。计算传动装置的效率时要注意以下几点:

(1)轴承效率通常指一对轴承。

(2)推荐的效率一般有个范围,当工作条件差、加工精度低、维护不良时应取较低值,反之应取较高值。

表 1-9　常见机械传动效率

机械传动类型		传动效率
圆柱齿轮传动		闭式传动:0.96~0.98(7~9 级精度)
		开式传动:0.94~0.96
圆锥齿轮传动		闭式传动:0.94~0.97(7~8 级精度)
		开式传动:0.92~0.95
带传动	平型带传动	0.95~0.98
	V 型带传动	0.94~0.97
滚动轴承(一对)		0.98~0.995
联轴器		0.99~0.995

(三)电动机的额定功率

电动机的额定功率按下式确定:

$$P \geqslant \frac{P_w}{\eta} = \frac{F_w v_w}{1\,000\eta} \tag{1-3}$$

电动机的额定功率应等于或略大于电动机所需的输出功率,以使电动机工作时不会过热。

(四)确定电动机的转速

(1)滚筒轴的工作转速为

$$n_w = \frac{60 \times 1\,000 v_w}{\pi D} \tag{1-4}$$

式中 v_w——皮带输送机的带速;

D——滚筒的直径。

(2)电动机的转速为

$$n' = i' n_w \tag{1-5}$$

式中 i'——由电动机到工作机的总减数比,即

$$i' = i'_1 i'_2 i'_3 \cdots i'_n \tag{1-6}$$

式中 i'_1、i'_2、i'_3、…、i'_n——各级传动比的范围,常用机械传动比见表1-10。

表1-10 常用机械传动比

选用指标	传动类型			
	平型带	三角带	齿轮传动	
功率/kW	小(20)	中(≤100)	大(最大可达50 000)	
单级传动比(常用值)	2~4	2~4	圆柱	圆锥
			3~5	2~3
最大值	6	15	10	6~10

按 n' 的范围选取电动机的转速 n。额定功率相同的电动机有四种同步转速可供选用。电动机的转速越高,则磁极越少,尺寸及重量越小,价格也越低。因此,一般情况下,宜选用1 000 r/min、1 500 r/min较合适。

(五)列出电动机的主要参数

选择电动机后,将其主要参数和尺寸填入表1-11中。电动机的技术数据和安装尺寸见附表B-1~附表B-3。

表1-11 电动机的主要参数

电动机额定功率 P/kW	
电动机满载转速 n_m/(r/min)	
电动机轴伸出端直径 d/mm	
电动机轴伸出端的安装高度/mm	
电动机轴伸出端的长度/mm	

三、计算总传动比和分配传动比

（1）传动装置总传动比为

$$i = \frac{n_m}{n_w} \tag{1-7}$$

（2）分配传动装置各级传动比为

$$i = i_1 i_2 i_3 \cdots i_n \tag{1-8}$$

式中，i_1、i_2、i_3、…、i_n 从表 1-10 中选值。

任务四　计算传动装置的运动和动力参数

（1）各轴的功率计算：

高速轴的功率为

$$P_1 = P\eta_1\eta_3 \tag{1-9}$$

低速轴的功率为

$$P_2 = P\eta_1\eta_2\eta_3 \tag{1-10}$$

（2）各轴的转速计算：

高速轴转速为

$$n_1 = \frac{n_m}{i_1} \tag{1-11}$$

低速轴转速为

$$n_2 = \frac{n_m}{i_1 i_2} \tag{1-12}$$

（3）各轴的扭矩计算：

高速轴的扭矩为

$$T_1 = \frac{9.55 \times 10^6 \times P_1}{n_1} \tag{1-13}$$

低速轴的扭矩为

$$T_2 = \frac{9.55 \times 10^6 \times P_2}{n_2} \tag{1-14}$$

学习项目二 传动零件的设计计算

传动零件的设计计算方法、计算步骤和计算公式见配套教材《机械设计基础(第2版)》,此处不再赘述。这里只简述设计时应注意的几个问题。

设计时,一般先进行减速器箱外传动零件的设计计算,以便确定减速器内的传动比及各轴转速、转矩的精确数值,从而使所设计的减速器原始条件比较准确。

任务一 设计带传动

设计过程请参考《机械设计基础(第2版)》项目六——带传动和链传动。在设计过程中应注意:

(1)带传动常用V带传动,V带已经标准化、系列化,设计的主要内容是确定V带型号和根数,带轮的材料、直径和轮缘宽度,中心距等。

(2)注意带轮大小与其他零件的装配或协调关系,如小带轮直径与电动机中心高是否相称,其轴孔直径与电动机轴径是否一致,大带轮直径是否过大而导致与机架相碰等。大小带轮直径及带长均应符合标准系列,如果有必要应重新修改前面的设计方案。

(3)应计算出V带对轴的压力,因为在分析轴的受力时还要使用。

任务二 设计一级圆柱直齿齿轮传动

设计过程请参考《机械设计基础(第2版)》项目四——齿轮传动设计。在设计过程中应注意:

(1)齿轮传动设计需要确定齿轮的材料、模数、齿数、变位系数、分度圆、齿顶圆和齿根圆、齿宽和中心距等。

(2)选择材料时,应注意毛坯的制造方法。当齿轮直径 $d \leqslant 500$ mm时,多采用锻造毛坯;当 $d>500$ mm时,多采用铸造毛坯。小齿轮齿根圆直径与轴颈接近时,多做成齿轮轴,材料应兼顾轴的要求。同一减速器各级小齿轮的材料应尽可能统一,以减少材料牌号和工艺要求。

(3)齿轮设计时,应注意在确定齿数 $z_1(z_2)$、模数 m 时,不能孤立地一个一个决定,而应综合考虑。当齿轮传动中心距一定时,齿数多,模数小,既能增加重合度,改善传动平稳性,又能降低齿高,减小滑动系数,减轻磨损和胶合。但齿数多,模数小,又会降低轮齿的弯曲强度。对于闭式齿轮传动,一般 $z_1=20\sim40$;对于动力齿轮传动,齿轮模数 m 一般不宜小于2 mm;对于高速齿轮传动,大、小齿轮的齿数应互为质数。对于斜齿轮,螺旋角 β 不能太大或太小,一般 $\beta=8^\circ\sim25^\circ$。

（4）要正确处理设计计算的数据，应分别对不同情况进行标准化、圆整或求出精确数值。例如，模数必须为标准值，中心距、齿宽应圆整。啮合几何尺寸（节圆、齿根圆、齿顶圆和螺旋角等）必须取精确的计算数值，一般精确到小数点后面两位；螺旋角应精确到秒。中心距与大、小齿轮节圆半径之和应相符。

（5）齿轮的孔径和轮毂尺寸因与轴的结构尺寸有关，而暂不能确定。轮辐、圆角和工艺斜度等结构尺寸可以在零件工作图的设计过程中确定。

任务三　选择联轴器

为便于确定轴的最小直径，应先选定联轴器。

一、选择联轴器类型

联轴器的类型可根据工作要求选择。

轴的转速低、刚性大、能保证严格对中或轴的长度不大时，可选用固定式刚性联轴器（凸缘联轴器）。

减速器输入轴和电动机相连时，其转速高、转矩小，多选用弹性套柱销联轴器。它不仅可以缓和冲击，还适用于频繁启动或正反转的工况，并能补偿轴向位移和角位移，但当角位移过大时，耐油橡胶制成的弹性圈易磨损。

中小型减速器输出轴可采用弹性柱销联轴器。这种联轴器制造容易，装拆方便，成本低，可用于频繁启动或正反转并有一定轴向位移和角位移的场合，在传动系统的高速级可代替弹性套柱销联轴器。

对于安装对中困难、频繁启动和正反转的低速重载轴的连接，可选用齿轮联轴器。这种联轴器的制造工艺复杂，成本较高。对于高温、潮湿或多尘的单向传动，且有一定角位移时，可选用滚子链联轴器。为便于选用时比较，附表 C-1 给出了几种常用联轴器的性能、使用条件及优缺点，可供读者参考。

二、选择联轴器的型号和尺寸

在确定好联轴器类型之后，可根据轴所传递转矩的大小和轴的转速从附表 C-2、附表 C-3、附表 C-5、附表 C-6 中选取适用的型号。所选型号的许用转矩和许用转速应大于计算转矩及实际转速。

转矩的计算方法请参考《机械设计基础（第 2 版）》项目七——机械联接与支承件设计。

必须指出，每种型号的联轴器都有几种轴孔直径，具体选用轴孔直径还要结合轴的强度计算确定，此处先在表 2-1 中多记下几种轴孔直径，待下一步再从中选定。

表 2-1　联轴器选择结果

型号	轴孔直径	轴孔长度	公称转矩	许用转速

任务四 设计低速轴

设计过程请参考配套教材《机械设计基础(第2版)》项目八——轴及轴系设计。

任务五 设计高速轴

设计过程请参考配套教材《机械设计基础(第2版)》项目八——轴及轴系设计。

任务六 选择校核键

设计过程请参考配套教材《机械设计基础(第2版)》项目七——机械联接与支承件设计。键的标准见附表D-10。

任务七 选择校核轴承

设计过程请参考配套教材《机械设计基础(第2版)》项目七——机械联接与支承件设计。各类轴承型号和尺寸见附录E。

学习项目三　减速器的润滑与结构选择

任务一　了解减速器的结构及箱体结构

一、减速器的结构

减速器已有系列标准，即标准减速器，并由专业厂生产。一般情况下，应尽量选用标准减速器，但在生产实际中，标准减速器不能完全满足机器的功能要求，有时还须设计非标准减速器。非标准减速器有通用和专用两种，这里主要介绍通用减速器的结构及设计。

通用减速器的结构随其类型和要求不同而异，其基本结构见图 3-1，主要由传动零件（齿轮或蜗杆、蜗轮）、轴和轴承、联接零件（螺钉、销钉、键）、箱体和附属零件、润滑和密封装置等部分组成。箱体为剖分式结构，由箱座和箱盖组成，其剖分面通过齿轮传动的轴

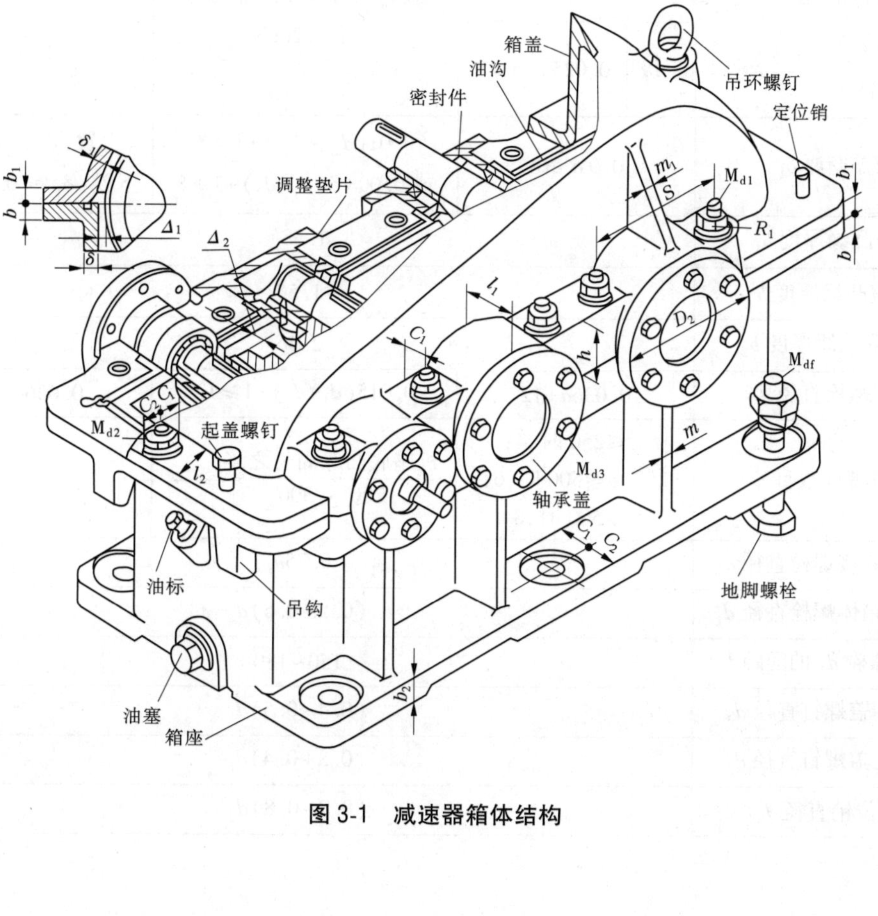

图 3-1　减速器箱体结构

线。箱盖与箱座用螺栓连成一体。这样,齿轮、轴、滚动轴承等可在箱体外装配成轴系部件后再装入箱体,使装拆方便。为了确保箱盖和箱座在加工轴承孔及装配时的相互位置,在剖分处的凸缘上设两个圆锥销用于精确定位。起盖螺钉用于分离箱座与箱盖,以便拆卸。箱盖顶部开有窥视孔(图中未画出),用于检查齿轮啮合情况及润滑情况,并用于加注润滑油。窥视孔平时用垫有密封垫片的盖板封住。通气器用来及时排放箱体内发热温升而膨胀的空气,以防止高压气冲破各隙缝处的密封而造成漏油等。油标尺用于检查箱内油面的高低。为了排除油液和清洗减速器内腔,在箱体底部设有放油螺塞,其头部支承面上垫有封油垫片。吊环螺钉用于提升箱盖,而整台减速器的提升应使用与箱座铸成一体的吊钩。减速器用地脚螺栓 M_{df} 固定在机架或地基上。

铸铁减速器箱体的主要结构尺寸如表 3-1 所示。

表 3-1 铸铁减速器箱体的主要结构尺寸

名称及符号	尺寸关系/mm			
	圆柱齿轮减速器		圆锥齿轮减速器	蜗杆减速器
箱体(座)壁厚 δ	一级	$0.025a+1\geqslant 8$	$0.012\ 5(d_{1m}+d_{2m})+1\geqslant 8$ 或 $0.01(d_1+d_2)+1\geqslant 8$ d、d_m 分别为大端直径、平均直径	$0.04a+3\geqslant 8$
	二级	$0.025a+3\geqslant 8$		
	三级	$0.025a+5\geqslant 8$		
箱盖壁厚 δ_1	$0.9\delta\geqslant 8$		$0.01(d_{1m}+d_{2m})+1\geqslant 8$ 或 $0.008\ 5(d_1+d_2)+1\geqslant 8$	上置:$\delta_1\approx\delta$ 下置:$\delta_1\approx 0.85\delta\geqslant 8$
箱盖凸缘厚度 b_1	$1.5\delta_1$			
箱座凸缘厚度 b	1.5δ			
箱座底凸缘厚度 b_2	2.5δ			
地脚螺栓直径 d_f	$0.036a+12$		$0.015(d_1+d_2)+1\geqslant 12$	$0.036a+12$
地脚螺栓数目 n	$a\leqslant 250$ 时,4; $250<a\leqslant 500$ 时,6; $a>500$ 时,8		$\dfrac{\text{机座底凸缘周长之半}}{200\sim 300}\geqslant 4$	4
轴承旁联接螺栓直径 d_1	$0.75d_f$			
箱盖与箱体螺栓直径 d_2	$(0.5\sim 0.6)d_f$			
联接螺栓 d_2 的间距 l	150~180			
轴承端盖螺钉直径 d_3	$(0.4\sim 0.5)d_f$			
检查孔盖螺钉直径 d_4	$(0.3\sim 0.4)d_f$			
定位销直径 d	$(0.7\sim 0.8)d_2$			

续表 3-1

名称及符号	尺寸关系/mm		
	圆柱齿轮减速器	圆锥齿轮减速器	蜗杆减速器
螺栓 d_1、d_2、d_f 至外机壁距离 C_1	见表 3-2		
螺栓 d_2、d_f 至凸缘距离 C_2			
沉头座直径 D_0			
轴承旁凸台半径 R_1	C_2		
凸台高度 h	根据低速级轴承外径确定，以保证扳手操作空间 C_1、C_2 为准		
轴承端盖外径（轴承孔外径）D_2	凸缘式端盖：$D_2 = D + (5 \sim 5.5)d_3$ 嵌入式端盖：$D_2 = 1.25D + 10$， D 为轴承外圈外径（轴承孔内径）		
轴承端盖凸缘厚度 $t(e)$	$(1 \sim 1.2)d_3$		
轴承旁螺栓联接距离 S	尽量靠近，以 M_{d1} 和 M_{d3} 互不干涉为准，一般取 $S = D_2$		
外箱壁至轴承座端面的距离 l_1（查找 d_1 的 C_1 和 C_2）	$C_1 + C_2 + (5 \sim 10)$		
齿顶圆（蜗轮外圆）与箱体内壁间的距离 Δ_1	$> 1.2\delta$		
齿轮（圆锥齿轮或蜗轮轮毂）端面与箱体内壁间的距离 Δ_2	$> \delta$		
齿顶圆（蜗轮外圆）与内箱底面的距离 Δ_3	30～50		
箱盖、箱座肋厚 m_1、m	$m_1 \approx 0.85\delta_1$；$m \approx 0.85\delta$		
外缘至外箱壁的距离 l_2（查找 d_2 的 C_1 和 C_2）	$C_1 + C_2 + (5 \sim 10)$		

注：多级传动时，a 取低速级中心距。圆锥-圆柱齿轮减速器，按圆柱齿轮传动中心距取值。

表 3-2　箱体凸台和凸缘的结构尺寸　　单位：mm

螺栓直径	M6	M8	M10	M12	M14	M16	M18	M20	M22	M24	M27	M30
C_{1min}	12	14	16	18	20	22	24	26	30	34	38	40
C_{2min}	10	12	14	16	18	20	22	24	26	28	32	35
D_0	13	18	22	26	30	33	36	40	43	48	53	61
R_{0max}	5					8				10		
r_{max}	3						5			8		

二、减速器的箱体结构

箱体是减速器的一个重要零件，用于支持和固定减速器中的各种零件，并保证传动件的啮合精度，使箱内零件具有良好的润滑和密封。箱体的形状较为复杂，其重量约占整台减速器总重的一半，所以箱体结构对减速器的工作性能、加工工艺、材料消耗、重量及成本等有很大影响，因此对箱体设计必须给予足够重视。

(一)箱体的结构形式

减速器箱体根据其毛坯制造方法和箱体剖分与否分为铸造箱体和焊接箱体、剖分式箱体和整体式箱体。

1. 铸造箱体和焊接箱体

减速器箱体多用HT150或HT200灰铸铁铸造而成。对于重型减速器,为了提高承受振动和冲击的能力,也可采用球墨铸铁(QT400-17、QT420-10)或铸钢(ZG270-500、ZG310-570)制造。

常见铸造箱体的结构形式见图3-2。其中,图3-2(a)为直壁式,图3-2(b)、(c)和(d)为曲壁式。直壁式结构简单,但较重;曲壁式结构复杂,但较轻。图3-2(d)减速器的重心下移,提高了箱体刚性,同时使减速器伸出轴的中心高与外接机器(如电动机)一致,便于安装和基座制造。

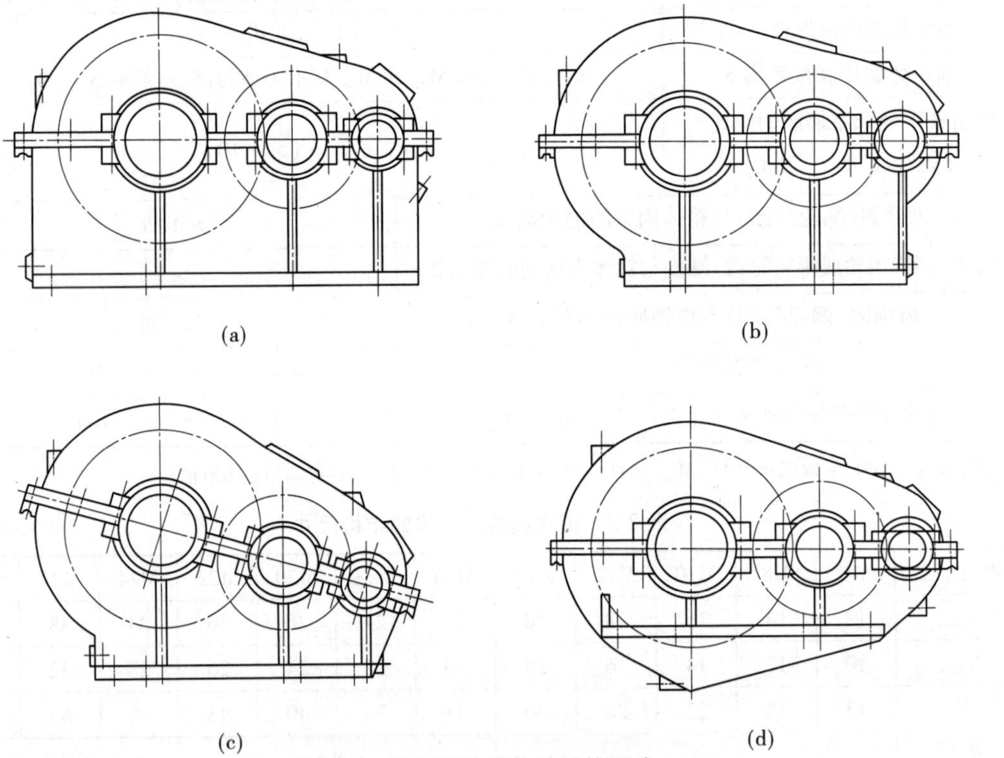

图3-2 常见铸造箱体的结构形式

铸造箱体刚性好,易获得合理和复杂的外形,用灰铸铁制造的箱体易切削加工,但工艺复杂、制造周期长、重量大,适合于成批生产。

在单件生产中,特别是大型减速器,为了减轻重量和缩短生产周期,箱体也可用Q215或Q235钢板焊接而成(见图3-3)。此时,轴承座部分可用圆钢、锻钢或铸钢制造。焊接箱体的壁厚可以比铸造箱体减薄20%~30%,但焊接箱体易产生热变形,要求有较高的焊接技术且焊后要进行退火处理。

2. 剖分式箱体和整体式箱体

为便于箱体内零件装拆,箱体多采用剖分式,其剖分面常与轴线平面重合,有水平式[见

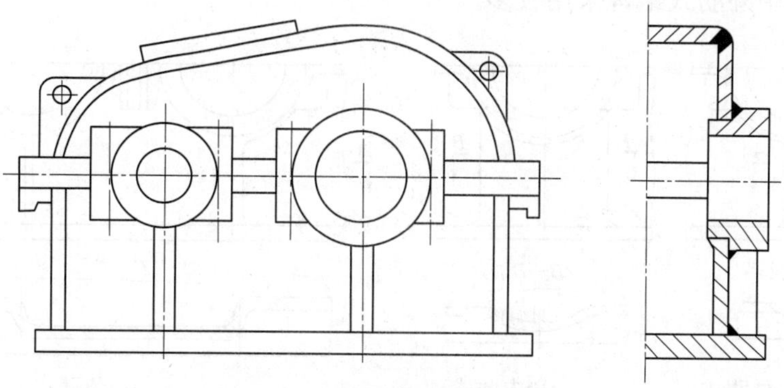

图 3-3　焊接箱体结构

图 3-2(a)、(b)、(d)］和倾斜式［见图 3-2(c)］两种。前者加工方便，在减速器中被广泛采用；后者有利于多级齿轮传动的等油面浸油润滑，但剖分处接合面加工困难，应用较少。

对于小型圆锥齿轮或蜗杆减速器，为使结构紧凑、重量减轻，常采用整体式箱体（见图 3-4）。它属无接合面螺栓联接，易于保证轴承与座孔的配合要求，但装拆及调整往往不如剖分式箱体方便。

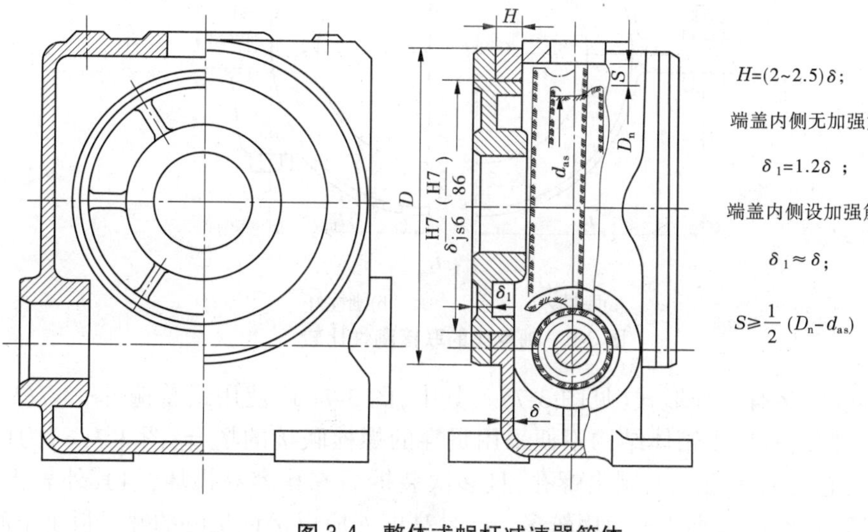

图 3-4　整体式蜗杆减速器箱体

（二）箱体的结构尺寸

箱体结构与受力均较复杂，目前尚无成熟的计算方法。所以，箱体各部分尺寸一般按经验设计公式在减速器装配草图的设计和绘制过程中确定。

箱体结构设计应满足以下几点基本要求。

1. 箱体要有足够的刚度

箱体刚度不足，会在加工和工作过程中产生过大的变形，引起轴承座孔中心线歪斜，使齿轮在传动中产生偏斜，破坏减速器的正常工作。提高箱体刚度的有效办法是增加轴承座处的壁厚和在轴承座外设加强筋，加强筋厚度通常取壁厚的 85%。箱体的加强筋结构见图 3-5,其中外肋式结构采用较多。

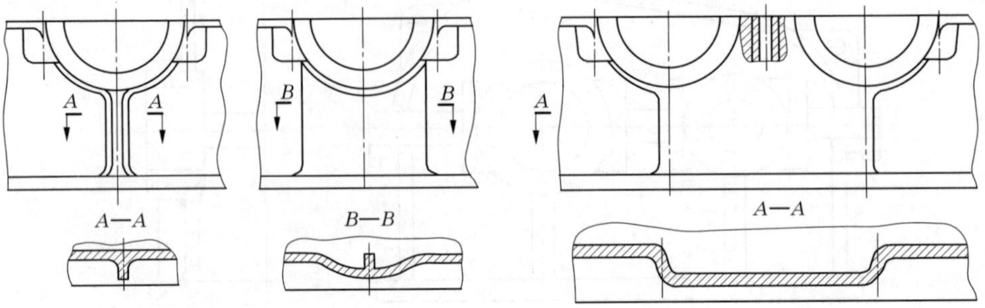

(a)外肋式　　(b)内肋式　　(c)凸壁式

图 3-5　箱体的加强筋结构

对于剖分式箱体,还要保证箱盖、箱座的连接刚度。为此,轴承座两侧的螺栓应尽量靠近。为使联接螺栓紧靠座孔,应在轴承座旁设置凸台结构(见图 3-6)。

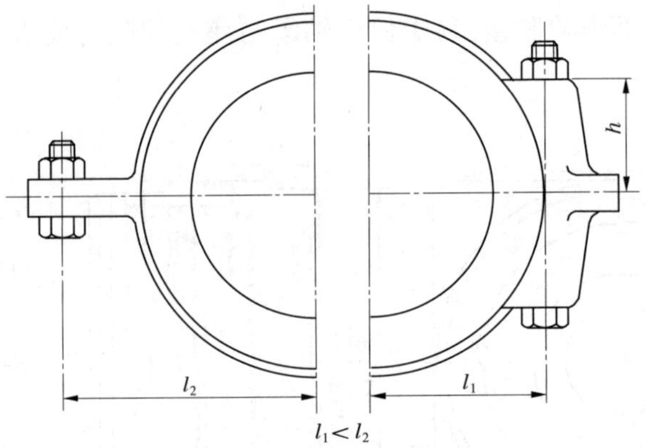

(a)刚性差　　(b)刚性好

图 3-6　轴承座的联接刚性比较

凸台螺栓联接有三种形式(见图 3-7)。其中,图 3-7(a)使用最普遍;图 3-7(b)需在箱座上制出螺孔,常用于箱体结构不便采用贯穿的螺栓联接的场合;图 3-7(c)为内六角头螺钉联接,它也需在箱座上制出螺孔,且多次装拆后螺孔容易损坏,但其外表光滑、美观,尺寸紧凑,在近代减速器中使用较多。凸台高度 h 应以保证足够的螺母扳手空间为原则,具体可由 S 和凸台连接螺栓的 C_1 绘图确定(见图 3-8)。图中 C_1、C_2 尺寸根据螺栓直径 d_1 查表 3-2 而得。画凸台结构时,应在三个视图上同时进行,其投影关系见图 3-9 和图 3-10。为了便于加工,各轴承座的凸台高度最好一样,为此可先确定最大的轴承座的凸台尺寸,而后定出其他凸台的高度。图 3-8 中两旁螺栓距离 S 应尽量靠近,但对有输油沟的箱体(见图 3-1),应注意螺栓孔不能与输油沟相通,以免漏油和输油沟失去供油作用,常取 $S \approx D$(D 为轴承座外径)。对于无输油沟的箱体,则应注意凸台联接螺栓不要与轴承端盖螺钉发生干涉,此时通常取 $S<D$。

箱盖和箱座的联接凸缘及箱座凸缘部应有足够的厚度,因为它们是承载传力的重要部分,要求具有较高的强度和刚度。为确保箱座刚性,底部凸缘的接触宽度应超过箱座内壁位置,即 $B \geqslant C_1+C_2+\delta$(见图 3-11)。

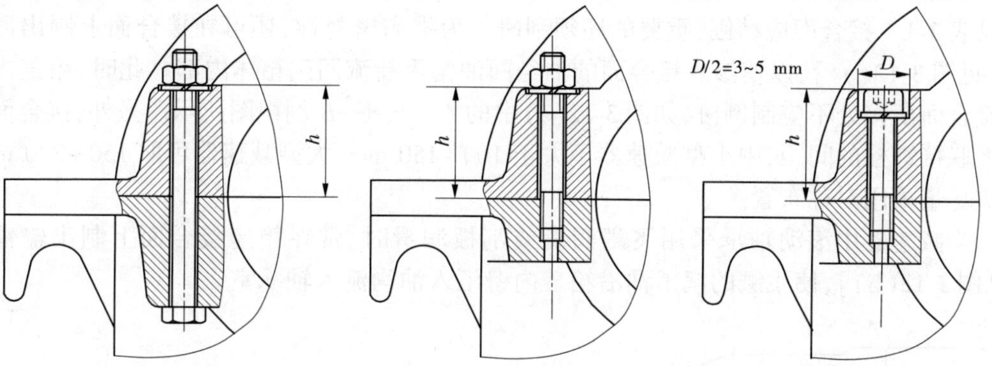

(a)　(b)　(c)

图 3-7　凸台的螺纹联接形式

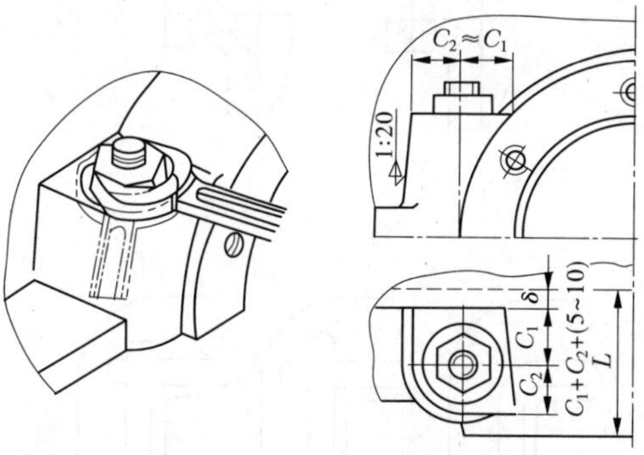

图 3-8　凸台的结构尺寸

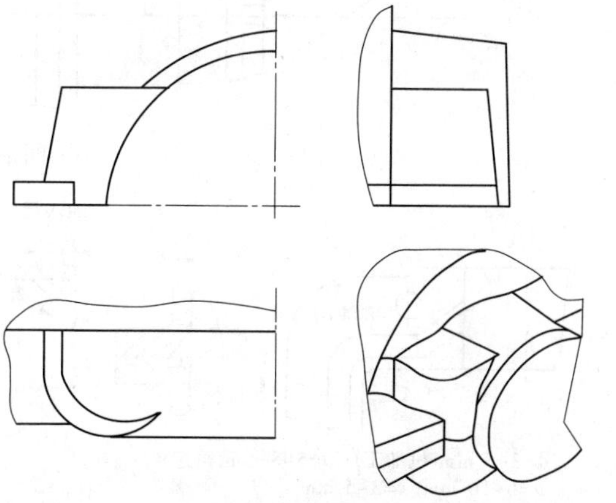

图 3-9　凸台结构不超过箱盖外壁时的投影关系

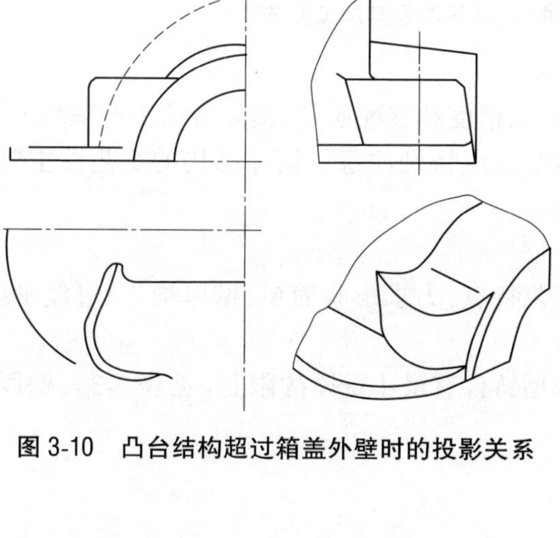

图 3-10　凸台结构超过箱盖外壁时的投影关系

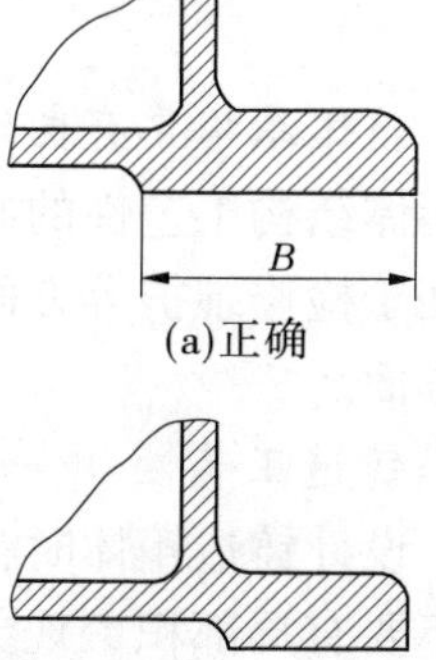

(a)正确

(b)不正确

图 3-11　底座凸缘宽度

2. 箱体接合面的结构要求

剖分式箱体要求接合面有良好的密封性。为此,接合面要有足够的宽度 L,其尺寸确定见表 3-1。接合面应精刨,重要的还须刮研。为提高密封性,还可在接合面上制出回油沟[见图 3-12(a)],以使渗入接合面的油经回油沟重新流回到箱体内部。此时,箱盖内壁与接合面衔接处不应制倒棱,如图 3-12(a)中的 $A—A$、$B—B$ 剖视图所示。另外,接合面凸缘上联接螺栓的间距,中小型减速器不大于 100~150 mm,大型减速器可取 150~200 mm,并应尽量采用对称布置。

当减速器中滚动轴承采用飞溅润滑或刮板润滑时,常在箱座接合面上制出输油沟[见图 3-12(b)],使飞溅的润滑油沿箱盖内壁汇入油沟流入轴承室。

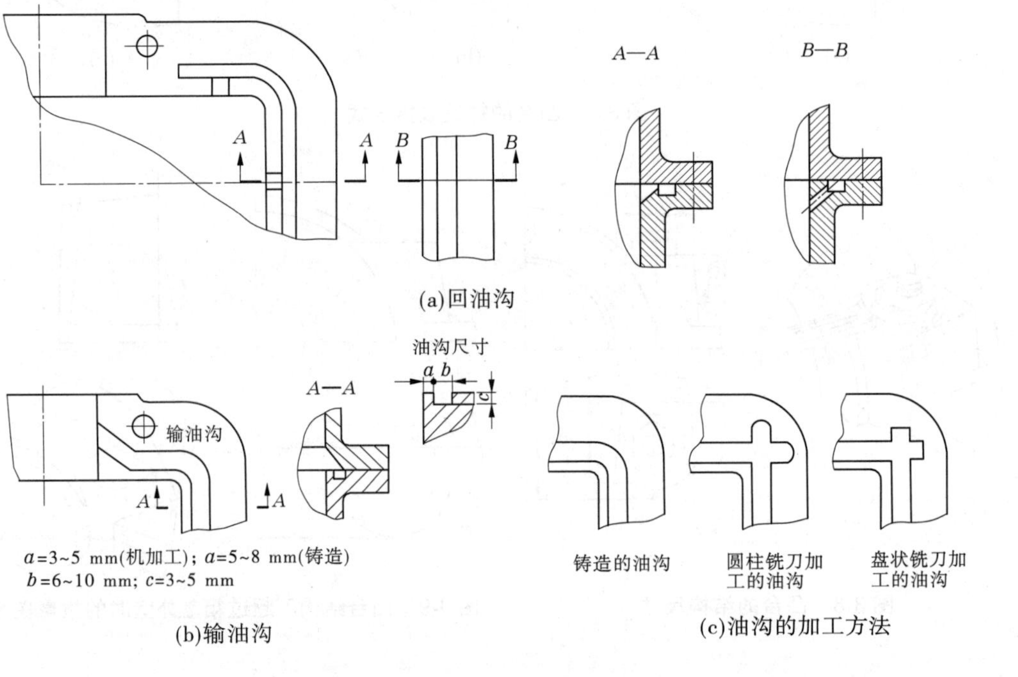

图 3-12 回油沟、输油沟及其加工方法

3. 箱体结构要有良好的工艺性

箱体结构工艺性的好坏对于提高加工精度和装配质量、提高劳动生产率和经济效益,以及便于检修维护等方面均有直接影响,故应特别注意。箱体结构的工艺性主要注意以下两方面。

1)铸造工艺性

在设计铸造箱体时,应考虑铸造工艺特点,力求形状简单、壁厚均匀、过渡平缓,液态金属不要有局部积聚现象。

考虑到液态金属的流动性,一般砂型铸件有最小壁厚的限制(见表 3-3),壁厚太薄可能出现铸件充填不满的严重缺陷。

表 3-3　砂型铸件的最小壁厚　　单位:mm

材料	小型铸件 (<200×200)	中型铸件 (200×200~500×500)	大型铸件 (>500×500)
灰铸铁	3~5	8~10	12~15
球墨铸铁	>6	12	
铸钢	>8	10~12	15~20

为了避免金属积聚,不能采用锐角相交的筋和壁(见图 3-13)。

为便于铸件造型,铸件结构形状应力求简单。为了造型时取模方便,铸件表面沿拔模方向应有 1:10~1:20 的拔模斜度。若相邻轴承座间两凸台相距太近[见图 3-14(a)],易形成狭缝结构,因而铸造砂型易碎裂,浇铸时液态金属难以流进,以采用连成一体结构[见图 3-14(b)]为宜。

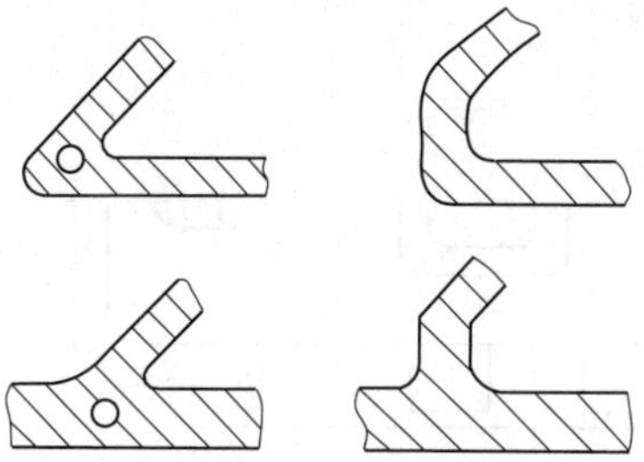

(a)不正确　易有缩孔　(b)正确

图 3-13　箱壁结构

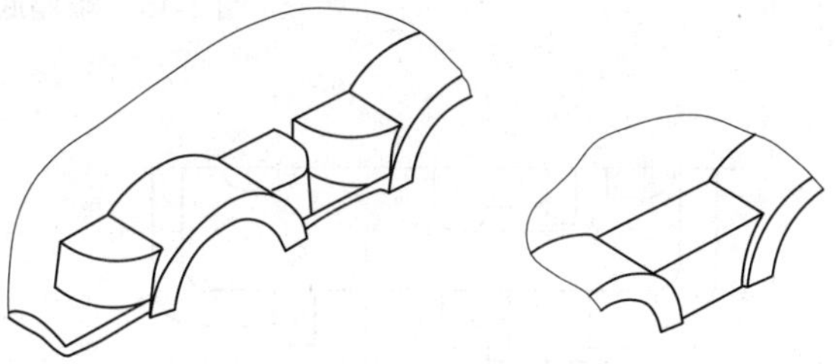

(a)较差　(b)正确

图 3-14　设计避免出现狭缝

2)机加工工艺性

箱体结构应尽可能减小机械加工面积,以提高生产率和减少刀具的磨损。图 3-15 为箱座底面的一些结构形式,图 3-15(a)加工面积太大,且难以支承平整;图 3-15(c)是较合理的结构,当底面较短时,也可采用图 3-15(b)或图 3-15(d)的结构。

在机加工时要尽量减少工件和刀具的调整次数,以缩短加工时间和提高加工精度。例如,同一轴心线的两个轴承座孔直径应尽量相等,以便一次镗孔和保证镗孔精度。箱体同侧外表面的被加工面(如轴承座端面)应尽量位于同一平面上,以便一次加工(见图 3-16)。

箱体任何一处加工面与非加工面必须严格分开,例如箱盖上的窥视孔处需要加工,就应在孔周制出凸出 3~5 mm 的凸台,将加工面与非加工面分开。

为保证接合面处螺栓联接可靠和减少作用于螺栓上的附加弯曲应力,与螺栓头部或螺母接触的支承面应进行机械加工,制出小凸台或线型鱼眼坑。其结构和加工方法见图 3-17。图 3-17(c)、(d)所示为不能从下方进刀时的加工方法。

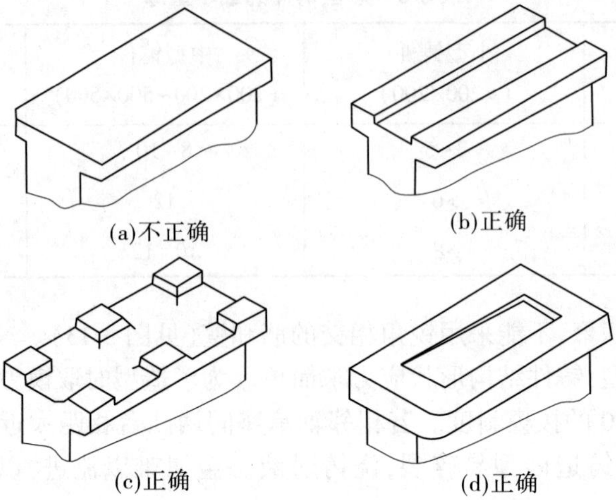

图 3-15　箱座底面结构

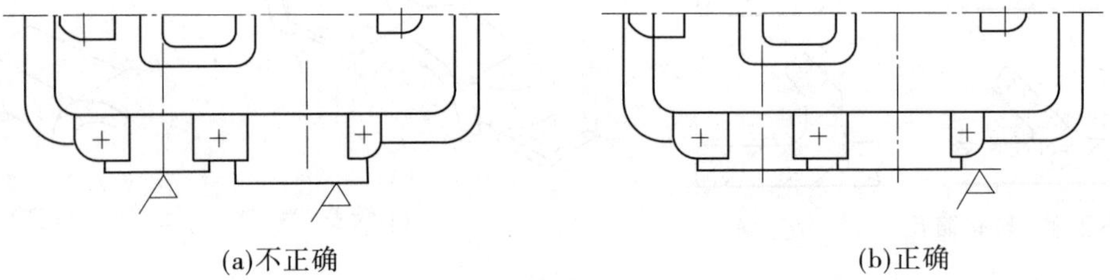

图 3-16　箱体外表面加工工艺

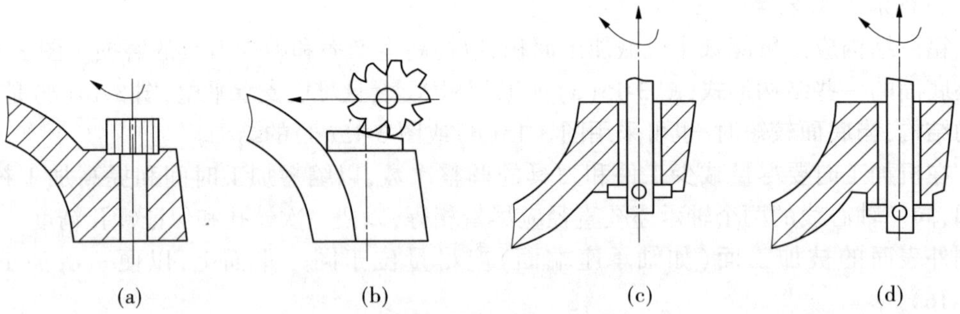

图 3-17　凸台及沉头座的加工方法

任务二　滚动轴承组件的结构设计

滚动轴承组件的结构设计应考虑轴承的支承刚度、同轴度,以及轴承的固定、调整、安装拆卸、密封和润滑等问题，具体方法参见《机械设计基础（第 2 版）》项目七——机械联接及支承件设计。

一、轴承盖

轴承盖是用来固定轴承、承受轴向力和调整轴承间隙的。

轴承盖的结构形式可分为凸缘式（螺钉连接式）和嵌入式两类。每一类又有透盖（有通孔，供轴穿出）和闷盖（无通孔）之分。其材料一般为铸铁（HT150）或钢（Q215、Q235）。

凸缘式轴承盖装拆、调整轴承间隙较为方便，密封性好，故应用普遍，但外缘尺寸大，需用一组螺钉固定。

嵌入式轴承盖结构简单、紧凑，无需固定螺钉，重量轻及外伸轴的伸出长度短，有利于提高轴的强度和刚度。但装拆端盖和调整轴承游隙或间隙较麻烦，密封性较差，座孔上须开环形槽，加工费时。常用于要求重量轻及尺寸紧凑的场合。

嵌入式轴承盖与轴承座孔接合处有带 O 形橡胶密封圈和不带 O 形橡胶密封圈两种结构形式。后者密封性较差，用于脂润滑轴承；前者密封性好，用于油润滑轴承。嵌入式轴承盖结构尺寸见表 3-4。

轴承盖结构设计时应注意以下几点：

（1）当轴承盖与孔配合处较长时，为减少配合和加工表面，应在端部铸出（或车出）一段较小的直径（见表 3-4）。但必须保留足够的配合长度 e，以免拧紧螺钉时轴承盖歪斜。

（2）当轴承采用输油沟飞溅润滑时，轴承盖的端部应车出一段小直径 D（见表 3-4）和铣出尺寸为 $b \times h$ 的径向对称缺口，以便让油能顺利进入轴承室。

（3）铸造轴承盖应满足铸造工艺。

二、轴承套杯

套杯的主要作用如下所述：

（1）避免因轴承座孔的铸造或机械加工缺陷而造成整个箱体报废。

（2）当同一轴线上两端轴承外径不相等时，可利用套杯使轴承座孔直径保持一致，以便于镗孔及保证加工精度。

（3）固定轴承轴向位置，特别是当几个轴承组合在一起时，采用套杯结构将使轴承固定和装拆更为方便。

（4）调整支承（包括整个轴系）的轴向位置。普遍用于高速级圆锥齿轮轴的支承结构中。

套杯的结构及尺寸可根据轴承部件的要求自行设计。图 3-18 可供设计时参考。

表 3-4 减速器轴承盖与轴承套杯结构尺寸

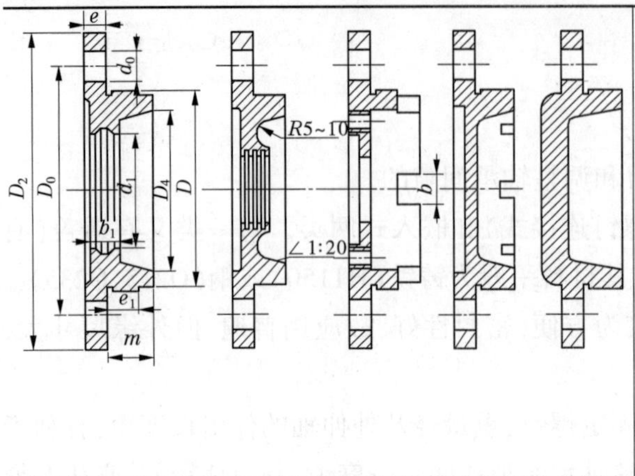

螺钉联接外装式轴承盖

$d_0 = d_3 + 1$

$D_0 = D + 2.5d_3$

$D_2 = D_0 + 2.5d_3$

$e_1 \geqslant e = 1.2d_3$

$D_4 = D - (10 \sim 15)$

$b = 5 \sim 10, h = (0.8 \sim 1)b$

m 由结构确定

d_1、b_1 由密封尺寸确定

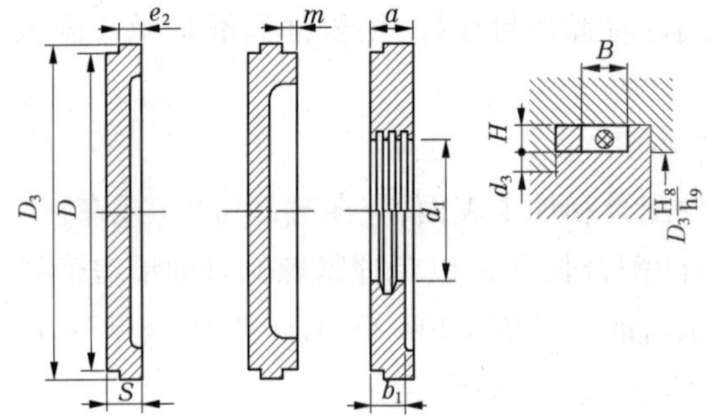

嵌入式轴承盖

$e_2 = 5 \sim 8$

$S = 10 \sim 15$

$D_3 = D + e_2$,装有O形圈的,按O形圈外径取

m 由结构确定

d_1、b_1、a 由密封尺寸确定

沟槽尺寸(GB 3452.3—2005)

O形圈截面直径 d_2	$B^{+0.25}_{0}$	$H^{+0.10}_{0}$	d_3 偏差值
2.65	3.6	2.07	0 -0.05
3.55	4.8	2.74	0 -0.06
5.3	7.1	4.19	0 -0.07

注:材料为HT150。

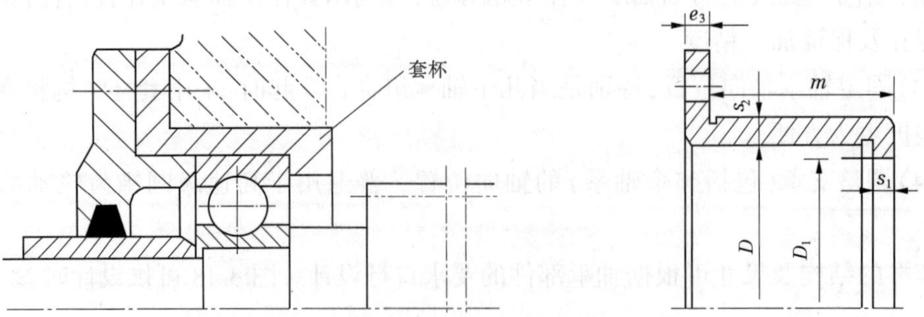

$e_3 \approx s_1 \approx s_2 = 7 \sim 12$ mm;D—轴承外径;D_1—由轴承外圈的拆卸方法而定;m—由箱体结构确定。

图 3-18 轴承套杯

三、调整垫片组

调整垫片组的作用是调整轴承游隙及支承(包括整个轴系)的轴向位置。垫片组由若干种厚度不同的垫片组成,使用时可根据调整需要组成不同的厚度。其材料为冲压铜片或08F钢片抛光。调整垫片组的片数及厚度可参考表3-5,也可自行设计。

表3-5　调整垫片组

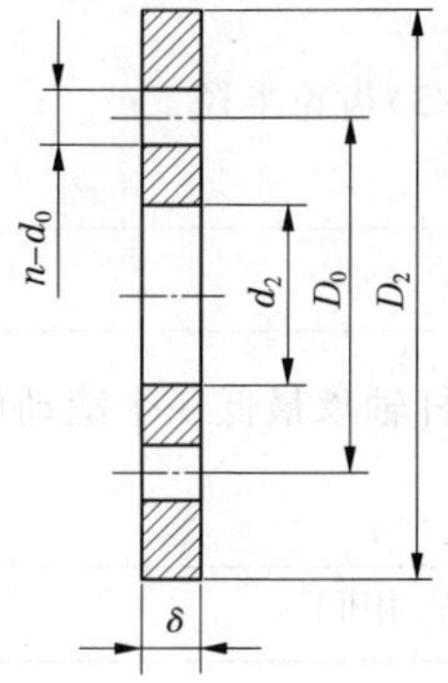

组别	A组			B组			C组		
厚度 δ/mm	0.5	0.2	0.1	0.5	0.15	0.1	0.5	0.15	0.12
片数 z	3	4	2	1	4	4	1	3	3

注:1. 材料:冲压铜片或08F钢片抛光。
2. 凸缘式轴承端盖用的调整垫片:
$d_2=D+(2\sim4)$。D为轴承外径。
D_0、D_2、n和d_0由轴承端盖结构确定,见表3-4。
3. 嵌入式轴承端盖用的调整环$D_2=D-1$。
d_2按轴承外圈的安装尺寸决定。
4. 建议准备0.05 mm垫片若干,以备调整微量间隙用。

任务三　减速器的润滑与密封

一、减速器的润滑

减速器的润滑方式很多,如油脂润滑、浸油润滑、压力润滑、飞溅润滑等。下面分别介绍齿轮和蜗杆传动的润滑方式。

除少数低速($v<0.5$ m/s)、小型减速器采用脂润滑外,绝大多数减速器的齿轮和蜗杆传动都采用油润滑,其主要润滑方式如下。

(一)浸油润滑

当齿轮圆周速度$v\leqslant12$ m/s、蜗杆圆周速度$v\leqslant10$ m/s时,常采用浸油润滑。即将齿轮、蜗杆或蜗轮浸入箱内油液中,当传动件回转时粘在其上的油液被带到啮合区进行润滑,同时油池的油被甩上箱壁,有助于散热。

为避免浸油润滑的搅油功耗太大及保证轮齿啮合区的充分润滑,传动件浸入油中的深度不宜太深或太浅,合适的浸油深度见表3-6及图3-19。

表 3-6　浸油润滑时推荐的浸油深度

减速器类型		传动件浸油深度
一级圆柱齿轮减速器		当 $m<20$ mm 时,h 为 1 个齿高,但不小于 10 mm; 当 $m\geqslant 20$ mm 时,h 为 0.5 个齿高
二级或多级圆柱齿轮减速器		高速级:h_f 约为 0.7 个齿高,但不小于 10 mm。 低速级:h_s 按低速级大齿轮的圆周速度确定。 当 $v_2=0.8\sim12$ m/s 时,h_s 约为 1 个齿高(不小于 10 mm)~1/6 齿轮半径; 当 $v_2\leqslant0.5\sim0.8$ m/s 时,$h_s\leqslant(1/6\sim1/3)$ 齿轮半径
圆锥齿轮减速器		整个齿宽浸入油中(至少半个齿宽)
蜗杆减速器	蜗杆下置式	$H_1\geqslant1$ 个螺牙高,但油面不应高于蜗杆轴承最低一个滚动体的中心
	蜗杆上置式	H_2 与低速级圆柱大齿轮的浸油深度 h_s 相同

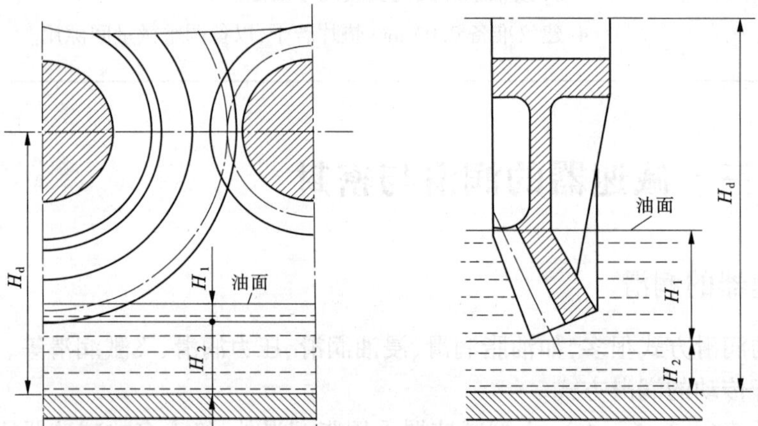

$H_2\geqslant30\sim50$ mm。

图 3-19　油池浸油润滑

对蜗杆减速器,当蜗杆圆周速度 $v\leqslant4\sim5$ m/s 时,建议采用下置式蜗杆传动;当 $v>5$ m/s 时,为不使搅油功耗太大,建议采用上置式蜗杆传动;当 $v>10$ m/s 时,则必须采用压力喷油润滑,以保证充分地润滑和散热。

下置式蜗杆传动的油面高度约为浸入蜗杆螺纹的牙高,但一般不应超过支承蜗杆的滚动轴承最低滚珠(柱)中心,以免增加功耗。但如果满足后者而使蜗杆未能浸入油中

(或浸油深度不足),则可在蜗杆轴两侧分别装上溅油轮,使其浸入油中,旋转时将油甩到蜗轮端面上,而后沉入啮合区进行润滑。

浸油润滑的油池应保持一定的深度和储油量。油池太浅易激起箱底沉渣和油污,引起磨料磨损,也不易散热。一般齿顶圆至油池底面的距离 H_2 不应小于 30~50 mm(见图 3-19)。箱座内底高度 $H_d \geqslant d_a/2+(30\sim50)$ mm,式中 d_a 为浸油最深的齿轮或蜗轮的外圆直径。箱座高度 $H=H_d+\delta+(3\sim8)$ mm,式中 δ 为箱底壁厚。

换油时间一般为半年,主要取决于油中杂质的多少及油被氧化、污染的程度。

(二)喷油润滑

当齿轮圆周速度 $v>12$ m/s 或蜗杆圆周速度 $v>10$ m/s 时,不宜采用浸油润滑,因为粘在齿轮上的油会被离心力甩出而送不到啮合区,而且搅动太大会使油温升高、油起泡沫和氧化等降低润滑性能。此时,宜用喷油润滑,即利用油泵(压力为 0.05~0.3 MPa)借助于管子将润滑油从喷嘴直接喷到啮合面上(见图 3-20),喷油孔的距离应沿齿轮宽度均匀分布。

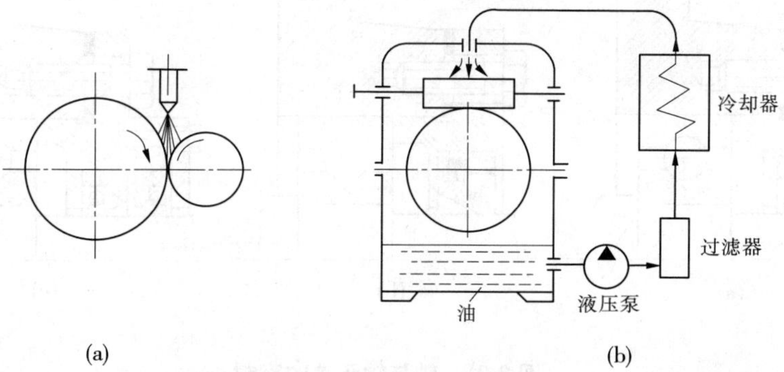

图 3-20　压力喷油润滑

喷油润滑也常用于速度不高但工作条件复杂,或需借助于大量润滑油进行冷却的重要减速器(如矿井大型提升机减速器)中。

喷油润滑效果好,润滑油可以不断冷却和过滤。但需要专门的管路、滤油器、冷却及油量调节装置,因而费用较高。

二、减速器的密封

减速器需要密封的部位很多,一般有轴伸出处、轴承室内侧、箱体接合面和轴承盖、窥视孔和放油孔的接合面等处。

密封装置的形式繁多、结构不一,应根据各密封装置的特点、不同的工作条件和使用要求进行合理选用或自行设计。

下面简要介绍主要密封部位的常用密封装置。

(一)轴伸出处的密封

轴伸出处密封的作用是使滚动轴承与箱外隔绝,防止润滑油(脂)漏出和箱外杂质、水及灰尘等侵入轴承室,避免轴承急剧磨损和腐蚀。

1. O形橡胶圈密封

利用箱体上沟槽使O形橡胶圈受到压缩而实现密封,在介质作用下产生自紧作用而增强密封效果。O形橡胶圈有双向密封的能力,其密封结构简单。O形橡胶密封圈的尺寸系列见附表A-7。

2. 唇形密封圈密封

利用耐油橡胶圈唇形部分的弹性和螺旋弹簧圈的扣紧力,使唇形部分紧贴轴表面而实现密封(见图3-21)。图3-21(a)中唇部向着轴承,密封的主要作用是防止漏油,而且随油压增大,唇部与轴贴得更紧,密封效果也随之增强。图3-21(b)中唇部背着轴承,其主要作用是防止外界灰尘和水进入轴承与箱体内。图3-21(c)中采用双向密封形式,即两个密封圈相对安装,同时具备防漏油和防尘作用。

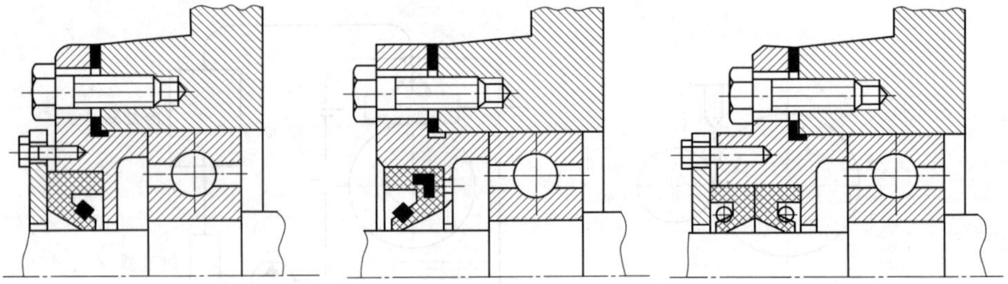

(a) (b) (c)

图3-21 轴与轴承盖的密封

唇形密封圈和槽的尺寸系列见附表A-9。

3. 沟槽密封

所谓沟槽密封,就是通过在环形间隙或沟槽填满润滑脂来实现密封。

沟槽密封装置结构简单,轴颈圆周速度一般无特定限制,但密封不够可靠,适用于脂润滑、油润滑且工作环境清洁的轴承。沟槽尺寸见附表A-10。

4. 迷宫式密封

通过在转动元件与固定元件间所构成的曲折、狭小缝隙及缝隙内充满油脂来实现密封叫迷宫式密封(见图3-22)。按狭缝曲折的基本方向可分轴向[见图3-22(a)、(b)]和径向[见图3-22(c)]两类。轴向迷宫不能用于整体式轴承座及轴有较大热伸长的场合。

迷宫式密封对油润滑和脂润滑均可适用,对防尘和防漏也有较好的效果,且密封可靠,无摩擦磨损,是较理想的一种密封方式。缺点是结构较复杂,制造和安装均不便。迷宫式密封方式基本上不受轴圆周速度的限制,但当 $v>5$ m/s 时,油脂有可能从狭缝中被甩出,此时最好取较小的缝隙。推荐的缝隙尺寸为:$f=1\sim2$ mm,$e=0.2\sim0.4$ mm(见

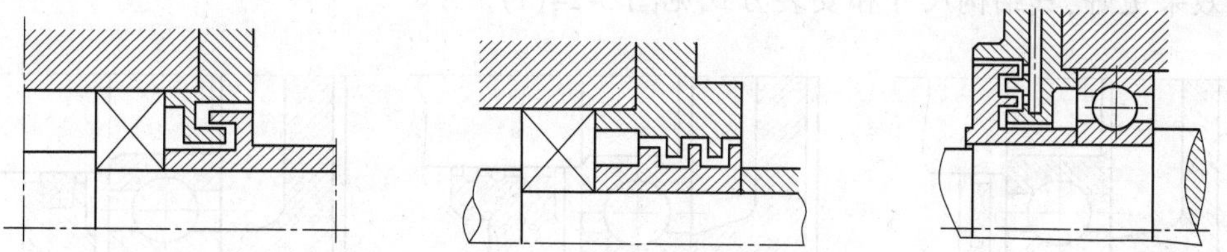

(a)　(b)　(c)

图 3-22　迷宫式密封装置

附表 A-11)。

5. 联合式密封

根据轴承的工作条件和密封要求,利用上述密封方式的特点,联合几种密封方式组成联合式密封装置(见图 3-23)。图 3-23(a)为沟槽-迷宫联合式密封装置;图 3-23(b)为迷宫-唇形密封圈联合式密封装置。

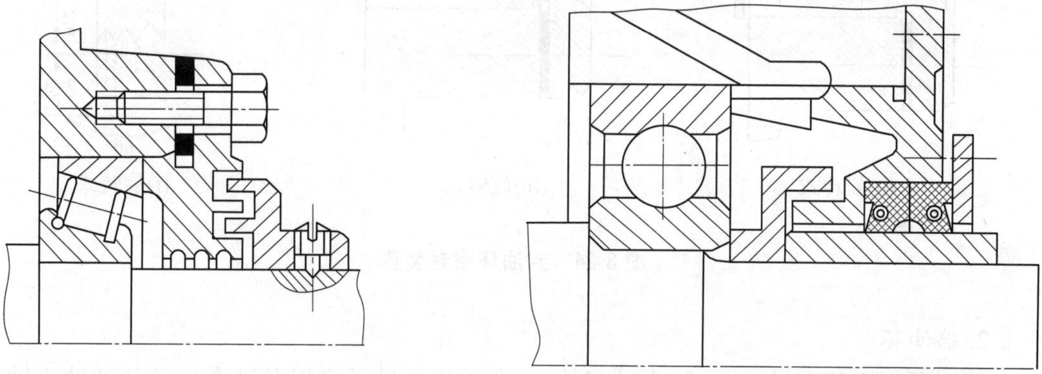

(a)　(b)

图 3-23　联合式密封装置

各密封方式都可以联合,但非接触式密封间的联合尤为普遍。联合式密封可使密封更为有效和可靠,常用于密封要求高的场合。

(二)轴承室内侧的密封

轴承室内侧的密封按其作用可分为封油环和挡油环两种。

1. 封油环

封油环用于脂润滑轴承,其作用是使轴承室与箱体内部隔开,防止轴承内的油脂流入箱内及箱内润滑油溅入轴承室而稀释、带走油脂。封油环密封装置如图 3-24 所示。图 3-24(a)、(b)、(c)为固定式封油环,其结构尺寸可参照上述轴伸出处的密封装置确定。图 3-24(d)、(e)、(f)为旋转式封油环,它利用离心力作用甩掉从箱壁流下的油以及飞溅起来的油和杂质,其封油效果比固定式好,是最常用的封油装置。封油环制成齿状,封油效果更好,其结构尺寸和安装方式见图 3-24(f)。

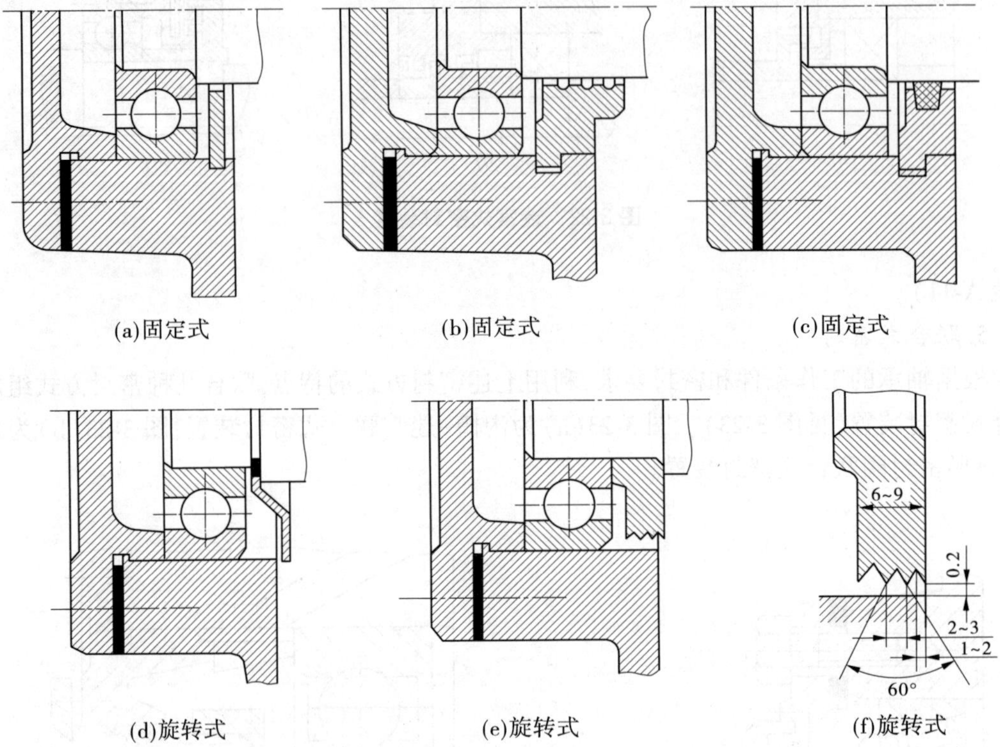

图 3-24　封油环密封装置

2. 挡油环

挡油环用于油润滑轴承,防止过多的油、杂质进入轴承室以及啮合处的热油冲入轴承内[见图 3-25(a)、(b)]。挡油环与轴承座孔之间应留有不大的间隙,以便让一定量的油能溅入轴承室进行润滑。

还有一种类似于挡油的装置——储油环装置[见图 3-25(c)]。其作用是使轴承室内保留适量的润滑油,常用于经常启动的油润滑轴承。储油环高度以不超过轴承最低滚动体中心为宜。

(三)箱盖与箱座接合面的密封

常用的密封方法是在接合面上涂密封胶(601 密封胶、7302 密封胶及液体尼龙密封胶等)或水玻璃,也可在接合面上同时开回油沟。

回油沟上应开回油道,让渗入接合面缝隙中的油可通过回油沟及回油道流回箱内油池,以增加密封效果。

少数也在接合面上开槽,并在槽内嵌耐油橡皮条进行密封。

为保证轴承与座孔的配合要求,一般禁止用在接合面上加垫片的方法来密封。

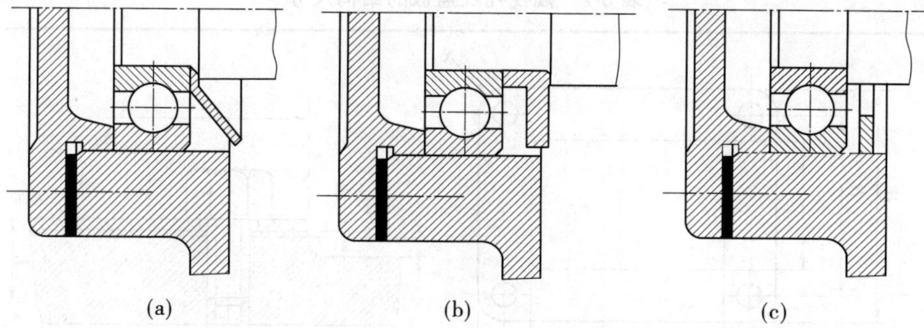

图 3-25　挡油环及储油环装置

另外,凸缘式轴承端盖的凸缘、窥视孔盖板以及油塞等与箱座、箱盖的配合处均须装纸封油环或皮封油环,以保证密封效果良好。

任务四　设计减速器附件

一、窥视孔盖和窥视孔

为了检查传动件的啮合、润滑、接触斑点、齿侧间隙及向箱内注油等,在箱盖顶部应设置便于观察传动件啮合区位置并且足够大的窥视孔。

窥视孔平时用盖板盖上并用螺钉予以固定,盖板与箱盖接合面间加装防渗漏的纸质封油垫片。盖板可用钢板、铸铁或有机玻璃制成。为避免油中杂质侵入箱内,可在孔口装一滤油网。

为减小机械加工面,窥视孔口部应制成凸台(见图 3-26)。图 3-26(a)为不正确的结构,这是因为刨削凸台支承面时,刨刀将与吊环螺钉座相撞。

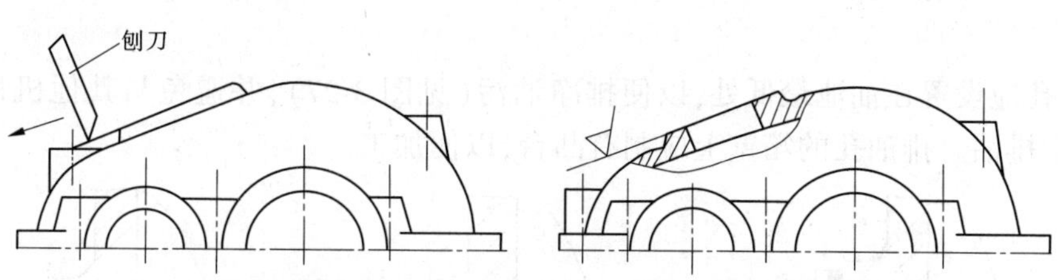

图 3-26　窥视孔凸台结构

中小尺寸窥视孔及盖板的结构尺寸见表 3-7,也可以根据减速器结构自行设计。

表 3-7 窥视孔及盖板的结构尺寸

单位:mm

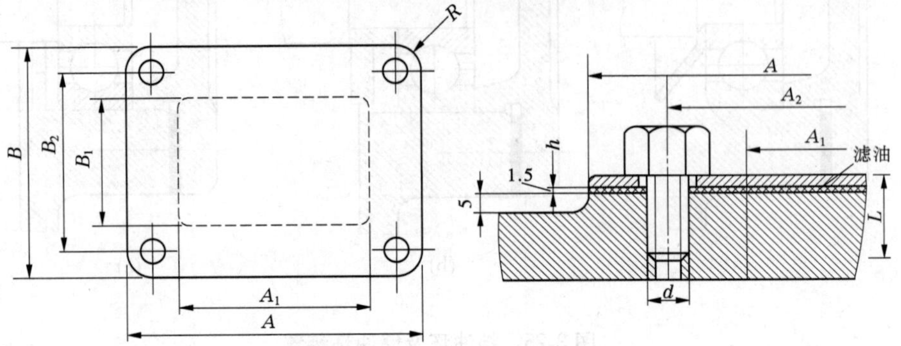

A	B	A_1	B_1	A_2	B_2	h	R	螺钉		
								d	L	个数
115	90	75	50	95	70	3	10	M8	15	4
160	135	100	75	130	105	3	15	M10	20	4
210	160	150	100	180	130	3	15	M10	20	6
260	210	200	150	230	180	4	20	M12	25	8
360	260	300	200	330	230	4	25	M12	25	8
460	360	400	300	430	330	6	30	M12	25	8

二、排油孔与油塞

为了换油及清洗箱体时排出油污,在箱座底部设有排油孔,平时排油孔用油塞及封油垫封住。

排油孔应设置在油池最低处,以便排净油污(见图 3-27),并避免与其他机件距离过近,以便于排油。排油孔的箱壁上应制有凸台,以便加工。

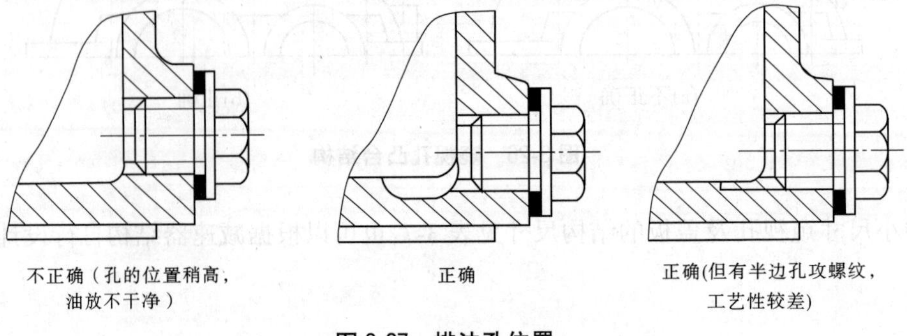

图 3-27 排油孔位置

排油孔油塞的直径为箱座壁厚的 2~3 倍，采用细牙螺纹以保证紧密性。近年来常用具有圆锥螺纹的油塞取代圆柱螺纹的油塞，这样就无须附加封油圈。

油塞和封油圈的结构尺寸见表 3-8。

表 3-8　六角头油塞和封油圈的结构尺寸

单位：mm

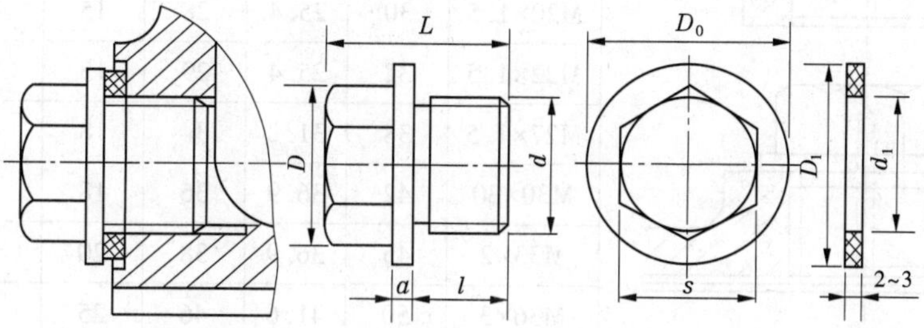

类型	D_0	L	l	a	D_1	s	d_1	材料
M12×1.25	22	24	12	3	$\approx 0.95D_0$	13	13	油塞：35 封油圈：耐油橡胶、工业用革、石棉橡胶纸
M20×1.5	30	30	15	4	$\approx 0.95D_0$	21	22	
M24×2	34	31	16	4	$\approx 0.95D_0$	27	26	
M30×2	42	36	18	4	$\approx 0.95D_0$	34	32	

三、通气器

为使箱内外的气流流通，箱体内的气压不会因减速器运转时的温升而增大，从而造成减速器密封处渗漏，应在箱盖顶部或窥视孔盖板上安装通气器，可以使箱内的热胀气体自由地逸出。

通气器的结构应能防止灰尘进入箱体以及具有足够的通气能力。通气孔不要直通顶部，较完善的通气器内部应做成各种曲路并有金属网，防止停机后灰尘吸入箱内。

表 3-9 中列出几种通气器的结构尺寸。通气器 1 的防尘和通气能力都较差，适用于发热少和环境清洁的小型减速器中；通气器 2 设有过滤金属网，可防止停机后将灰尘吸入箱内，通气能力较好，但尺寸较大、结构复杂，适用于比较重要的减速器中。

表 3-9　通气器的结构尺寸

单位:mm

通气器1

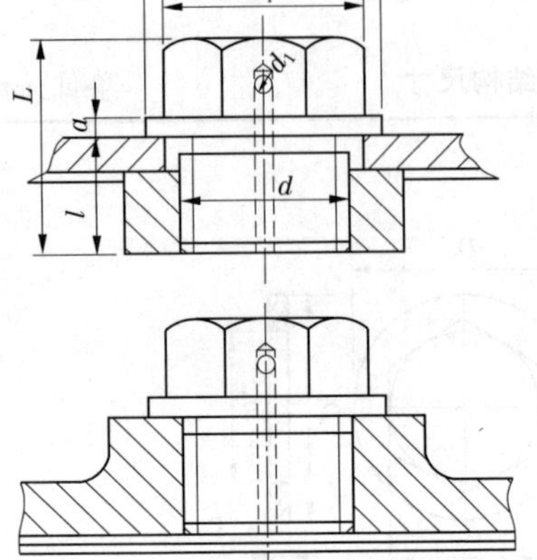

d	D	D_1	L	l	a	d_1
M10×1	13	11.5	16	8	2	3
M12×1.25	18	16.5	19	10	2	4
M16×1.5	22	19.5	23	12	2	5
M20×1.5	30	25.4	28	15	4	6
M22×1.5	32	25.4	29	15	4	7
M27×1.5	38	31.2	34	18	4	8
M30×30	42	36.9	36	18	4	8
M33×2	45	36.9	38	20	4	8
M36×3	50	41.6	46	25	5	8

通气器2

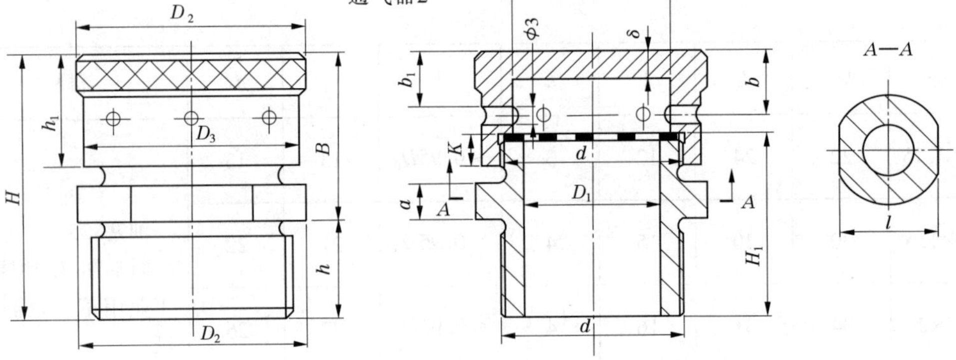

d	D_1	B	h	H	D_2	H_1	a	δ	K	b	h_1	b_1	D_3	D_4	l	孔数
M27×1.5	15	≈30	15	≈45	36	32	6	4	10	8	22	6	32	18	32	6
M36×2	20	≈40	20	≈60	48	42	8	4	12	11	29	8	42	24	41	6
M48×3	30	≈45	25	≈70	62	52	10	5	15	13	32	10	56	36	55	8

四、油标

为了检查减速器内的油面高度,应在箱体便于观察、油面较稳定的部位设置油标。对于多级传动,则须安置在低速级传动件附近;长期连续工作的减速器,在油标尺的外面常装有油标尺套,可以减轻搅油的干扰,以便能在不停车的情况下随时检查油面。

油标有多种结构形式,有的已制定国家标准。下面简单介绍几种常用油标。

(一)杆式油标尺

杆式油标尺结构简单,在减速器中应用最广,其结构形式和安装方法如图 3-28 所示。油标尺上刻有最高和最低油标线。观察时,拔出油标尺,根据上面的油痕判断油面高度是否适当。

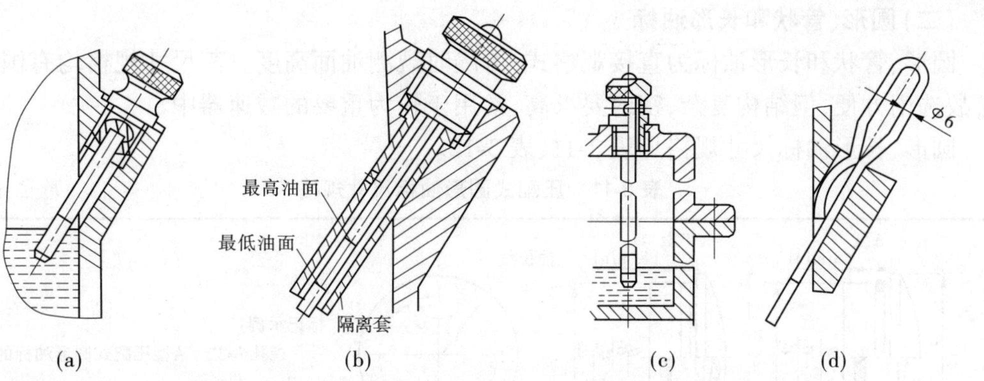

图 3-28　杆式油标尺的结构形式和安装方法

图 3-28(a)为最常用的结构和安装方式。图 3-28(b)装有隔离套,可以稳定油标尺上的油痕位置,提高油面观测效果。图 3-28(c)为直装式油标尺,这种安装方式特别适用于箱座较矮、不便采用侧装式油标的场合。该结构带有通气孔,可代替通气器。图 3-28(d)为简易油标尺。

设计时应注意油标尺的安置高度和倾斜位置。若油标尺太低及倾斜度太小,则箱内的油易溢出;若油标尺太高或倾斜度太大,则油标尺难以拔出,插座上的插孔也难以加工(见图 3-29)。

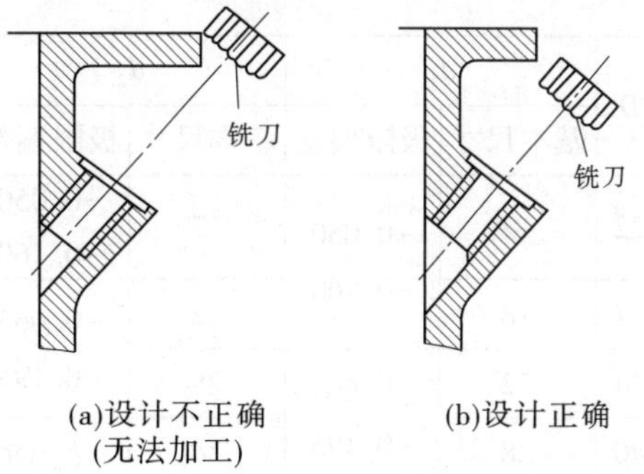

图 3-29　杆式油标尺的位置

杆式油标尺的结构尺寸见表 3-10。

表 3-10　杆式油标尺的结构尺寸　　单位:mm

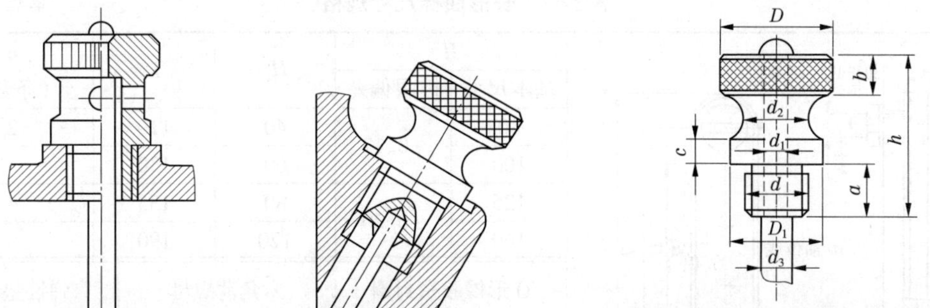

d	d_1	d_2	d_3	h	a	b	c	D	D_1
M12	4	12	6	28	10	6	4	20	16
M16	4	16	6	35	12	8	5	26	22
M20	6	20	8	42	15	10	6	32	26

(二)圆形、管状和长形油标

圆形、管状和长形油标为直接观察式,可随时观测油面高度。其尺寸规格均有国家标准,故选用方便,但结构复杂,密封要求高,常用于较为重要的减速器中。

圆形、长形油标尺寸规格见表3-11、表3-12。

表3-11　压配式圆形油标尺寸规格　　单位:mm

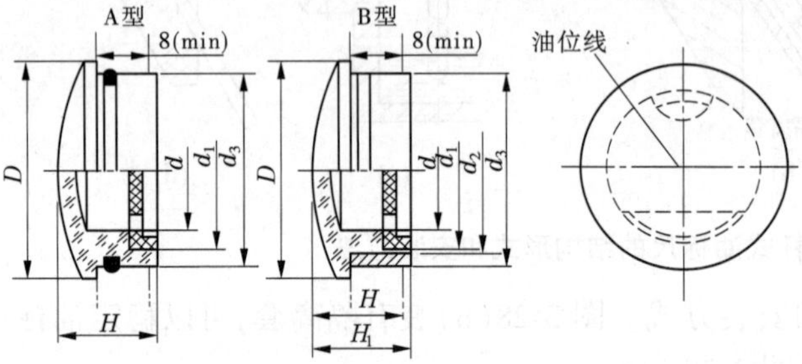

标记示例:

视孔d=32、A型压配式圆形油标的标记:

油标　A32　JB/T 7941.1—1995

d	D	d_1		d_2		d_3		H	H_1	O形橡胶密封圈(按GB/T 3452.1—2005)
		基本尺寸	极限偏差	基本尺寸	极限偏差	基本尺寸	极限偏差			
12	22	12	−0.050 −0.160	17	−0.050 −0.160	20	−0.065 −0.195	14	16	15×2.65
16	27	18		22	−0.065 −0.195	25				20×2.65
20	34	22	−0.065 −0.195	28		32	−0.080 −0.240	16	18	25×3.55
25	40	28		34	−0.080 −0.240	38				31.5×3.55
32	48	35	−0.080 −0.240	41		45		18	20	38.7×3.55
40	58	45		51	−0.100 −0.290	55	−0.100 −0.290			48.7×3.55
50	70	55	−0.100 −0.290	61		65		22	24	—
63	85	70		76		80				

表3-12　长形油标尺寸规格　　单位:mm

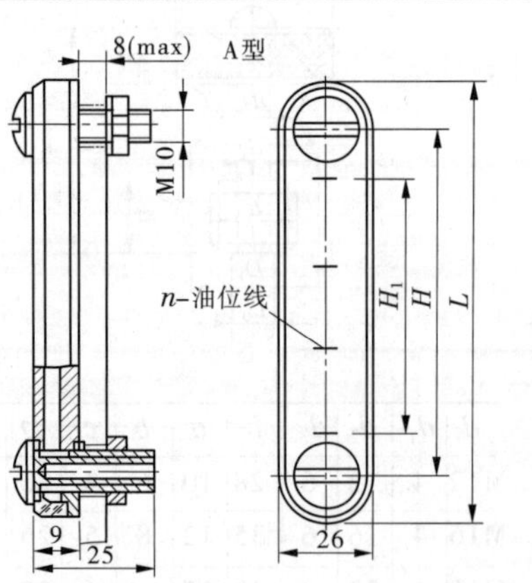

H		H_1	L	n(条数)
基本尺寸	极限偏差			
80	±0.17	40	110	2
100		60	130	3
125	±0.20	80	155	4
160		120	190	6

O形橡胶密封圈(按GB/T 3452.1—2005)	六角薄螺母(按GB/T 6172.1—2016)	弹性垫圈(按GB/T 93—1987)
10×2.65	M10	10

标记示例:

H=80、A型长形油标的标记:

油标 A80　JB/T 7941.3

五、吊环螺钉、吊耳和吊钩

吊环螺钉装在箱盖上，以便于拆卸和吊运箱盖。吊环螺钉旋入螺孔螺纹部分不应太短，以保证足够的承载能力（见图 3-30）。吊环螺钉为标准件，其尺寸可根据减速器重量来选择确定（见附表 D-6）。为使吊环螺钉的支承面紧压在箱体凸缘面上，螺孔口部应局部扩大。

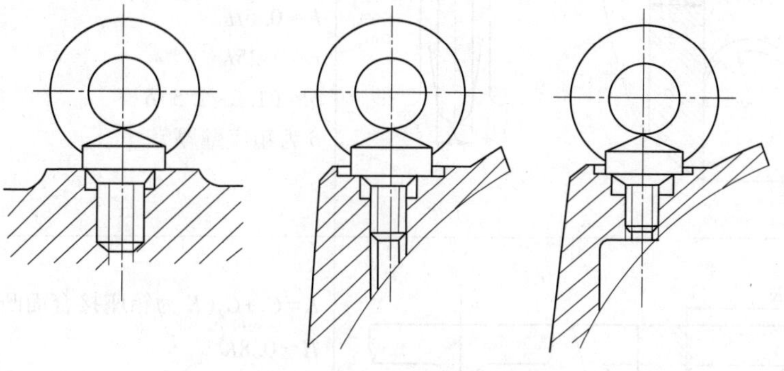

图 3-30　吊环螺钉螺孔与安装结构

为了减少螺孔和支承面等部位的机械加工量，常在箱盖上直接铸出吊耳或吊耳环来代替吊环螺钉。为防止箱体接合面上各联接螺栓松动，吊环螺钉和吊耳一般用来吊运箱盖，而不允许吊运整台减速器，只有对重量不大的小型减速器，才允许用吊环螺钉或吊耳整台吊运。

为吊运整台减速器，常在箱座两端凸缘下面铸出吊钩。

吊耳、吊耳环和吊钩的形状及结构尺寸见表 3-13。也可按减速器结构自行设计。

表 3-13　吊耳、吊耳环和吊钩的形状及结构尺寸

1. 吊耳 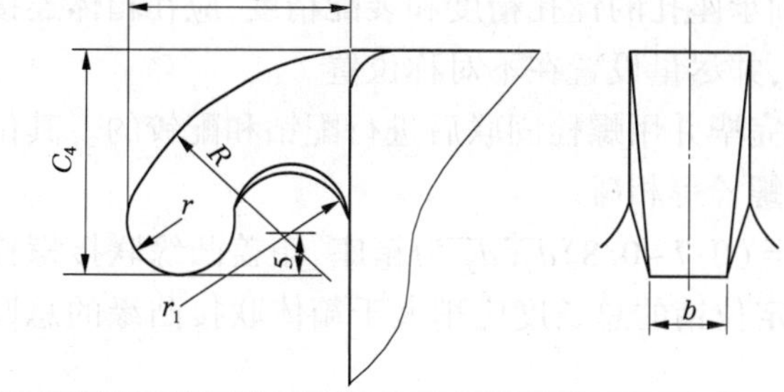 	$C_3=(4\sim5)\delta_1$ $C_4=(1.3\sim1.5)C_3$ $b=(1.8\sim2.5)\delta_1$ $R=C_4$ $r_1\approx0.2C_3$ $r\approx0.25C_3$ δ_1 为箱盖壁厚
2. 吊耳环 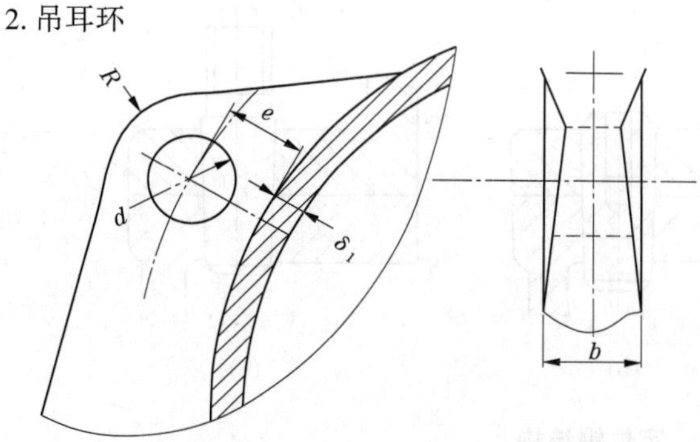 	$d=b\approx(1.8\sim2.5)$ $R\approx(1\sim1.2)d$ $e\approx(0.8\sim1)d$ δ_1 为箱盖壁厚

续表 3-13

3. 吊钩 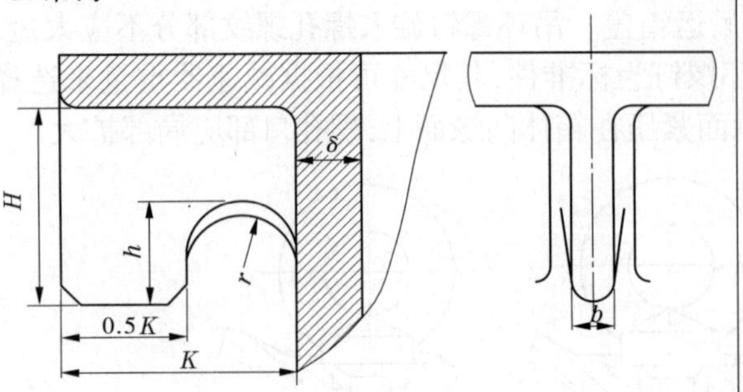 	$K=C_1+C_2$(K 为箱座接合面凸缘宽度) $H\approx 0.8K$ $h\approx 0.5H$ $r\approx 0.25K$ $b\approx (1.8\sim 2.5)\delta$ δ 为箱座壁厚
4. 吊钩 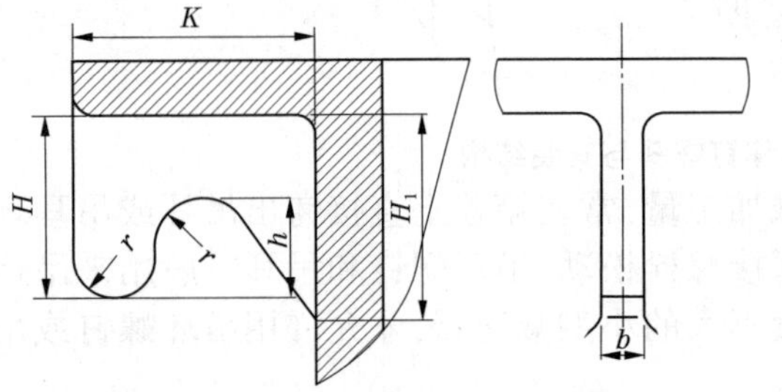 	$K=C_1+C_2$(K 为箱座接合面凸缘宽度) $H\approx 0.8K$ $h\approx 0.5H$ $r\approx 0.25K$ $b\approx (1.8\sim 2.5)\delta$ H_1 按结构确定

六、定位销和起盖螺钉

(一)定位销

为确定箱座与箱盖的相互位置,保证轴承座孔的镗孔精度和装配精度,应在箱体连接凸缘上距离尽量远处安置两个圆锥定位销,并尽量设置在不对称位置。

定位销孔是在箱盖和箱座剖分面加工完毕并用螺栓固联后进行配钻和配铰的。其位置应便于钻、铰和装拆,不应与邻近箱壁和螺栓等相碰。

定位销的公称直径(小端直径)可取 $d=(0.7\sim 0.8)d_2$(d_2 为箱座、箱盖凸缘联接螺栓的直径),并圆整为标准值,见附表 D-12。定位销的总长度应稍大于箱体联接凸缘的总厚度,以便于装拆,如图 3-31(a)所示。

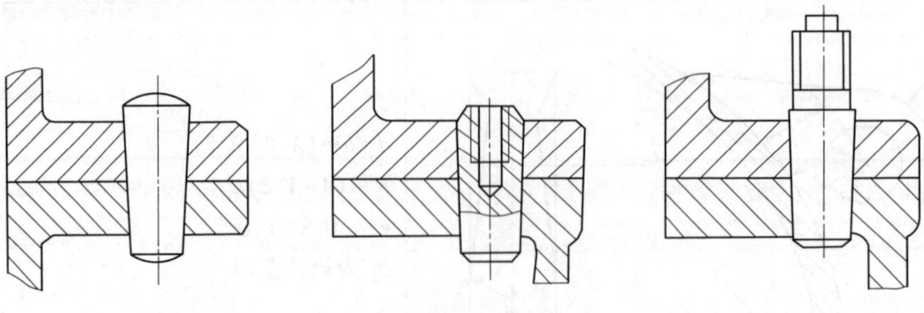

图 3-31　定位销结构

(二)起盖螺钉

箱盖、箱座装配时在剖分面上所涂的密封胶给拆卸箱盖带来了很多不便,为此常在箱盖侧边的凸缘上装 1~2 个起盖螺钉。在起盖时,首先拧动螺钉顶起箱盖(见图 3-32)。螺钉的直径一般与箱体凸缘联接螺栓直径相同,其螺纹长度必须大于箱盖凸缘的厚度,螺钉端部制成直径较细的圆柱端或半圆形。小型减速器也可不用起盖螺钉。

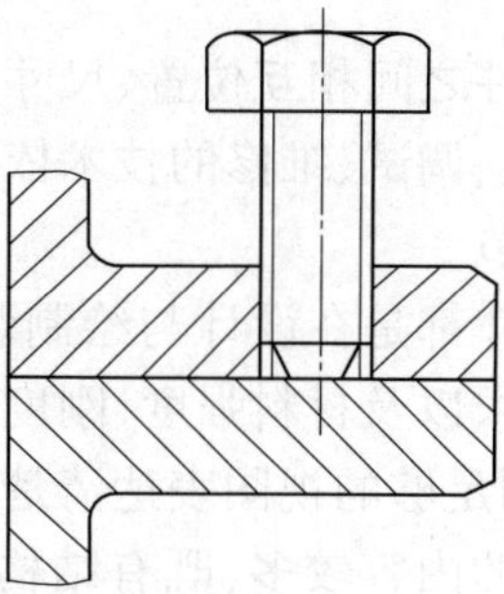

图 3-32　起盖螺钉结构

学习项目四 装配图的绘制

机械的装配图是表达各零部件之间相互位置、尺寸关系和各零件结构形状的图样,也是绘制零件工作图,进行机械组装、调试、维修的技术依据。因此,装配图设计及绘制是整个机械设计过程中极为重要的环节。

由于大部分零件的结构和尺寸都是在设计与绘制装配图的过程中决定的,所以在这个阶段要综合考虑机器的工作要求以及材料强度、刚度、加工、装拆、调整、润滑、密封、维护和经济性等各方面的因素,并用足够的视图表达清楚。

由于设计及绘制装配图涉及的内容较多,既有结构设计,又有校核计算,因此设计过程比较复杂,须采用"由主到次、由粗到细""边绘图、边计算、边修改"的方法逐步完成。

在画装配图之前,应通过翻阅资料、装拆减速器等,搞清楚减速器各零部件的作用、类型和结构,还要注意减速器的以下几项技术数据:

(1)电动机型号,电动机输出轴的轴径、轴伸长度,电动机的中心高。

(2)联轴器的型号、孔径范围、孔长和装拆尺寸要求。

(3)传动零件的中心距、分度圆直径、齿顶圆直径,以及齿轮的宽度。

(4)滚动轴承的型号。

(5)箱体的结构方案(剖分式或整体式)。

(6)所推荐箱体结构的有关尺寸。

画装配图时,应选好比例尺,布置好图面位置。画草图的比例尺应与正式图的比例尺相同,并优先选用1:1的比例尺,以便于绘图并有真实感。一般装配图的三视图、预留明细栏和技术要求等的位置如图4-1所示。

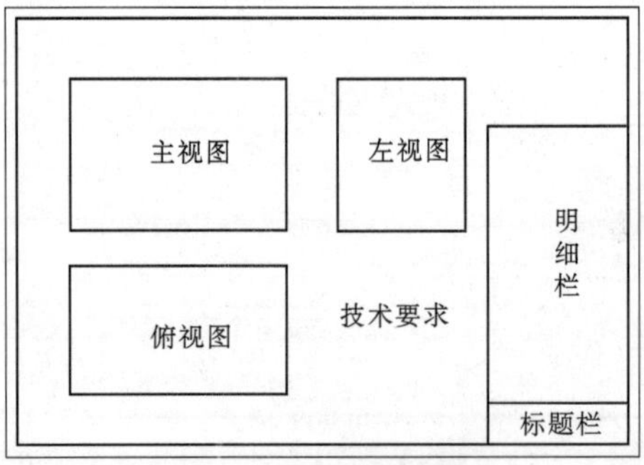

图4-1 装配图的布置

做好上述准备工作后,即可开始绘图。在绘图过程中,请牢记计算与绘图要交叉进行。下面以一级直齿圆柱齿轮减速器为例,说明绘图的具体过程,供高职院校学生和初学者参考。(电脑绘图)

第一步:绘制减速器中的低速轴。此低速轴在学习项目二任务四中已确定好尺寸。绘制时,以确定轮廓为主,对细部结构可先不画;三视图中,以俯视图为主,兼顾主视图和左视图。在对应位置放上轴承,如图 4-2 所示。

第二步:在轴上放上大齿轮。如图 4-3 所示,为保证轴向定位可靠,轴头长度应比与之配合的轮毂宽度短 2~3 mm。

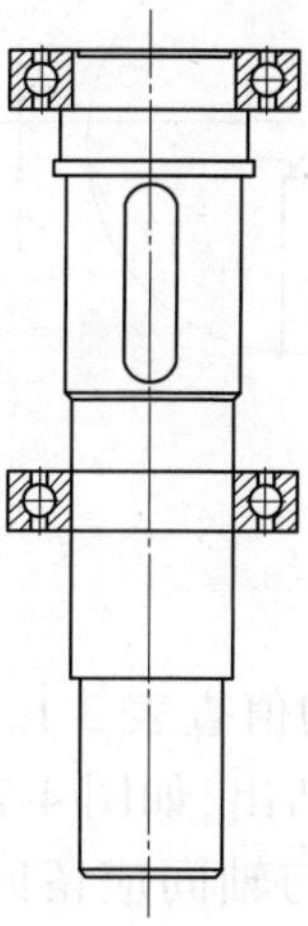

图 4-2　绘制低速轴

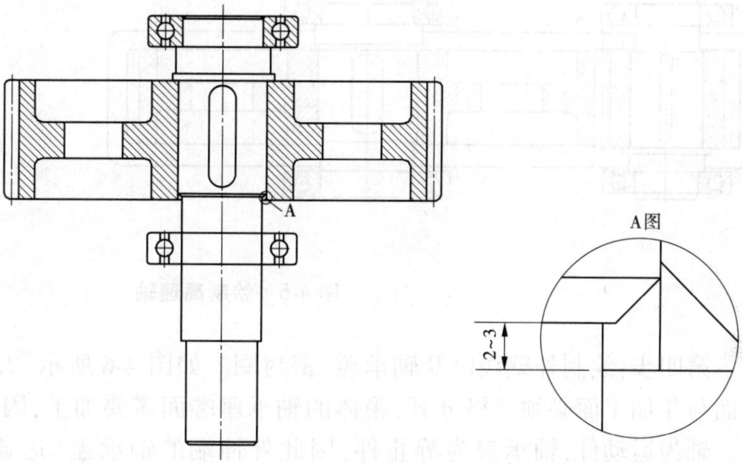

图 4-3　绘制低速轴上的大齿轮

第三步:绘制与大齿轮啮合的小齿轮,以及高速轴。为了便于安装和补偿轴向尺寸的变动,保证接触线的长度,通常将小齿轮的宽度取得比大齿轮的宽度大 5~10 mm。箱体内壁与传动件间应留有一定的间距,如齿轮的齿顶圆至箱体内壁间应留有间隙 Δ_1(圆整),齿轮端面至箱体内壁间应留有间隙 Δ_2(圆整),如图 4-4 所示。Δ_1、Δ_2 的值见表 3-1。轴承端面至箱体内壁应留间隙 5~10 mm。如图 4-5 所示,为保证轴向定位可靠,轴头长度应比与之配合的轮毂宽度短 2~3 mm。

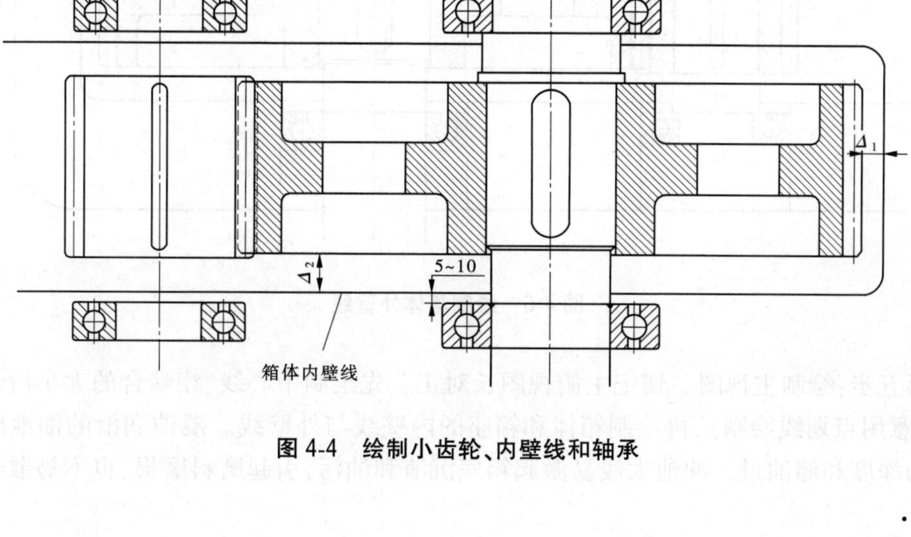

图 4-4　绘制小齿轮、内壁线和轴承

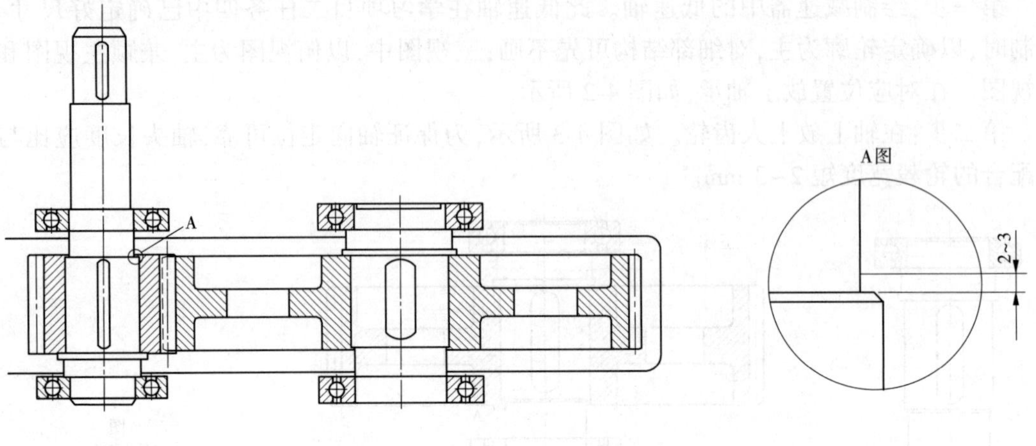

图 4-5　绘制高速轴

第四步:绘制外壁线以及轴承盖、密封圈。如图 4-6 所示,l_1、l_2、δ 的值查表 3-1。加工面与非加工面必须严格分开,箱体的轴承座端面需要加工,因而应该凸出,如图 4-7 所示。轴为运动件,轴承盖为静止件,因此外伸端的轴承盖(透盖)的孔与轴间应留间隙 0.5~1 mm。轴承盖的尺寸可参照表 3-4。外伸端的轴承盖(透盖)应设置密封装置,O 形橡胶密封圈见附表 A-7,J 形无骨架橡胶油封见附表 A-8,唇形密封圈见附表 A-9,油沟式密封槽见附表 A-10。

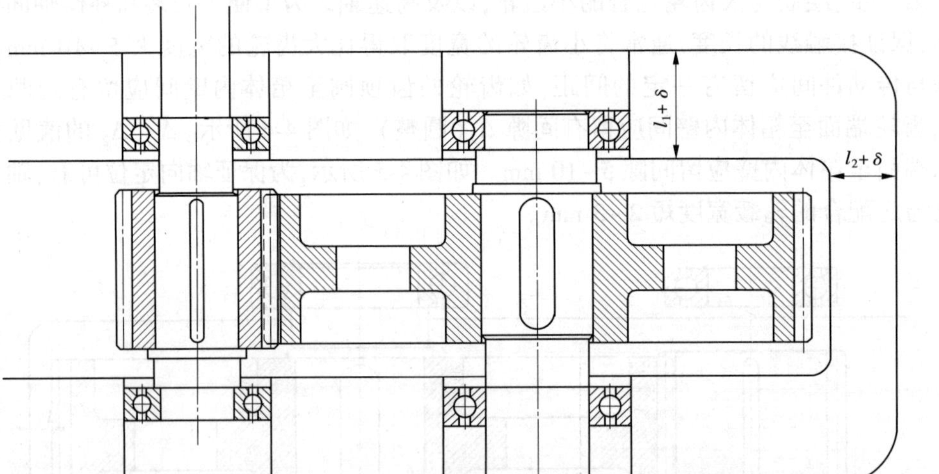

图 4-6　绘制箱体外壁线

第五步:绘制主视图。切记主俯视图长对正。先绘制中心线、相啮合的大小齿轮分度圆(注意用点划线绘制),再绘制箱体和箱座的内壁线与外壁线。浸油润滑的油池应保持一定的深度和储油量。油池太浅易激起箱底沉渣和油污,引起磨料磨损,也不易散热。一

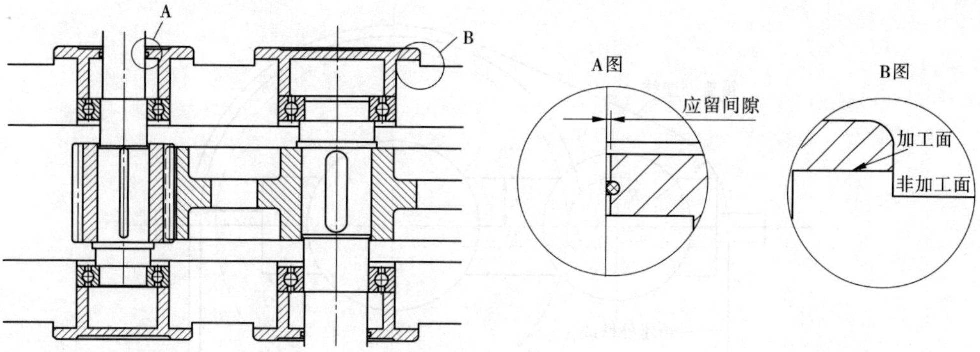

图 4-7　绘制轴承盖

般齿顶圆至油池底面的距离 H_2 不应小于 30～50 mm。箱座剖分面至箱座内底高度 $H_d \geq d_a/2+(30\sim50)$ mm,式中 d_a 为浸油最深的齿轮或蜗轮的外圆直径。箱座高度 $H=H_d+\delta+(3\sim8)$ mm,式中 δ 为箱底壁厚,如图 4-8 所示。b、b_1、b_2 的尺寸参照表 3-1。绘制油塞时,油塞应低于箱座内底面。

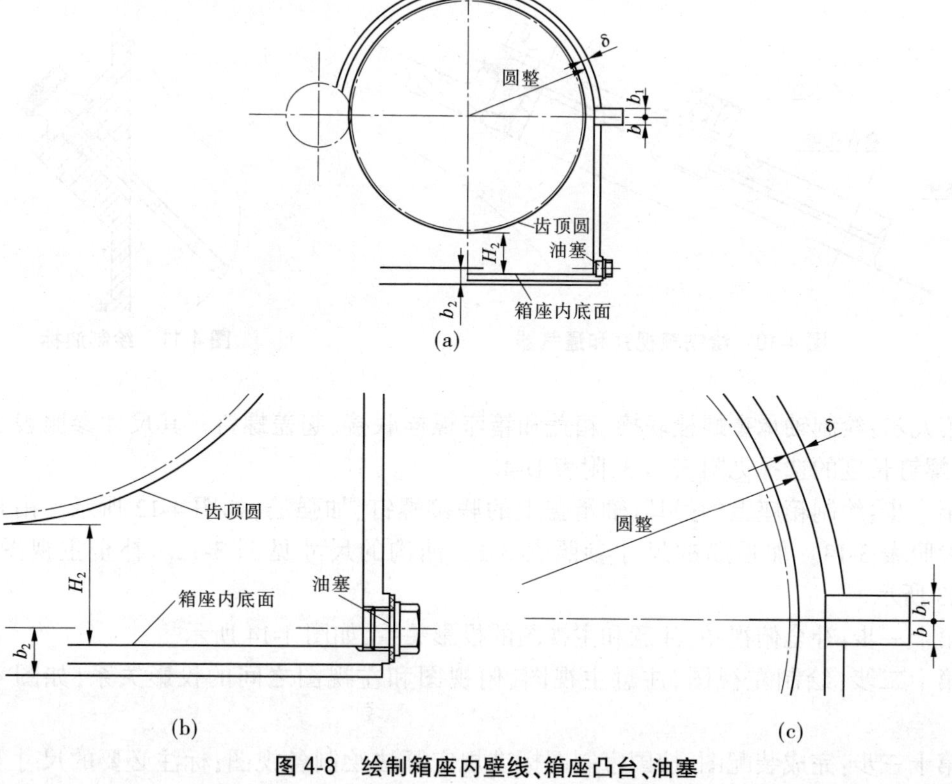

图 4-8　绘制箱座内壁线、箱座凸台、油塞

第六步:绘制主视图上的轴承旁凸台,箱盖、箱座的外壁线。为了使整个减速器外观美观匀称,R 圆弧可与凸台投影相交,如图 4-9 所示。凸台的高度 h 参照表 3-1。

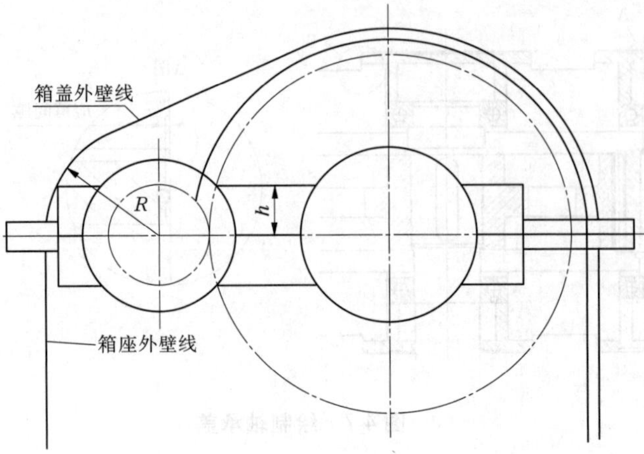

图4-9 轴承旁凸台

第七步:绘制窥视孔和通气器,如图4-10所示。窥视孔和通气器的尺寸选择参照表3-7、表3-9。绘制时,注意螺纹联接的画法(可参照机械制图中螺纹联接的画法)。

第八步:绘制油标,如图4-11所示。油标的尺寸参照表3-10~表3-12。

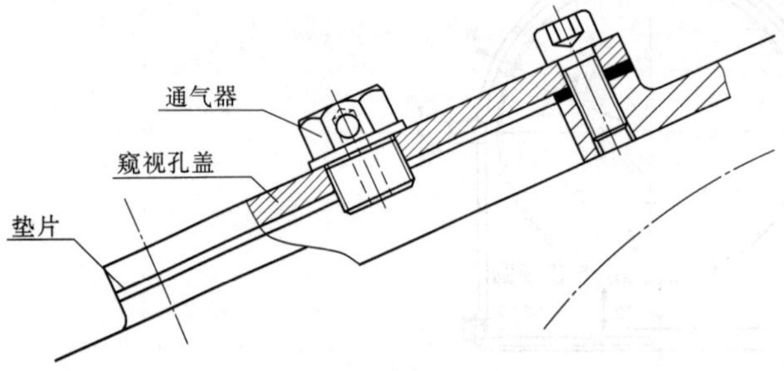

图4-10 绘制窥视孔和通气器

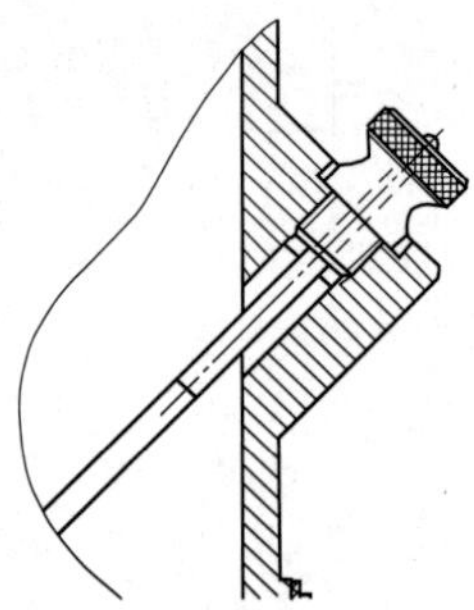

图4-11 绘制油标

第九步:绘制轴承旁螺栓联接、箱盖和箱座螺栓联接、起盖螺钉。其尺寸参照表3-1。螺栓、螺钉长度的选择见附表D-3、附表D-4。

第十步:绘制箱座上的吊耳、轴承盖上的联接螺钉、加强筋,如图4-12所示。吊耳的尺寸参照表3-13。加强筋的尺寸参照表3-1。油沟的尺寸见图3-12。补全主视图,如图4-13所示。

第十一步:补全俯视图,注意和主视图的投影关系,如图4-14所示。

第十二步:绘制左视图,注意主视图、俯视图和左视图之间的投影关系,如图4-15所示。

第十三步:完成装配图,按国家制图标准规定画法绘制各视图;标注必要的尺寸及配合关系;编注零件部件的序号;绘制标题栏及明细表;编制减速器技术特性表;编注技术要求等。公共引线编号方法如图4-16所示。

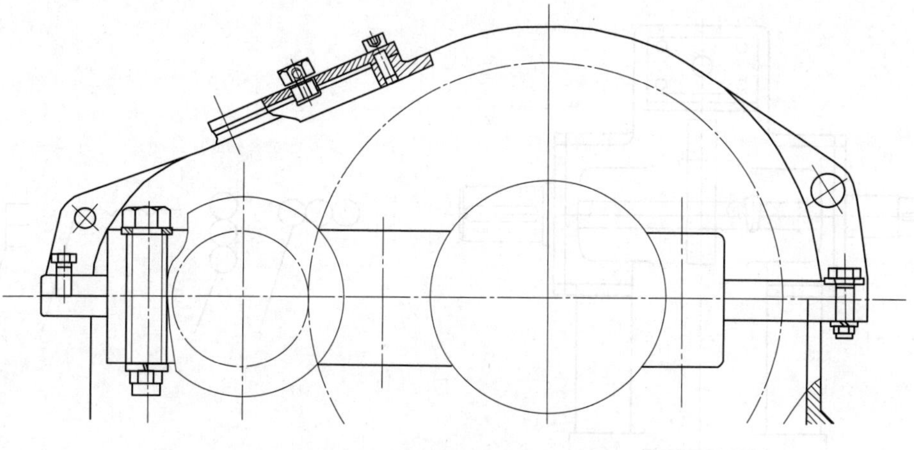

图 4-12　绘制轴承旁螺栓、吊耳

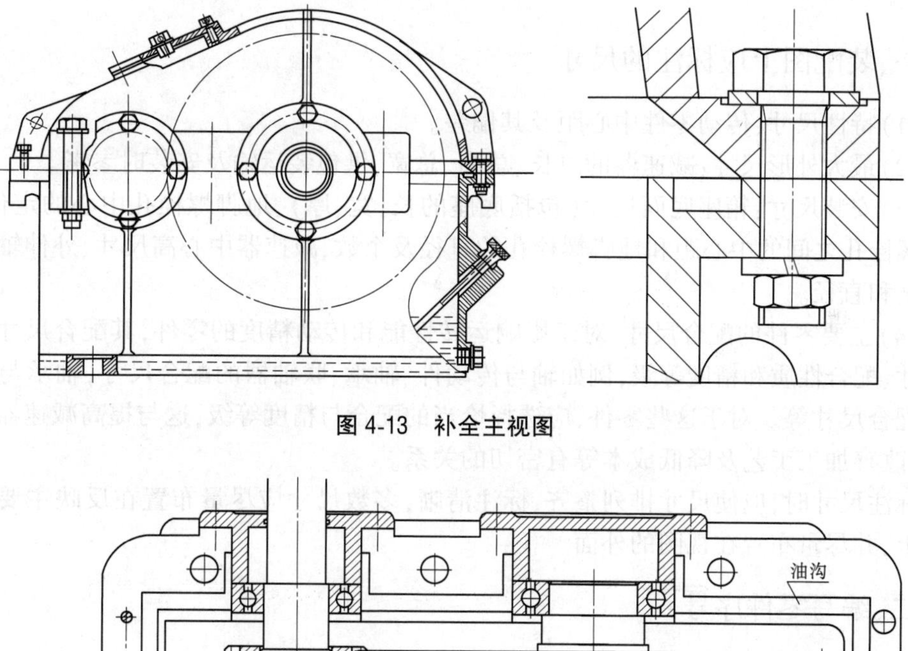

图 4-13　补全主视图

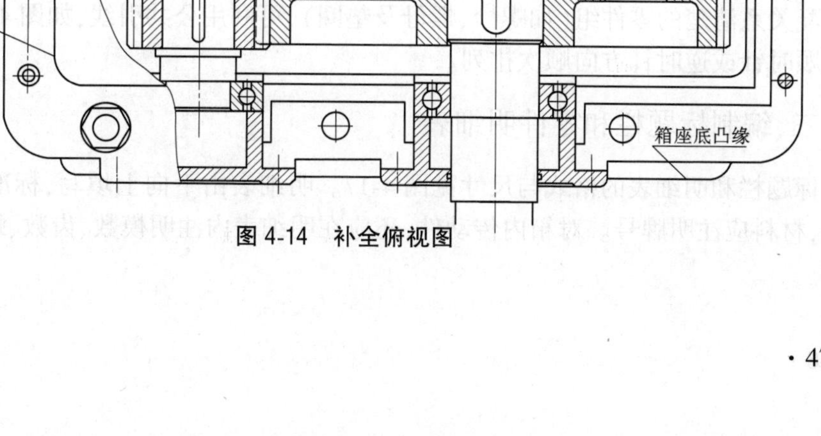

图 4-14　补全俯视图

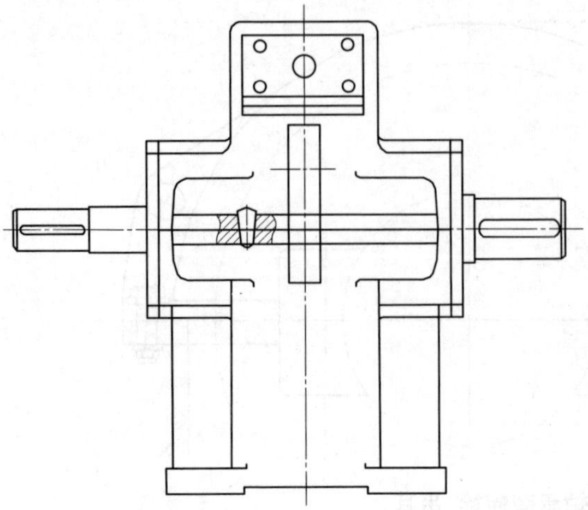

图4-15 绘制左视图

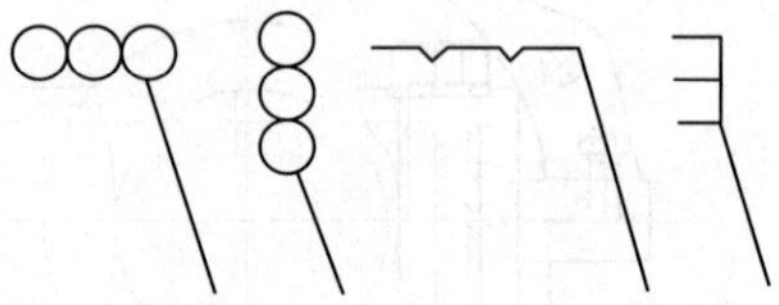

图4-16 公共引线编号方法

一、装配图上应标注的尺寸

(1)特性尺寸:传动零件中心距及其偏差。

(2)最大外形尺寸:减速器的总长、总高、总宽,供包装运输及安装时参考。

(3)安装尺寸:箱座底面尺寸(包括底座的长、宽、厚)、地脚螺栓孔中心的定位尺寸、地脚螺栓孔之间的中心距和地脚螺栓孔的直径及个数、减速器中心高尺寸、外伸轴端的配合长度和直径。

(4)主要零件的配合尺寸:对于影响运转性能和传动精度的零件,其配合尺寸应标注出尺寸、配合性质和精度等级,例如轴与传动件、轴承、联轴器的配合尺寸,轴承与轴承座孔的配合尺寸等。对于这些零件,应选择恰当的配合与精度等级,这与提高减速器的工作性能、改善加工工艺及降低成本等有密切的关系。

标注尺寸时,应使尺寸排列整齐、标注清晰,多数尺寸应尽量布置在反映主要结构的视图上,并尽量布置在视图的外面。

二、编写零件序号

装配图上所有零件均应标出序号,但相同零件只能有一个编号,编号引线不应相交,并尽量不与剖面线平行。对于独立部件(如滚动轴承、油标等),可作为一个零件编号。对装配关系清楚的零件组(如螺栓、螺母及垫圈),可利用公共引线,如图4-16所示。编号应按顺时针或逆时针方向顺次排列。

三、编制标题栏和零件明细表

标题栏和明细表的格式与尺寸见图4-17。明细表由下向上填写,标准件按规定方法标记,材料应注明牌号。对箱内传动件,还应在明细表内注明模数、齿数、螺旋升角等主要参数。

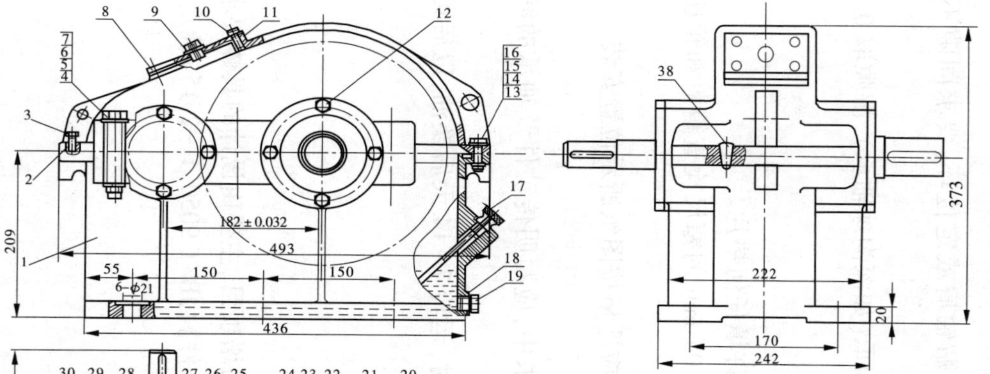

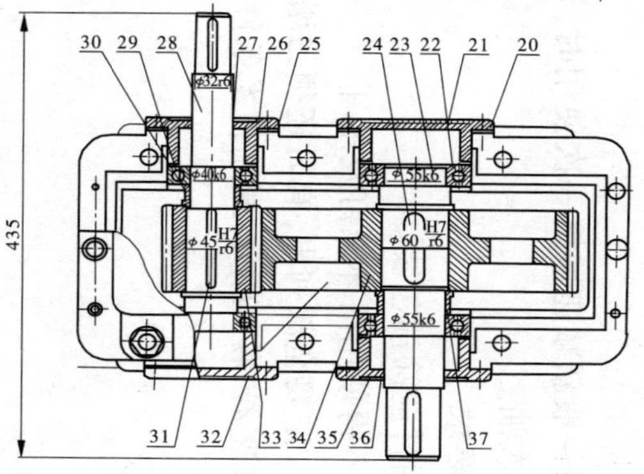

技术要求

1. 装配前所有的零件都要检查并用煤油清洗干净，滚动轴承用汽油清洗，并检查是否能灵活转动以及有无杂音。
2. 用铅丝检查啮合侧隙，其侧隙不小于0.16 mm，铅丝直径不得大于最小侧隙的4倍。
3. 用涂色法检验斑点，齿高接触斑点数不少于45%，齿长接触斑点数不少于60%，必要时可研磨或刮削，以改善接触情况。
4. 调整固定轴承时，留轴向间隙0.1~0.8 mm。
5. 箱内不允许有任何杂物，并涂黄丹漆两遍。
6. 装配时，剖分面不允许使用任何填料，可以涂密封油漆和水玻璃。试转时应检查剖分面，各接触面及密封处均不准漏油。
7. 箱座内壁50号工业齿轮油至规定高度。
8. 减速器外面涂灰色油漆。
9. 出厂前按规定进行试运行。

序号	名称	数量	材料	标准	备注
38	定位销 8×30	2		GB/T 117—2000	
37	套筒	1	Q235		
36	O形橡胶密封圈 53×2.65	1		GB/T 3452.1—2005	
35	轴承盖	1	HT150		
34	大齿轮	1	45		
33	小齿轮	1	45		
32	轴承盖	1	HT150		
31	键8×80	1		GB/T 1096—2003	
30	套筒	1	Q235		
29	深沟球轴承6208	2		GB/T 276—2013	
28	高速轴	1	45		
27	O形橡胶密封圈 36.5×2.65	1		GB/T 3452.1—2005	
26	轴承盖	1	HT150		
25	调整垫片	1	08F		
24	键18×70	1		GB/T 1096—2003	
23	低速轴	1	45		
22	深沟球轴承6211	2		GB/T 276—2013	
21	轴承盖	1	HT150		
20	调整垫片	2	08F		
19	外六角螺塞M14×1.5	1		JB/ZQ 4770—2006	
18	油圈22×14	1	工业用革		
17	油标	1	Q235		
16	螺母M10	2		GB/T 41—2016	
15	弹簧垫圈10	2		GB/T 93—1987	
14	平垫圈10	2		GB/T 97.2—2002	
13	螺栓M10×35	2		GB/T 5780—2016	
12	螺栓M8×30	8		GB/T 5780—2016	
11	垫片	1	石棉橡胶纸		
10	螺钉M8×20	1		GB/T 70.1—2008	
9	通气器	1	Q235		
8	窥视孔盖	1	钢化玻璃		
7	螺母M16	6		GB/T 41—2016	
6	弹簧垫圈16	6		GB/T 93—1987	
5	平垫圈16	6		GB/T 97.2—2002	
4	螺栓M16×80	6		GB/T 5780—2016	
3	起盖螺钉M8×20	2		GB/T 5782—2016	
2	箱盖	1	HT150		
1	箱座	1	HT150	GB/T 276—2013	

设计	(日期)		1∶2
审核	(日期)		减速器
(班级)		(学校名称)	

图 4-17 装配图

四、编写技术要求

装配图的技术要求是用文字说明在视图上无法表达的有关装配、调整、检验、润滑、维护等方面的内容,它和图面表示的内容是同等重要的。正确制订技术要求将保证减速器的工作性能。技术要求与设计要求有关,主要包括以下几个方面。

(一)装配前的零件表面要求

(1)所有零件均应清除铁屑并用煤油、汽油等清洗干净。

(2)箱体内表面和齿轮(蜗轮)等未加工表面应先后涂底漆和红色耐油漆。箱体外表面应先后涂底漆及油漆。

(3)零件配合面洗净后应涂润滑油。

(二)安装和调整要求

(1)滚动轴承的安装。安装时轴承内圈应紧贴轴肩或定位环,要求间隙不得通过0.05 mm厚的塞尺。

(2)轴承的轴向间隙或游隙。对游隙不可调轴承(如深沟球轴承),游隙取0.25~0.4 mm。

(三)密封要求

(1)箱体接合面应涂密封胶或水玻璃,但不允许填任何垫片。

(2)装配时在拧紧箱体联接螺栓前,应使用0.05 mm的塞尺检查箱盖和箱座接合面之间的密封件。

(3)轴伸出处的密封应涂润滑脂,各密封装置应严格按图纸所示位置安装。

(四)润滑要求

润滑剂对传动性能有很大的影响,在技术要求中,应写明传动件及轴承的润滑剂品种、用量及更换时间。

更换润滑油时间:一般新减速器第一次使用时,运转7~14天后换油,以后可根据情况每隔3~6个月换一次油。

(五)包装和运输要求

(1)外伸轴及其附件应涂油包装。

(2)搬运、起吊时不得使用吊环螺钉及吊耳。

以上技术要求不一定要全部列出,有时还须另增项目,主要由设计的具体要求并参照国家标准《圆柱齿轮减速器 第1部分:通用技术条件》(JB/T 9050.1—2015)确定。

学习项目五　零件图的绘制

零件工作图又叫零件图,它是生产中的重要技术文件,是制造和检验零件的依据。在机器或部件中,每个零件的结构尺寸和加工要求在装配图中没有反映出来,若要把装配图中的各个零件制造出来,还必须绘制出每一零件的零件图。零件图的结构和装配尺寸应与装配图上一致。但在零件图设计过程中,当发现装配图上的零件有不完善之处或有错误时,可以修改该零件的结构和有关尺寸。此时,必须对装配图做相应的修改。

零件图是零件制造、检验和制订工艺规程的基本技术资料,它既反映设计的意图,又考虑制造的可能性和合理性。正确设计零件图,可以起到减少废品、降低生产成本、提高生产率和机械使用性能的作用。

对设计、绘制零件图来说,有以下要求:

(1)正确选择和合理布置视图。用尽可能少的视图、剖视、剖面及其他机械制图中规定的画法,清晰且正确地表达出零件的结构形状和几何尺寸,应与装配图一致,如须改动,装配图也要做相应的修改。

(2)合理标注尺寸。尺寸必须齐全、清楚,并且标注合理,无遗漏,不重复。对配合尺寸和要求较高的尺寸,应标注尺寸的极限偏差,并根据不同的使用要求,标注表面形状公差和位置公差。所有加工表面都应注明表面粗糙度。

(3)编写技术要求。零件在制造、检验或作用上应达到的要求,当不使用规定的符号标注时,可集中书写在图纸的右下角。它的内容广泛,需视具体零件的要求而定。

(4)画零件图标题栏。

任务一　绘制轴类零件

一、视图的选择

轴类零件图,一般只需一个主视图。在有键槽和孔的地方,可增加局部剖面。对轴上的中心孔、退刀槽、砂轮越程槽等细小结构,如有要求,可画出局部放大图。

二、尺寸标注

轴类零件主要标注各轴段的直径尺寸和长度尺寸。

标注轴的直径尺寸时,应注意有配合关系的部位。当各轴段直径有几段相同时,应逐一标注,不得省略。

标注长度尺寸时,要根据零件尺寸的精度要求、机械加工工艺过程,确定加工基准后,选择合理的标注形式。对于尺寸精度要求高的长度尺寸,应直接注出,避免加工过程中的尺寸换算。不允许尺寸链封闭。

三、标注尺寸的极限偏差和几何公差

(1)轴上的配合部位(如轴头、轴颈、密封装置处等)的直径尺寸,要根据装配图中的配合性质,从公差配合表中查出公差值,并标出各个尺寸的极限偏差。

(2)键槽的极限偏差可按键联接标准从附表 D-10 中查出。为了加工检验方便,键槽深度一般改注尺寸 $d-t$ 值,再标注极限偏差(此时极限偏差值取负值)。

(3)轴的长度尺寸,可以不标注极限偏差。自由公差按 h12、h13 或 H12、H13 决定。

(4)轴上的各重要表面,应标注形状公差和位置公差(几何公差)。轴的几何公差选择参见教材《公差选用与零件测量》(王颖主编,高等教育出版社)。

四、标注表面粗糙度

轴的各个表面,一般都要进行加工,其表面粗糙度数值选择参见教材《公差选用与零件测量》(王颖主编,高等教育出版社)。

五、编写技术要求

轴零件图如图 5-1 所示。

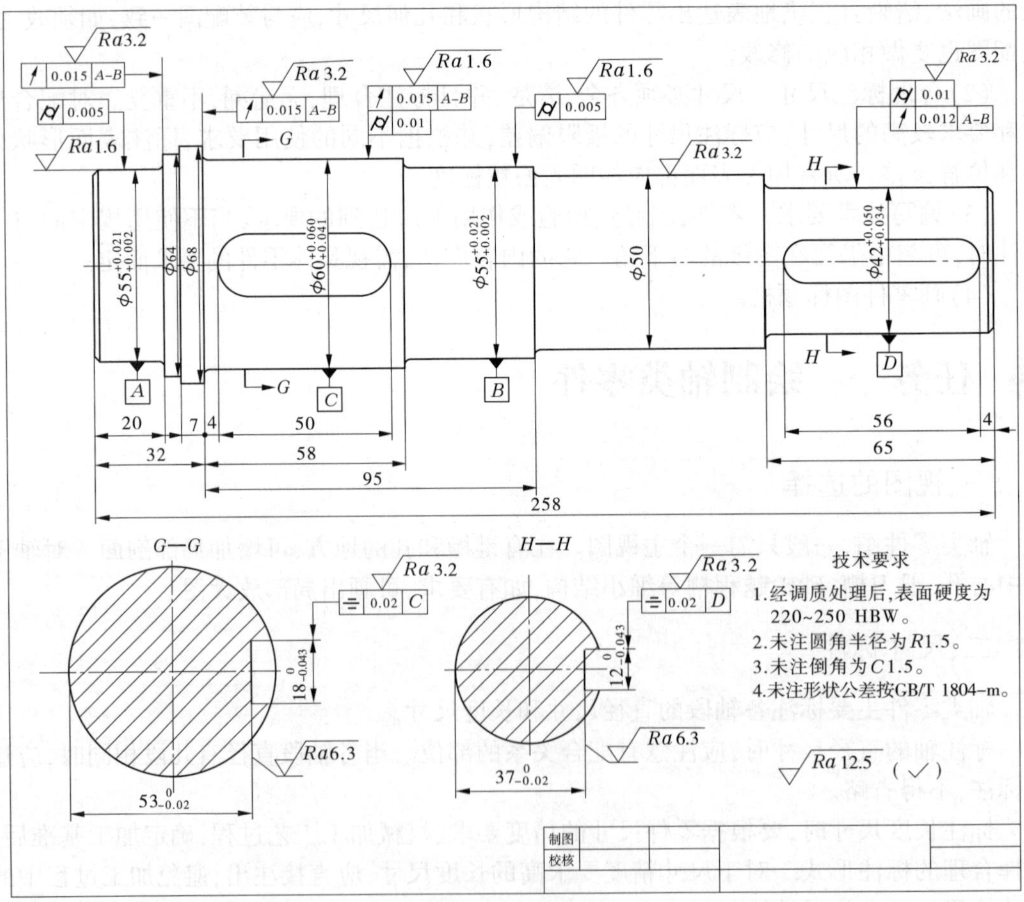

图 5-1 轴零件图

轴类零件的技术要求一般包括以下内容：

(1)对材料机械性能、化学成分的要求及允许的代用材料。

(2)对材料表面机械性能的要求,如热处理方法、热处理后的硬度、渗碳层深度及淬火深度等。

(3)对机械加工的要求,如与其他零件配合的要求、中心孔的要求(不保留中心孔等)。

(4)图上未注圆角、倒角的说明及其他一些特殊要求(如镀铬)等。

任务二　绘制齿轮零件

齿轮类零件包括圆柱齿轮、圆锥齿轮、蜗杆、蜗轮。这类零件图除有视图和技术要求外,还应有啮合特性表。

齿轮类零件图应按照国家的有关标准规定绘制无误,一般需一个或两个视图。主视图可将轴线水平布置,用剖视图表达孔、轮毂、轮辐和轮缘的细部结构。键槽的尺寸和形状,亦可用局部视图表达。齿轮轴和蜗杆轴的视图与轴类零件相似。图上的尺寸可按回转件的尺寸标注,径向尺寸以齿轮轴线为基准,以ϕ标注。轴向尺寸以端面为基准,按不同的要求分别标注。标注尺寸时应注意:齿轮类零件的分度圆虽然不能直接测量,但它是设计的基本尺寸,应标注在图上或写在啮合特性表中;齿根圆是按齿轮参数切齿后形成的,按规定在图上不标注;倒角、圆角和铸(锻)造斜度应逐一标注在图上或写在技术要求中;尺寸公差、形位公差、表面粗糙度应标注在视图上。

齿轮类零件图上的啮合特性表应安置在图纸的右上角。表中内容由两部分组成:第一部分是齿轮的基本参数和精度等级;第二部分是齿轮和传动检验项目及其偏差值或公差值。

齿轮类零件的主要技术要求有:

(1)对铸件、锻件或其他类型坯件的要求。

(2)对材料机械性能和化学成分的要求及允许代用的材料。

(3)材料、齿部热处理方法、热处理后的硬度要求。

(4)未注明的圆角半径、倒角的说明及锻造或铸造斜度要求等。

(5)对大型齿轮或高速齿轮的平衡试验要求等。

圆柱尺寸的尺寸公差、几何公差、表面粗糙度的选择参见教材《公差选用与零件测量》(王颖主编,高等教育出版社)。

齿轮零件图如图5-2所示。

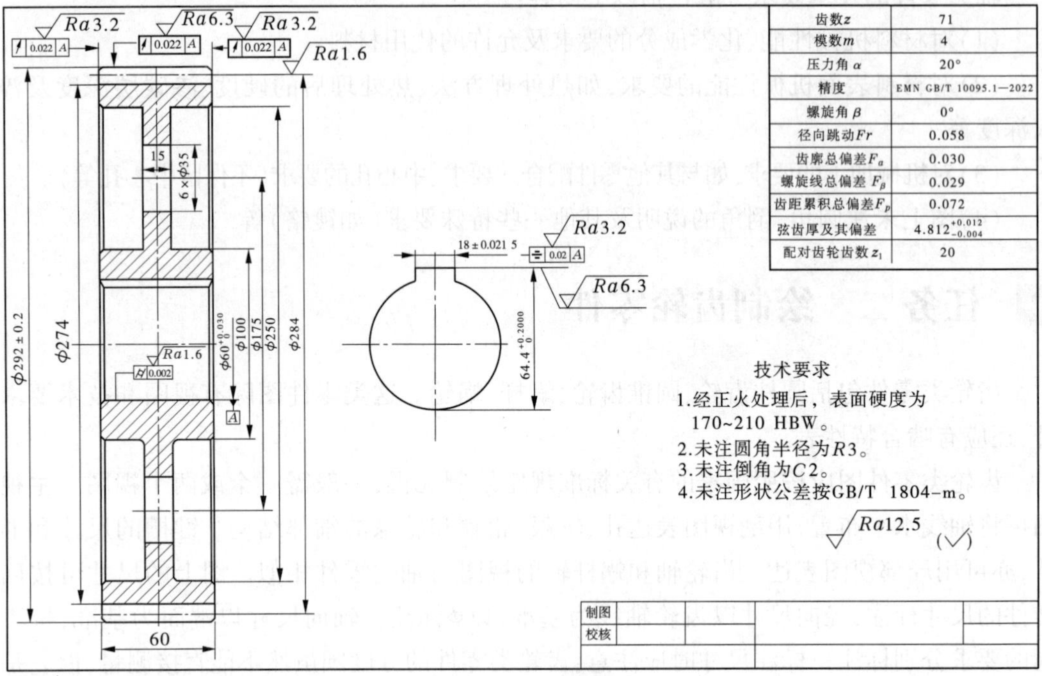

图 5-2 齿轮零件图

任务三 绘制铸造箱体零件图

一、视图

箱体(箱座及箱盖)的视图通常采用三个视图,即主视图、俯视图、左视图。根据结构的复杂程度可增加一些必要的局部视图、向视图及局部放大图,例如排油孔、油标孔、检查孔等细部结构。

二、标注尺寸

箱体零件形状复杂,尺寸繁多。标注尺寸时,既要考虑铸造、加工工艺、测量、检验的要求,又要做到尺寸多而不乱、不重复、无遗漏。为此,必须注意以下几点:

(1)形状尺寸应直接标出。这类尺寸有箱体的壁厚、长、高、宽,孔径及其深度,螺纹孔尺寸,凸缘尺寸,加强筋尺寸,槽宽及槽深,曲线的曲率半径等。

(2)定位尺寸和相对位置尺寸是确定箱体各部分相对于基准的位置尺寸。标注时最好选择加工基准面作为标注尺寸的基准,以利于加工和测量。如剖分式箱体的箱座和箱盖的高度方向的相对位置尺寸应以剖分面和底面为标注尺寸的基准。圆柱齿轮减速器的箱体,其轴承座孔中心线可作为沿箱体长度方向标注尺寸的基准。沿箱体宽度方向的基准面可以纵向对称中心线作为基准。

(3)直接标出影响机械工作性能的尺寸,确保加工的准确性。如箱体轴承孔的中心距及其偏差,嵌入式端盖结构的沟槽位置等。

三、标注尺寸公差、形位公差和表面粗糙度

箱体上应标注尺寸极限偏差的有轴承孔直径极限偏差、轴承孔中心距极限偏差、几何公差。其值的选择参见教材《公差选用与零件测量》(王颖主编,高等教育出版社)。箱体几何公差见表 5-1,表面粗糙度数值见表 5-2。

表 5-1　箱体几何公差推荐项目及数值

内容	项目	符号	推荐精度等级(或公差值)	对工作性能的影响
形状公差	轴承座孔圆柱度	⌭	G 级轴承选 6~7 级,公差值查询标准 GB/T 1182—2018	影响机体与轴承的配合性能及对中性
	箱体剖分面的平面度	▱	7~8 级,公差值查询标准 GB/T 1182—2018	
位置公差	轴承座孔的中心线对其端面的垂直度	⊥	对 G 级轴承选 7 级,公差值查询标准 GB/T 1182—2018	影响轴承固定及轴向受载的均匀性
	轴承座的中心线对箱体剖分面在垂直平面上的位置度	⌖	公差值≤0.3 mm	影响镗孔精度和轴系装配,影响传动件的传动平衡性及载荷分布的均匀性
	轴承座孔中心线相互间的平行度	//	以轴承支点跨距代替齿轮宽度,根据轴线平行度公差及齿轮公差数值查出	影响传动件的传动平稳性及载荷分布的均匀性
	圆锥齿轮减速器及蜗轮减速器的轴承孔中心线相互间的垂直度	⊥	根据齿轮和蜗轮精度确定	
	两轴承座孔中心线的同轴度	◎	7~8 级,公差值查询标准 GB/T 1182—2018	影响减速器的装配及传动零件的载荷分布均匀性

表 5-2 减速器箱体主要表面粗糙度值

加工表面	表面粗糙度(*Ra*)
减速器剖分面	3.2~1.6
与普通精度滚动轴承配合的孔表面	1.6(孔径≤80 mm),3.2(孔径>80 mm)
轴承座外端面	6.3~3.2
减速器底面	12.5
油沟及窥视孔平面	12.5
螺栓孔及沉头座	12.5
圆锥销孔	3.2~1.6

四、编写技术要求

箱体零件的主要技术要求有:

(1)箱座与箱盖的轴承孔必须配镗。

(2)剖分面上的定位销孔应在镗轴承孔前配钻、配铰。

(3)铸造斜度、铸造圆角的说明。

(4)铸件的时效处理及清砂,自然时效不少于6个月。

(5)铸件不得有裂纹和超过规定的缩孔等缺陷。

(6)剖分面应无蜂窝状缩孔,每个缩孔深度不得大于3 mm,直径不得大于5 mm,其位置距外缘不得超过15 mm,全部缩孔面积不得大于接合面面积的5%。

(7)轴承孔端面的缺陷尺寸不大于加工表面的5%,深度不大于2 mm,位置应在轴承盖螺钉孔外面。

(8)内表面用煤油洗净并涂漆。

(9)箱座不得有渗漏现象。

以上技术要求可根据需要选列。

箱座、箱盖零件图示例见图5-3、图5-4。

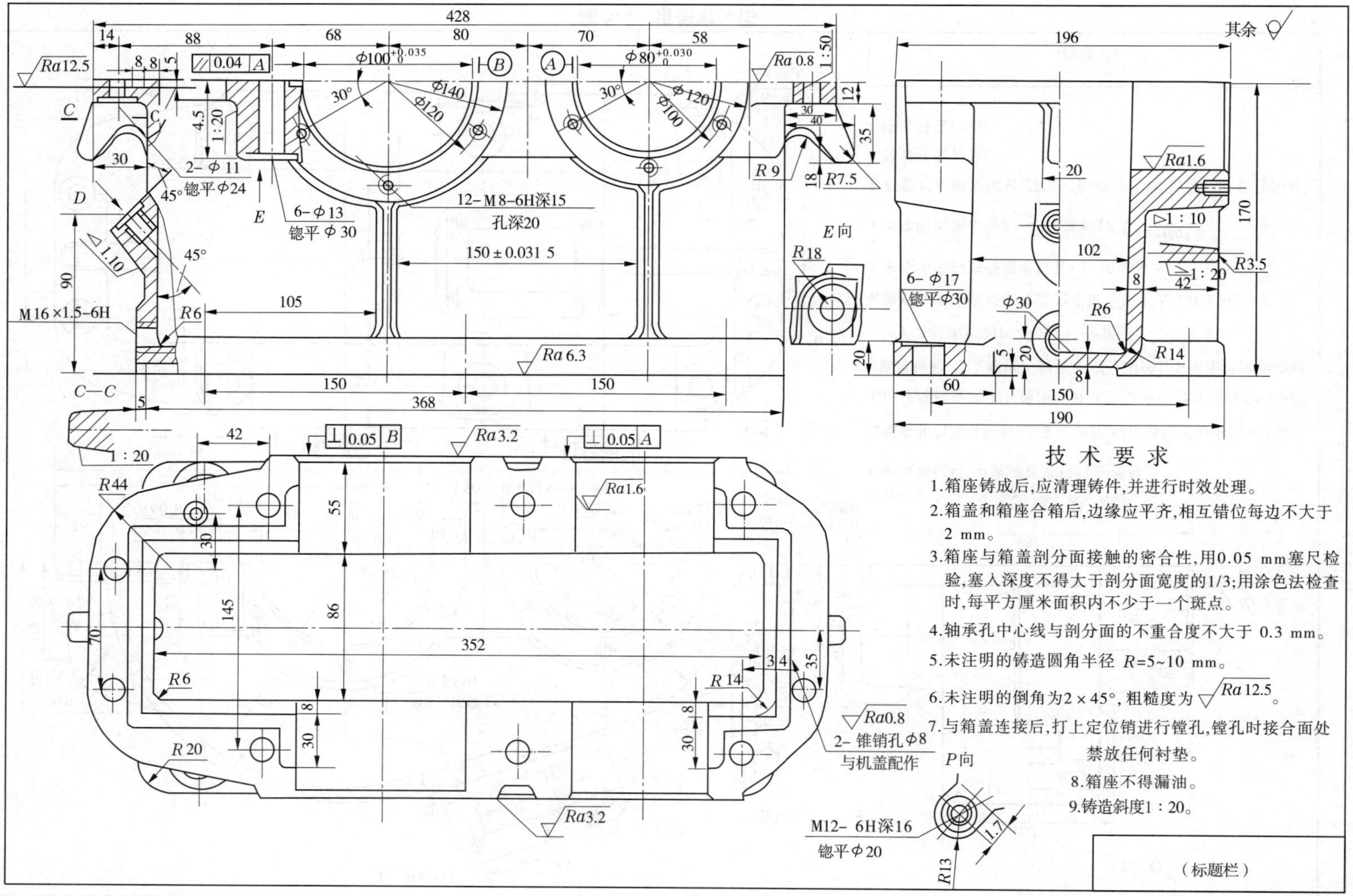
其余
技术要求
1.箱座铸成后,应清理铸件,并进行时效处理。
2.箱盖和箱座合箱后,边缘应平齐,相互错位每边不大于 2 mm。
3.箱座与箱盖剖分面接触的密合性,用0.05 mm塞尺检验,塞入深度不得大于剖分面宽度的1/3;用涂色法检查时,每平方厘米面积内不少于一个斑点。
4.轴承孔中心线与剖分面的不重合度不大于 0.3 mm。
5.未注明的铸造圆角半径 R=5~10 mm。
6.未注明的倒角为2×45°,粗糙度为 Ra12.5。
7.与箱盖连接后,打上定位销进行镗孔,镗孔时接合面处禁放任何衬垫。
8.箱座不得漏油。
9.铸造斜度1∶20。
(标题栏)
12-M8-6H深15
孔深20
6-Φ13
锪平Φ30
2-Φ11
锪平Φ24
6-Φ17
锪平Φ30
M16×1.5-6H
E向
P向
M12-6H深16
锪平Φ20
2-锥销孔Φ8
与机盖配作
C—C

图 5-3 箱座零件图

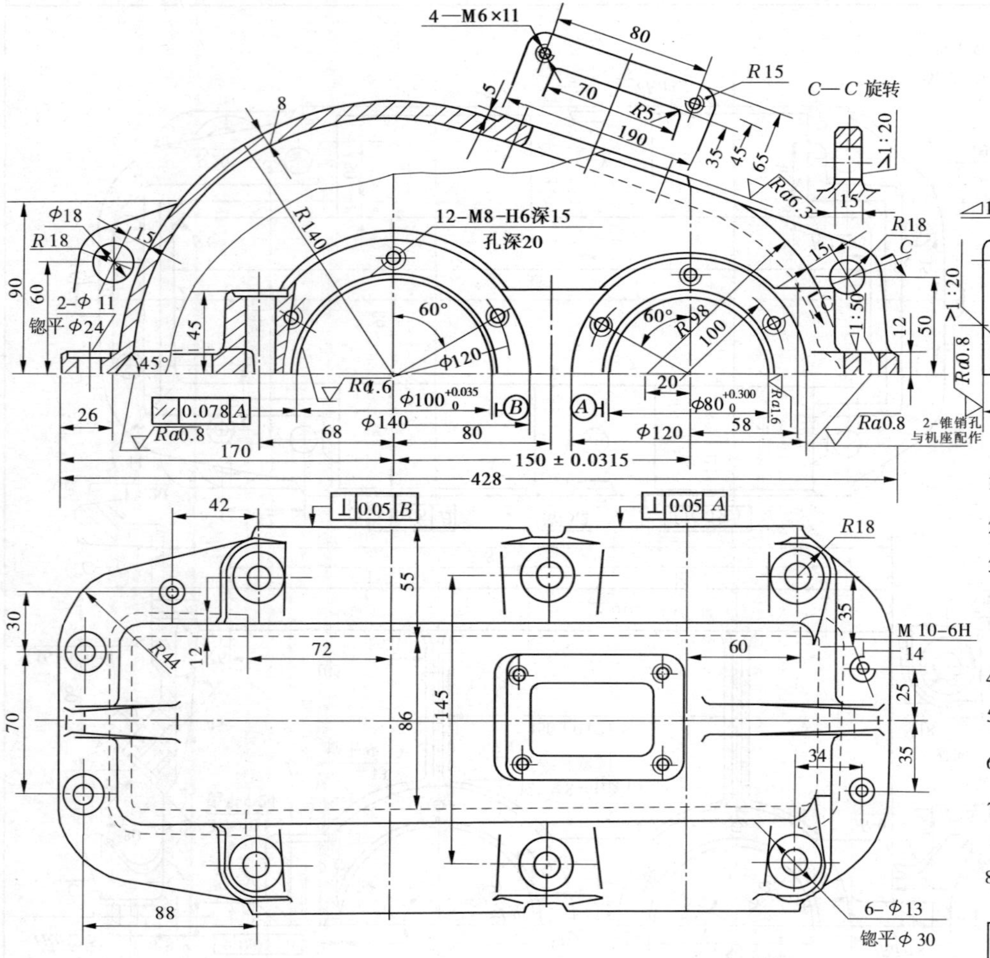

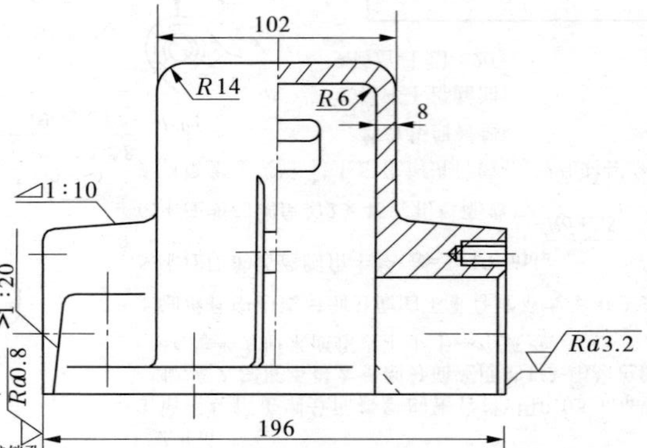

技 术 要 求

1.箱盖铸成后,应清理并进行时效处理。

2.箱盖和箱座合箱后,边缘应平齐,相互错位每边不大于2 mm。

3.应仔细检查箱盖与箱座剖分面接触的密合性,用0.05 mm塞尺检验,塞入深度不得大于剖分面的1/3;用涂色法检查时,每平方厘米面积内不少于一个斑点。

4.轴承孔中心线与剖分面的不重合度不大于0.3 mm。

5.未注明的铸造圆角半径R=5~10 mm。

6.未注明的倒角为2×45°,粗糙度为$\sqrt{Ra12.5}$。

7.箱盖与箱座连接后,打上定位销进行镗孔,镗孔时接合面处禁放任何衬垫。

8.铸造斜度1:20。

(标题栏)

图 5-4　箱盖零件图

学习项目六 设计计算说明书的编制

任务一 了解说明书的要求

设计计算说明书主要是阐明设计者思想、设计计算方法与计算数据的说明资料，是审查设计合理性的重要技术依据。为此，对设计计算说明书的要求如下：

(1)系统地说明设计过程中所考虑的问题及全部计算项目。阐明设计的合理性、经济性、装拆、润滑、密封等方面的有关问题。

(2)计算要正确完整、文字简洁通顺、书写整齐清晰。计算部分只须列出公式，代入数据，略去演算过程，直接得出结果。说明书中所引用的重要计算公式、数据，应注明来源(注出参考资料的统一编号、页次、公式号或表号等)。对所得结果，应有一个简要的结论。

(3)说明书应包括与计算有关的必要简图(如轴的受力分析、弯矩、扭矩、结构等图)。

(4)说明书须用16开的设计专用纸，按统一格式书写，如表6-1所示。说明书左栏写计算内容的标题、计算过程、说明的内容，右栏写出计算结果(数据)、结论。待完成全部编写后，标出页次，编好目录，装订成册。

表6-1 设计计算说明书的书写格式示例

	设计计算及说明	结果
装订线	…… 六、轴的设计计算及校核 1. 轴的材料选择 选45钢，调质处理170~217 HBW，$\sigma_b=600$ MPa …… 4. 轴的强度校核计算 …… 2)求轴上齿轮所受的力 圆周力 $F_{t_2}=2T_2/d_2=2\times472.77/0.356=2\ 656(\mathrm{N})$ 径向力 $F_{r_2}=F_{t_2}\tan\alpha/\cos\beta=2\ 656\times\tan20°/\cos11°17'=985(\mathrm{N})$ ……	调质处理：170~217 HBW $\sigma_b=600$ MPa $F_{t_2}=2\ 656$ N $F_{r_2}=985$ N

任务二　了解说明书内容

设计计算说明书应包括如下内容,并建议按下列顺序编写:

(1)目录(标题、页次)。

(2)设计任务书(设计题目)。

(3)运动学与动力参数计算。

(4)传动零件设计计算(确定带传动、齿轮与蜗杆传动及链传动的主要参数)。

(5)轴的设计计算及校核(包括结构设计)。

(6)轴承的选择与校核。

(7)键及联轴器的选择与校核。

(8)箱体的设计(主要结构尺寸的设计计算及必要的说明)。

(9)润滑及密封的选择,润滑剂牌号及容量的计算说明。

(10)减速器附件及说明。

(11)设计小结(简要说明设计的体会,分析设计的优缺点及改进的意见等)。

(12)参考资料(资料的编号、资料名称、作者姓名、出版单位、出版日期)。

任务三　准备答辩

答辩是课程设计最后一个重要环节。通过答辩,可以系统地分析所作设计的优缺点,发现问题,总结初步掌握的设计方法和步骤,提高独立工作的能力。也可以使教师更全面、深层次地检查学生掌握设计知识、设计成果的情况,是评定设计成绩的重要依据。

答辩前,应认真整理和检查全部图样和说明书,进行系统、全面的回顾和总结。搞清设计中每一个数据、公式的使用,弄懂图样上的结构设计问题、每一线条的画图依据以及技术要求等其他问题。做好总结可以把还不懂或尚未考虑到的问题搞清、弄透,以取得更大的收获。总结以书面形式写在计算说明书的最后一页,以便老师查阅。

最后把图样叠好,说明书装订好,准备答辩。

下面列出一些答辩思考题供准备答辩时参考:

(1)叙述对传动方案的分析理解。

(2)电动机的功率是怎样确定的?

(3)选择电动机的同步转速时应考虑哪些因素?同步转速与满载转速有什么不同?设计计算时用哪个转速?

(4)你在分配传动比时考虑了哪些因素?在带传动-单级齿轮传动系统中,为什么$i_{齿}>i_{带}$?

(5)在计算各轴功率时,通用减速器与专用减速器的计算方法有什么不同?

(6)带传动设计计算中,怎样合理确定小带轮直径?带速$v<5$ m/s时怎么办?小带轮包角$\alpha_1<120°$时怎么办?

(7)怎样确定斜齿轮及蜗杆蜗轮所受的轴向力方向?

(8)简述齿轮传动的设计方法和步骤。

(9)对于开式齿轮传动和闭式齿轮传动设计,其 z_1 的选择有什么不同?为什么?

(10)一对啮合的齿轮,大小齿轮为什么常用不同的材料和热处理方法?

(11)由公式 $b=\varphi_d d$ 求出的 b 值应为哪个齿轮的宽度?b_1 与 b_2 哪个数值大些?为什么?

(12)斜齿轮传动有什么优点?螺旋角对传动有什么影响?

(13)软齿面齿轮传动和硬齿面齿轮传动各有什么特点?

(14)为什么蜗杆常用钢而蜗轮常用青铜?

(15)初步估算出的轴径应根据什么圆整?

(16)画出主动轴和从动轴的受力简图。

(17)轮毂宽度与轴头长度是否相同?

(18)外伸轴与轴承端盖间是否应该有间隙?

(19)在滚动轴承组合设计中,你采用了哪些固定方式?为什么?

(20)在圆柱齿轮、圆锥齿轮及蜗杆传动中,为了达到正确的装配位置(圆柱齿轮全齿宽接触、圆锥齿轮共顶点、蜗杆轴线位于蜗轮主平面),你是如何从结构和尺寸上保证的?

(21)如何选择联轴器?分析高速级和低速级常用联轴器有何不同?

(22)怎样选择轴承的润滑方式?如何从结构上保证脂润滑和油润滑供应充分?

(23)箱座剖分面上的油沟怎样正确开设?你设计的油沟是怎样加工的?

(24)怎样确定轴承座的宽度?

(25)设计的减速器选用何种润滑剂?是什么牌号?

(26)怎样确定减速器的中心高?箱体中的油量是怎样确定的?

(27)结合装配图说明轴的各段直径与长度是怎样确定的?说明轴上零件的装拆顺序。

(28)挡油环与封油环的作用是什么?分别在什么情况下使用?

(29)外伸轴与轴承盖、箱盖与箱座接合面各采用什么方法密封?为什么?

(30)同一轴心线的两个轴承座孔直径为什么要尽量一致?

(31)箱体同侧轴承座端面为什么要尽量位于同一平面上?

(32)减速器中各附件的作用是什么?

(33)定位销与箱体的加工装配有什么关系?如何布置定位销?

(34)轴承座旁联接螺栓为什么要尽量靠近?

(35)螺纹联接处的凸台或鱼眼坑有什么用途?

(36)普通螺栓联接和铰制孔螺栓联接各用在什么地方?画图时有什么不一样?

(37)设计中为什么要严格执行国家标准、部颁标准?

(38)箱体的刚性对减速器的工作性能有什么影响?你所设计的箱体如何考虑具有足够的刚性?轴承孔处的壁厚、筋和联接螺栓的凸台对刚性有什么影响?

(39)齿轮在箱体内非对称布置时,为什么齿轮安装在远离轴输出端?

(40)如何确定油塞的位置?它为什么用细牙螺纹?

(41)箱体各表面是如何进行切削加工的?什么条件下要求箱座和箱盖配成一体进

行加工?

(42)轴系各零件(包括轴承)如何定位和固定?

(43)轴承内外圈应采用的配合制是什么? 为什么?

(44)箱体接合面轴承座宽度的确定与哪些因素有关? 如何确定?

(45)装配图上应标注哪些尺寸? 各主要零件间的配合如何选择?

(46)如何检查齿侧间隙和接触斑点? 如不合格应采取什么措施?

(47)试述在轴的零件工作图中标注尺寸时应注意的问题。

(48)在轴的零件工作图中,对轴的几何公差有哪些基本要求?

(49)圆柱齿轮精度的检验项目常用的是哪几项?

(50)在圆柱齿轮的零件工作图中,对圆柱齿轮形位公差有哪些基本要求?

(51)设计中运用了哪些先修课知识?

学习项目七　参考图例

本项目编入了课程设计中常用的参考图例，包括了装配图和零件工作图。根据课程设计题目的设计范围，选取有关参考图例，以典型结构为主，并考虑到结构形式的多样和新颖。

为了利于读者独立分析和思考问题，除编入完整的装配图以作示范外，其余的装配图只能表示以结构特点为目的，并作简单的说明，此种图形为结构图。

图 7-1～图 7-9 为一级圆柱齿轮减速器的装配图及其主要的零件工作图。装配图的内容是完整的，包括了视图、尺寸、公差配合、技术特性、技术要求、零件明细表及标题栏。标题栏的格式未定，以便读者自定。这样的装配图可起到示范作用。零件工作图是按实际生产制造要求绘制的。在装配图内还附加“说明”，这些内容不属于该图制图规定的要求，在设计图中不必写出。图 7-7～图 7-9 在箱体结构上或轴承组合设计等处各有特点，供学生在设计时参考，选用部分结构。

图 7-10～图 7-14 是各种结构形式的二级圆柱齿轮减速器。

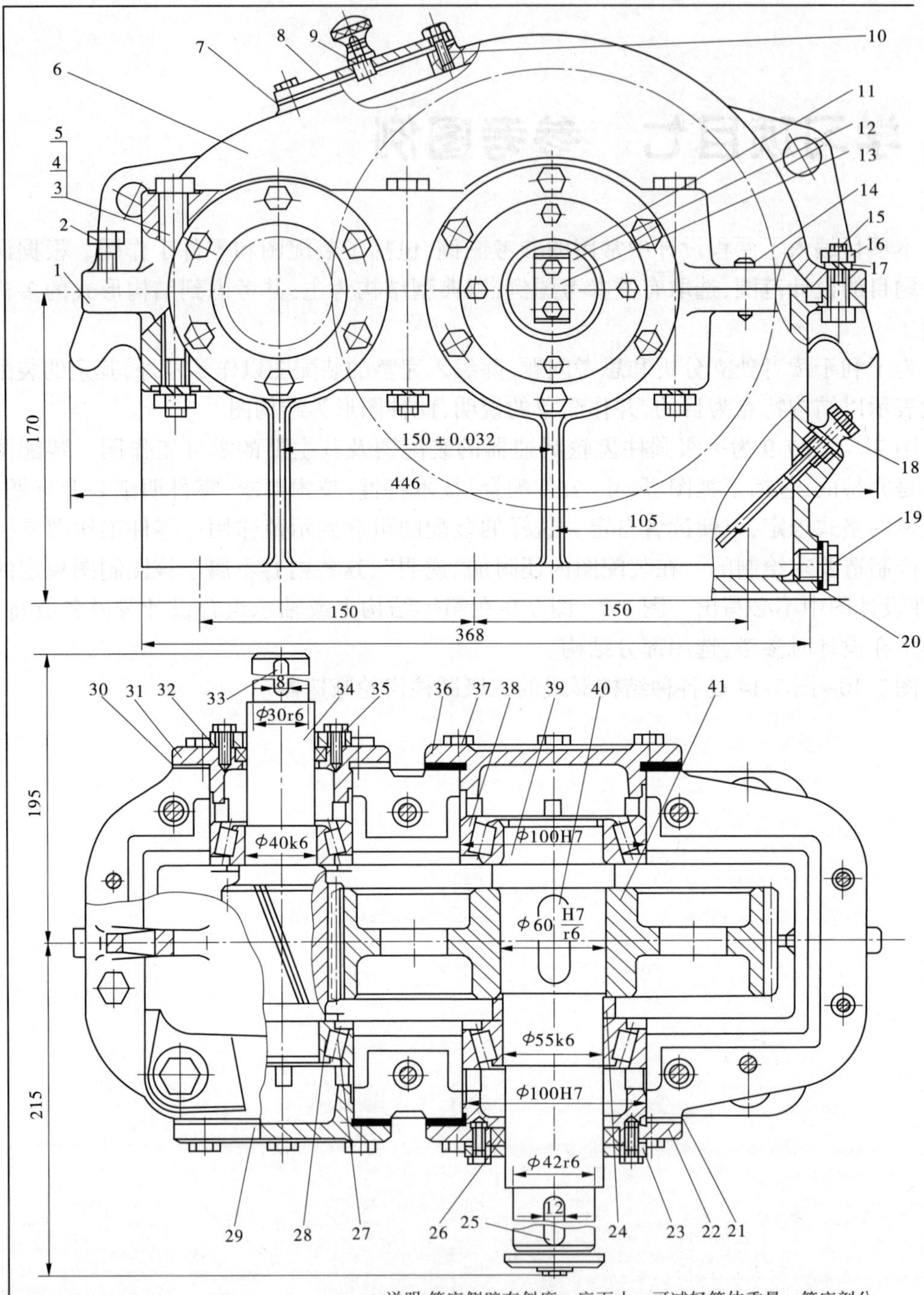

说明:箱座侧壁有斜度，底面小，可减轻箱体重量。箱座剖分面有油槽，以防漏油。采用嵌入式轴承盖，O形圈密封，结构简单，轴向尺寸小,用垫片调整轴承间隙时，需拆卸轴承盖和箱盖，使用不方便，齿轮毛坯采用模锻，适用于成批生产。

图 7-1　一级圆柱齿轮减速器

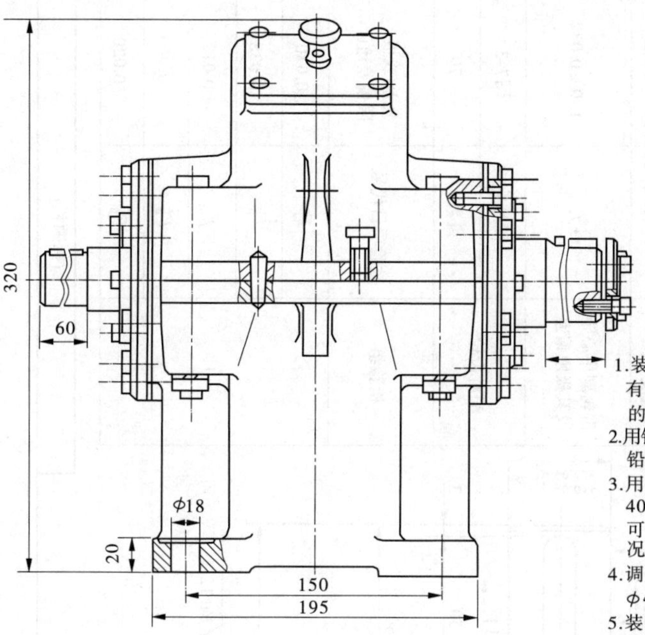

技术要求

1. 装配前,全部零件用煤油清洗,箱体内不许有杂物存在。在内壁涂两次不被机油侵蚀的涂料。
2. 用铅丝检验啮合侧隙,其侧隙不小于 0.16 mm,铅丝直径不得大于最小侧隙的4倍。
3. 用涂色法检验斑点。齿高接触斑点不少于40%;齿长接触斑点不少于50%。必要时可采用研磨或刮后研磨,以便改善接触情况。
4. 调整轴承时所留轴向间隙如下:$\phi 40$为0.05~0.1 mm,$\phi 55$为0.08~0.15 mm。
5. 装配时,剖分面不允许使用任何填料,可涂以密封油漆或水玻璃。试转时应检查剖分面、各接触面及密封处,均不准漏油。
6. 箱座内装L-CKB46号工业齿轮油至规定高度。
7. 表面涂灰色油漆。

技术参数表

功率	4.5 kW	高速轴转速	480 r/min	传动比	4.16

41	大齿轮	1	45		
40	键18×50	1	Q275A	GB/T 1096—2003	
39	轴	1	45		
38	轴承30311E	2		GB/T 297—2015	
37	螺栓M8×25	24	Q235A	GB/T 5782—2016	
36	轴承端盖	1	HT200		
35	J形油封35×60×12	1	耐油橡胶	HG4—338—1996	
34	齿轮轴	1	45		
33	键8×50	1	Q275A	GB/T 1096—2003	
32	密封盖板	1	Q235A		
31	轴承端盖	1	HT200		
30	调整垫片	2	成组		
29	轴承端盖	1	HT200		
28	轴承30308E	2		GB/T 297—2015	
27	挡油环	2	Q215A		
26	J形油封50×72×12	1	耐油橡胶	HG 4—338—1966	
25	键12×56	1	Q275A	GB/T 1096—2003	
24	定距环	1	Q235A		
23	密封盖板	1	Q235A		
22	轴承端盖	1	HT200		
21	调整垫片	2组	08F		
20	油圈25×18	1	工业用革		
序号	名称	数量	材料	标准	备注

19	六角螺塞M18×1.5	1	Q235A	参考	
18	油标	1	Q235A		
17	垫圈10	2	65Mn	GB/T 93—1987	
16	螺母M10	2	Q235A	GB/T 41—2016	
15	螺栓M10×35	4	Q235A	GB/T 5782—2016	
14	销A8×30	2	35	GB/T 117—2000	
13	防松垫片	1	Q215A		
12	轴端挡圈	1	Q235A		
11	螺栓M6×25	2	Q235A	GB/T 5782—2016	
10	螺栓M6×20	4	Q235A	GB/T 5782—2016	
9	通气器	1	Q235A		
8	窥视孔盖	1	Q215A		
7	垫片	1	石棉橡胶纸		
6	箱盖	1	HT200		
5	垫圈12	6	65Mn	GB/T 93—1987	
4	螺母M12	6	Q235A	GB/T 41—2016	
3	螺栓M12×100	6	Q235A	GB/T 5782—2016	
2	起盖螺钉M10×30	1	Q235A	GB/T 5780—2016	
1	箱座	1	HT200		
序号	名称	数量	材料	标准	备注
(标题栏)					

(凸缘式端盖)

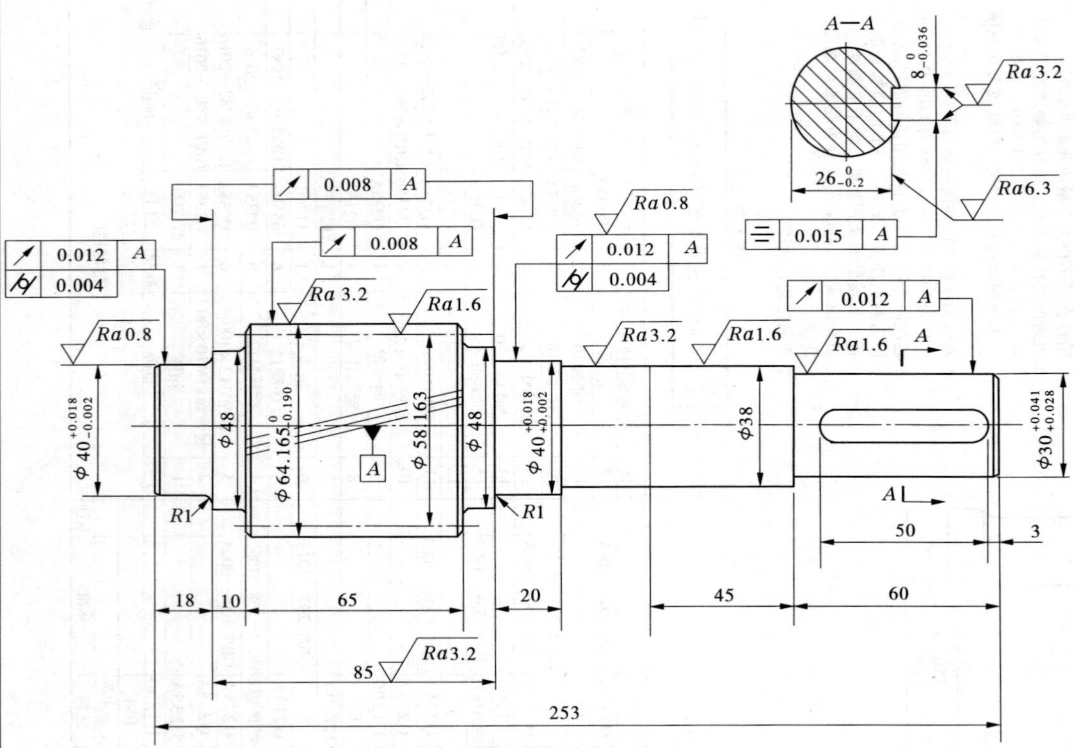

技术要求

1.调质处理表面硬度为220~250 HBW。

2.两端中心孔B3.15/10表面粗糙度为Ra 3.2。

3.其余圆角半径为$R2$。

4.全部倒角为$C1.5$。

5.未注尺寸公差按IT12。

法向模数	m_n	3
齿数	z	19
压力角	α	20°
齿顶高系数	h_a^*	1
螺旋角	β	11°28′42″
螺旋方向	左旋	
径向变位系数	x	0
齿厚	$4.712^{-0.084}_{-0.140}$	
精度等级	7(GB/T 10095.1—2022)	
齿轮副中心距及其极限偏差	$a \pm f_a$	150 ± 0.032
配对齿轮	图号	图7-3
	齿数	79
检验组	检验项目代号	公差(或极限偏差)值
1.	F_r	0.030
	F_p	0.038
	f_{pt}	±0.012
	F_α	0.016
	F_β	0.020

(标题栏)

图 7-2 齿轮轴

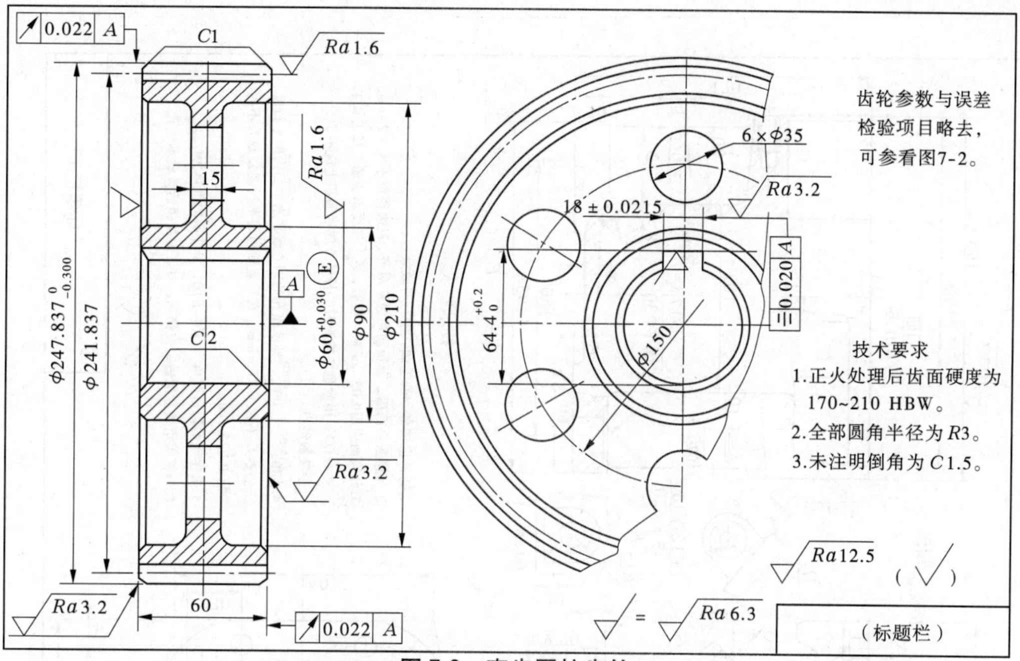

图 7-3 直齿圆柱齿轮

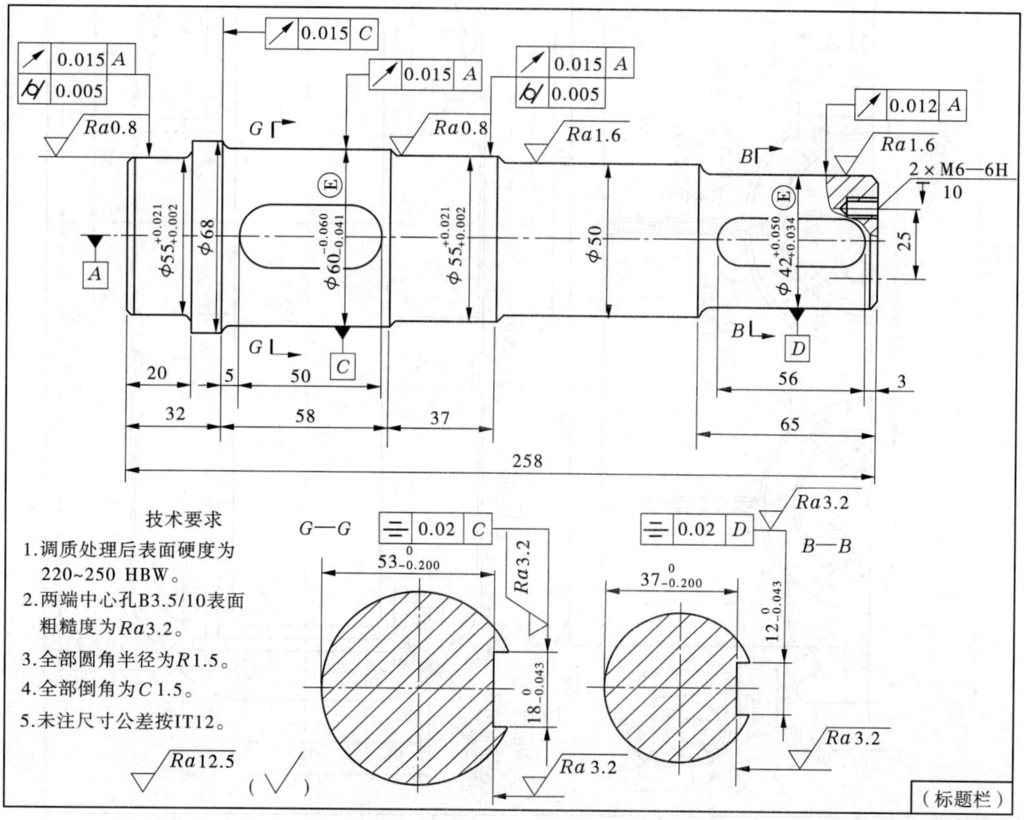

图 7-4 轴

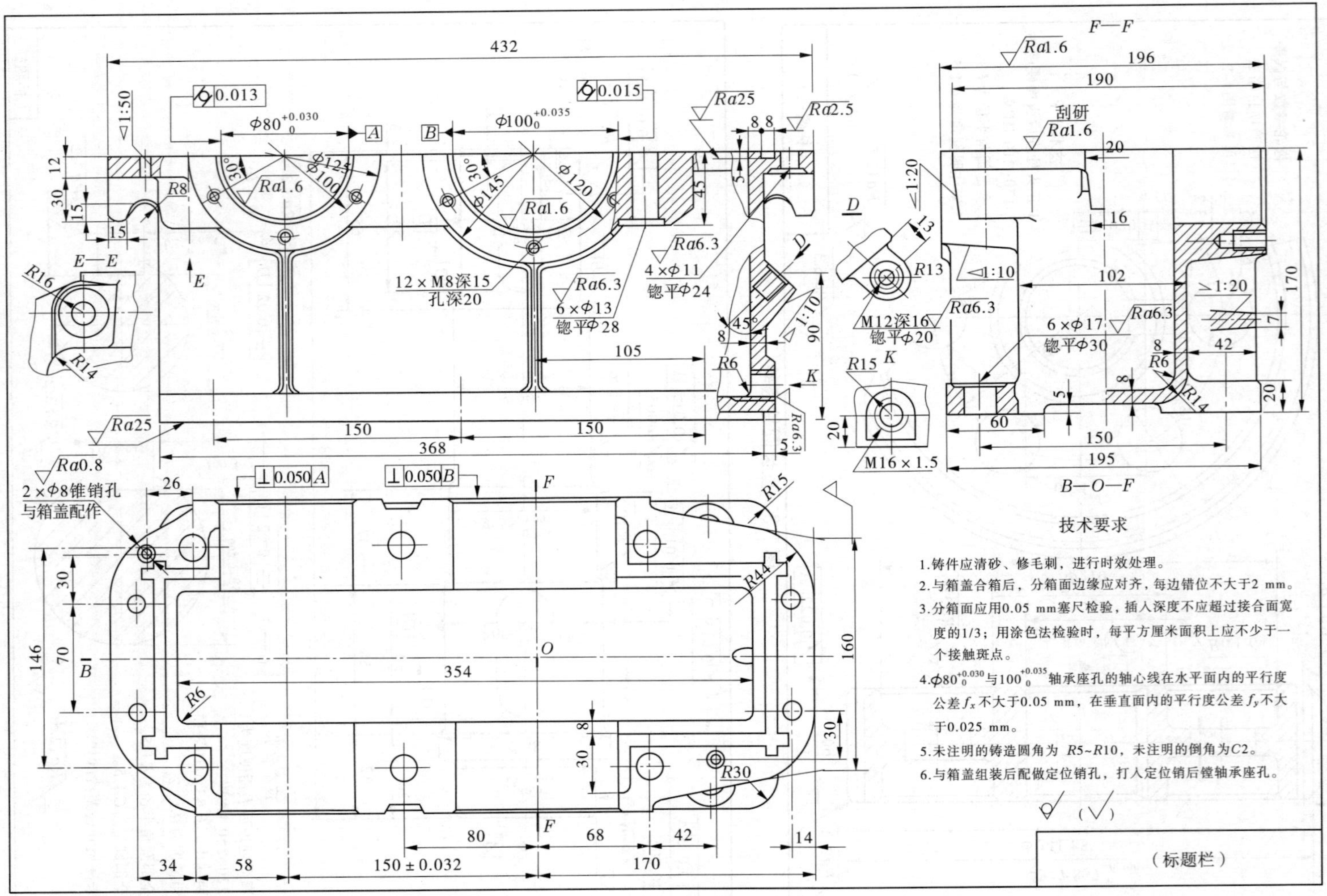

技术要求

1. 铸件应清砂、修毛刺，进行时效处理。
2. 与箱盖合箱后，分箱面边缘应对齐，每边错位不大于2 mm。
3. 分箱面应用0.05 mm塞尺检验，插入深度不应超过接合面宽度的1/3；用涂色法检验时，每平方厘米面积上应不少于一个接触斑点。
4. $\phi80^{+0.030}_{0}$与$100^{+0.035}_{0}$轴承座孔的轴心线在水平面内的平行度公差f_x不大于0.05 mm，在垂直面内的平行度公差f_y不大于0.025 mm。
5. 未注明的铸造圆角为 R5~R10，未注明的倒角为C2。
6. 与箱盖组装后配做定位销孔，打入定位销后镗轴承座孔。

图 7-5 箱座

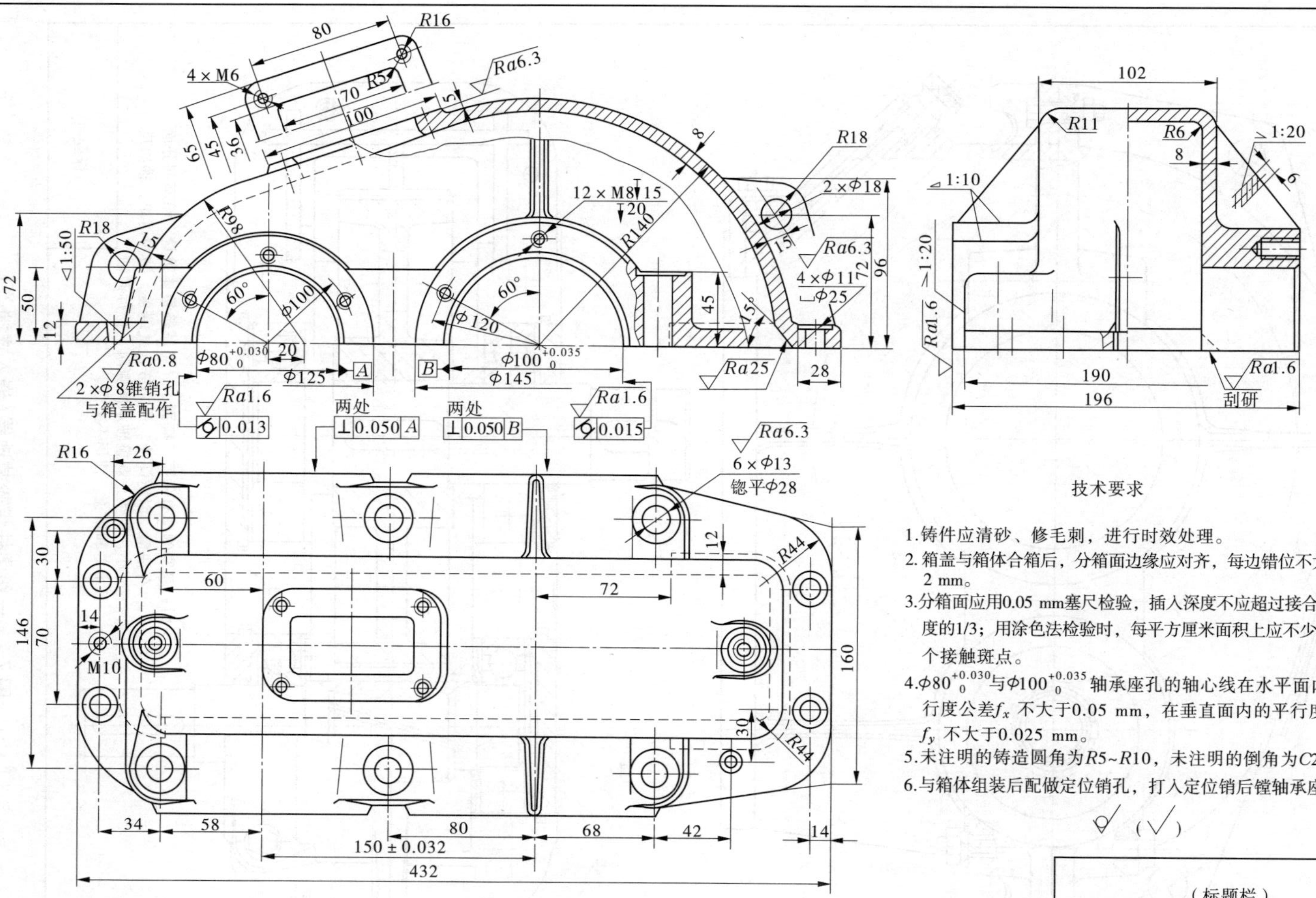

技术要求

1.铸件应清砂、修毛刺，进行时效处理。
2.箱盖与箱体合箱后，分箱面边缘应对齐，每边错位不大于2 mm。
3.分箱面应用0.05 mm塞尺检验，插入深度不应超过接合面宽度的1/3；用涂色法检验时，每平方厘米面积上应不少于一个接触斑点。
4.$\phi80^{+0.030}_{0}$与$\phi100^{+0.035}_{0}$轴承座孔的轴心线在水平面内的平行度公差f_x不大于0.05 mm，在垂直面内的平行度公差f_y不大于0.025 mm。
5.未注明的铸造圆角为$R5\sim R10$，未注明的倒角为$C2$。
6.与箱体组装后配做定位销孔，打入定位销后镗轴承座孔。

图7-6 箱盖

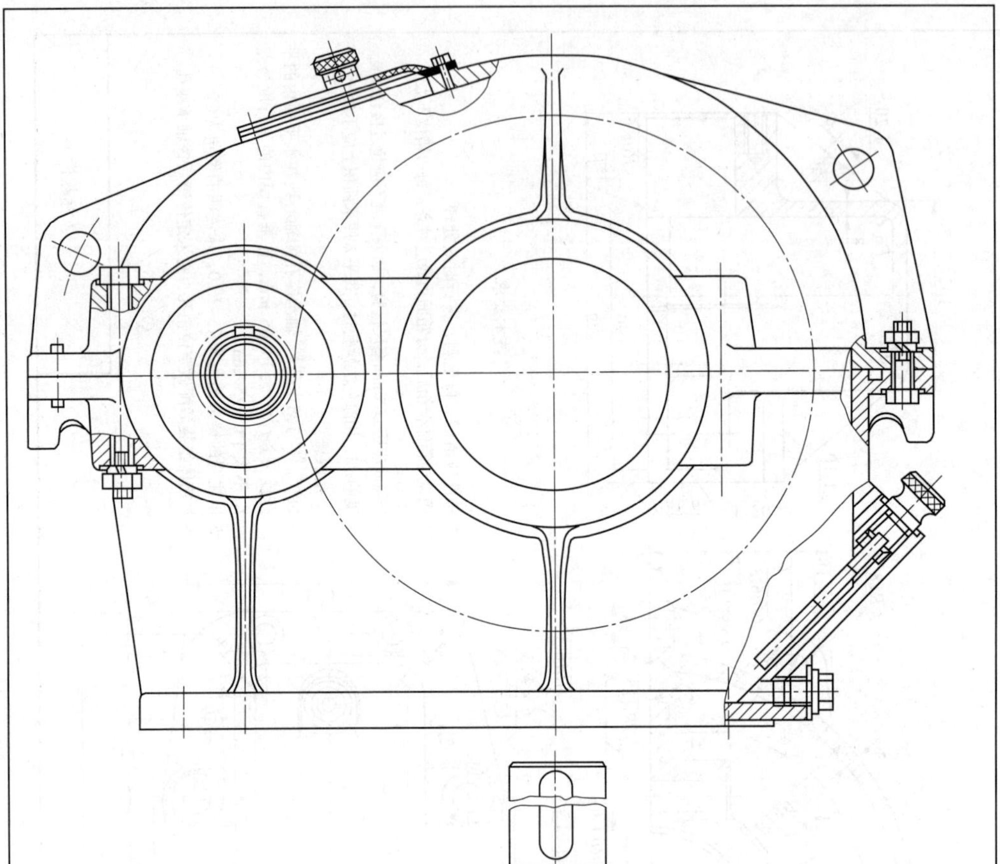

图 7-7 一级圆柱齿轮减速器(嵌入式端盖)

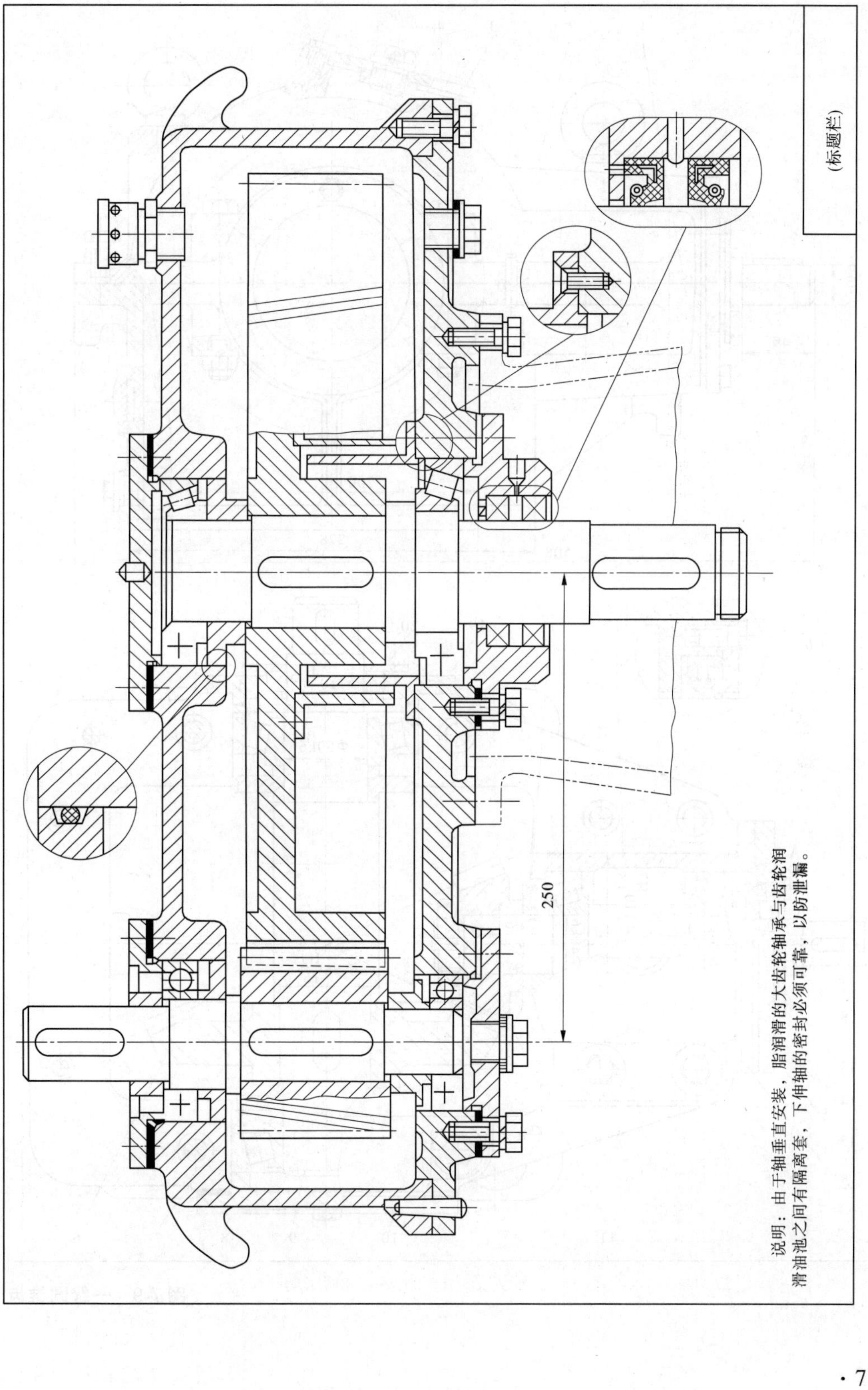

说明：由于轴垂直安装，脂润滑的大齿轮轴承与齿轮润滑油池之间有隔离套，下伸轴的密封必须可靠，以防泄漏。

图 7-8　立轴圆柱齿轮减速器

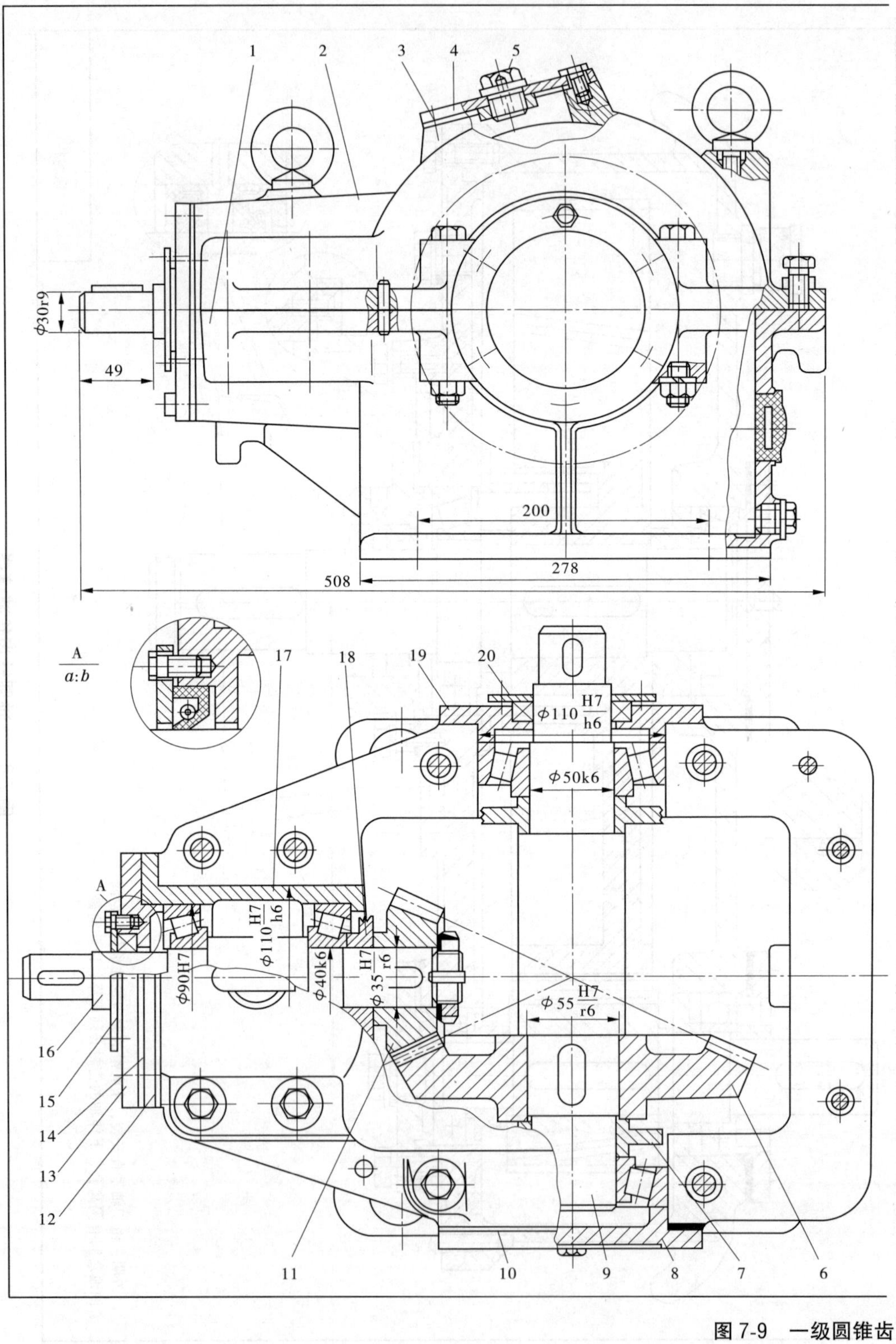
1
2
3
4
5
φ30r9
49
200
278
508
A
a:b
17
18
19
20
φ110 H7/h6
φ50k6
A
φ110 H7/h6
φ90H7
φ40k6
φ35 H7/r6
φ55 H7/r6
16
15
14
13
12
11
10
9
8
7
6

图 7-9 一级圆锥齿

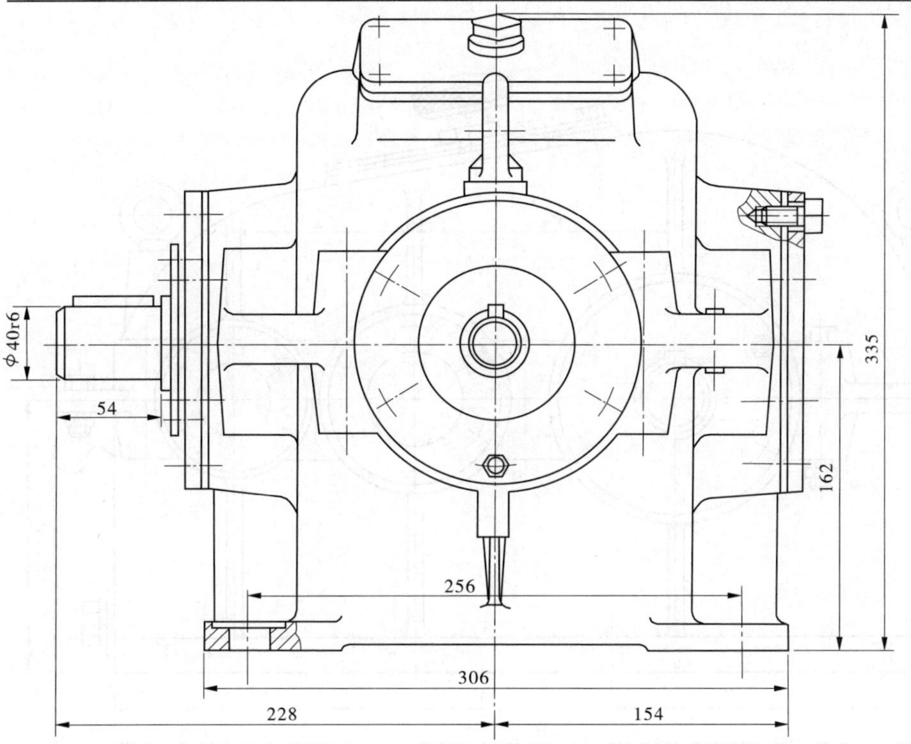

技术参数表

1.功率4.5 kW；2.高速轴转速420 r/min；3.传动比2:1

技术要求

1.装配前，所有零件进行清洗，箱体内壁涂耐油油漆。

2.啮合侧隙的大小用铅丝来检验，保证侧隙不小于0.17 mm，所用铅丝直径不得大于最小侧隙的2倍。

3.用涂色法检验齿面接触斑点，齿高和齿长接触斑点都不少于50%。

4.调整轴承轴向间隙，高速轴为0.04~0.07 mm，低速轴为0.05~0.1 mm。

5.减速器剖分面、各接触面及密封处均不许漏油，剖分面允许涂密封胶或水玻璃。

6.减速器内装50号工业齿轮油至规定高度。

7.减速器表面涂灰色油漆。

20	密封盖	1	Q215A		8	轴承端盖	1	HT150	
19	轴承端盖	1	HT150		7	挡油环	2	Q235A	
18	挡油环	1	Q235A		6	大锥齿轮	1	40	m=5,z=42
17	套环	1	HT150		5	通气器	1	Q235A	
16	轴	1	45		4	窥视孔盖	1	Q235A	组件
15	密封盖板	1	Q215A		3	垫片	1	压纸板	
14	调整垫片	1组	08F		2	箱盖	1	HT150	
13	轴承端盖	1	HT150		1	箱座	1	HT150	
12	调整垫片	1组	08F		序号	名称	数量	材料	备注
11	小锥齿轮	1	45	m=5,z=21					
10	调整垫片	2组	08F				(标题栏)		
9	轴	1	45						

轮减速器

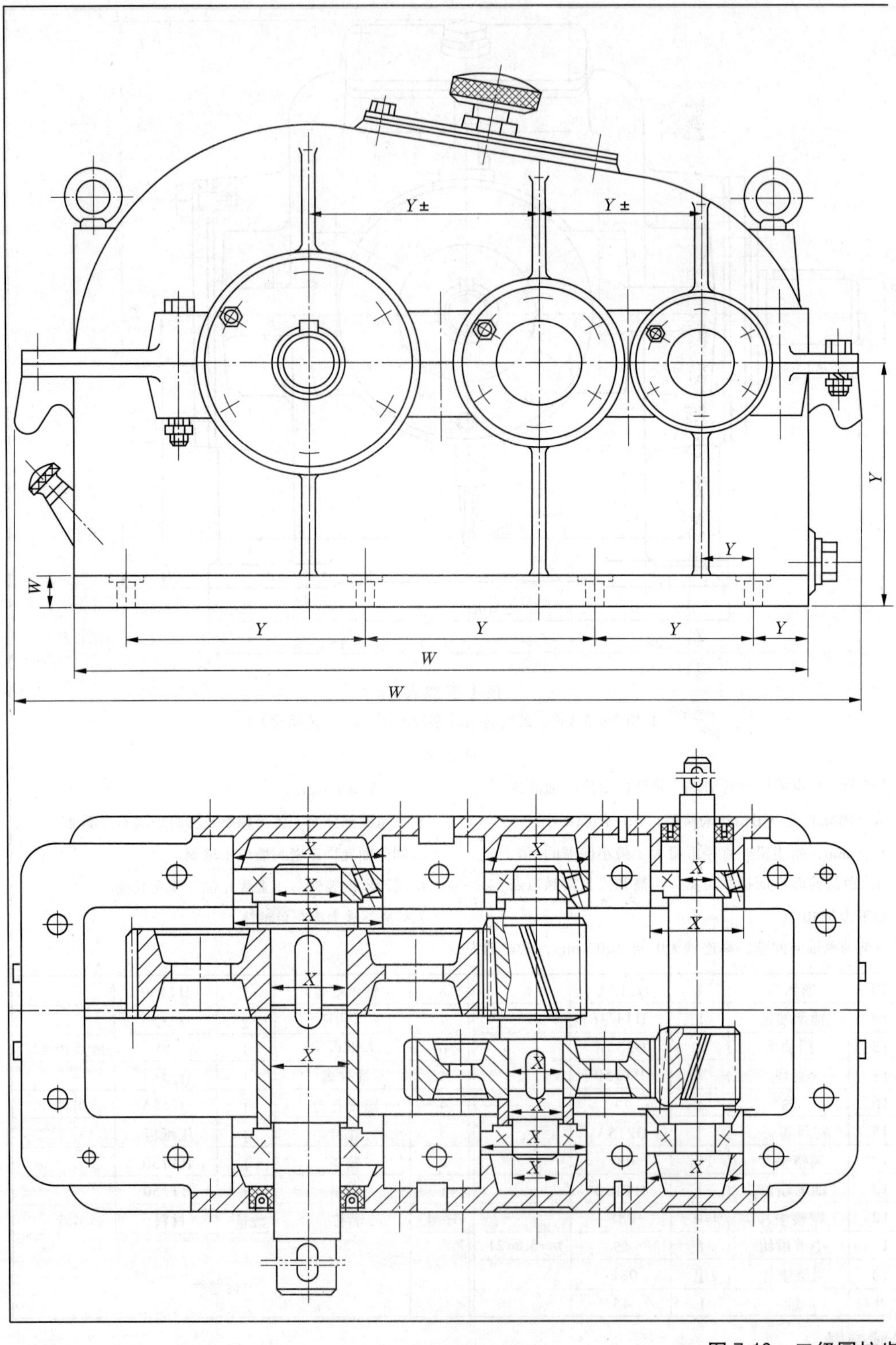

图 7-10　二级圆柱齿

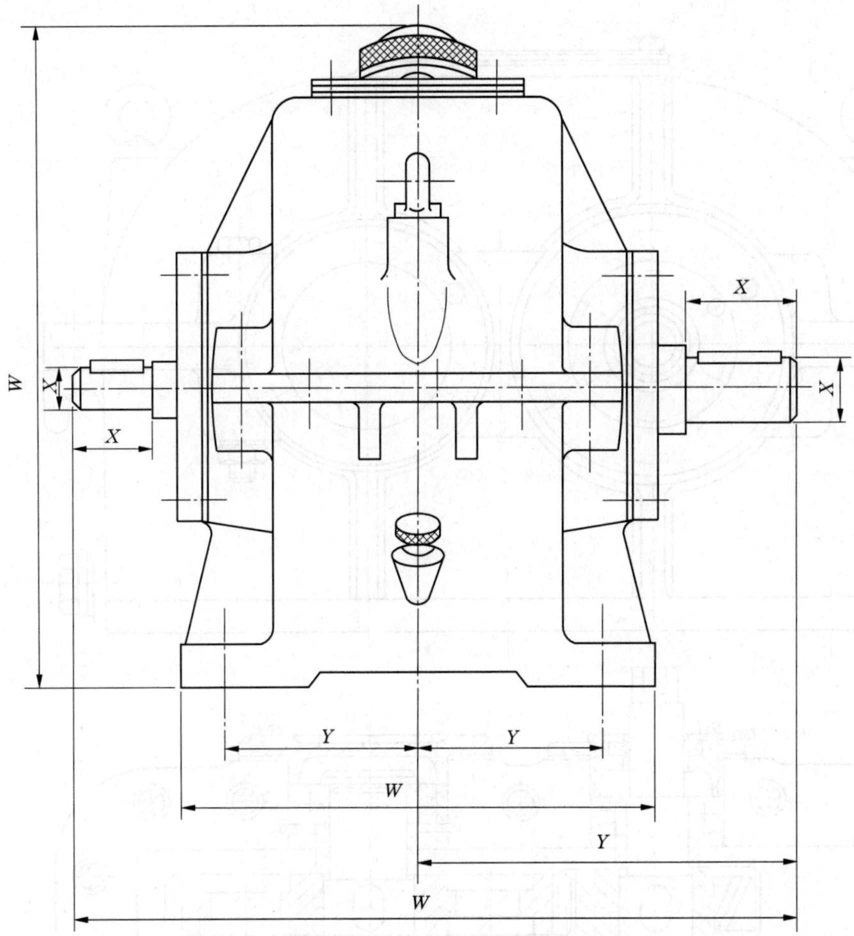

说明:齿轮传动用油润滑，滚动轴承用脂润滑。为避免油池中稀油溅入轴承座，在齿轮与轴承之间放置挡油环。输入轴和输出轴处用毡圈密封，在毡圈外装有压紧盖，以延长密封圈使用寿命和便于更换。

(标题栏)

轮减速器(展开式)

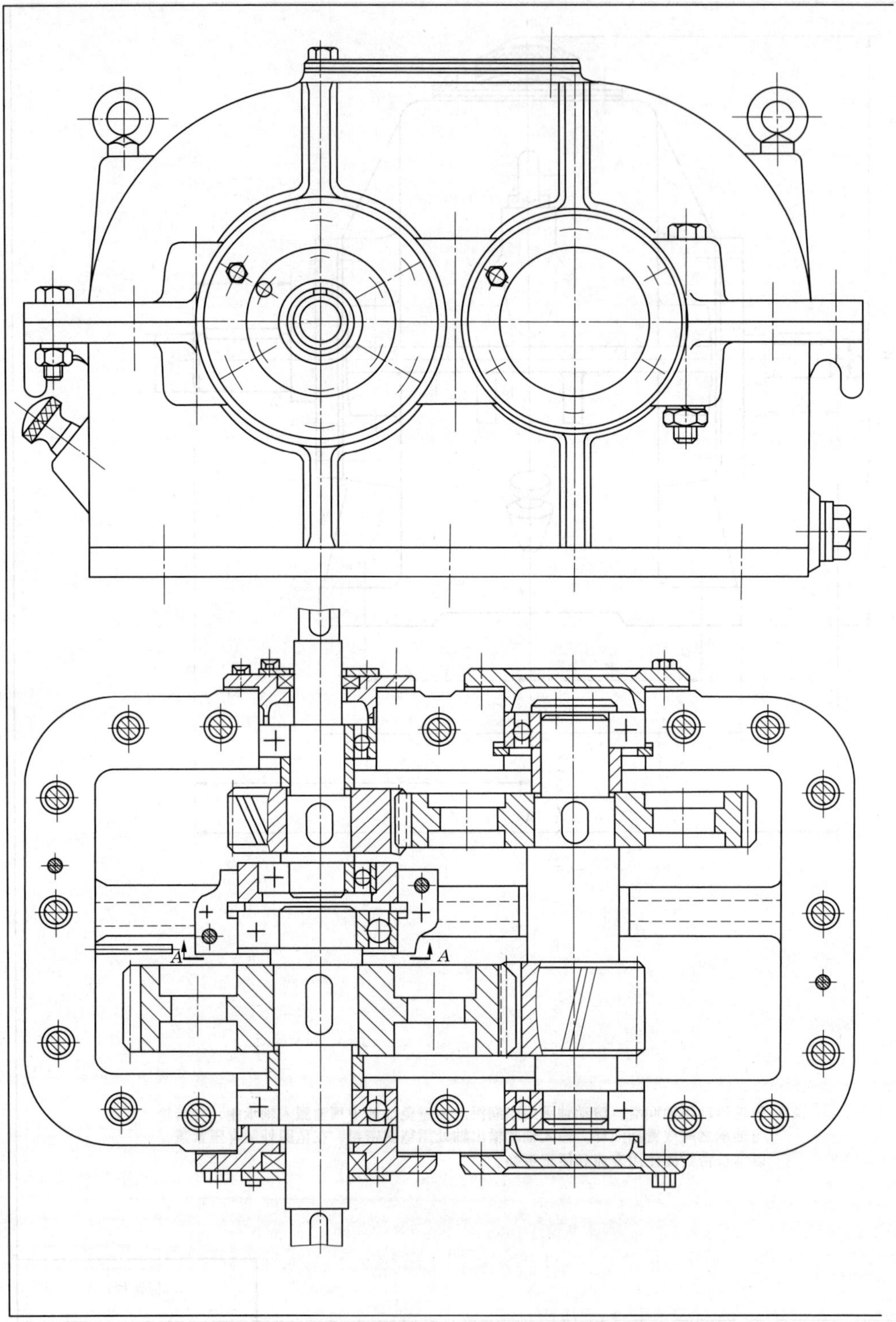

图 7-11 二级圆柱齿

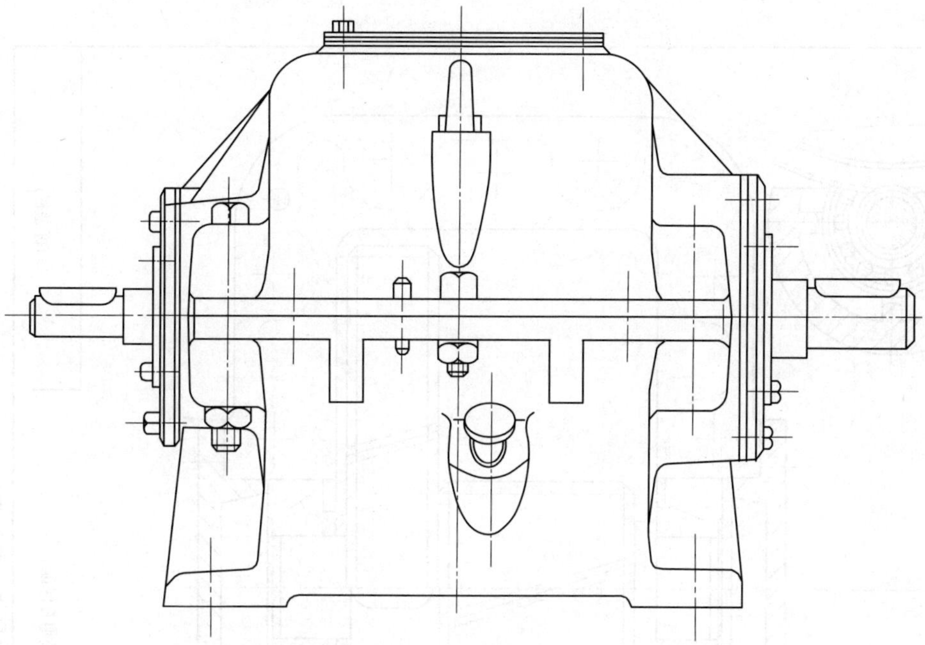

A—*A*

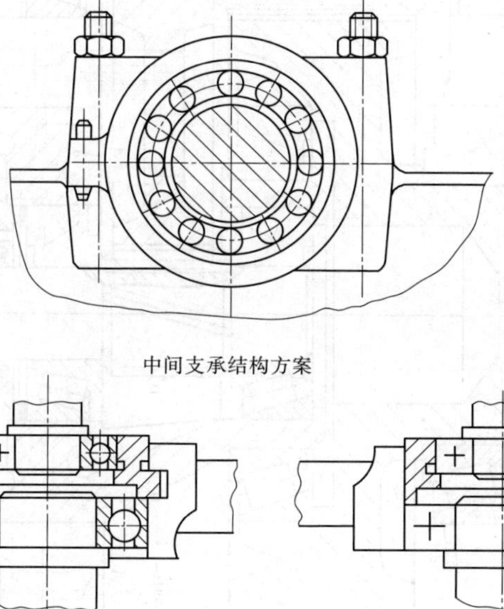

中间支承结构方案

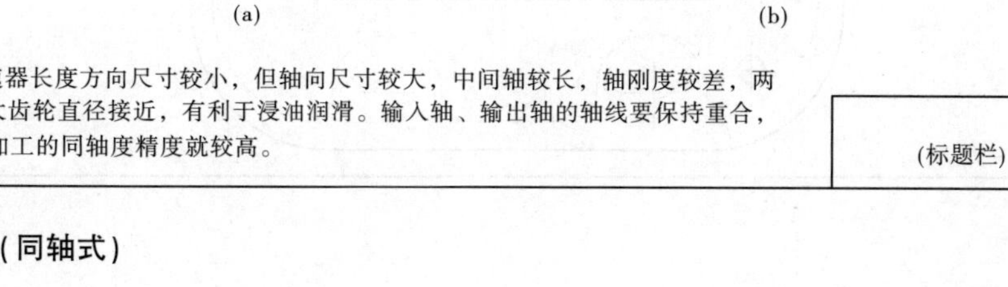

(a)　　　　　　　　(b)

说明：减速器长度方向尺寸较小，但轴向尺寸较大，中间轴较长，轴刚度较差，两级大齿轮直径接近，有利于浸油润滑。输入轴、输出轴的轴线要保持重合，孔加工的同轴度精度就较高。

(标题栏)

轮减速器（同轴式）

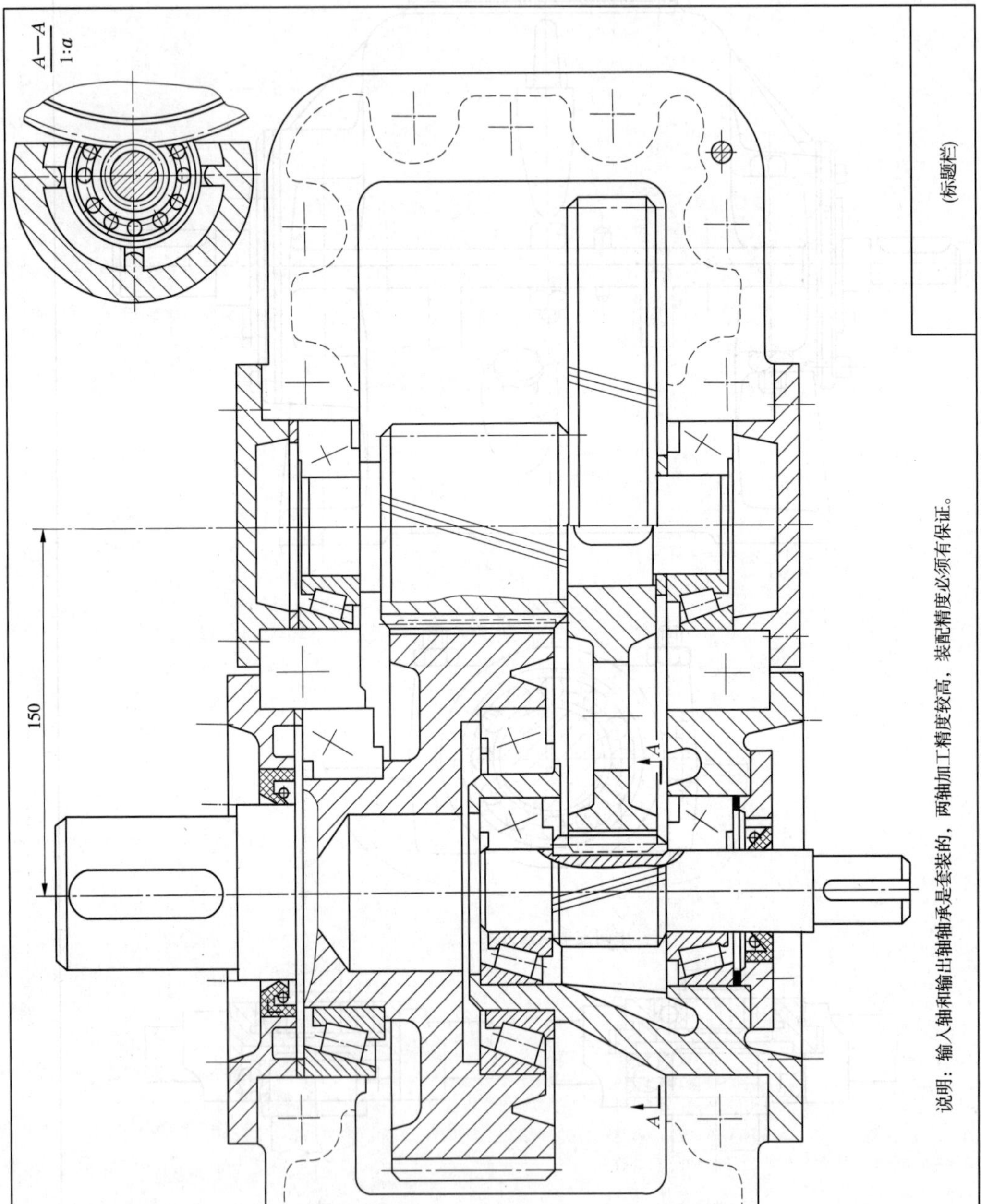

说明：输入轴和输出轴轴承是套装的，两轴加工精度较高，装配精度必须有保证。

图 7-12　二级圆柱齿轮减速器(同轴式套装轴承)

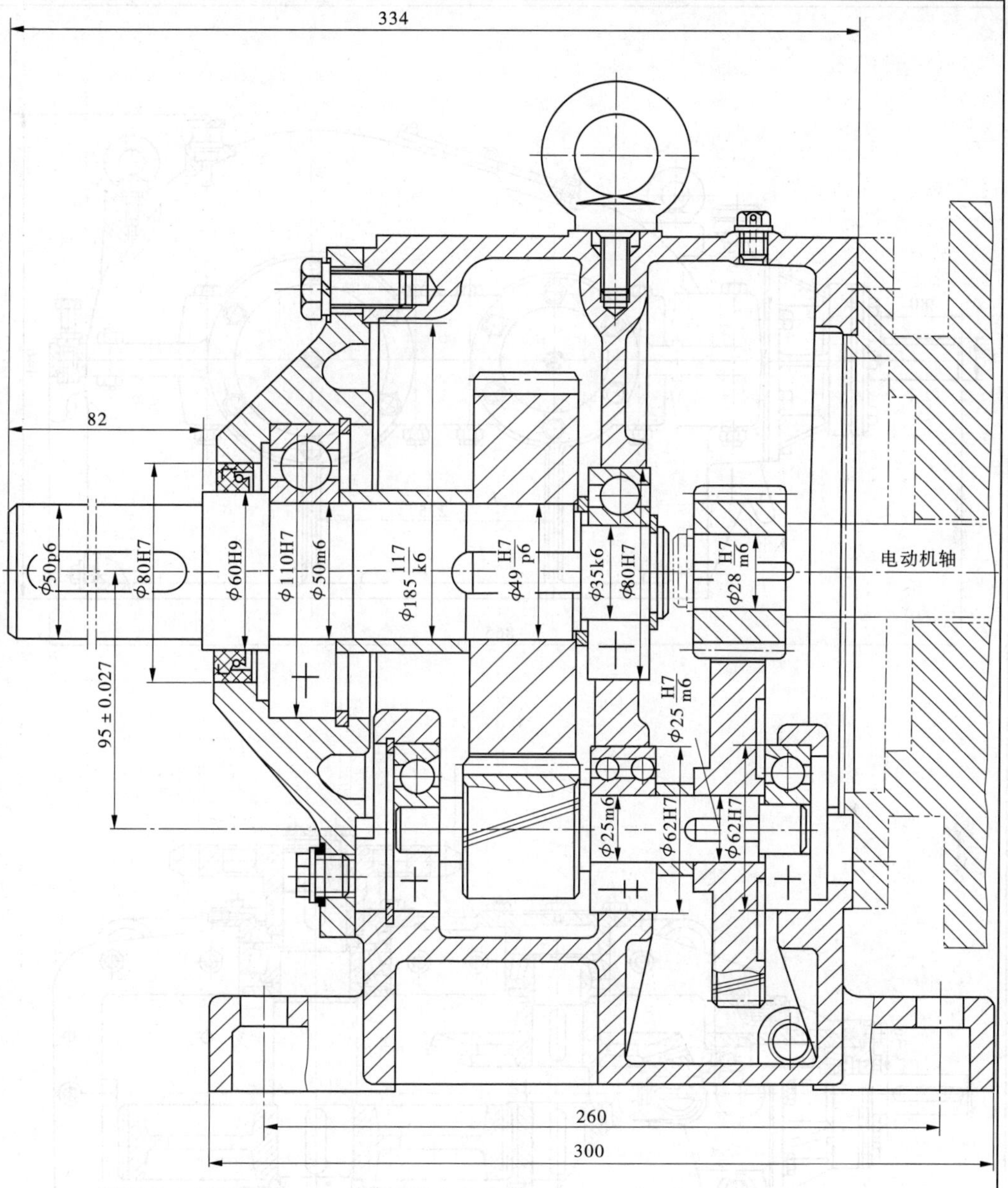

说明：电动机安装在减速器箱体上，其输出轴直接与高速级小齿轮相连。比图7-12所示减速器的轴向尺寸更紧凑。箱体是铸造的，采用大端盖结构，结构简单、重量轻。中间轴是三支点，中间支承采用调心轴承，以便适应轴的变形。中间轴的三个轴承座都在箱座上，便于镗孔，保证同心度。中间轴上的大齿轮与轴配合不宜过紧。

(标题栏)

图 7-13　二级圆柱齿轮减速器（电动机减速器）

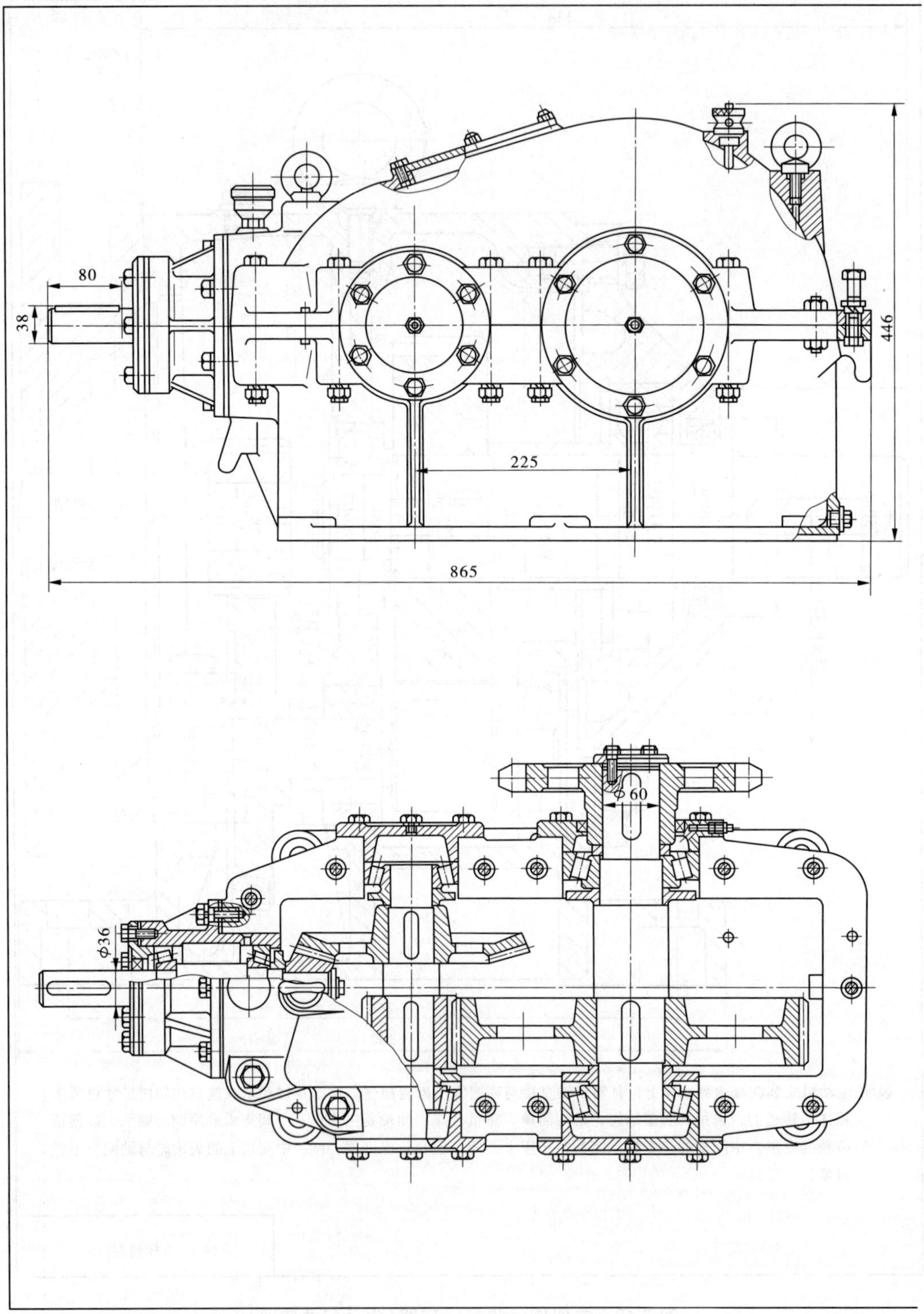

图7-14 二级圆锥-

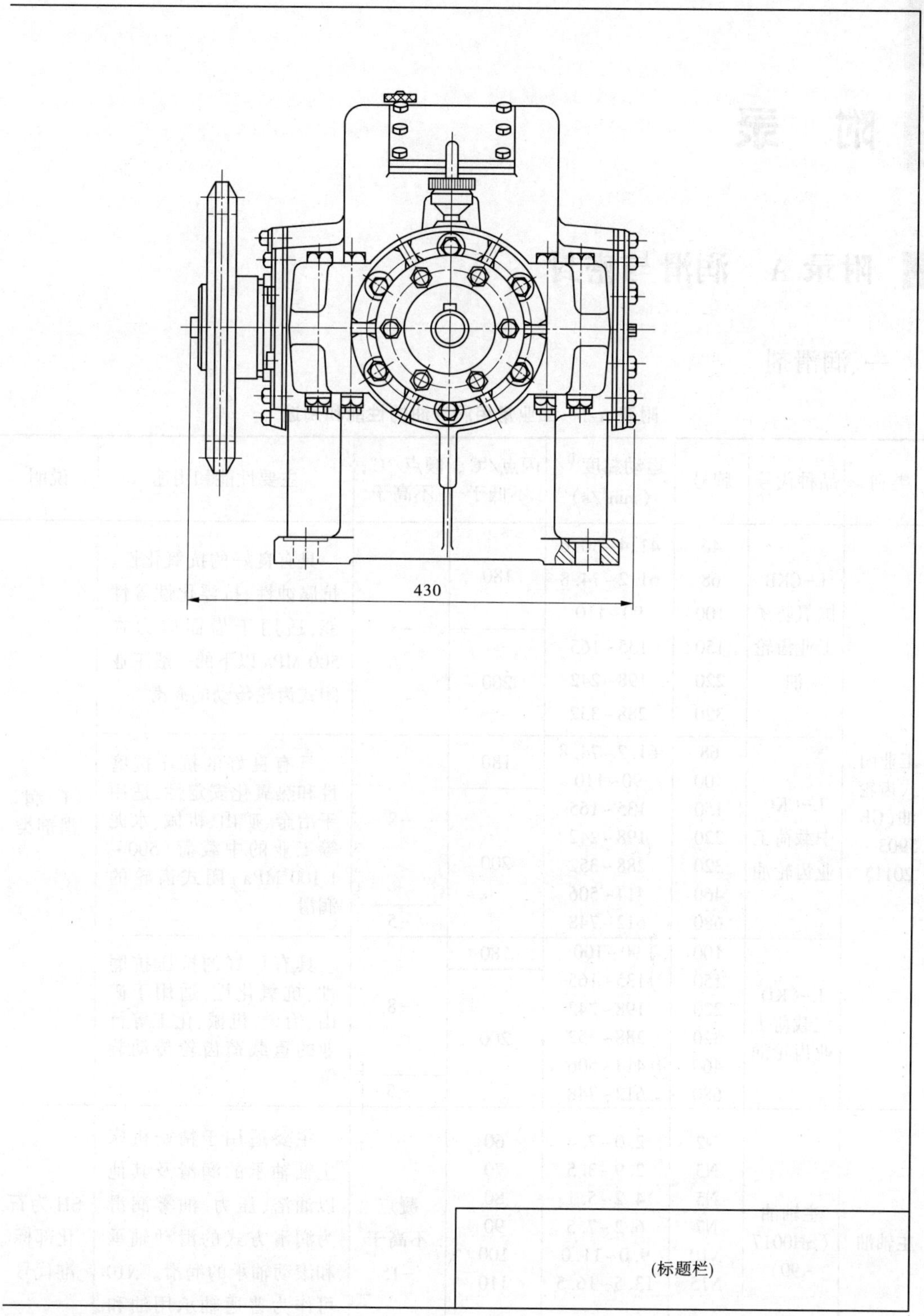

圆柱齿轮减速器

附　录

附录 A　润滑与密封

一、润滑剂

附表 A-1　工业常用润滑油的性能和用途

类别	品种代号	牌号	运动黏度①/(mm²/s)	闪点/℃,不低于	倾点/℃,不高于	主要性能和用途	说明
工业闭式齿轮油(GB 5903—2011)	L-CKB 抗氧防锈工业齿轮油	46	41.4~50.6	180	-8	具有良好的抗氧化性、抗腐蚀性、抗浮化性等性能,适用于齿面应力在500 MPa以下的一般工业闭式齿轮传动的润滑	L-润滑剂类
		68	61.2~74.8				
		100	90~110				
		150	135~165	200			
		220	198~242				
		320	288~352				
	L-CKC 中载荷工业齿轮油	68	61.2~74.8	180	-8	具有良好的抗压抗磨性和热氧化安定性,适用于冶金、矿山、机械、水泥等工业的中载荷(500~1 100 MPa)闭式齿轮的润滑	
		100	90~110				
		150	135~165	200			
		220	198~242				
		320	288~352				
		460	414~506				
		680	612~748		-5		
	L-CKD 重载荷工业齿轮油	100	90~100	180	-8	具有更好的抗压抗磨性、抗氧化性,适用于矿山、冶金、机械、化工等行业的重载荷齿轮传动装置	
		150	135~165	200			
		220	198~242				
		320	288~352				
		460	414~506				
		680	612~748		-5		
主轴油	主轴油(SH0017-90)	N2	2.0~2.4	60	凝点不高于-15	主要适用于精密机床主轴轴承的润滑及其他以油浴、压力、油雾润滑为润滑方式的滑动轴承和滚动轴承的润滑。N10可作为普通轴承用油和缝纫机用油	SH为石化部标准代号
		N3	2.9~3.5	70			
		N5	4.2~5.1	80			
		N7	6.2~7.5	90			
		N10	9.0~11.0	100			
		N15	13.5~16.5	110			
		N22	19.8~24.2	120			

续附表 A-1

类别	品种代号	牌号	运动黏度①/(mm^2/s)	闪点/℃，不低于	倾点/℃，不高于	主要性能和用途	说明
全损耗系统用油(GB/T 443—1989)	L-AN 全损耗系统用油	5	4.14~5.06	80	-5	不加或加少量添加剂，质量不高，适用于一次性润滑和某些要求较低、换油周期较短的油浴式润滑	全损耗系统用油包括 L-AN 全损耗系统油(原机械油)和主轴油(铁路机车主轴油)
		7	6.12~7.48	110			
		10	9.00~11.00	130			
		15	13.5~16.5	150			
		22	19.8~24.2				
		32	28.8~35.2				
		46	41.4~50.6				
		68	61.2~74.8	160			
		100	90.0~110	180			
		150	135~165				

注：“①”栏内的值是在 40 ℃的条件下测得的。

附表 A-2 常用润滑脂的主要性质和用途

名称	代号	滴点/℃，不低于	工作锥入度(25 ℃，150 g) 1/10 mm	主要用途
钙基润滑脂(GB/T 491—2008)	1 号	80	310~340	有耐水性能。用于工作温度低于 55~60 ℃的各种工农业、交通运输机械设备的轴承润滑，特别是有水或潮湿处
	2 号	85	265~295	
	3 号	90	220~250	
	4 号	95	175~205	
钠基润滑脂(GB/T 492—1989)	L-XACMGA2	160	265~295	不耐水(或潮湿)。用于工作温度在 -10~110 ℃的一般中负荷机械设备轴承润滑
	L-XACMGA3		220~250	
通用锂基润滑脂(GB/T 7324—2010)	ZL-1	170	310~340	有良好的耐水性和耐热性。适用于温度在-20~120 ℃各种机械的滚动轴承、滑动轴承及其他摩擦部位的润滑
	ZL-2	175	265~295	
	ZL-3	180	220~250	
钙钠基润滑脂(SH/T 0368—1992)	ZGN-2	120	250~290	用于工作温度在 80~100 ℃、有水分或较潮湿环境中工作的机械润滑，多用于铁路机车、列车、小电动机、发电机滚动轴承(温度较高者)的润滑。不适于低温工作
	ZGN-3	135	200~240	

续附表 A-2

名称	代号	滴点/℃,不低于	工作锥入度(25 ℃,150 g)1/10 mm	主要用途
石墨钙基润滑脂(SH/T 0369—92)	ZG-S	80	—	人字齿轮,起重机、挖掘机的底盘齿轮,矿山机械、绞车钢丝绳等高负荷、高压力、低速度的粗糙机械润滑及一般开式齿轮润滑。能耐潮湿
7407 号齿轮润滑脂(SH/T 0469—1994)		160	75~90	适用于各种低速、中、重载荷齿轮、链和联轴器等的润滑,使用温度≤120 ℃,可承受冲击载荷
工业用凡士林(NB/SH/T 0039—2024)		54	—	适用于金属零件、机器的防锈,在机械的温度不高和负荷不大时,可用作减摩擦润滑脂

二、润滑装置

附表 A-3　直通式压注油杯　　单位:mm

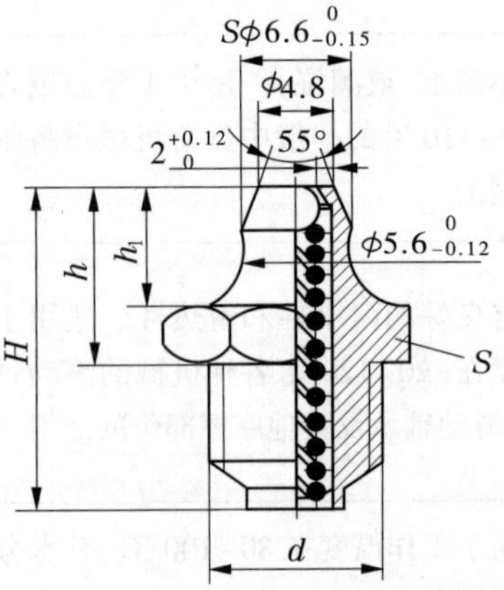

d	H	h	h_1	S	钢球(按 GB/T 308.1—2013)
M6	13	8	6	8	3
M8×1	16	9	6.5	10	
M10×1	18	10	7	11	

标记示例:

联接螺纹 M10×1、直通式压注油杯的标记:油杯　M10×1　JB/T 7940.1—1995

附表 A-4 接头式压注油杯 单位:mm

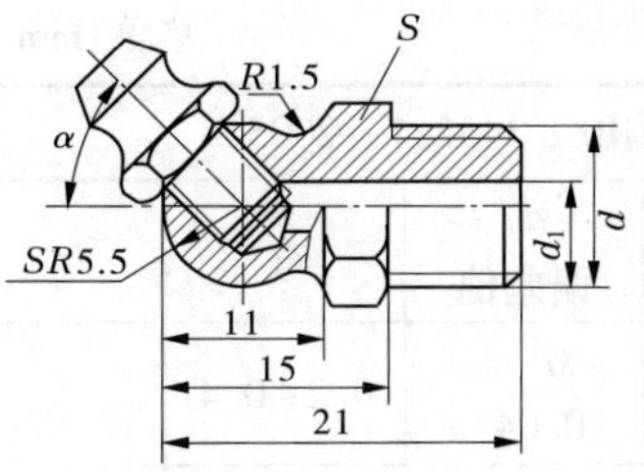

d	d_1	α	S	直通式压注油杯（按 JB/T 7940.1—1995）
M6	3	45°,90°	11	M6
M8×1	4			
M10×1	5			

标记示例:

联接螺纹 M10×1、45°接头式压注油杯的标记:油杯 45° M10×1 JB/T 7940.2—1995

附表 A-5 压配式压注油杯 单位:mm

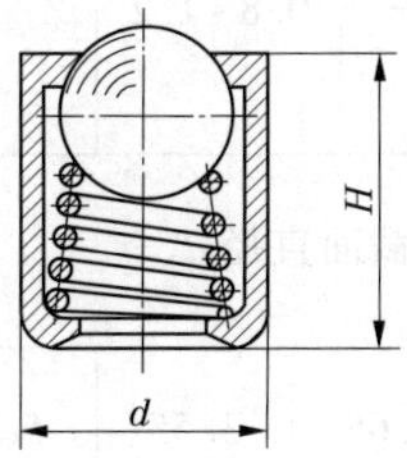

d		H	钢球（按 GB/T 308.1—2013）
基本尺寸	极限偏差		
6	+0.040 +0.028	6	4
8	+0.049 +0.034	10	5
10	+0.058 +0.040	12	6
16	+0.063 +0.045	20	11
25	+0.085 +0.064	30	13

标记示例:

$d=6$ 压配式压注油杯的标记:油杯 6 JB/T 7940.4—1995

附表 A-6 旋盖式油杯 单位:mm

A 型

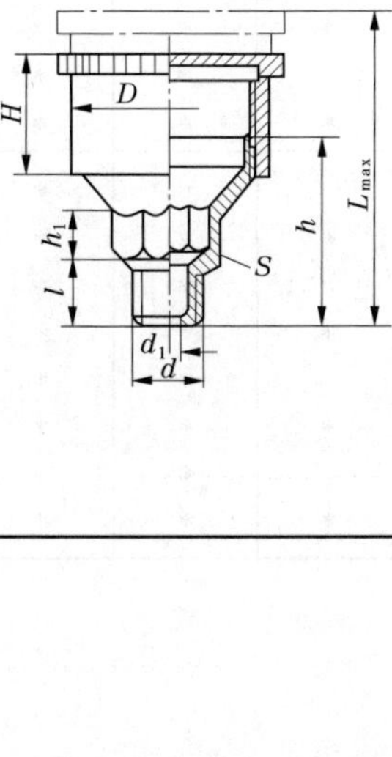

最小容量/cm^3	d	l	H	h	h_1	d_1	D	L_{max}	S
1.5	M8×1	8	14	22	7	3	16	33	10
3	M10×1		15	23	8	4	20	35	13
6			17	26			26	40	
12	M14×1.5	12	20	30	10	5	32	47	18
18			22	32			36	50	
25			24	34			41	55	
50	M16×1.5		30	44			51	70	21
100			38	52			68	85	

标记示例:

最小容量 25 cm^3、A 型旋盖式油杯的标记:油杯 A25 JB/T 7940.3—1995

三、密封件

附表 A-7　O 形橡胶密封圈　　单位:mm

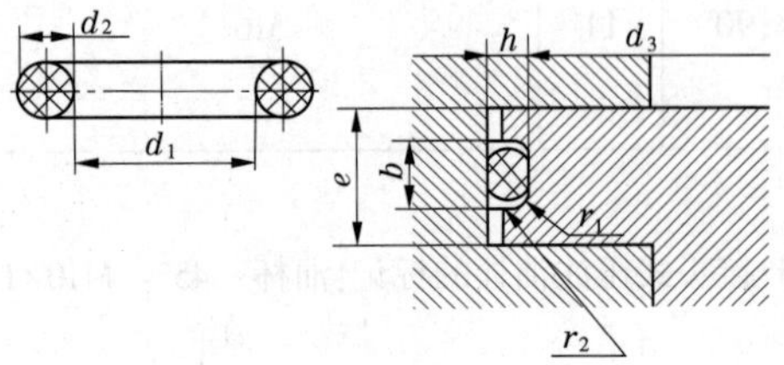

标记示例:

40×3.55G　GB/T 3452.1—2005

(内径 d_1=40.0,截面直径 d_2=3.55 的通用 O 形密封圈,用途代号 G 表示为通用型)

沟槽尺寸(GB/T 3452.1—2005)					
d_2	$b^{+0.25}_{0}$	$h^{+0.10}_{0}$	d_3 偏差值	r_1	r_2
1.8	2.4	1.38	0 −0.04	0.2~0.4	0.1~0.3
2.65	3.6	2.07	0 −0.05	0.4~0.8	
3.55	4.8	2.74	0 −0.06		
5.3	7.1	4.19	0 −0.07	0.8~1.2	
7.0	9.5	5.67	0 −0.09		

内径		截面直径 d_2		
d_1	极限偏差	1.80±0.08	2.65±0.09	3.55±0.10
13.2	±0.17	*	*	
14.0		*	*	
15.0		*	*	
16.0		*	*	
17.0		*	*	
18.0		*	*	*
19.0	±0.22	*	*	*
20.0		*	*	*
21.2		*	*	*
22.4		*	*	*
23.6		*	*	*
25.0		*	*	*
25.8		*	*	*
26.5		*	*	*
28.0		*	*	*
30.0		*	*	*
31.5	±0.30		*	*
32.5		*	*	*
33.5			*	*
34.5		*	*	*
35.5			*	*

内径		截面直径 d_2		
d_1	极限偏差	2.65±0.09	3.55±0.10	5.30±0.13
56.0	±0.44	*	*	*
58.0		*	*	*
60.0		*	*	*
61.5		*	*	*
63.0		*	*	*
65.0	±0.53		*	*
67.0		*	*	*
69.0			*	*
71.0		*	*	*
73.0			*	*
75.0		*	*	*
77.5			*	*
80.0		*	*	*
82.5	±0.65		*	*
85.0		*	*	*
87.5			*	*
90.0		*	*	*
92.5			*	*
95.0		*	*	*
97.5			*	*
100		*	*	*

续附表 A-7

内径	截面直径 d_2				内径	截面直径 d_2			
d_1	极限偏差	1.80 ± 0.08	2.65 ± 0.09	3.55 ± 0.10	d_1	极限偏差	2.65 ± 0.09	3.55 ± 0.10	5.30 ± 0.13
36.5	±0.30	*	*	*	103	±0.65		*	*
37.5			*	*	106		*	*	*
38.7		*	*	*	109			*	*
40.0			*	*	112		*	*	*
41.2	±0.36		*	*	115			*	*
42.5		*	*	*	118		*	*	*
43.7			*	*	122	±0.9		*	*
45.0			*	*	125		*	*	*
46.2		*	*	*	128			*	*
47.5			*	*	132		*	*	*
48.7			*	*	136			*	*
50.0		*	*	*	140		*	*	*
51.5	±0.44		*	*	145			*	*
53.0			*	*	150		*	*	*
54.5			*	*	155			*	*

附表 A-8 J 形无骨架橡胶油封 单位:mm

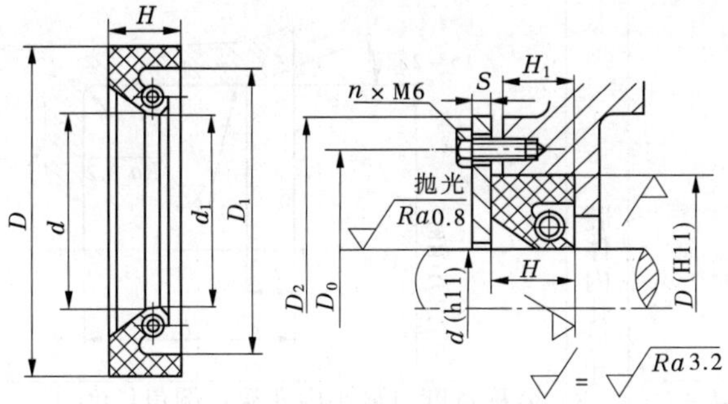

	轴径 d	30~95 (按 5 进位)	100~170 (按 10 进位)
油封尺寸	D	$d+25$	$d+30$
	D_1	$d+16$	$d+20$
	d_1	$d-1$	
	H	12	16
油封槽尺寸	S	6~8	8~10
	D_0	$D+15$	
	D_2	D_0+15	
	n	4	6
	H_1	$H-(1\sim2)$	

标记示例:

J 型油封 50×75×12 橡胶 I-1HG 4—338—66

($d=50$、$D=75$、$H=12$、材料为耐油橡胶 I—1 的 J 形无骨架橡胶油封)

附表 A-9 唇形密封圈的形式、尺寸及其安装要求

单位:mm

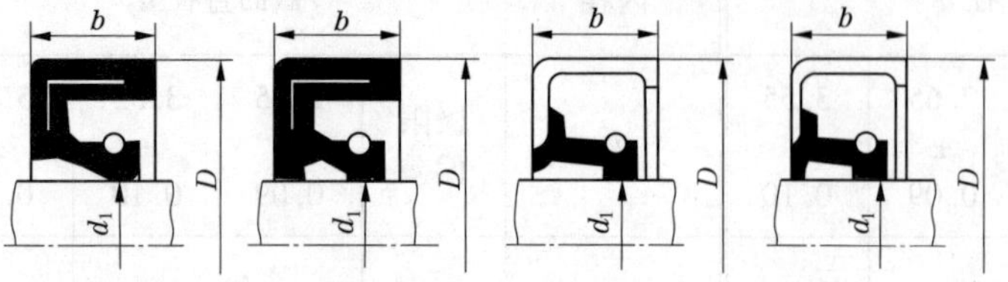

B型 内包骨架型　FB型 带副唇内包骨架型　W型 外露骨架型　FW型 带副唇外露骨架型

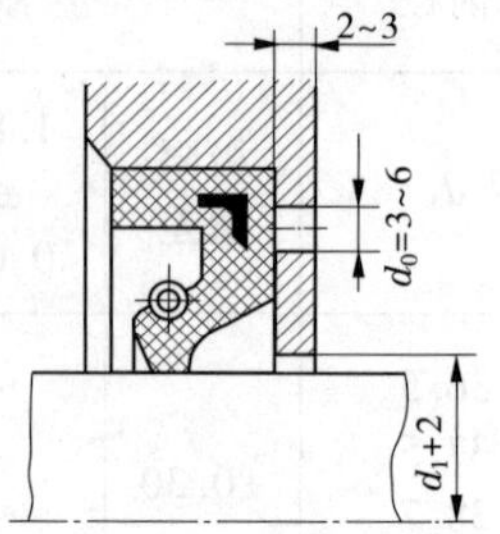

安装图

标记示例:

(F)B 120 150 GB 13871.1—2022

(带副唇的内包骨架型旋转轴唇形密封圈,$d_1=120$,$D=150$)

d_1	D	b	d_1	D	b	d_1	D	b
6	16,22	7	25	40,47,52	7	55	72,(75),80	8
7	22		28	40,47,52		60	80,85	
8	22,24		30	42,47,(50)		65	85,90	10
9	22		30	52	8	70	90,95	
10	22,25		32	45,47,52		75	95,100	
12	24,25,30		35	50,52,55		80	100,110	
15	26,30,35		38	52,58,62		85	110,120	12
16	30,(35)		40	55,(60),62		90	(115),120	
18	30,35		42	55,62		95	120	
20	35,40,(45)		45	62,65		100	125	
22	35,40,47		50	68,(70),72		105	(130)	

旋转轴唇形密封圈的安装要求

轴导入倒角

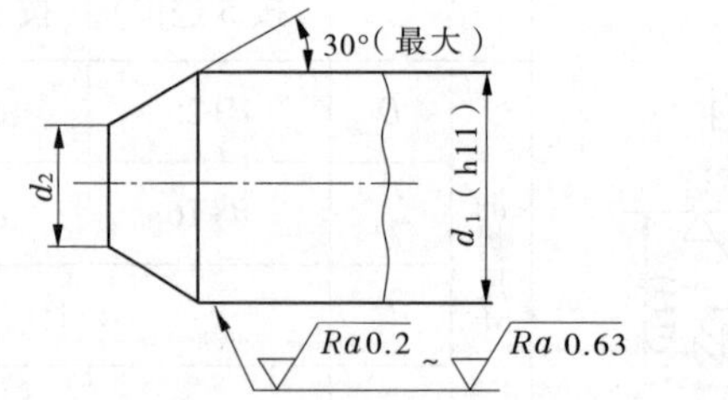

d_1	d_1-d_2	d_1	d_1-d_2
$d_1 \leqslant 10$	1.5	$40<d_1 \leqslant 50$	3.5
$10<d_1 \leqslant 20$	2.0	$50<d_1 \leqslant 70$	4.0
$20<d_1 \leqslant 30$	2.5	$70<d_1 \leqslant 95$	4.5
$30<d_1 \leqslant 40$	3.0	$95<d_1 \leqslant 130$	5.5

腔体内孔尺寸

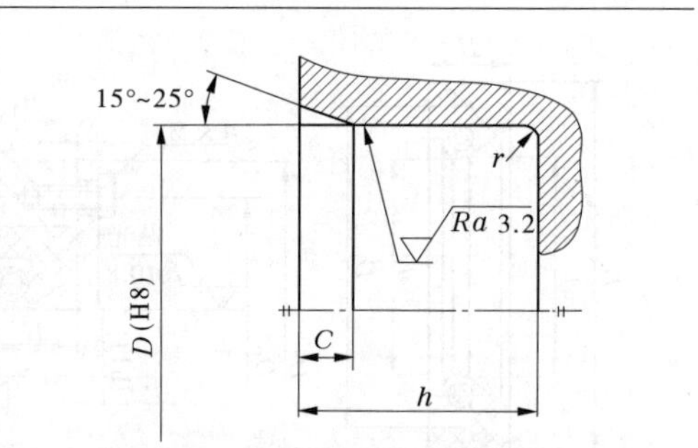

公称宽度 b	最小内孔深 h	倒角长度 C	r_{max}
≤10	b+0.9	0.70~1.00	0.50
>10	b+1.2	1.20~1.50	0.75

注:1. 标准中考虑到国内实际情况,除全部采用国际标准的公称尺寸外,还补充了若干种国内常用的规格,并加括号以示区别。

2. 安装要求中若轴端采用倒圆导入倒角,则倒圆的圆角半径不小于表中的 d_1-d_2 之值。

附表 A-10 油沟式密封槽(参考)

单位:mm

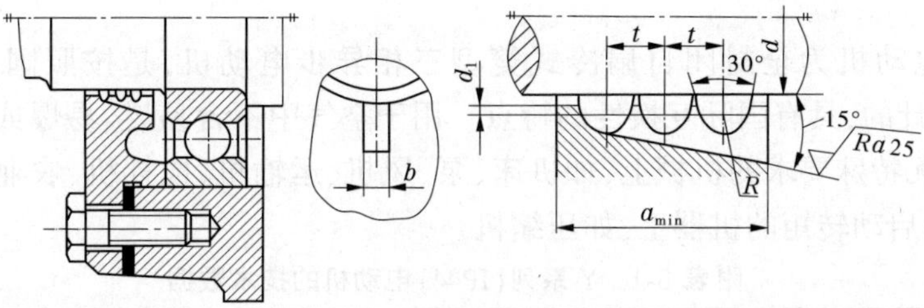

轴径 d	25~80	>80~120	>120~180	油沟数 n
R	1.5	2	2.5	2~3(使用3个的情况较多)
t	4.5	6	7.5	
b	4	5	6	
d_1		$d+1$		
a_{min}		$nt+R$		

附表 A-11 迷宫式密封槽

单位:mm

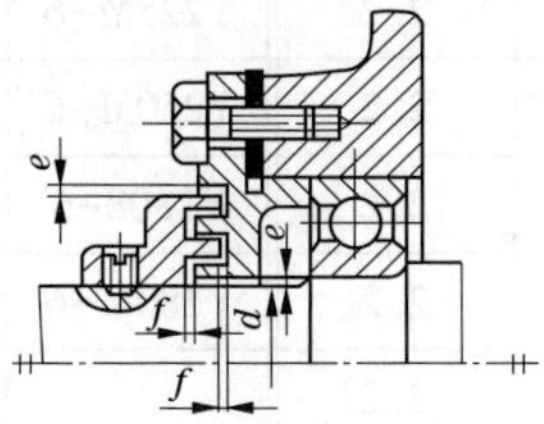

轴径 d	10~50	50~80	80~110	110~180
e	0.2	0.3	0.4	0.5
f	1	1.5	2	2.5

附录 B 电动机

Y 系列电动机为全封闭自扇冷式笼型三相异步电动机,是按照国际电工委员会(IEC)标准设计的,具有国际互换性的特点。用于空气中不含易燃、易爆或腐蚀性气体的场所,适用于无特殊要求的机械上,如机床、泵、风机、运输机、搅拌机、农业机械等。也用于某些需要高启动转矩的机器上,如压缩机。

附表 B-1 Y 系列(IP44)电动机的技术数据

电动机型号	额定功率/kW	满载转速/(r/min)	堵转转矩/额定转矩	最大转矩/额定转矩	电动机型号	额定功率/kW	满载转速/(r/min)	堵转转矩/额定转矩	最大转矩/额定转矩
同步转速 3 000 r/min,2 极					Y100L-6	1.5	940	2.0	2.0
Y801-2	0.75	2 825	2.2	2.2	Y112M-6	2.2	940	2.0	2.0
Y802-2	1.1	2 825	2.2	2.2	Y132S-6	3	960	2.0	2.0
Y90S-2	1.5	2 840	2.2	2.2	Y132M1-6	4	960	2.0	2.0
Y90L-2	2.2	2 840	2.2	2.2	Y132M2-6	5.5	960	2.0	2.0
Y100L-2	3	2 880	2.2	2.2	Y160M-6	7.5	970	2.0	2.0
Y112M-2	4	2 890	2.2	2.2	Y160L-6	11	970	2.0	2.0
Y132S1-2	5.5	2 900	2.0	2.2	Y180L-6	15	970	1.8	2.0
Y132S2-2	7.5	2 900	2.0	2.2	Y200L1-6	18.5	970	1.8	2.0
Y160M1-2	11	2 930	2.0	2.2	Y200L2-6	22	970	1.8	2.0
Y160M2-2	15	2 930	2.0	2.2	Y225M-6	30	980	1.7	2.0
Y160L-2	18.5	2 930	2.0	2.2	Y250M-6	37	980	1.8	2.0
Y180M-2	22	2 940	2.0	2.2	Y280S-6	45	980	1.8	2.0
Y200L1-2	30	2 950	2.0	2.2	Y280M-6	55	980	1.8	2.0
Y200L2-2	37	2 950	2.0	2.2	同步转速 1 500 r/min,4 极				
Y225M-2	45	2 970	2.0	2.2	Y801-4	0.55	1 390	2.2	2.2
Y250M-2	55	2 970	2.0	2.2	Y802-4	0.75	1 390	2.2	2.2
同步转速 1 000 r/min,6 极					Y90S-4	1.1	1 400	2.2	2.2
					Y90L-4	1.5	1 400	2.2	2.2
Y90S-6	0.75	910	2.0	2.0	Y100L1-4	2.2	1 420	2.2	2.2
Y90L-6	1.1	910	2.0	2.0	Y100L2-4	3	1 420	2.2	2.2

续附表 B-1

电动机型号	额定功率/kW	满载转速/(r/min)	堵转转矩/额定转矩	最大转矩/额定转矩	电动机型号	额定功率/kW	满载转速/(r/min)	堵转转矩/额定转矩	最大转矩/额定转矩
Y112M-4	4	1 440	2.2	2.2	同步转速 750 r/min,8 极				
Y132S-4	5.5	1 440	2.2	2.2	Y132S-8	2.2	710	2.0	2.0
Y132M-4	7.5	1 440	2.2	2.2	Y132M-8	3	710	2.0	2.0
Y160M-4	11	1 460	2.2	2.2	Y160M1-8	4	720	2.0	2.0
Y160L-4	15	1 460	2.2	2.2	Y160M2-8	5.5	720	2.0	2.0
Y180M-4	18.5	1 470	2.0	2.2	Y160L-8	7.5	720	2.0	2.0
Y180L-4	22	1 470	2.0	2.2	Y180L-8	11	730	1.7	2.0
Y200L-4	30	1 470	2.0	2.2	Y200L-8	15	730	1.8	2.0
Y225S-4	37	1 480	1.9	2.2	Y225S-8	18.5	730	1.7	2.0
Y225M-4	45	1 480	1.9	2.2	Y225M-8	22	730	1.8	2.0
Y250M-4	55	1 480	2.0	2.2	Y250M-8	30	730	1.8	2.0
Y280S-4	75	1 480	1.9	2.2	Y280S-8	37	740	1.8	2.0
Y280M-4	90	1 480	1.9	2.2	Y280M-8	45	740	1.8	2.0

注:电动机型号意义:以 Y132S2-2-B3 为例,Y 表示系列代号,132 表示机座中心高,S2 表示短机座第二种铁芯长度(M—中机座;L—长机座),2 表示电动机的极数,B3 表示安装形式。

附表 B-2 Y 系列电动机安装代号

安装形式	基本安装型	由 B3 派生安装型				
	B3	V5	V6	B6	B7	B8
示意图	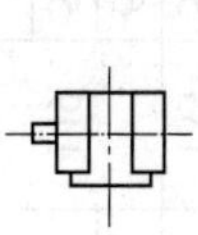	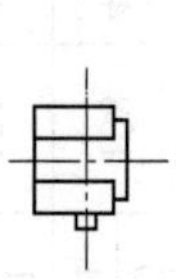	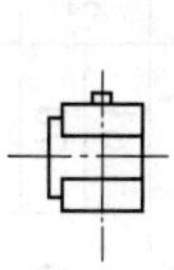	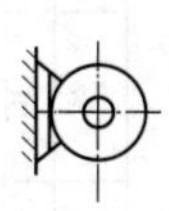	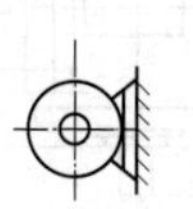	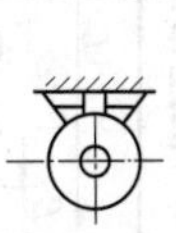
中心高/mm	80~280	80~160				
安装形式	基本安装型	由 B5 派生安装型		基本安装型	由 B35 派生安装型	
	B5	V1	V3	B35	V15	V36
示意图	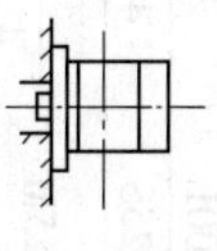	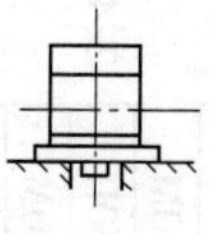	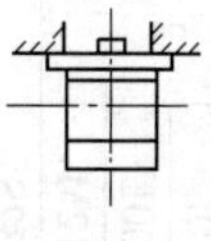	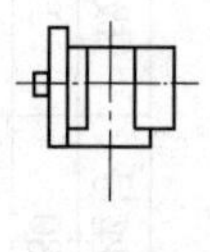	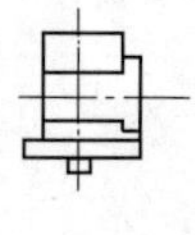	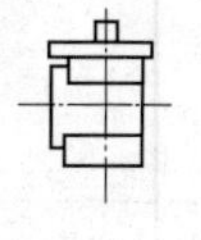
中心高/mm	80~225	80~280	80~160	80~280	80~160	

附表 B-3 机座带底脚、端盖无凸缘(B3、B6、B7、B8、V5、V6 型)电动机的安装及外形尺寸

单位:mm

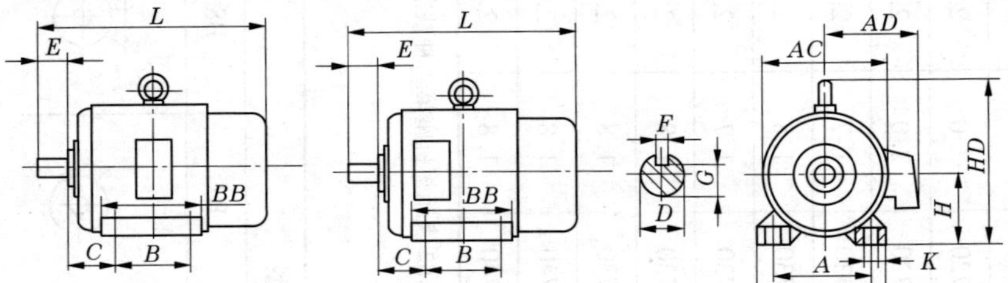

Y80~Y132　　Y160~Y280

机座号	极数	A	B	C	D		E	F	G	H	K	AB	AC	AD	HD	BB	L
80	2、4	125	100	50	19	+0.009 −0.004	40	6	15.5	80	10	165	165	150	170	130	285
90S	2、4、6	140		56	24		50	8	20	90		180	175	155	190		310
90L			125													155	335
100L		160	140	63	28		60		24	100	12	205	205	180	245	170	380
112M		190		70						112		245	230	190	265	180	400
132S	2、4、6、8	216		89	38	+0.018 +0.002	80	10	33	132		280	270	210	315	200	475
132M			178													238	515
160M		254	210	108	42		110	12	37	160	15	330	325	255	385	270	600
160L			254													314	645
180M		279	241	121	48		140	14	42.5	180		355	360	285	430	311	670
180L			279													349	710
200L		318	305	133	55	+0.030 +0.011		16	49	200	19	395	400	310	475	379	775
225S	4、8	356	286	149	60			18	53	225		435	450	345	530	368	820
225M	2		311		55		110	16	49							393	815
	4、6、8				60		140	18	53		24						845
250M	2	406	349	168						250		490	495	385	575	455	930
	4、6、8				65				58								
280S	2	457	368	190						280		550	555	410	640	530	1 000
	4、6、8				75			20	67.5								
280M	2		419		65			18	58							581	1 050
	4、6、8				75			20	67.5								

附表 B-4　机座带底脚、端盖有凸缘(V35、V15、V36 型)电动机的安装及外形尺寸

单位:mm

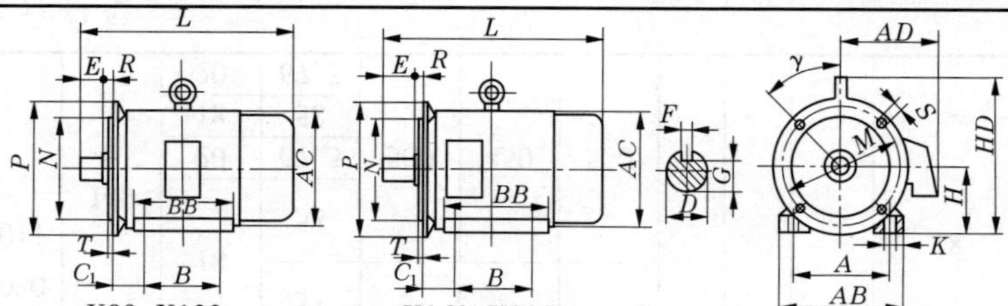

Y80~Y132　　Y160~Y280

机座号	极数	A	B	C_1	D		E	F	G	H	K	M	N	P	R	S	T	凸缘孔数	AB	AC	AD	HD	BB	L
80	2、4	125	100	50	19		40	6	15.5	80	10	165	130	200	0	12	3.5	4	165	165	150	170	130	285
90S	2、4、6	140		56	24	+0.009 -0.004	50	8	20	90									180	175	155	190		310
90L			125																				155	335
100L		160	140	63	28		60		24	100	12	215	180	250		15	4		205	205	180	245	176	380
112M		190		70						112									245	230	190	265	180	400
132S	2、4、6、8	216		89	38	+0.018 +0.002	80	10	33	132		265	230	300					280	270	210	315	200	475
132M			178																				238	515
160M		254	210	108	42		110	12	37	160	15	300	250	350		19	5		330	325	255	385	270	600
160L			254																				314	645
180M		279	241	121	48			14	42.5	180									355	360	285	430	311	670
180L			279																				349	710
200L		318	305	133	55			16	49	200		350	300	400					395	400	310	475	379	775
225S	4、8	356	286	149	60	+0.030 +0.011	140	18	53	225	19	400	350	450				8	435	450	345	530	368	820
225M	2		311		55		110	16	49														393	815
	4、6、8				60		140	18	53															845
250M	2	406	349	168					53	250	24	500	450	550					490	495	385	575	455	930
	4、6、8				65				58															
280S	2	457	368	190						280									550	555	410	640	530	1 000
	4、6、8				75			20	67.5															
280M	2		419		65			18	58														581	1 050
	4、6、8				75			20	67.5															

注:1. Y80~Y220 时,$\gamma=45°$;Y225~Y280 时,$\gamma=22.5°$。

2. N 的极限偏差:130 和 180 为 $^{+0.014}_{-0.011}$,230 和 250 为 $^{+0.016}_{-0.013}$,300 为 ±0.016,350 为 ±0.018,450 为 ±0.020。

附表 B-5　机座不带底脚、端盖有凸缘(B5、V3型)和立式安装、机座不带底脚、端盖有凸缘,轴伸向下(V1型)电动机的安装及外形尺寸　单位:mm

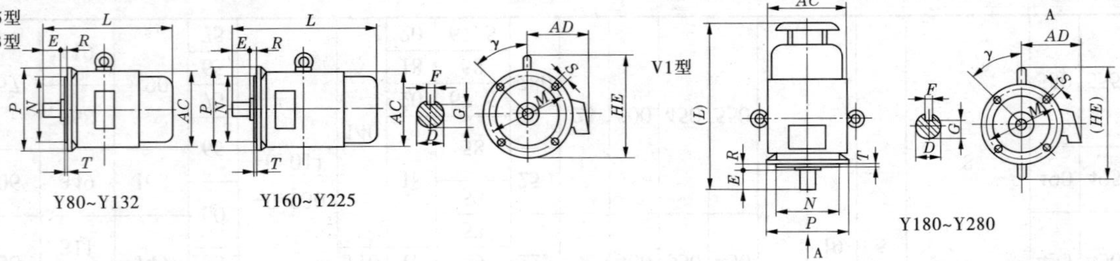

机座号	极数	D		E	F	G	M	N	P	R	S	T	凸缘孔数	AC	AD	HE(HE)	L(L)
80	2、4	19		40	6	15.5								165	150	185	285
90S	2、4、6	24	+0.009 −0.004	50	8	20	165	130	200		12	3.5		175	155	195	310
90L																	335
100L		28		60		24	215	180	250					205	180	245	380
112M											15	4		230	190	265	400
132S	2、4、6、8	38		80	10	33	265	230	300				4	270	210	315	475
132M																	515
160M		42	+0.018 +0.002		12	37								325	255	385	600
160L																	645
180M		48		110	14	42.5	300	250	350					360	285	430(500)	670(730)
180L										0							710(770)
200L		55			16	49	350	300	400					400	310	480(550)	775(850)
225S	4、8	60		140	18	53											820(910)
225M	2	55		110	16	49					19	5		450	345	535(610)	815(905)
	4、6、8	60	+0.030 +0.011			53	400	350	450								845(935)
250M	2				18								8	495	385	(650)	(1 035)
	4、6、8	65		140		58											
280S	2																(1 120)
	4、6、8	75			20	67.5	500	450	550					555	410	(720)	
280M	2	65			18	58											(1 170)
	4、6、8	75			20	67.5											

注:1. Y80~Y220 时,$\gamma=45°$;Y225~Y280 时,$\gamma=22.5°$。

2. N 的极限偏差:130 和 180 为 $^{+0.014}_{-0.011}$,230 和 250 为 $^{+0.016}_{-0.013}$,300 为 ±0.016,350 为 ±0.018,450 为 ±0.020。

附录 C　联轴器

附表 C-1　常用联轴器的性能及应用

类型		名称	公称转矩范围	轴孔直径	最大转速范围	补偿量			应用条件	特点
						角向	轴向	径向		
			N · m	mm	r/min		mm			
刚性联轴器	固定式	凸缘联轴器	10～20 000	10～180	2 300～13 000*				常用于载荷平稳或有轻度冲击的条件下，连接低速和刚性不大的两轴	构造简单，成本低，可传递较大转矩，但不能消除冲击，对所连两轴间的偏移缺乏补偿能力，故对两轴对中性要求高。当两轴偏斜或不同心时，工作情况会恶化
刚性联轴器	固定式	夹壳联轴器	80～9 000	30～110	380～900				主要用于载荷平稳、转速较低的场合	装拆时轴不需作轴向移动，但外形复杂，要加防护罩，安装时不易很好对中，也不适用于有冲击的场合
刚性联轴器	可移式	滑块联轴器	120～20 000	15～150	100～250	≤30′		≤0.04 d（d 为轴径）	当所传递的转矩大，但两轴间径向相对位移较大，无较大冲击且转速不高时可采用	结构紧凑，尺寸小。使用寿命较长，但制造比较复杂
刚性联轴器	可移式	CL 型齿式联轴器	710～1 000 000	18～560	300～3 780	≤1°		0.4～6.3	主要适用于两轴平行，但误差较大的重型机械及长轴的连接。当正反转多变，启动频繁并要求传递的运动准确时不宜采用，亦不适用于立轴	两面对称可以互换，外形尺寸小，承载能力大，外形尺寸相同时传递转矩量大，且传递转矩范围大，在高速下工作可靠，制造相当困难

续附表 C-1

<table>
<tr><th rowspan="3" colspan="2">类型</th><th rowspan="3">名称</th><th>公称转矩范围</th><th>轴孔直径</th><th>最大转速范围</th><th colspan="3">补偿量</th><th rowspan="3">应用条件</th><th rowspan="3">特点</th></tr>
<tr><th rowspan="1"></th><th></th><th></th><th>角向</th><th>轴向</th><th>径向</th></tr>
<tr><th>N·m</th><th>mm</th><th>r/min</th><th></th><th colspan="2">mm</th></tr>
<tr><td rowspan="2">刚性联轴器</td><td rowspan="2">可移式</td><td>CLZ型齿式联轴器</td><td>710~1 000 000</td><td>18~560</td><td>300~3 780</td><td>≤30′</td><td></td><td></td><td>同上。还可用于用中间轴联接相距较远的两轴</td><td rowspan="2">结构简单,工艺性好,重量轻,装拆更换方便</td></tr>
<tr><td>链条联轴器</td><td>40~25 000</td><td>16~190</td><td>900~4 500</td><td>≤1°</td><td>1.4~9.5</td><td>0.19~1.27</td><td>可用于一般传动,但不宜用于有冲击的逆向传动和垂直传动</td></tr>
<tr><td colspan="2" rowspan="4">弹性联轴器</td><td>LT型弹性套柱销联轴器</td><td>6.3~16 000</td><td>9~160</td><td>1 150~8 800</td><td>30′~1°30′</td><td>较大</td><td>0.2~0.6</td><td>适用于载荷平稳,正反转多变,启动频繁的高速轴联接,使用温度为-20~+70 ℃</td><td>弹性较好,能补偿轴向位移,缓冲减振,不需润滑。缺点是寿命不长,橡胶弹性套易损坏,加工要求较高</td></tr>
<tr><td>HL型弹性柱销联轴器</td><td>160~160 000</td><td>12~340</td><td>850~7 100</td><td>≤30′</td><td>0.5~3</td><td>0.15~0.25</td><td>适用于启动频繁,正反转多变,带负荷启动的高、低速传动,允许较大的轴向窜动</td><td>制造、维护及更换容易,两面对称可以互换,寿命较长,具有一定的缓冲吸振能力,安装精度较高</td></tr>
<tr><td>ML型梅花形弹性联轴器</td><td>45~25 000</td><td>12~150</td><td>2 000~15 300</td><td>1°~2°</td><td>1.5~5</td><td>0.5~1.8</td><td>适用于载荷不稳定,转速高,轴偏移大的场合,用于-35~+80 ℃</td><td>具有补偿两轴相对偏移、减振、耐磨及缓冲性能</td></tr>
<tr><td>轮胎式联轴器</td><td>10~25 000</td><td>11~180</td><td>800~5 000</td><td>≤1°30′</td><td>1.0~8.0</td><td>1.0~5.0</td><td>主要用于有较大冲击载荷,正反转多变,启动频繁的场合</td><td>结构简单、弹性好,扭转刚度小,减振能力强,补偿两轴偏移量大,但径向尺寸大,附加轴向载荷大</td></tr>
</table>

注:"*"栏内的值仅适用于钢制凸缘联轴器。

附表 C-2 凸缘联轴器

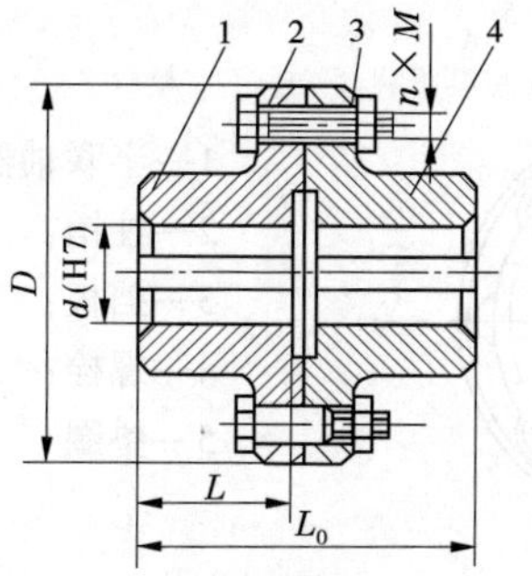

YL型

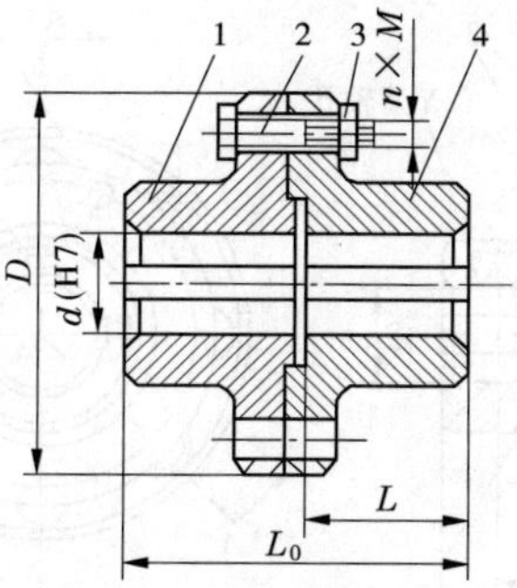

YLD型

标记示例：YL3 联轴器$\frac{\text{J30×60}}{\text{J}_1\text{B28×44}}$GB/T 5843—2003

主动端：J 型轴孔，A 型键槽，$d=30$ mm，$L=60$ mm

从动端：J_1 型轴孔，B 型键槽，$d=28$ mm，$L=44$ mm

1、4—半联轴器；
2—螺栓；
3—尼龙锁紧螺帽

型号	公称扭矩/(N·m)	许用转速/(r/min)		轴孔直径* d(H7)/mm	轴孔长度 L/mm		D/mm	D_1/mm	螺栓**		L_0/mm		质量/kg	转动惯量/(kg·m²)
		铁	钢		Y 型	J、J_1 型			数量	直径/mm	Y 型	J、J_1 型		
YL1 YLD1	10	8 100	13 000	10,11	25	22	71	53	3 (3)	M6	54	48	0.94	0.001 8
				12,14	32	27					68	58		
				16,18,19	42	30					88	64		
				20,(22)	52	38					108	80		
YL2 YLD2	16	7 200	12 000	12,14	32	27	80	64	4 (4)		68	58	1.50	0.003 5
				16,18,19	42	30					88	64		
				20,(22)	52	38					108	80		
YL3 YLD3	25	6 400	10 000	14	32	27	90	69	3 (3)	M8	68	58	1.99	0.006 0
				16,18,19	42	30					88	64		
				20,22,(24)	52	38					108	80		
				(25)	62	44					128	92		
YL4 YLD4	40	5 700	9 500	18,19	42	30	100	80			88	64	2.47	0.009 2
				20,22,24	52	38					108	80		
				25,(28)	62	44					128	92		
YL5 YLD5	63	5 500	9 000	22,24	52	38	105	85	4 (4)		108	80	3.19	0.013 0
				25,28	62	44					128	92		
				30,(32)	82	60					168	124		

注："＊"栏括号内的轴孔直径仅适用于钢制联轴器。

"＊＊"栏括号内的螺栓数量为铰制孔用螺栓数量。

附表 C-3 弹性柱销联轴器

单位:mm

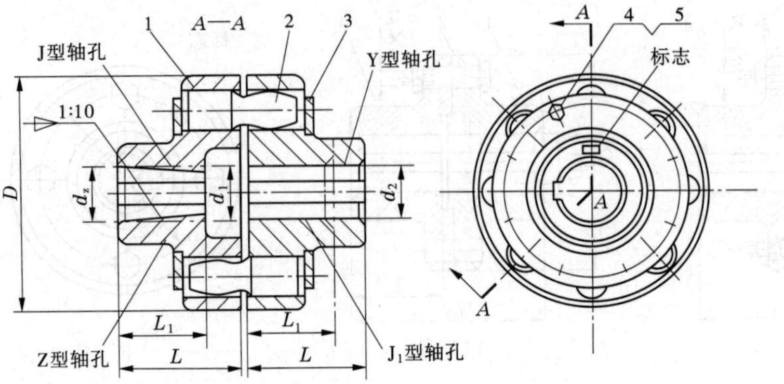

1—半联轴器;
2—柱销;
3—挡板;
4—螺栓;
5—垫圈

标记示例:HL7 联轴器$\dfrac{ZC75\times107}{JB70\times107}$ GB/T 5014—2017

主动端:Z 型轴孔,C 型键槽,$d_z=75$ mm,$L_1=107$ mm

从动端:J 型轴孔,B 型键槽,$d_z=70$ mm,$L_1=107$ mm

型号	公称扭矩/(N·m)	许用转速/r/min		轴孔直径* d_1、d_2、d_z	轴孔长度/mm			D	质量	转动惯量	许用补偿量		
					Y 型	J、J_1、Z 型					径向 ΔY	轴向 ΔX	角向 Δα
		铁	钢	mm	L	L_1	L	mm	kg	kg·m²	mm		
HL1	160	7 100	7 100	12,14	32	27	32	90	2	0.006 4	0.15	±0.5	≤0°30′
				16,18,19	42	30	42						
				20,22,(24)	52	38	52						
HL2	315	5 600	5 600	20,22,24				120	5	0.253		±1	
				25,28	62	44	62						
				30,32,(35)	82	60	82						
HL3	630	5 000	5 000	30,32,35,38				160	8	0.6			
				40,42,(45),(48)	112	84	112						
HL4	1 250	2 800	4 000	40,42,45,48,50,55,56,(60),(63)				195	22	3.4		±1.5	
HL5	2 000	2 500	3 550	50,55,56,60,63,65,70,(71),(75)	142	107	142	220	30	5.4			
HL6	3 150	2 100	2 800	60,63,65,70,71,75,80				280	53	15.6	0.20	±2	
				(85)	172	132	172						
HL7	6 300	1 700	2 240	70,71,75	142	107	142	320	98	41.1			
				80,85,90,95	172	132	172						
				100,(110)	212	167	212						
HL8	10 000	1 600	2 120	80,85,90,95,100,110,(120),(125)				360	119	56.5			
HL9	16 000	1 250	1 800	100,110,120,125				410	197	133.3			
				130,(140)	252	202	252						
HL10	25 000	1 120	1 560	110,120,125	212	167	212	480	322	273.2	0.25	±2.5	
				130,140,150	252	202	252						
				160,(170),(180)	302	242	302						

注:1. 该联轴器最大型号为 HL14,详见 GB/T 5014—2017。
2. 带制动轮的弹性柱销联轴器 HLL 型可参阅 GB/T 5014—2017。
3. "*"栏内带括号的值仅适用于钢制联轴器。
4. 轴孔形式及长度 L、L_1 可根据需要选取。

附表 C-4 轴孔和键槽的形式、代号及系列尺寸

型号	长圆柱形轴孔（Y 型）	有沉孔的短圆柱形轴孔（J 型）	无沉孔的短圆柱形轴孔（J_1 型）	有沉孔的圆锥形轴孔（Z 型）
轴孔	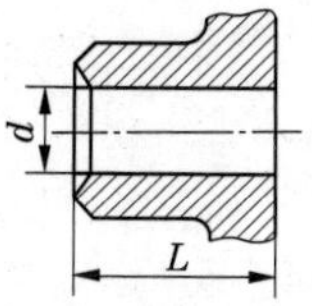	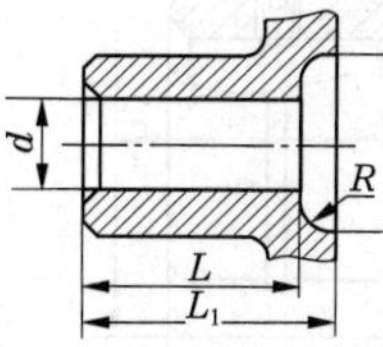	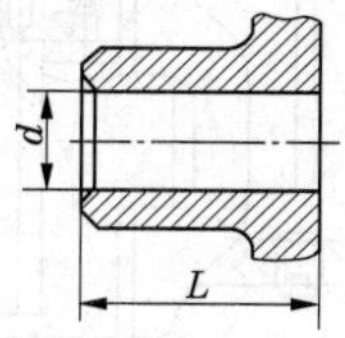	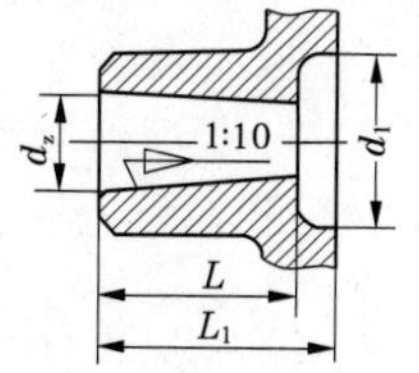
键槽	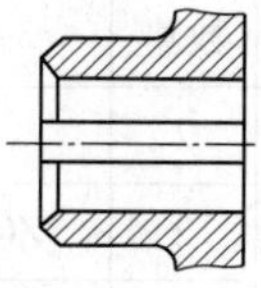 A型 B型 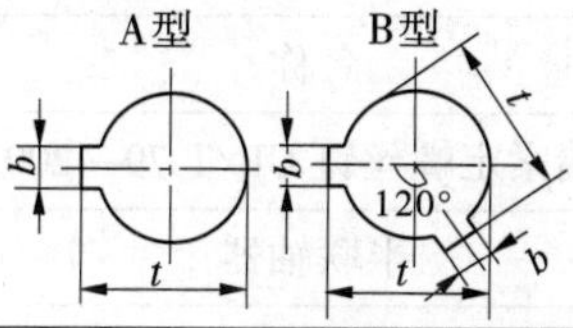			C型 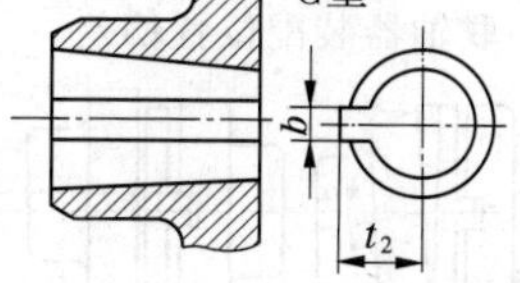

轴孔和 C 型键槽尺寸

单位：mm

直径	轴孔长度			沉孔		C 型键槽			直径	轴孔长度			沉孔		C 型键槽		
	L						t_2			L						t_2	
d、d_z	Y 型	J、J_1、Z 型	L_1	d_1	R	b	公称尺寸	极限偏差	d、d_z	Y 型	J、J_1、Z 型	L_1	d_1	R	b	公称尺寸	极限偏差
16	42	30	42	38	1.5	3	8.7	±0.1	55	112	84	112	95	2.5	14	29.2	±0.2
18						4	10.1		56							29.7	
19							10.6		60	142	107	142	105		16	31.7	
20	52	38	52				10.9		63							32.2	
22							11.9		65							34.2	
24						5	13.4		70				120		18	36.8	
25	62	44	62	48			13.7		71							37.3	
28							15.2		75							39.3	
30	82	60	82	55			15.8		80	172	132	172	140		20	41.6	
32					2	6	17.3		85					3		44.1	
35							18.3		90				160		22	47.1	
38				65			20.3		95							49.6	
40	112	84	112			10	21.2	±0.2	100	212	167	212	180		25	51.3	
42							22.2		110							56.3	
45				80		12	23.7		120				210		28	62.3	
48							25.2		125					4		64.8	
50				95			26.2		130	252	202	252	235			66.4	

轴孔与轴伸的配合、键槽宽度 b 的极限偏差

d、d_z	圆柱形轴孔与轴伸的配合		圆锥形轴孔的直径偏差	键槽宽度 b 的极限偏差
6～30	H7/j6	根据使用要求也可选用 H7/r6 或 H7/n6	Js10（圆锥角度及圆锥形状公差应小于直径公差）	P9（或 Js9、D10）
>30～50	H7/k6			
>50	H7/m6			

注：无沉孔的圆锥形轴孔（Z_1 型）和 B_1 型、D 型键槽尺寸，详见 GB/T 3852—2017。

附表 C-5 十字滑块联轴器

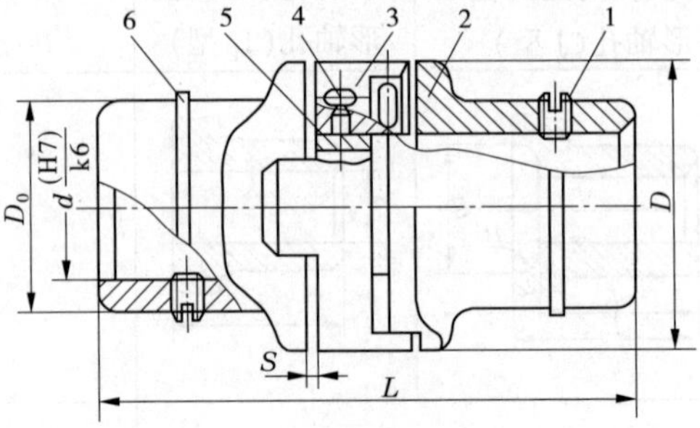

联轴器装配位置偏差

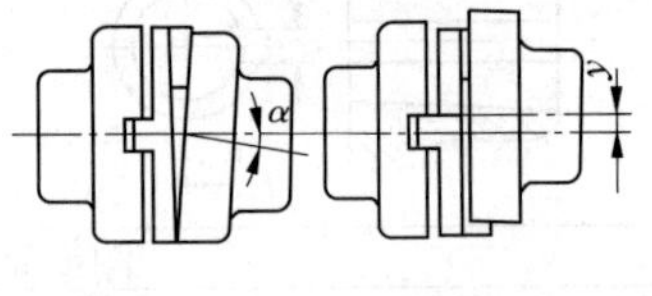

$\alpha \leqslant 30'$ $y \leqslant 0.04d$

序号	名称	数量	材料
1	平端紧定螺丝钉 GB/T 79—2007	2	35
2	半联轴器	2	ZG 310—570
3	圆盘	1	45
4	压配式注油杯 JB/T 7940.4—1995	2	
5	套筒	1	Q255
6	锁圈	2	弹簧钢丝

d/mm	许用转矩/(N·m)	许用转速/(r/min)	D_0/mm	D/mm	L/mm	S/mm
15,17,18	120	250	32	70	95	$0.5^{+0.3}_{0}$
20,25,30	250	250	45	90	115	$0.5^{+0.3}_{0}$
36,40	500	250	60	110	160	$0.5^{+0.3}_{0}$
45,50	800	250	80	130	200	$0.5^{+0.3}_{0}$
55,60	1 250	250	95	150	240	$0.5^{+0.3}_{0}$
65,70	2 000	250	105	170	275	$0.5^{+0.3}_{0}$
75,80	3 200	250	115	190	310	$0.5^{+0.3}_{0}$
85,90	5 000	250	130	210	355	$1.0^{+0.5}_{0}$
95,100	8 000	250	140	240	395	$1.0^{+0.5}_{0}$
110,120	10 000	100	170	280	435	$1.0^{+0.5}_{0}$
130,140	16 000	100	190	320	485	$1.0^{+0.5}_{0}$
150	20 000	100	210	340	550	$1.0^{+0.5}_{0}$

附表 C-6　弹性套柱销联轴器

单位:mm

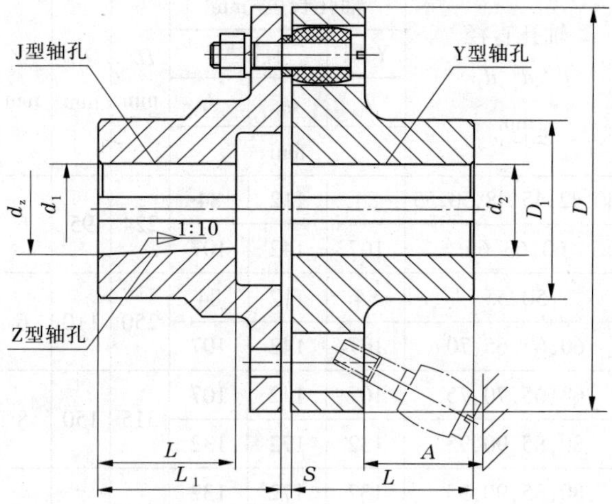

示例 1:LT6 联轴器

主动端:Y 型轴孔,A 型键槽,$d_1=38$ mm,$L=82$ mm;

从动端:Y 型轴孔,A 型键槽,$d_2=38$ mm,$L=82$ mm:

LT6 联轴器 38 × 82　GB/T 4323—2017

示例 2:LT8 联轴器

主动端:Z 型轴孔,C 型键槽,$d_z=50$ mm, $L=84$ mm;

从动端:Y 型轴孔,A 型键槽,$d_1=60$ mm,$L=142$ mm:

LT8 联轴器　$\dfrac{ZC50\times84}{60\times142}$　GB/T 4323—2017

型号	公称扭矩 T_n/(N·m)	许用转速 [n]/(r/min)	轴孔直径 d_1、d_2、d_z/mm	轴孔长度/mm Y 型 L	J、Z 型 L_1	J、Z 型 L	D/mm	D_1/mm	S/mm	A/mm	转动惯量/(kg·m²)	质量/kg
LT1	16	8 800	10,11	22	25	22	71	22	3	18	0.000 4	0.7
			12,14	27	32	27						
LT2	25	7 600	12,14	27	32	27	80	30	3	18	0.001	1.0
			16,18,19	30	42	30						
LT3	63	6 300	16,18,19	30	42	30	95	35	4	35	0.002	2.2
			20,22	38	52	38						
LT4	100	5 700	20,22,24	38	52	38	106	42	4	35	0.004	3.2
			25,28	44	62	44						
LT5	224	4 600	25,28	44	62	44	130	56	5	45	0.011	5.5
			30,32,35	60	82	60						
LT6	355	3 800	32,35,38	60	82	60	160	71	5	45	0.026	9.6
			40,42	84	112	84						
LT7	560	3 600	40,42,45,48	84	112	84	190	80	5	45	0.06	15.7

续附表 C-6

型号	公称扭矩 T_n/(N·m)	许用转速 [n]/(r/min)	轴孔直径 d_1、d_2、d_z/mm	轴孔长度/mm Y型 L	J、Z型 L_1	J、Z型 L	D/mm	D_1/mm	S/mm	A/mm	转动惯量/(kg·m²)	质量/kg
LT8	1 120	3 000	40,42,45,48,50,55	84	112	84	224	95	6	65	0.13	24.0
			60,63,65	107	142	107						
LT9	1 600	2 850	50,55	84	112	84	250	110	6	65	0.20	31.0
			60,63,65,70	107	142	107						
LT10	3 150	2 300	63,65,70,75	107	142	107	315	150	8	80	0.64	60.2
			80,85,90,95	132	172	132						
LT11	6 300	1 800	80,85,90,95	132	172	132	400	190	10	100	2.06	114
			100,110	167	212	167						
LT12	12 500	1 450	100,110,120,125	167	212	167	475	220	12	130	5.00	212
			130	202	252	202						
LT13	22 400	1 150	120,125	167	212	167	600	280	14	180	16.0	416
			130,140,150	202	252	202						
			160,170	242	302	242						

注:1. 转动惯量和质量是按Y型最大轴孔长度、最小轴孔直径计算的数值。

2. 轴孔型式组合为:Y/Y、J/Y、Z/Y。

附录 D 联接件

一、螺纹紧固件的性能等级和常用材料

附表 D-1 螺纹联接件常用材料及其力学性能

钢号	抗拉强度 σ_b/MPa	屈服极限 σ_s/MPa	疲劳极限	
			弯曲 σ_{-1}/MPa	拉压 σ_{-1T}/MPa
10	340~420	210	160~220	120~150
Q235	410~470	240	170~220	120~160
35	540	320	220~300	170~220
45	610	360	250~340	190~250
40Cr	750~1 000	650~900	320~440	240~340

附表 D-2 螺栓、螺钉和螺柱的机械性能等级

机械或物理性能		性能等级									
		4.6	4.8	5.6	5.8	6.8	8.8		9.8	10.9	12.9/12.9
							$d\leqslant$16 mm	$d>$16 mm	$d\leqslant$16 mm		
抗拉强度 R_m/MPa	公称	400		500		600	800		900	1 000	1 200
	min	400	420	500	520	600	800	830	900	1 040	1 220
下屈服强度 R_{eL}^{d}/MPa	公称	240	—	300	—	—	—	—	—	—	—
	min	240	—	300	—	—	—	—	—	—	—
规定非比例延伸 0.2% 的应力 $R_{P0.2}$/MPa	公称	—	—	—	—	—	640	640	720	900	1 080
	min	—	—	—	—	—	640	660	720	940	1 100
维氏硬度/HV, $F\geqslant98$ N	min	120	130	155	160	190	250	255	290	320	385
	max	220				250	320	335	360	380	435
布氏硬度/HBW, $F=30D^2$	min	114	124	147	152	181	245	250	286	316	380
	max	209				238	316	331	355	375	429
洛氏硬度/HRB	min	67	71	79	82	89	—				
	max	95.0				99.5	—				
洛氏硬度/HRC	min	—					22	23	28	32	39
	max	—					32	34	37	39	44
吸收能力 $K_V^{k.1}$/J	min	—		27	—		27	27	27	27	

二、螺栓、螺钉

附表 D-3　螺栓　　　　单位：mm

六角头螺栓 C 级（GB/T 5780—2016 摘录）　六角头螺栓全螺纹 C 级（GB/T 5781—2016 摘录）

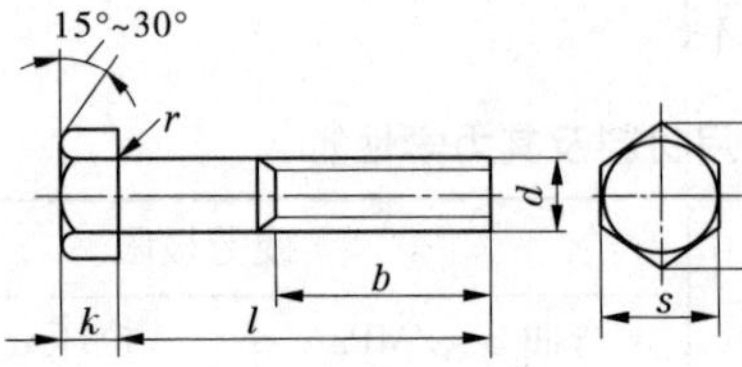

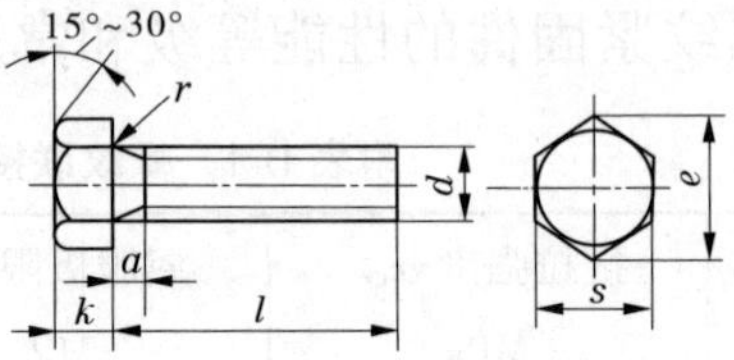

标记示例：

螺纹规格 d=M12、公称长度 l=80 mm、性能等级为 4.8 级、不经表面处理、C 级的六角头螺栓：螺栓 GB/T 5780 M12×80

螺纹规格 d	M5	M6	M8	M10	M12	(M14)	M16	(M18)	M20	(M22)	M24	(M27)	M30	M36
s(公称)	8	10	13	16	18	21	24	27	30	34	36	41	46	55
k(公称)	3.5	4	5.3	6.4	7.5	8.8	10	11.5	12.5	14	15	17	18.7	22.5
r(最小)	0.2	0.25	0.4			0.6			0.8			1		
e(最小)	8.6	10.9	14.2	17.6	19.9	22.8	26.2	29.6	33	37.3	39.6	45.2	50.9	60.8
a(最大)	2.4	3	4	4.5	5.3	6		7.5				9	10.5	12
b(参考) l≤125	16	18	22	26	30	34	38	42	46	50	54	60	66	78
b(参考) 125<l≤200	—	—	28	32	36	40	44	48	52	56	60	66	72	84
b(参考) l>200	—	—	—	—	—	53	57	61	65	69	73	79	85	97
l(公称) GB/T 5780—2016	25~50	30~60	40~80	45~100	55~120	60~140	65~160	80~180	80~200	90~220	100~240	110~260	120~300	140~360
全螺纹长度 l GB/T 5781—2016	10~50	12~60	16~80	20~100	25~120	30~140	35~160	35~180	40~200	45~220	50~240	55~280	60~300	70~360
100 mm 长的质量/kg	0.013	0.020	0.037	0.063	0.090	0.127	0.172	0.223	0.282	0.359	0.424	0.566	0.721	1.100
l 系列(公称)	10,12,16,20,25,30,35,40,45,50,55,60,65,70,80,90,100,110,120,130,140,150,160,180,200,220,240,260,280,300,320,340,360,380,400,420,440,460,480,500													

技术条件					
技术条件	GB/T 5780 螺纹公差：8g	材料：钢	性能等级：d≤39，4.6、4.8；d>39，按协议	表面处理：不经处理，电镀，非电解锌粉覆盖	产品等级：C
	GB/T 5781 螺纹公差：8g				

附表 D-4 螺钉

单位:mm

开槽圆柱头螺钉（GB/T 65—2016 摘录） 开槽盘头螺钉（GB/T 67—2016 摘录）

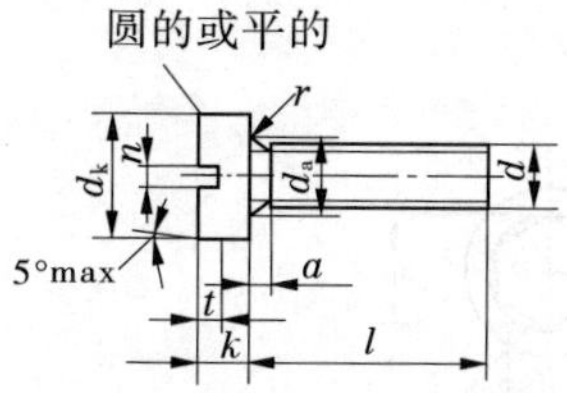

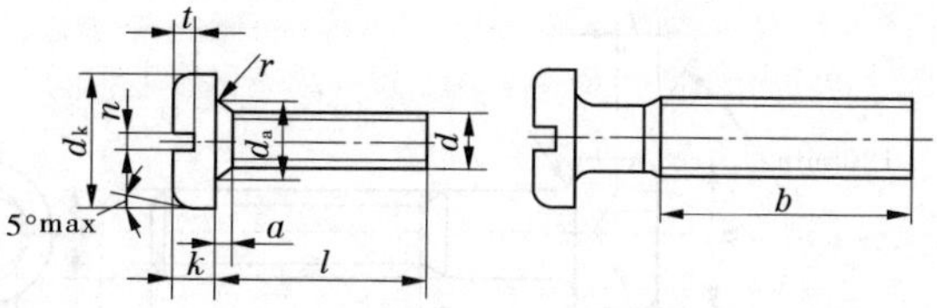

开槽沉头螺钉（GB/T 68—2016 摘录）

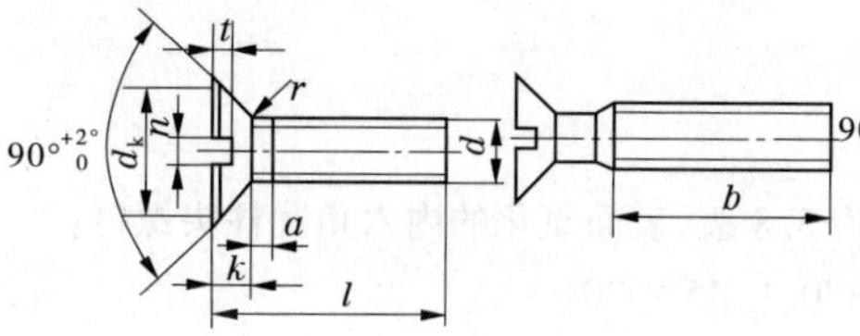

开槽半沉头螺钉（GB/T 69—2016 摘录）

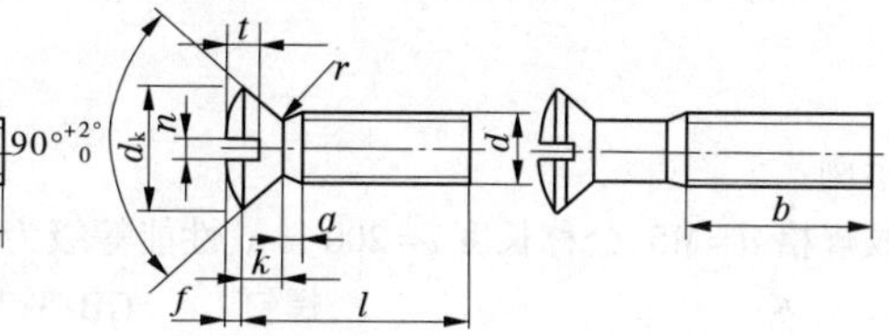

标记示例：

螺纹规格 d=M5、公称长度 l=20 mm、性能等级为 4.8 级、不经表面处理的开槽圆柱头螺钉：

螺钉 GB/T 65 M5 × 20

	螺纹规格 d	M3	(M3.5)	M4	M5	M6	M8	M10
	a max	1	1.2	1.4	1.6	2	2.5	3
	b min	25	38					
	n 公称	0.8	1	1.2		1.6	2	2.5
GB/T 65—2016	d_k max	5.5	6	7	8.5	10	13	16
	k max	2	2.4	2.6	3.3	3.9	5	6
	l min	0.85	1	1.1	1.3	1.6	2	2.4
	d_a max	3.6	4.1	4.7	5.7	6.8	9.2	11.2
	r min	0.1		0.2		0.25	0.4	
	商品规格长度 l	4~30	5~35	5~40	6~50	8~60	10~80	12~80
	全螺纹长度 l	4~30	5~40	5~40	6~40	8~40	10~40	12~40
GB/T 67—2016	d_k max	5.5	7	8	9.5	12	16	20
	k max	1.8	2.1	2.4	3	3.6	4.8	6
	l min	0.7	0.8	1	1.2	1.4	1.9	2.4
	d_a max	3.6	4.1	4.7	5.7	6.8	9.2	11.2
	r min	0.1		0.2		0.25	0.4	
	商品规格长度 l	4~30	5~35	5~40	6~50	8~60	10~80	12~80
	全螺纹长度 l	4~30	5~40	5~40	6~40	8~40	10~40	12~40
GB/T 68—2016 GB/T 69—2016	d_k max	5.5	7.3	8.4	9.3	11.3	15.8	18.3
	k max	1.65	2.35	2.7		3.3	4.65	5
	r max	0.8	0.9	1	1.3	1.5	2	2.5
	t min GB/T 68	0.6	0.9	1	1.1	1.2	1.8	2
	t min GB/T 69	1.2	1.45	1.6	2	2.4	3.2	3.8
	f	0.7	0.8	1	1.2	1.4	2	2.3
	商品规格长度 l	5~30	6~35	6~40	8~50	8~60	10~80	12~80
	全螺纹长度 l	5~30	6~45	6~45	8~45	8~45	10~45	12~45

附表 D-5 内六角圆柱头螺钉 单位:mm

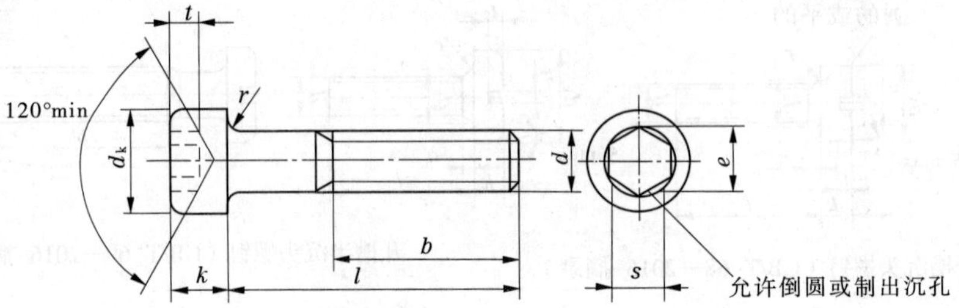

标记示例:

螺纹规格 d=M5、公称长度 l=200 mm、性能等级为 8.8 级、表面氧化的内六角圆柱头螺钉:

螺钉 GB/T 70.1 M5 × 20

螺纹规格 d	M3	M4	M5	M6	M8	M10	M12	(M14)	M16	M20	M24	M30	M36
d_k	5.5	7	8.5	10	13	16	18	21	24	30	36	45	54
k_{max}	3	4	5	6	8	10	12	14	16	20	24	30	36
t	1.3	2	2.5	3	4	5	6	7	8	10	12	15.5	19
r	0.1	0.2	0.2	0.25	0.4	0.4	0.6	0.6	0.6	0.8	0.8	1	1
s	2.5	3	4	5	6	8	10	12	14	17	19	22	27
e_{min}	2.9	3.4	4.6	5.7	6.9	9.2	11.4	13.7	16	19	21.7	25.2	30.9
b(参考)	18	20	22	24	28	32	36	40	44	52	60	72	84
l	5~30	6~40	8~50	10~60	12~80	16~100	20~120	25~140	25~160	30~200	40~200	45~260	55~200
全螺纹时最大长度	20	25	25	30	35	40	45	55 (65)	55	65	80	90	110
l 系列	2.5,3,4,5,6,8,10,12,(14),(16),20,25,30,35,40,45,50,(55),60,(65),70,80,90,100,110,120,130,140,150,160,180,200												

注:尽可能不采用括号内的规格。

附表 D-6　吊环螺钉

单位:mm

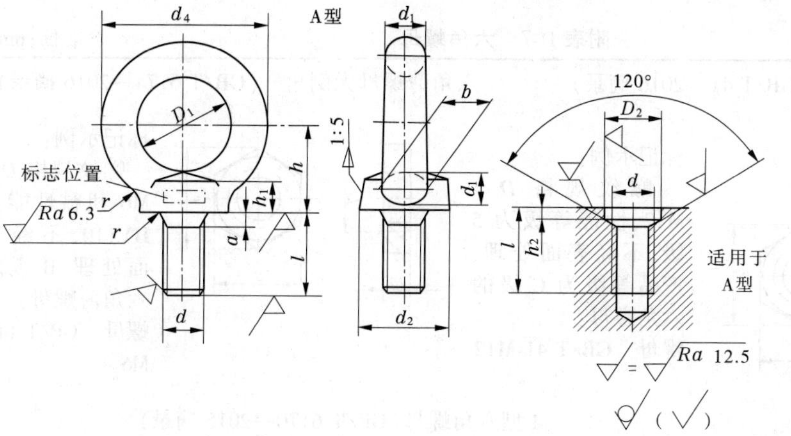

标记示例:

规格为 20 mm、材料为 20 钢、经正火处理、不经表面处理的 A 型吊环螺钉的标记为:

螺钉　GB/T 825 M20

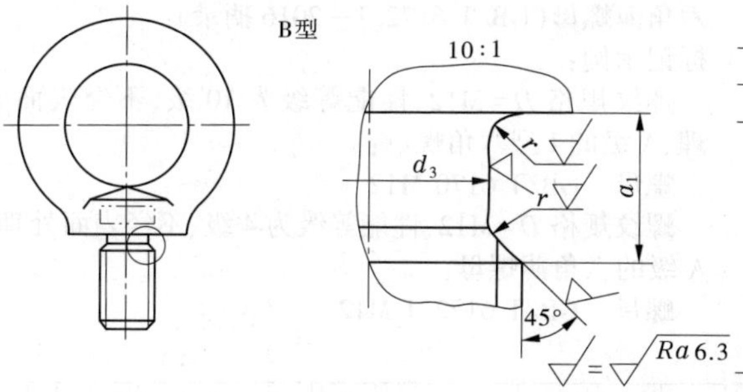

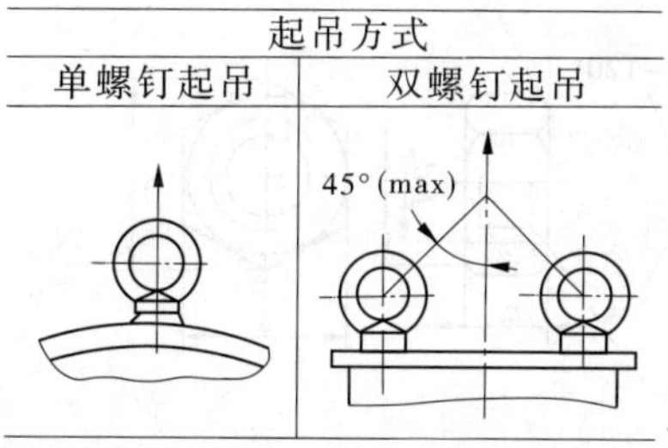

螺纹规格(d)		M8	M10	M12	M16	M20	M24	M30	M36	M42	M48
d_1	max	9.1	11.1	13.1	15.2	17.4	21.4	25.7	30	34.4	40.7
D_1	公称	20	24	28	34	40	48	56	67	80	95
d_2	max	21.1	25.1	29.1	35.2	41.4	49.4	57.7	69	82.4	97.7
h_1	max	7	9	11	13	15.1	19.1	23.2	27.4	31.7	36.9
l	公称	16	20	22	28	35	40	45	55	65	70
d_4	参考	36	44	52	62	72	88	104	123	144	171
h		18	22	26	31	36	44	53	63	74	87
r_1		4	4	6	6	8	12	15	18	20	22
r	min	1	1	1	1	1	2	2	3	3	3
a_1	max	3.75	4.5	5.25	6	7.5	9	10.5	12	13.5	15
d_3	公称(max)	6	7.7	9.4	13	16.4	19.6	25	30.8	35.6	41
a	max	2.5	3	3.5	4	5	6	7	8	9	10
b		10	12	14	16	19	24	28	32	38	46
D_2	公称(min)	13	15	17	22	28	32	38	45	52	60
h_2	公称(min)	2.5	3	3.5	4.5	5	7	8	9.5	10.5	11.5
最大起吊重量/t 单螺钉起吊	(参见右上图)	0.16	0.25	0.4	0.63	1	1.6	2.5	4	6.3	8
最大起吊重量/t 双螺钉起吊	(参见右上图)	0.08	0.125	0.2	0.32	0.5	0.8	1.25	2	3.2	4

减速器类型	一级圆柱齿轮减速器						二级圆柱齿轮减速器				
中心距 a	100	125	160	200	250	315	100×140	140×200	180×250	200×280	250×355
重量 W/kN	0.26	0.52	1.05	2.1	4	8	1	2.6	4.8	6.8	12.5

注:1. M8~M36 为商品规格。

2. "减速器重量 W"非 GB/T 825—1988 内容,仅供课程设计参考用。

三、螺母

附表 D-7　六角螺母　　单位:mm

六角螺母　C级(GB/T 41—2016 摘录)

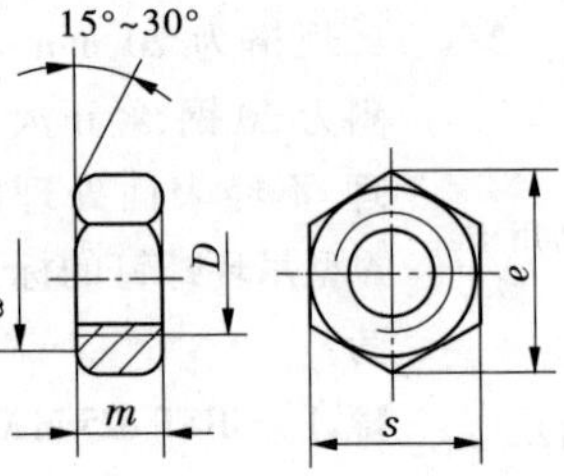

标记示例:

螺纹规格 D = M12、性能等级为 5 级、不经表面处理、产品等级为 C 级的六角螺母:

螺母　GB/T 41 M12

六角薄螺母无倒角　(GB/T 6174—2016 摘录)

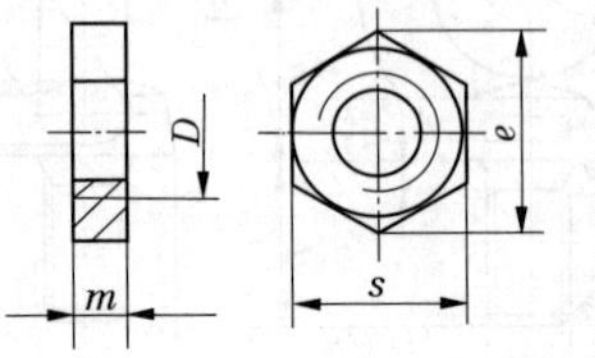

标记示例:

螺纹规格 D = M6、机械性能为 HV110、不经表面处理、B 级的六角薄螺母:

螺母　GB/T 6174 M6

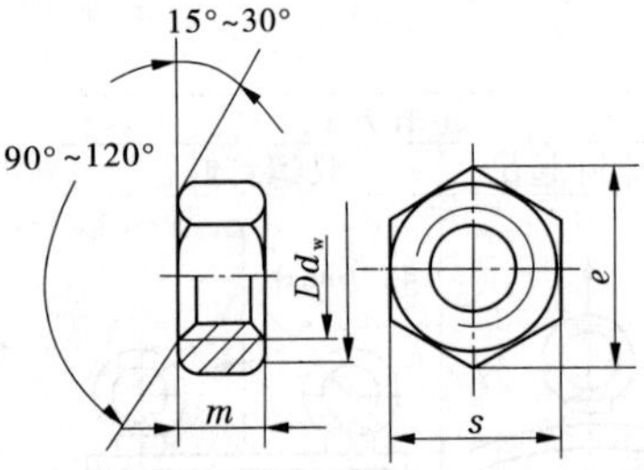

I 型六角螺母(GB/T 6170—2015 摘录)

六角薄螺母(GB/T 6172.1—2016 摘录)

标记示例:

螺纹规格 D = M12、性能等级为 10 级、不经表面处理、A 级的 I 型六角螺母:

螺母　GB/T 6170 M12

螺纹规格 D = M12、性能等级为 4 级、不经表面处理、A 级的六角薄螺母:

螺母　GB/T 6172.1 M12

螺纹规格 D		M3	(M3.5)	M4	M5	M6	M8	M10	M12	(M14)	M16	(M18)	M20	(M22)	M24	(M27)	M30	M36
e min	1①	5.9	6.4	7.5	8.6	10.9	14.2	17.6	19.9	22.8	26.2	29.6	33	37.3	39.6	45.2	50.9	60.8
	2②	6	6.6	7.7	8.8	11	14.4	17.8	20	23.4	26.8	29.6	33	37.3	39.6	45.2	50.9	60.8
s 公称		5.5	6	7	8	10	13	16	18	21	24	27	30	34	36	41	46	55
d_w min	1①	—	—	—	6.7	8.7	11.5	14.5	16.5	19.2	22	24.9	27.7	31.4	33.3	38	42.8	51.1
	2②	4.6	5.1	5.9	6.9	8.9	11.6	14.6	16.6	19.6	22.5	24.9	27.7	31.4	33.3	38	42.8	51.1
m max	GB/T 6170—2015	2.4	2.8	3.2	4.7	5.2	6.8	8.4	10.8	12.8	14.8	15.8	18	19.4	21.5	23.8	25.6	31
	GB/T 6172.1—2016 GB/T 6174—2016	1.8	2	2.2	2.7	3.2	4	5	6	7	8	9	10	11	12	13.5	15	18
	GB/T 41—2016	—	—	—	5.6	6.4	7.9	9.5	12.2	13.9	15.9	16.9	19	20.2	22.3	24.7	26.4	31.9

注:1. A 级用于 $D \leqslant 16$ mm,B 级用于 $D > 16$ mm 的螺母。

2. 尽量不采用括号中的尺寸,除表中所列外,还有(M33)、(M39)、(M45)、(M52)和(M60)。

3. GB/T 41—2016 的螺纹规格为 M5~M60;GB/T 6174—2016 的螺纹规格为 M1.6~M10。

4. ①为 GB/T 41—2016 及 GB/T 6174—2016 的尺寸;②为 GB/T 6170—2015 及 GB/T 6172.1—2016 的尺寸。

四、垫圈、挡圈

附表 D-8　平垫圈　　单位：mm

小垫圈 A 级(GB/T 848—2002)平垫圈-倒角型(GB/T 97.2—2002)(摘录)
平垫圈 C 级(GB/T 95—2002)平垫圈 A 级(GB/T 97.1—2002)(摘录)

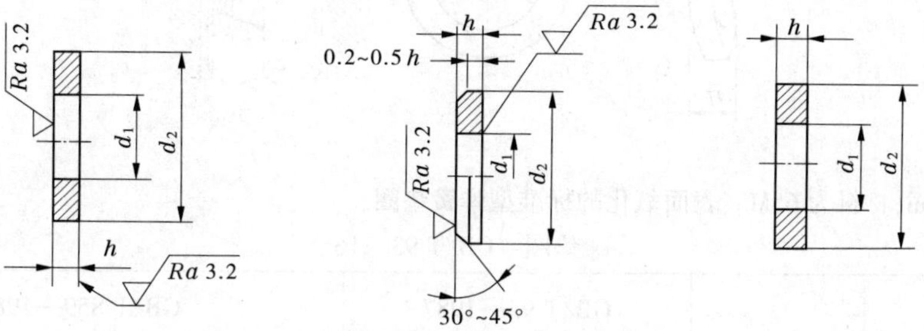

标准系列,公称尺寸 $d=8$ mm、性能等级为 140 HV 级、不经表面处理的平垫圈标记为:
垫圈　GB/T 97.1　8—140HV

公称尺寸(螺纹规格)d		4	5	6	8	10	12	14	16	20	24	30	36
d_1 公称(min)	GB/T 848—2002	4.3	5.3	6.4	8.4	10.5	13	15	17	21	25	31	37
	GB/T 97.1—2002												
	GB/T 97.2—2002	—											
	GB/T 95—2002												
d_2 公称(max)	GB/T 848—2002	8	9	11	15	18	20	24	28	34	39	50	60
	GB/T 97.1—2002	9	10	12	16	20	24	28	30	37	44	56	66
	GB/T 97.2—2002	—											
	GB/T 95—2002												
h 公称	GB/T 848—2002	0.5	1	1.6			2	2.5		3	4		5
	GB/T 97.1—2002	0.8		1.6		2	2.5		3				
	GB/T 97.2—2002	—											
	GB/T 95—2002												

附表 D-9 弹簧垫圈

单位:mm

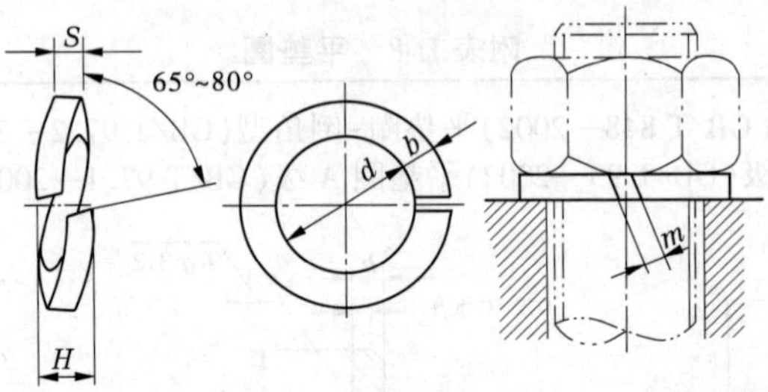

标记示例:

规格 16 mm,材料为 65Mn、表面氧化的标准型弹簧垫圈:

垫圈 GB/T 93 16

规格(螺纹大径)	d	GB/T 93—1987		GB/T 859—1987		
		$S=b$	$0<m\leqslant$	S	b	$0<m\leqslant$
3	3.1	0.8	0.4	0.8	1	0.3
4	4.1	1.1	0.50	0.8	1.2	0.4
5	5.1	1.3	0.65	1	1.2	0.55
6	6.2	1.6	0.8	1.2	1.6	0.65
8	8.2	2.1	1.05	1.6	2	0.8
10	10.2	2.6	1.3	2	2.5	1
12	12.3	3.1	1.55	2.5	3.5	1.25
(14)	14.3	3.6	1.8	3	4	1.5
16	16.3	4.1	2.05	3.2	4.5	1.6
(18)	18.3	4.5	2.25	3.5	5	1.8
20	20.5	5	2.5	4	5.5	2
(22)	22.5	5.5	2.75	4.5	6	2.25
24	24.5	6	3	4.8	6.5	2.5
(27)	27.5	6.8	3.4	5.5	7	2.75
30	30.5	7.5	3.75	6	8	3
36	36.6	9	4.5			

五、键、销

附表 D-10　普通平键　　　　单位:mm

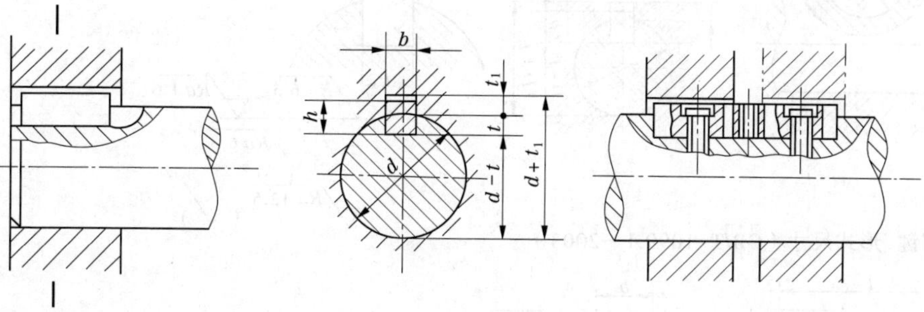

轴	键			键槽										
				宽度 b					深度				半径 r	
				极限偏差										
公称直径 d	b h9	h h11	L h14	较松键连接		一般键连接		较紧键连接	轴 t		毂 t_1			
				轴 H9	毂 D10	轴 N9	毂 Js9	轴和毂 P9	公称尺寸	极限偏差	公称尺寸	极限偏差	最小	最大
>10~12	4	4	8~45	+0.030 0	+0.078 +0.030	0 -0.030	±0.015	-0.012 -0.014	2.5	+0.1 0	1.8	+0.1 0	0.08	0.16
>12~17	5	5	10~56						3.0		2.3		0.16	0.25
>17~22	6	6	14~70						3.5		2.8			
>22~30	8	7	18~90	+0.036 0	+0.098 +0.040	0 -0.036	±0.018	-0.015 -0.051	4.0	+0.2 0	3.3	+0.2 0		
>30~38	10	8	22~110						5.0		3.3		0.25	0.40
>38~44	12	8	28~140	+0.043 0	+0.120 +0.050	0 -0.043	±0.021 5	-0.018 -0.061	5.0		3.3			
>44~50	14	9	36~160						5.5		3.8			
>50~58	16	10	45~180						6.0		4.3			
>58~65	18	11	50~200						7.0		4.4			
>65~75	20	12	56~220	+0.052 0	+0.149 +0.065	0 -0.052	±0.026	-0.022 -0.074	7.5		4.9		0.40	0.60
>75~85	22	14	63~250						9.0		5.4			
>85~95	25	14	70~280						9.0		5.4			
95~110	28	16	80~320						10.0		6.4			
L 系列	6,8,10,12,14,16,18,20,22,25,28,32,36,40,45,50,56,63,70,80,90,100,110,125,140,160,180,200,220,250,280,320,360,400,450,500													

注:1. 在工作图中,轴槽深用 t 或 $d-t$ 标注,但 $d-t$ 的偏差应取负号;毂槽深用 t_1 或 $d+t_1$ 标注;轴槽的长度公差 H14。

2. 较松键联接用于导向平键;一般键联接用于载荷不大的场合;较紧键联接用于载荷较大、有冲击和双向转矩的场合。

附表 D-11　半圆键

单位:mm

半圆键　键和键槽的剖面尺寸（GB/T　1098—2003）

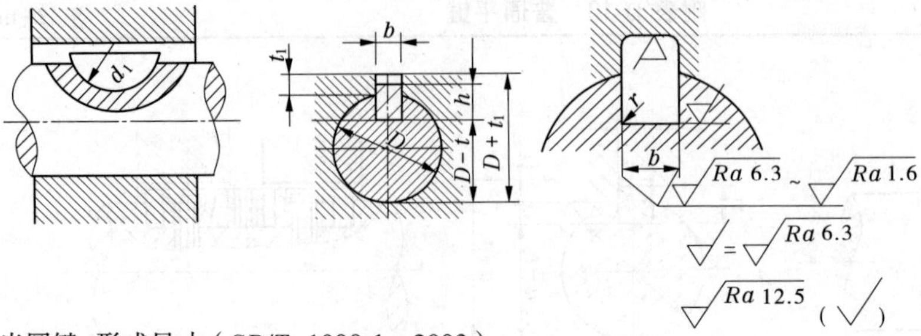

半圆键　形式尺寸（GB/T　1099.1—2003）

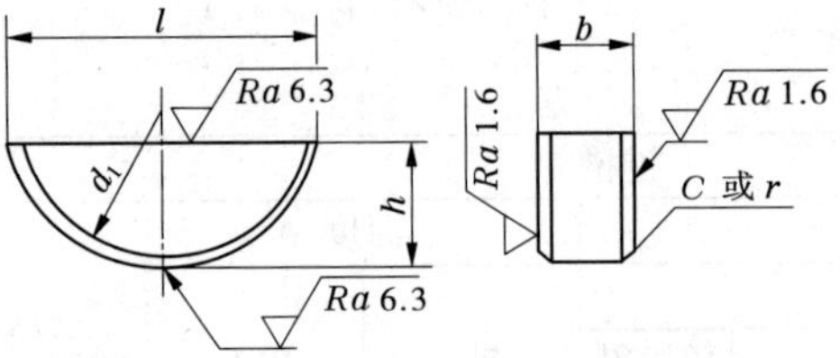

标记示例:

$b=6$ mm、$h=10$ mm、$d_1=25$ mm 的半圆键:

键　6×25　GB/T 1099. 1—2003

轴径 D		键	键槽									
			宽度 b				深度				半径 r	
				极限偏差			轴 t		毂 t_1			
键传递扭矩	键定位用	公称尺寸 $b×h×d_1$	公称尺寸	一般键联接		较紧键联接						
				轴 N9	毂 Js9	轴和毂 P9	公称尺寸	极限偏差	公称尺寸	极限偏差	最小	最大
自 3~4	自 3~4	1. 0×1. 4×4	1. 0	-0. 004 -0. 029	±0. 012	-0. 006 -0. 031	1. 0	+0. 1 0	0. 6	+0. 1	0. 08	0. 16
>4~5	>4~6	1. 5×2. 6×7	1. 5				2. 0		0. 8			
>5~6	>6~8	2. 0×2. 6×7	2. 0				1. 8		1. 0			
>6~7	>8~10	2. 0×3. 7×10	2. 0				2. 9		1. 0			
>7~8	>10~12	2. 5×3. 7×10	2. 5				2. 7		1. 2			
>8~10	>12~15	3. 0×5. 0×12	3. 0				3. 8		1. 4			
>10~12	>15~18	3. 0×6. 5×16	3. 0				5. 3		1. 4		0. 16	0. 25
>12~14	>18~20	4. 0×6. 5×16	4. 0	0 -0. 030	±0. 015	-0. 012 -0. 042	5. 0	+0. 2 0	1. 8	0		
>14~16	>20~22	4. 0×7. 5×19	4. 0				6. 0		1. 8			
>16~18	>22~25	5. 0×6. 5×16	5. 0				4. 5		2. 3			
>18~20	>25~28	5. 0×7. 5×19	5. 0				5. 5		2. 3			
>20~22	>28~32	5. 0×9. 0×22	5. 0				7. 0		2. 3			
>22~25	>32~36	6. 0×9. 0×22	6. 0				6. 5		2. 8			
>25~28	>36~40	6. 0×10. 0×25	6. 0				7. 5	+0. 3 0	2. 8	+0. 2 0	0. 25	0. 40
>28~32	40	8. 0×11. 0×28	8. 0	0 -0. 036	±0. 018	-0. 015 -0. 051	8. 0		3. 3			
>32~38	—	10. 0×13. 0×32	10. 0				10. 0		3. 3			

注:$D-t$ 和 $D+t_1$ 两个组合尺寸的极限偏差按相应的 t 和 t_1 的极限偏差选取,但 $D-t$ 极限偏差应取负号。

附表 D-12 圆锥销

单位:mm

A 型(磨削):锥面表面粗糙度值 $Ra=0.8\ \mu m$

B 型(切削或冷镦):锥面表面粗糙度值 $Ra=3.2\ \mu m$

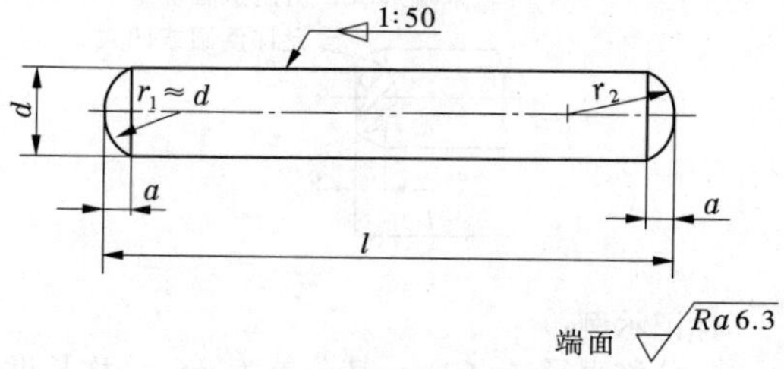

$$r_2=\frac{a}{2}+d+\frac{(0.02l)^2}{8a}$$

标记示例:

公称直径 $d=6$ mm、公称长度 $l=30$ mm、材料为 35 钢、热处理硬度 28~38 HRC、表面氧化处理 A 型圆锥销的标记:

销 GB/T 117 6×30

d	h10	0.6	0.8	1	1.2	1.5	2	2.5	3	4	5	6	8	10	12	16	20	25	30	40	50
a		0.08	0.1	0.12	0.16	0.2	0.25	0.3	0.4	0.5	0.63	0.8	1	1.2	1.6	2	2.5	3	4	5	6.3
商品规格 l		4~8	5~12	6~16	6~20	8~24	10~35	10~35	12~45	14~55	18~60	22~90	22~120	26~160	32~180	40~200	45~200	50~200	55~200	60~200	65~200
l 系列		2,3,4,5,6,8,10,12,14,16,18,20,22,24,26,28,30,32,35,40,45,50,55,60,65,70,75,80,85,90,95,100,120,140,160,180,200																			
技术条件	材料	易切钢:Y12、Y15。碳素钢:35、45。合金钢:30CrMnSiA。不锈钢:1Cr13、2Cr13、Cr17Ni2、0Cr18Ni9Ti																			
技术条件	表面处理	钢:不经处理;氧化;磷化;镀锌钝化。不锈钢:简单处理。其他表面镀层或表面处理,由供需双方协议。所有公差仅适用于涂、镀前的公差																			

注:1. d 的其他公差,如 a11、c11、f 8 由供需双方协议。

2. 若公称长度 200 mm,按 20 mm 递增。

附表 D-13 圆柱销

单位:mm

圆柱销 不淬硬钢和奥氏体不锈钢
(GB/T 119.1—2000 摘录)

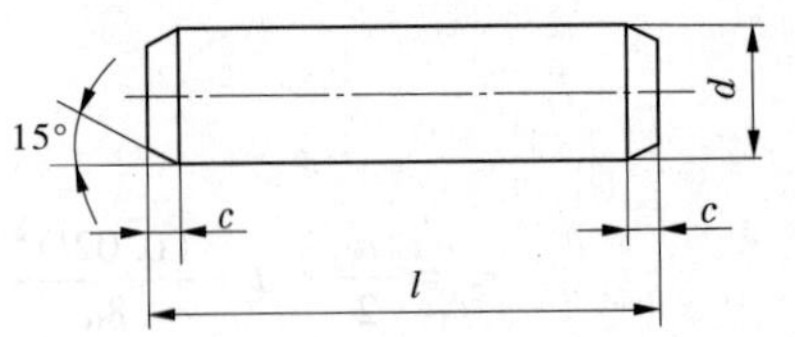

标记示例:

公称直径 d=6 mm、其公差为 m6,公称长度 l=30 mm、材料为钢、不经淬火、不经表面处理的圆柱销:

销 GB/T 119.1 6m6×30

公称直径 d=6 mm、其公差为 m6,公称长度 l=30 mm、材料为 A1 组奥氏体不锈钢、表面简单处理的圆柱销:

销 GB/T 119.1 6m6×30—A1

圆柱销 淬硬钢和马氏体不锈钢
(GB/T 119.2—2000 摘录)

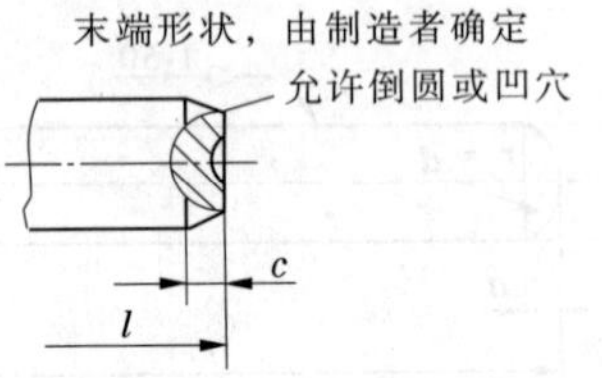

标记示例:

公称直径 d=6 mm、其公差为 m6,公称长度 l=30 mm、材料为钢、普通淬火(A 型)、表面氧化处理的圆柱销:

销 GB/T 119.2 6×30

公称直径 d=6 mm、其公差为 m6,公称长度 l=30 mm、材料为 C1 组马氏体不锈钢、表面简单处理的圆柱销:

销 GB/T 119.2 6×30—C1

d m6/h8	0.6	0.8	1	1.2	1.5	2	2.5	3	4	5	6	8	10	12	16	20	25	30	40	50
c	0.12	0.16	0.2	0.25	0.3	0.35	0.4	0.5	0.63	0.8	1.2	1.6	2	2.5	3	3.5	4	5	6.3	8
商品规格 l	2~6	2~8	4~10	4~12	4~16	6~20	6~24	8~30	8~40	10~50	12~60	14~80	18~95	22~140	26~180	35~200	50~200	60~200	80~200	95~200
1 m 长的重量(kg)	0.002	0.004	0.006	—	0.014	0.024	0.037	0.054	0.097	0.147	0.221	0.395	0.611	0.887	1.57	2.42	3.83	5.52	9.64	15.2
l 系列	2,3,4,5,6,8,10,12,14,16,18,20,22,24,26,28,30,32,35,40,45,50,55,60,65,70,75,80,85,90,95,100,120,140,160,180,200																			
技术条件 材料	GB/T 119.1—2000 钢:奥氏体不锈钢 A1。 GB/T 119.2—2000 钢:A 型,普通淬火;B 型,表面淬火;马氏体不锈钢 C1																			
技术条件 表面粗糙度	GB/T 119.1—2000 公差 m6:Ra≤0.8 μm。h8:Ra≤1.6 μm。 GB/T 119.2—2000 Ra≤0.8 μm																			
技术条件 表面处理	钢:不经处理;氧化;磷化;镀锌钝化。不锈钢:简单处理。其他表面镀层或表面处理,应由供需双方协议。所有公差仅适用于涂、镀前的公差																			

注:1. d 的其他公差由供需双方协议。

2. GB/T 119.2—2000 d 的尺寸范围为 1~20 mm。

3. 若公称长度大于 200 mm(GB/T 119.1—2000),大于 100 mm(GB/T 119.2—2000),按 20 mm 递增。

六、螺纹零件的结构要素

附表 D-14　螺栓和螺钉通孔及沉孔尺寸　　单位：mm

螺纹规格	螺栓和螺钉通孔直径 d_h（GB/T 5277—1985 摘录）			沉头螺钉及半沉头螺钉的沉孔（GB/T 152.2—2014 摘录）				内六角圆柱头螺钉的圆柱头沉孔（GB/T 152.3—1988 摘录）				六角头螺栓和六角螺母的沉孔（GB/T 152.4—1988 摘录）			
	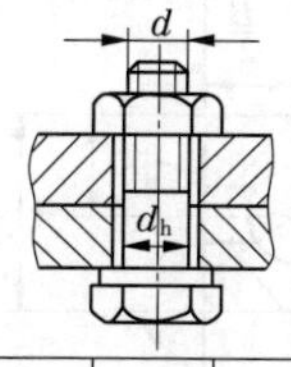			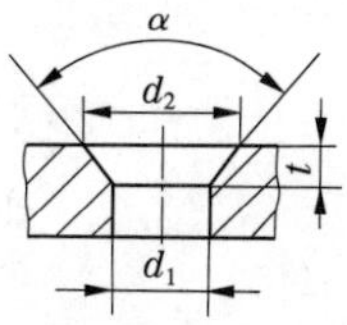				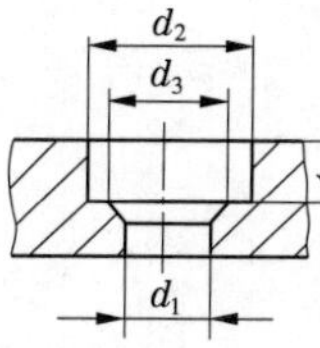				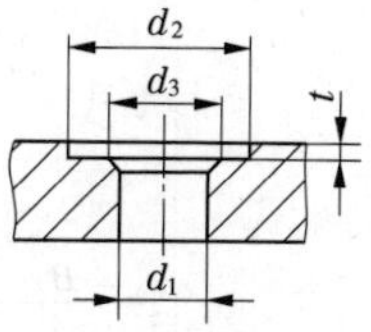			
d	精装配	中等装配	粗装配	d_2	$t\approx$	d_1	α	d_2	t	d_3	d_1	d_2	d_3	d_1	t
M3	3.2	3.4	3.6	6.4	1.6	3.4	$90^{\circ}{}^{-2^{\circ}}_{-4^{\circ}}$	6.0	3.4	—	3.4	9	—	3.4	只要能制出与通孔轴线垂直的圆平面即可
M4	4.3	4.5	4.8	9.6	2.7	4.5		8.0	4.6		4.5	10		4.5	
M5	5.3	5.5	5.8	10.6	2.7	5.5		10.0	5.7		5.5	11		5.5	
M6	6.4	6.6	7	12.8	3.3	6.6		11.0	6.8		6.6	13		6.6	
M8	8.4	9	10	17.6	4.6	9		15.0	9.0		9.0	18		9.0	
M10	10.5	11	12	20.3	5.0	11		18.0	11.0		11.0	22		11.0	
M12	13	13.5	14.5	24.4	6.0	13.5		20.0	13.0	16	13.5	26	16	13.5	
M14	15	15.5	16.5	28.4	7.0	15.5		24.0	15.0	18	15.5	30	18	13.5	
M16	17	17.5	18.5	32.4	8.0	17.5		26.0	17.5	20	17.5	33	20	17.5	
M18	19	20	21	—	—	—		—	—	—	—	36	22	20.0	
M20	21	22	24	40.4	10.0	22		33.0	21.5	24	22.0	40	24	22.0	
M22	23	24	26	—	—	—		—	—	—	—	43	26	24	
M24	25	26	28					40.0	25.5	28	26.0	48	28	26	
M27	28	30	32					—	—	—	—	53	33	30	
M30	31	33	35					48.0	32.0	36	33.0	61	36	33	
M36	37	39	42					57.0	38.0	42	39.0	71	42	39	

附表 D-15　普通粗牙螺纹的余留长度、钻孔余留深度（参考）　　单位：mm

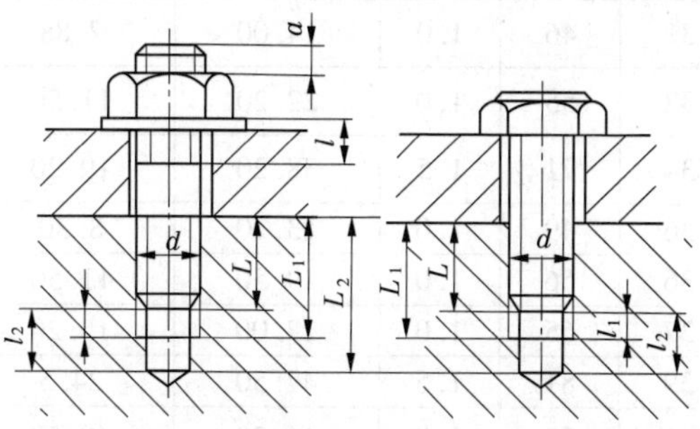

拧入深度 L 由设计者决定：

钻孔深度 $L_2=L+l_2$；

螺孔深度 $L_1=L+l_1$

螺纹直径 d	余留长度 内螺纹 l_1	外螺纹 l	钻孔 l_2	末端长度 a
5	1.5	2.5	5	1~2
6	2	3.5	6	1.5~2.5
8	2.5	4	8	
10	3	4.5	9	2~3
12	3.5	5.5	11	
14、16	4	6	12	2.5~4
18、20、22	5	7	15	
24、27	6	8	18	3~5
30	7	9	21	
36	8	10	24	4~7
42	9	11	27	
48	10	13	30	6~10
56	11	16	33	

附录E 轴 承

附表 E-1 深沟球轴承

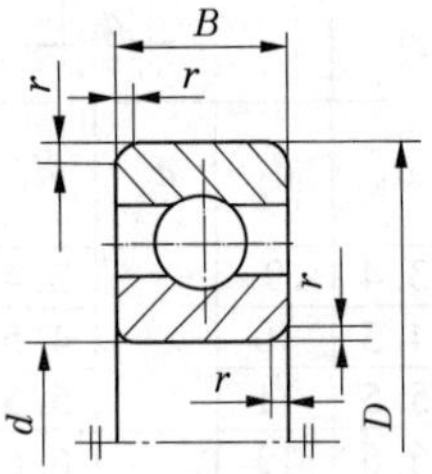

标准外形

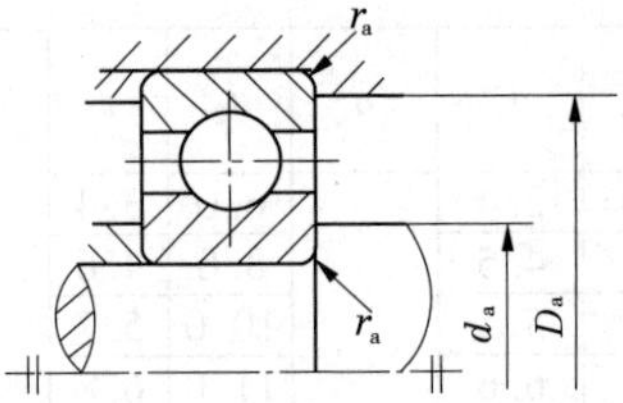

安装尺寸

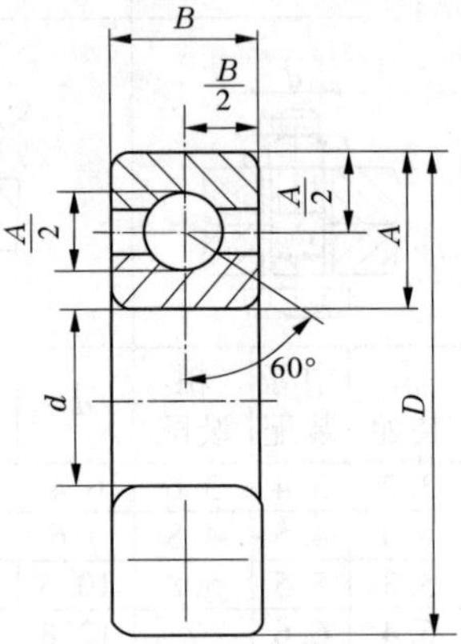

简化画法

轴承代号	基本尺寸/mm				安装尺寸/mm			基本额定动载荷 C/kN	基本额定静载荷 C_0/kN
	d	D	B	r_{min}	d_{amin}	D_{amax}	r_{amax}		
6004	20	42	12	0.6	25	37	0.6	9.38	5.02
6204		47	14	1.0	26	41	1.0	12.80	6.65
6304		52	15	1.1	27	45	1.0	15.80	7.88
6404		72	19	1.1	27	65	1.0	31.00	15.20
6005	25	47	12	0.6	30	42	0.6	10.00	5.85
6205		52	15	1.0	31	46	1.0	14.00	7.88
6305		62	17	1.1	32	55	1.0	22.20	11.50
6405		80	21	1.5	34	71	1.5	38.20	19.20
6006	30	55	13	1.0	36	49	1.0	13.20	8.30
6206		62	16	1.0	36	56	1.0	19.50	11.50
6306		72	19	1.1	37	65	1.0	27.00	15.20
6406		90	23	1.5	39	81	1.5	47.50	24.5
6007	35	62	14	1.0	41	56	1.0	16.20	10.50
6207		72	17	1.1	42	65	1.0	25.50	15.20
6307		80	21	1.5	44	71	1.5	33.20	19.20
6407		100	25	1.5	44	91	1.5	56.80	29.50

续附表 E-1

轴承代号	基本尺寸/mm				安装尺寸/mm			基本额定动载荷	基本额定静载荷
	d	D	B	r_{min}	d_{amin}	D_{amax}	r_{amax}	C/kN	C_0/kN
6008	40	68	15	1.0	46	62	1.0	17.00	11.80
6208		80	18	1.1	47	73	1.0	29.50	18.00
6308		90	23	1.5	49	81	1.5	40.80	24.00
6408		110	27	2.0	50	100	2.0	65.50	37.50
6009	45	75	16	1.0	51	69	1.0	21.10	14.80
6209		85	19	1.1	52	78	1.0	31.50	20.50
6309		100	25	1.5	54	91	1.5	52.80	31.80
6409		120	29	2.0	55	110	2.0	77.50	45.50
6010	50	80	16	1.0	56	74	1.0	22.00	16.20
6210		90	20	1.1	57	83	1.0	35.00	23.20
6310		110	27	2.0	60	100	2.0	61.80	38.00
6410		130	31	2.1	62	118	2.1	92.20	55.20
6011	55	90	18	1.1	62	83	1.0	30.20	21.80
6211		100	21	1.5	64	91	1.5	43.20	29.20
6311		120	29	2.0	65	110	2.0	71.50	44.80
6411		140	33	2.1	67	128	2.1	100.00	62.50
6012	60	95	18	1.1	67	88	1.0	31.50	24.20
6212		110	22	1.5	69	101	1.5	47.80	32.80
6312		130	31	2.1	72	118	2.1	81.80	51.80
6412		150	35	2.1	72	138	2.1	108.00	70.00
6013	65	100	18	1.1	72	93	1.0	32.00	24.80
6213		120	23	1.5	74	111	1.5	57.20	40.00
6313		140	33	2.1	77	128	2.1	93.80	60.50
6413		160	37	2.1	77	148	2.1	118.00	78.50
6014	70	110	20	1.1	77	103	1.0	38.50	30.50
6214		125	24	1.5	79	116	1.5	60.80	45.00
6314		150	35	2.1	82	138	2.1	105.00	68.00
6414		180	42	3.0	84	166	2.5	140.00	99.50
6015	75	15	20	1	82	108	1.0	40.20	33.20
6215		130	25	1.5	84	121	1.5	66.00	49.50
6315		160	37	2.1	87	148	2.1	112.00	76.80
6415		190	45	3.0	89	176	2.5	155.00	115.00

注：1. 标准摘自《滚动轴承 深沟球轴承 外形尺寸》(GB/T 276—2013)。

2. 表中 r_{min} 为 r 的单向最小倒角尺寸，r_{amax} 为 r_a 的单向最大倒角尺寸。

附表 E-2　角接触球轴承

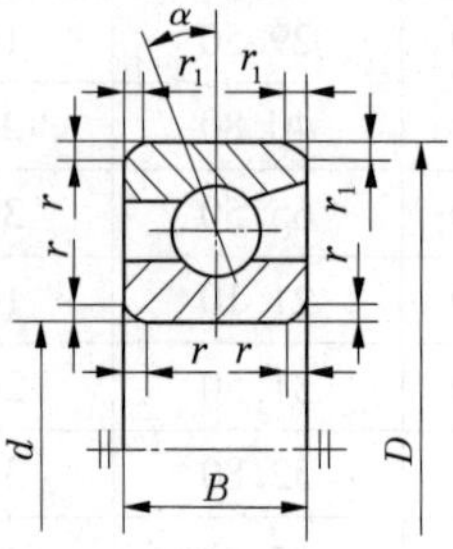

标准外形

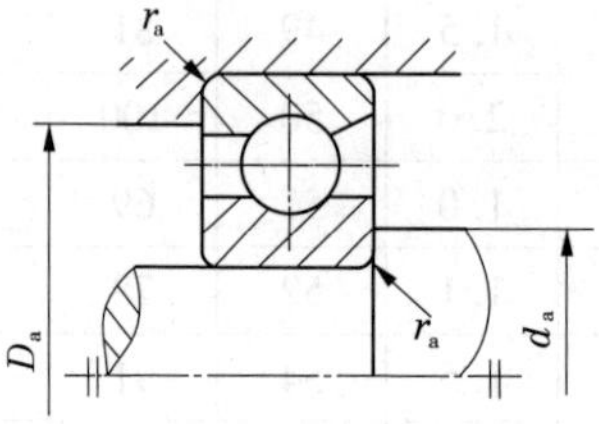

安装尺寸

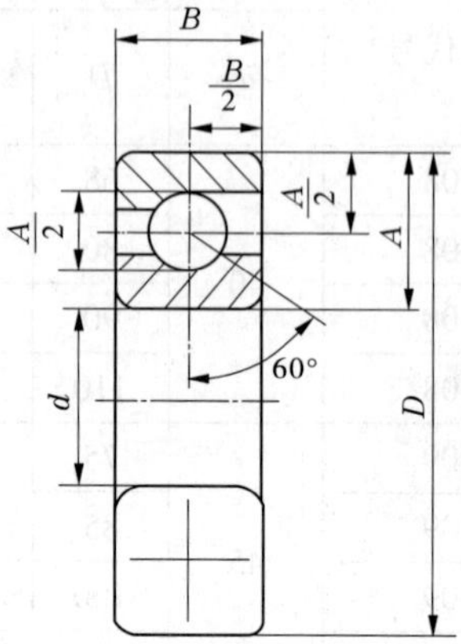

简化画法

轴承代号	基本尺寸/mm				安装尺寸/mm				基本额定动载荷	基本额定静载荷
	d	D	B	r_{min}	r_{1min}	d_{amin}	D_{amax}	r_{amax}	C/kN	C_0/kN
7204C									14.50	8.22
7204AC	20	47	14	1.0	0.3	26	41	1.0	14.00	7.82
7204B									14.00	7.85
7205C									16.50	10.50
7205AC	25	52	15	1.0	0.3	31	46	1.0	15.80	9.88
7205B									15.80	9.45
7305B		62	17	1.1	0.6	32	55	1.0	26.20	15.20
7206C									23.00	15.00
7206AC	30	62	16	1.0	0.3	36	56	1.0	22.00	14.20
7206B									20.50	13.80
7306B		72	19	1.1	0.6	37	65	1.0	31.00	19.20
7207C									30.50	20.00
7207AC	35	72	17	1.1	0.6	42	65	1.0	29.00	19.20
7207B									27.00	18.80
7307B		80	21	1.5	0.6	44	71	1.5	38.20	24.50
7208C									36.80	25.80
7208AC		80	18	1.1	0.6	47	73	1.0	35.20	24.50
7208B	40								32.50	23.50
7308B		90	23	1.5	0.6	49	81	1.5	46.20	30.50
7408B		110	27	2.0	1.0	50	100	2.0	67.00	47.50

续附表 E-2

轴承代号	基本尺寸/mm				安装尺寸/mm				基本额定动载荷 C/kN	基本额定静载荷 C_0/kN
	d	D	B	r_{min}	r_{1min}	d_{amin}	D_{amax}	r_{amax}		
7209C	45	85	19	1.1	0.6	52	78	1.0	38.50	28.50
7209AC									36.80	27.20
7209B									36.00	26.20
7309B		100	25	1.5	0.6	54	91	1.5	59.50	39.80
7210C	50	90	20	1.1	0.6	57	83	1.0	42.80	32.00
7210AC									40.80	30.50
7210B									37.50	29.00
7310B		110	27	2.0	1.0	60	100	2.0	68.20	48.00
7211C	55	100	21	1.5	0.6	64	91	1.5	52.80	40.50
7211AC									50.50	38.50
7211B									46.20	36.00
7311B		120	29	2.0	1.0	65	110	2.0	78.80	56.50
7212C	60	110	22	1.5	0.6	69	101	1.5	61.00	48.50
7212AC									58.20	46.20
7212B									56.00	44.50
7312B		130	31	2.1	1.1	72	118	2.1	90.00	66.30
7213C	65	120	23	1.5	0.6	74	111	1.5	69.80	55.20
7213AC									66.50	52.50
7213B									62.50	50.20
7313B		140	33	2.1	1.1	77	128	2.1	102.00	77.80
7214C	70	125	24	1.5	0.6	79	116	1.5	70.20	60.00
7214AC									69.20	57.50
7214B									70.20	57.20
7314B		150	35	2.1	1.1	82	138	2.1	115.00	87.20
7215C	75	130	25	1.5	0.6	84	121	1.5	79.20	65.80
7215AC									75.20	63.00
7215B									72.80	62.00
7315B		160	37	2.1	1.1	87	148	2.1	125.00	98.50

注：1. 标准摘自《滚动轴承 角接触球轴承 外形尺寸》(GB/T 292—2023)。

2. 表中 r_{min}、r_{1min} 分别为 r、r_1 的单向最小倒角尺寸。r_{amax} 为 r_a 的单向最大倒角尺寸。

3. 轴承代号中的 C、AC、B 分别代表轴承接触角 $\alpha=15°$、$25°$、$40°$。

附表 E-3　圆锥滚子轴承

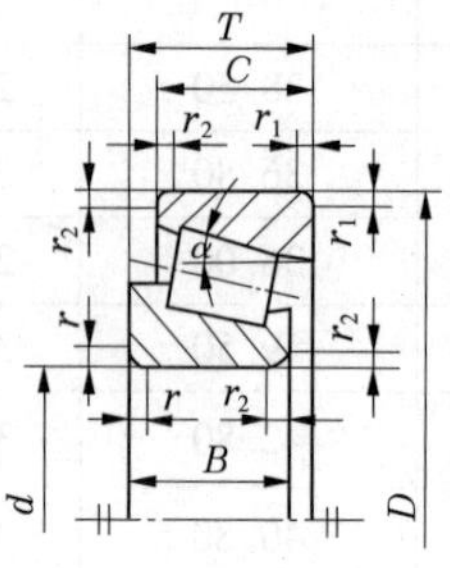

标准外形

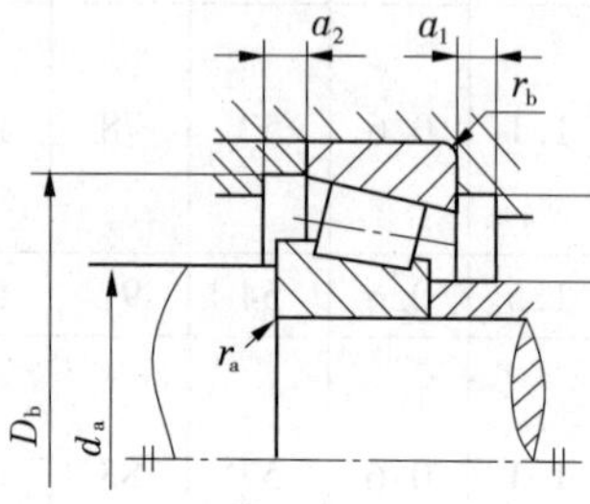

安装尺寸

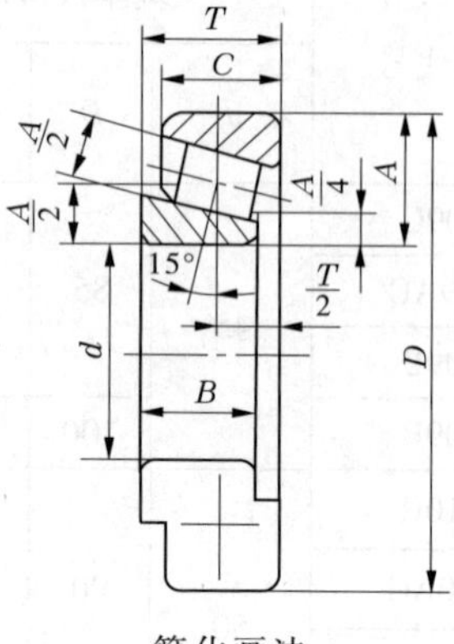

简化画法

轴承代号	基本尺寸/mm					安装尺寸/mm				基本额定动载荷 C/kN	基本额定静载荷 C_0/kN	计算系数		
	d	D	T	B	C	d_a	d_b	D_a	D_b			e	Y	Y_0
30204	20	47	15.25	14	12	26	27	41	43	28.2	30.5	0.35	1.7	1.0
30304		52	16.25	15	13	27	28	45	48	33.0	33.2	0.3	2.0	1.1
30205	25	52	16.25	15	13	31	31	46	48	32.2	37.0	0.37	1.6	0.9
30305		62	18.25	17	15	32	34	55	58	46.8	48.0	0.3	2.0	1.1
30206	30	62	17.25	16	14	36	37	56	58	43.2	50.5	0.37	1.6	0.9
30306		72	20.75	19	16	37	40	65	66	59.0	63.0	0.31	1.9	1.0
30207	35	72	18.25	17	15	42	44	65	67	54.2	63.5	0.37	1.6	0.9
30307		80	22.75	21	18	44	45	71	74	75.2	82.5	0.31	1.9	1.0
30208	40	80	19.75	18	16	47	49	73	75	63.0	74.0	0.37	1.6	0.9
30308		90	25.25	23	20	49	52	81	84	90.8	108.0	0.35	1.7	1.0
30209	45	85	20.75	19	16	52	53	78	80	67.8	83.5	0.4	1.5	0.8
30309		100	27.75	25	22	54	59	91	94	108.0	130.0	0.35	1.7	1.0
30210	50	90	21.75	20	17	57	58	83	86	73.2	92.0	0.42	1.4	0.8
30310		110	29.25	27	23	60	65	100	103	130.0	158.0	0.35	1.7	1.0
30211	55	100	22.75	21	18	64	64	91	95	90.8	115.0	0.4	1.5	0.8
30311		120	31.50	29	25	65	70	110	112	152.0	188.0	0.35	1.7	1.0
30212	60	110	23.75	22	19	69	69	101	103	102.0	130.0	0.4	1.5	0.8
30312		130	33.50	31	26	72	76	118	121	170.0	210.0	0.35	1.7	1.0
30213	65	120	24.75	23	20	74	77	111	114	120.0	152.0	0.4	1.5	0.8
30313		140	36.0	33	28	77	83	128	131	195.0	242.0	0.35	1.7	1.0
30214	70	12	26.25	24	21	79	81	116	119	132.0	175.0	0.42	1.4	0.8
30314		150	38.0	35	30	82	89	138	141	218.0	272.0	0.35	1.7	1.0
30215	75	130	27.25	25	22	84	85	121	125	138.0	185.0	0.44	1.4	0.8
30315		160	40.0	37	31	87	95	148	150	252.0	318.0	0.35	1.7	1.0

注:标准摘自《滚动轴承 圆锥滚子轴承 外形尺寸》(GB/T 297—2015)。

参 考 文 献

[1] 张志光,沈丽虹,冉书明. 机械设计基础[M]. 郑州:黄河水利出版社,2016.

[2] 陈立德. 机械设计基础课程设计指导书[M]. 6 版. 北京:高等教育出版社,2025.

[3] 吴泽宗,罗国圣. 机械设计基础课程设计手册[M]. 北京:高等教育出版社,2006.

[4] 成大先. 机械设计手册[M]. 7 版. 北京:化学工业出版社,2025.

[5] 张玲莉. 机械设计基础课程设计指导书:一级圆柱齿轮减速器[M]. 武汉:华中科技大学出版社,2011.

[6] 袁祖强. 机械设计基础课程设计指导书[M]. 北京:北京航空航天大学出版社,2013.

[7] 黄晓荣. 机械设计基础课程设计指导书[M]. 北京:中国电力出版社,2009.

[8] 王凤平. 机械设计基础课程设计指导书[M]. 北京:机械工业出版社,2010.

全国高职高专机电类专业创新型规划教材
融媒体新形态教材

机械设计基础

(第2版)

主　编　尹盛莲　徐华俊　武云文
副主编　孙文进　谢梦敏　李洪鹏
主　审　陆尚平　崔文杰

黄河水利出版社
·郑　州·

内 容 提 要

本书是全国高职高专机电类专业规划教材，是根据教育部对高职高专教育的教学基本要求及中国水利教育协会职业技术教育分会高等职业教育教学研究会组织制定的机械设计基础课程标准编写完成的。全书共分为9个项目，即平面机构认知与自由度探索、平面连杆机构的设计与实现、凸轮机构分析、齿轮传动设计、蜗杆传动设计、带传动和链传动、机械联接与支承件设计、轴及轴系设计、轮系传动比计算与应用等，每个项目设有学习目标、导入、基础理论训练和实践训练。本书配套有《机械设计实训指导》（另册），后者附有大量的图和表，如最新的国家标准和规范、参考图例、设计题目及答辩题等，便于学生设计时应用。

本书可作为高等职业技术学院、高等专科学校、成人高校等机械、机电及近机类专业的教学用书，也可供社会职业教育培训使用，还可作为各级各类学校相关专业师生的教学参考书。

图书在版编目（CIP）数据

机械设计基础 ：含实训指导 / 尹盛莲，徐华俊，武云文主编. -- 2 版. -- 郑州 ：黄河水利出版社，2025. 8. -- ISBN 978-7-5509-4281-3

Ⅰ. TH122

中国国家版本馆 CIP 数据核字第 2025GG8467 号

组稿编辑：王路平　　电话：13623813888　　微信：hhslwlp
　　　　　韩莹莹　　　　0371-66025553　　　15202427692

责任编辑：周　倩　责任校对：韩莹莹　封面设计：李思璇　责任监制：常红昕

出版发行：黄河水利出版社

地址：河南省郑州市顺河路 49 号　邮政编码：450003

网址：www. yrcp. com　E-mail：hhslcbs@ 126. com

发行部电话：0371-66020550、66028024

承印单位：河南承创印务有限公司

开本：787 mm×1 092 mm　1/16

印张：21

字数：500 千字　　　　印数：1—3 100

版次：2016 年 8 月第 1 版　　印次：2025 年 8 月第 1 次印刷

2025 年 8 月第 2 版

定价：60. 00 元（全二册）

第 2 版前言

本书是根据《中共中央关于认真学习宣传贯彻党的二十大精神的决定》，国务院《国家职业教育改革实施方案》（简称“职教 20 条”），中共中央办公厅、国务院办公厅《关于推动现代职业教育高质量发展的意见》，教育部《职业院校教材管理办法》《高等学校课程思政建设指导纲要》《职业教育产教融合赋能提升行动实施方案（2023—2025 年）》，教育部、财政部《关于实施中国特色高水平高职学校和专业建设计划的意见》，水利部、教育部《关于进一步推进水利职业教育改革发展的意见》等文件精神，在中国水利教育协会职业技术教育分会指导下进行编写的。教材及时更新教学标准，将新技术、新工艺、新规范及时纳入教学内容，力争实现项目化、模块化教学模式，突出现代职业教育理念，以学生能力培养为主线，体现出实用性、实践性、创新性的教材特色，是理论联系实际、教学面向生产的高职教育精品规划教材。

本书第 1 版由山东水利职业学院张志光主编，在此对第 1 版主参编及主审人员在编写、出版中所付出的劳动和贡献表示感谢！

为了贯彻落实党的二十大精神，以及课程思政“立德树人”“三全育人”要求，充分反映产业升级和行业发展最新进展，对接科技发展趋势和市场需求，不断丰富数字化资源，不断提高教材质量，编者在第 1 版的基础上编写了第 2 版教材。本次再版以习近平新时代中国特色社会主义思想为指导，全面贯彻落实党的二十大精神、立德树人根本任务，引入了课程思政案例，将党的二十大精神融入教学实践中，同时配套设置了 PPT 课件、微课视频、动画等丰富的教学资源。

本书突出高等职业技术教育的特点，确定机械设计基础的教学目标是使学生掌握机械装置的基本知识和原理、熟悉常用机构和机械零件的工作特性，培养学生设计常用机构、通用零件和一般机械装置的能力。全书共设 9 个项目，在编写过程中采用了最新的国家标准，力求体现机械学科的前沿性。其特点为：

（1）每一个项目的课程思政以二维码形式呈现，春风化雨，显性教育和隐性教育相结合，引导学生主动获取有益于身心发展的德智融合的知识。培养学生智造中国、科技报国、责任担当的家国情怀，宏观上立匠人之魂；树立学生爱岗敬业、执着专注、追求极致的职业理想，中观上培匠人之心；培养学生安全规范、严谨认真、团结协作的职业素养，微观上育匠人之才。

（2）教、学、做、练一体，岗、课、赛、证融通，将高职学生的职业综合能力复合化、标准化、透明化，使所培养的学生得到社会和行业企业的共同认可，与岗位轻松对接。教材内容涵盖了所有机械组成机构的设计、机械通用零部件的设计，使学生掌握机械装备设计通用的方法和步骤，训练了学生“能画图、精设计”的技能，具备参加创新大赛和考取技能证书的能力。

(3)教材中的动画资源以二维码立体展示,与教材中的平面图有机结合,提升学习效果和体验,从而更直观地理解复杂的概念和运动过程。

(4)与本书配套的多媒体教学系统可通过智慧职教在线精品课程网站获得,该课程已评为省级在线开放课程。

本书编写单位及编写人员如下:山东水利职业学院尹盛莲、武云文、殷秀增,安徽水利水电职业技术学院徐华俊,山西水利职业技术学院孙文进,河南水利与环境职业学院谢梦敏、朱昊云,河南九峰山抽水蓄能有限公司李洪鹏。本书由尹盛莲、徐华俊、武云文担任主编,尹盛莲负责全书编写规划及统稿;由孙文进、谢梦敏、李洪鹏担任副主编;殷秀增、朱昊云参编;由广西水利电力职业技术学院陆尚平教授、金雷科技股份公司崔文杰正高级工程师担任主审。

本书在编写过程中,得到了有关企业专家和技术人员的大力支持,中国五征集团有限公司汽车设计院徐万东工程师、金雷科技股份公司崔文杰正高级工程师对教材编写提出了许多宝贵的建议。在此,特向他们表示衷心的感谢!

本书的编写参阅了一些国内外出版的同类书籍,书后参考文献未能详尽列出,在此特向有关文献作者表示衷心的感谢!

限于编者的水平,书中不妥之处在所难免,恳请有关专家、同行、读者批评斧正。

编　者

2025年7月

目 录

绪　论

机械是人类在长期的生产实践中创造出来的重要生产工具。它主要用来增加生产数量、提高劳动生产率。机械不仅可以完成人类用双手、双目直接完成和不能直接完成的工作,而且完成得更快、更好。机械在人类的生产活动中历来都担负着十分重要的角色,是现代社会进步的基础。现代社会可创造出越来越精巧、越来越复杂的机械和机械装置,使过去的许多梦想变成现实。未来机械产品的研制将以降低资源消耗,发展洁净的再生能源,治理、减轻以至消除环境污染作为低碳经济的目标任务。

码 0-1　课程思政教学案例

一、机械及其组成

(一)机械

机械原指“巧妙的设计”,是机器和机构的统称。

在生产实践和日常生活中,人们广泛使用和接触着各种机械,例如自行车、汽车、洗衣机、机床等。机械的种类繁多,形式各不相同,却有一些共同的特征,就其组成而言,一部完整的机械主要有以下四个部分(见图 0-1):

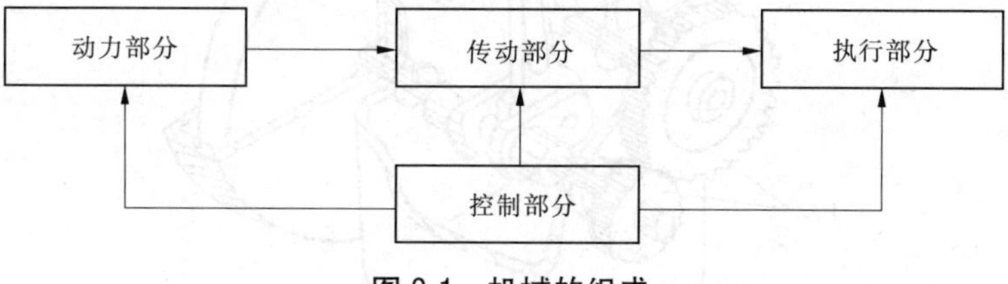

图 0-1　机械的组成

(1)动力部分。是机械的动力来源,其作用是把其他形式的能转变为机械能,以驱动机械运动并做功,如电动机、内燃机等。

(2)传动部分。是将动力部分的运动和能量传递给执行部分的中间环节,它可以改变运动速度、转换运动形式,以满足工作部分的各种要求,如减速器将高速转动转变为低速转动,螺旋机构将旋转运动转变成直线运动等。

(3)执行部分。是直接完成机械预定功能的部分,如机床的主轴和刀架、起重机的吊钩等。

(4)控制部分。是用来控制机械的其他部分,使操作者能随时实现或停止各项功能,如机器的开停、运动速度和方向的改变等,这一部分通常包括机械和电子控制系统。

机械的组成不是一成不变的,有些简单机械不一定完全具有上述四个部分,有的甚至只有动力部分和执行部分,如水泵、砂轮机等,而对于较复杂的机械,除具有上述四个部分外,还有润滑、照明装置等。

机械的种类繁多,按不同条件分类不同,如按功能可分为动力机械、物料搬运机械、粉碎机械等;按服务的产业可分为农业机械、水利机械、矿山机械、纺织机械等;按工作原理可分为热力机械、流体机械、仿生机械等。

(二)机器和机构

任何机器都是由许多零部件组成的,如图0-2所示为单缸四冲程内燃机,它由齿轮1和2、凸轮3、排气阀4、进气阀5、气缸缸体6、活塞7、连杆8、曲轴9组成。可见,机器是由零件组成的执行机械运动的装置。当燃气推动活塞做直线往复运动时,经连杆使曲轴做连续转动。凸轮和顶杆是用来开启和关闭进气阀和排气阀的。在曲轴和凸轮轴之间的两个齿轮的齿数比为1:2,曲轴转两周时,进、排气阀各启闭一次。这样就把活塞的直线运动转变为曲轴的转动,将燃气的热能转换为曲轴转动的机械能。这里包含了由气缸、活塞、连杆、曲轴组成的曲柄滑块机构,由凸轮、顶杆、机架组成的凸轮机构,由齿轮和机架组成的齿轮机构。

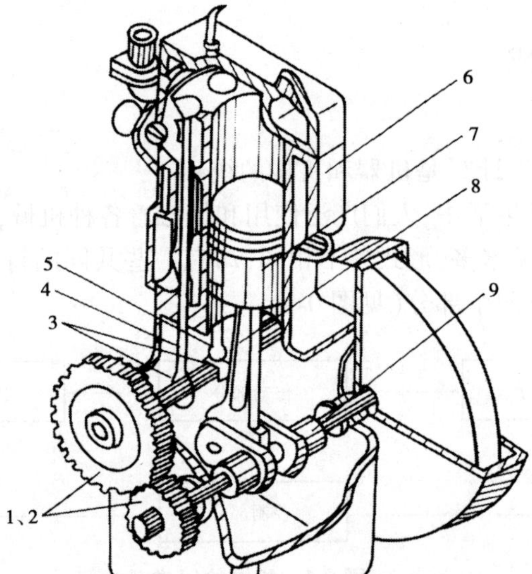

1、2—齿轮;3—凸轮;4—排气阀;5—进气阀;
6—气缸缸体;7—活塞;8—连杆;9—曲轴。

图0-2 单缸四冲程内燃机结构示意图

各种机器尽管有着不同的形式、构造和用途,然而都具有下列三个共同特征:

(1)机器是人为的多种实体的组合。

(2)各部分之间具有确定的相对运动。

(3)能完成有效的机械功或变换机械能。

综上所述,机器是由一个或几个机构组成的,机构仅具备机器的前两个特征,它被用来传递运动或变换运动形式。机构是指两个或两个以上的构件通过活动联接以实现规定运动的构件组合。若单纯从结构和运动的观点看,机器和机构并无区别。

(三)构件和零件

组成机构的各个相对运动部分称为构件。构件可以是单一的整体(如活塞),也可以是由多个零件组成的刚性结构,如曲轴 9 和齿轮 1 作为一个整体转动,它们构成一个构件,但在加工时是两个不同的零件。零件则是组成机械和机器不可分拆的单个制件。由此可知,构件是运动的基本单元,而零件是制造的基本单元。

二、机械设计的基本要求和一般程序

设计是机械产品研制的第一步,设计的好坏直接关系到产品的质量、性能和经济效益。机械设计就是从使用要求出发,对机械的工作原理、结构、运动形式、力和能量的传递方式,各个零件的材料、尺寸和形状,以及使用维护等问题进行构思、分析和决策的创造性过程。本课程主要讨论常用机械传动装置和通用零部件的设计。

(一)机械零件的主要失效形式和设计准则

机械零件不能正常工作或达不到设计要求时,称该零件失效。零件失效与破坏是两个概念,失效并不一定意味着破坏,如用塑性材料制造的零件,工作时虽未断裂,但由于其过度变形而影响其他零件的正常工作也是失效;齿轮由于齿面发生点蚀丧失了工作精度,带传动由于摩擦力不足而发生打滑等都是失效。

机械零件的常见失效形式有:工作表面失效(如磨损、疲劳点蚀、表面压馈、胶合等);断裂或过大的塑性变形;发生强烈的振动及破坏正常工作条件引起的失效(如联接松动、摩擦表面打滑等)。

机械零件虽然有多种可能的失效形式,但归纳起来主要是强度、刚度、耐磨性和振动稳定性几个方面的问题。设计机械零件时,保证零件在规定期限内不发生失效所依据的原则,称为设计准则。设计准则主要有强度准则、刚度准则、寿命准则、振动稳定性准则和可靠性准则等,其中强度准则是设计机械零件首先要满足的一个基本要求。为保证零件工作时有足够的强度,设计计算时应使其危险截面或工作表面的最大工作应力不超过零件的许用应力,即

$$\sigma \leqslant [\sigma]; \quad \tau \leqslant [\tau] \tag{0-1}$$

(二)机械设计应满足的基本要求

机械的性能和质量在很大程度上取决于设计的质量,而机械的制造过程实质上就是要实现设计所规定的性能和质量。机械设计作为机械产品开发研制的一个重要环节,不仅决定着产品的性能好坏,而且决定着产品质量的高低。设计和选用机械零件时,必须满足以下从机械整体出发对其提出的基本要求:

(1)功能性。设计的机械零件应在规定的条件下,规定的寿命期限内,有效地实现预期的全部职能。

(2)经济性。在市场经济环境下,经济性要求贯穿于机械设计全过程,应当合理选用原材料,确定适当的精度要求,缩短设计和制造的周期。

(3)工艺性。指在一定的生产条件下,采用合理的结构,便于制造、装配和维护,尽可能采用标准零部件。

(4)其他方面。牢固树立安全意识,满足安全性的要求。另外,环保、舒适、美学等方面的要求,设计者也必须予以考虑。

(三)机械零件设计的一般步骤

机械零件设计没有一成不变的固定程序,常因具体条件不同而异,但一般设计步骤如下:

(1)根据零件在机械中的地位和作用,选择零件的类型和结构。

(2)分析零件的载荷性质,拟定零件的计算简图,计算作用在零件上的载荷。

(3)根据零件的工作条件及对零件的特殊要求,选择适当的材料。

(4)分析零件可能出现的失效形式,决定设计准则和许用应力。

(5)确定零件的主要几何尺寸,综合考虑零件的材料、受载,以及加工装配工艺和经济性等因素,参照有关标准、技术规范及经验公式,确定全部结构尺寸。

(6)绘制零件工作图并确定公差和技术要求。

在一般机械中,只有部分主要零件是通过计算确定其尺寸,而许多零件则是根据结构工艺的要求,采用经验数据或参照规范进行设计,或使用标准件。

三、本课程的研究任务与基本要求

(一)本课程的研究任务

机械设计基础是一门机械类及近机类专业的重要的技术基础课,研究的是各类机械的共性的基础知识,目的是培养学生具有一定设计能力。它主要是在金属工艺学、机械制图与AutoCAD、工程力学等课程之后,将相关理论和实际相结合来探讨机械内部基本规律的基础性课程。

本课程主要阐述机械设计的一般原则和应满足的基本要求,机械零件的一般设计准则和工作能力,常用工程材料,常用的机械传动及通用的联接零件,轴系零件的工作原理、特点和基本设计方法(或选用原则)。

(二)本课程的基本要求

通过本课程的学习,应达到的基本要求是:

(1)掌握机构的结构原理、运动特性,初步具备确定机械运动方案、分析和设计基本机构的能力。

(2)掌握通用机械零件的工作原理、特点、选用和设计计算的基本知识,具备设计一般简单机械的能力。

(3)具备运用标准、规范、手册、图册等有关技术资料的能力。

项目一　平面机构认知与自由度探索

【学习目标】

(1)了解运动副及其分类,熟识各种平面运动副的一般表达方法。

(2)熟练看懂平面机构的运动简图。

(3)能够正确判断和处理平面机构运动简图中的复合铰链、局部自由度和虚约束,综合利用自由度计算公式计算机构自由度,并能判断是否有确定的运动。

(4)树立学生实现“智造强国”的责任心和使命感。

码 1-1　课程思政教学案例

【项目导入】

机构是机器的主要组成部分。机构由哪些部分组成?机构在什么条件下才能具有确定的运动?在这个项目中我们将一一进行讨论。为了分析旧机器、设计新机器,都需要将具体的机器抽象成简单的运动学模型,绘制出机构的运动简图。如图 1-1 所示,先将内燃机的实物图[见图 1-1(a)]转变为气缸的结构简图[见图 1-1(b)],再抽象为简单的运动简图[见图 1-1(c)]。

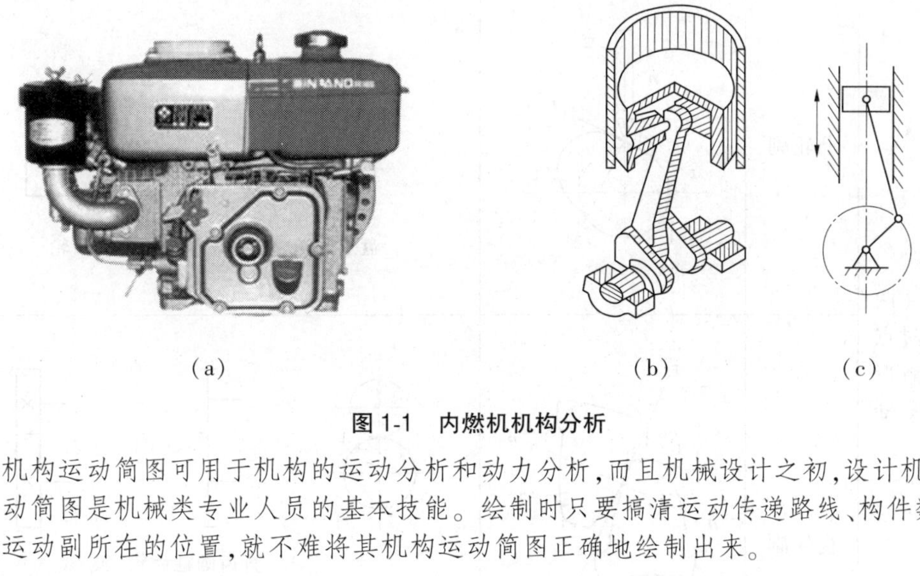

(a)　(b)　(c)

图 1-1　内燃机机构分析

机构运动简图可用于机构的运动分析和动力分析,而且机械设计之初,设计机器的机构运动简图是机械类专业人员的基本技能。绘制时只要搞清运动传递路线、构件数、运动副及运动副所在的位置,就不难将其机构运动简图正确地绘制出来。

任务一　绘制平面机构运动简图

一、认识平面机构

(一)运动副

两构件直接接触并能产生确定相对运动的联接称为运动副。构成运动副的点、线或面称为运动副元素,根据运动副元素的不同,平面运动副可分为低副和高副。平面运动副的类型和表示符号如表1-1所示。

表1-1　平面运动副的类型和表示符号

类型		图例	运动副表示符号
低副(两构件通过面接触形成的运动副)	转动副	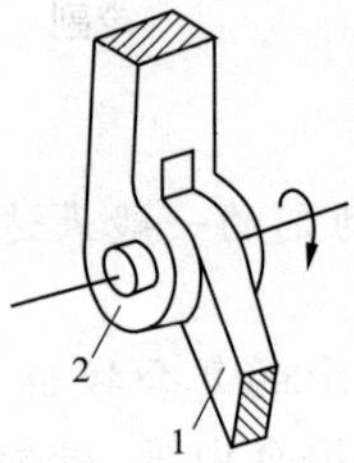	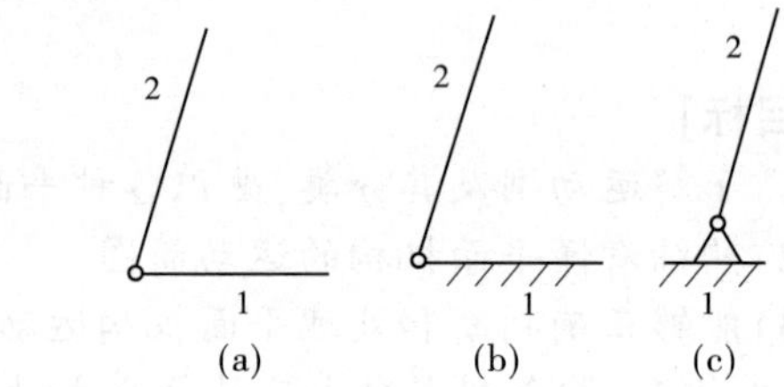
	移动副	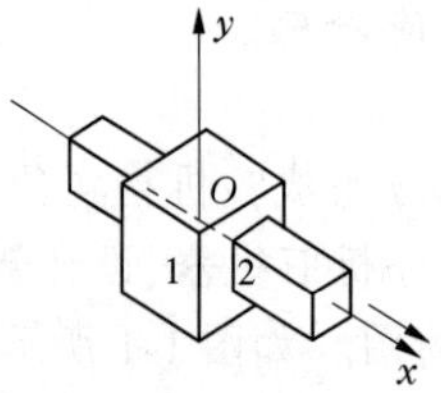	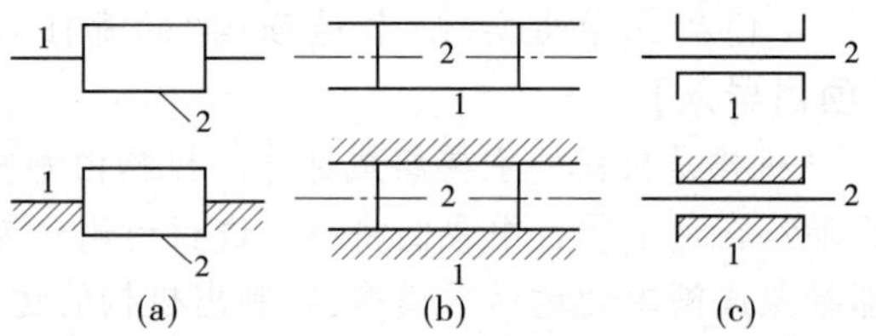
高副(两构件通过点或线接触形成的运动副)	凸轮副	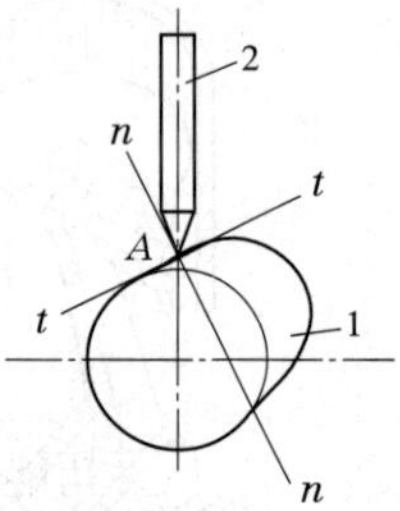	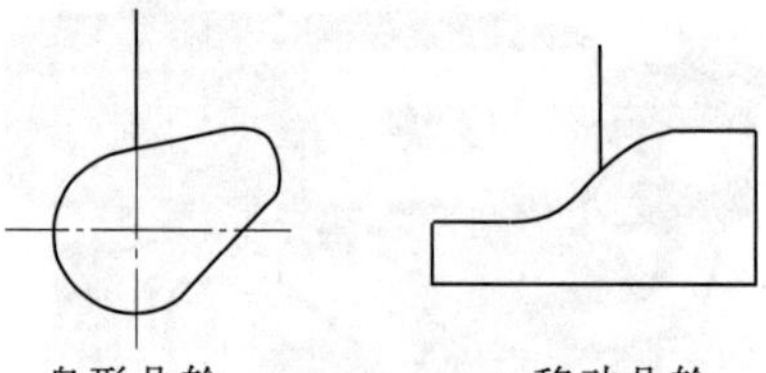 盘形凸轮　移动凸轮
	齿轮副	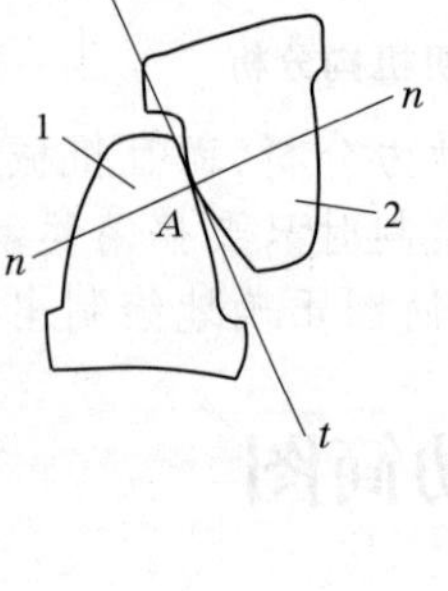	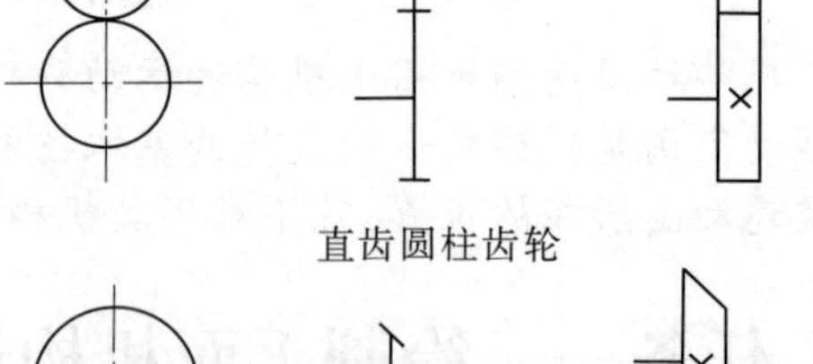 直齿圆柱齿轮 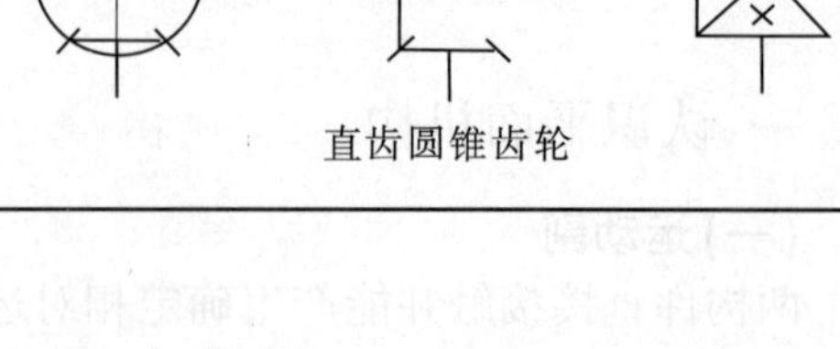 直齿圆锥齿轮

码 1-2　转动副　　码 1-3　移动副　　码 1-4　凸轮副　　码 1-5　齿轮副

查一查：列举工程中低副和高副的应用实例，分析其组成和特点。

（二）构件

（1）固定构件（机架）：机构中视作固定不动的构件，用来支承其他可动构件。例如各种机床的床身是机架，它支承着轴、齿轮等活动构件。在机构简图中，将机架打上斜线，如图 1-2 所示。

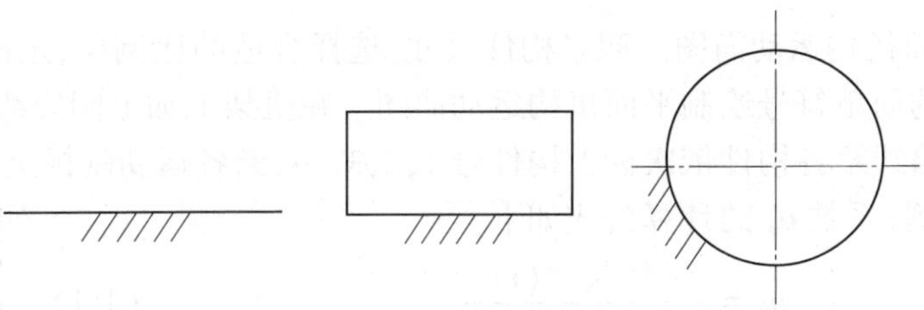

图 1-2　机架的表示方法

（2）主动件（原动件）：已给定运动规律的活动构件，即直接接受能源或最先接受能源作用且有驱动力或力矩的构件，例如内燃机中的活塞。它的运动是外界输入的，因此又称为输入构件。在机构简图中，将主动件标上箭头来表示。

（3）从动件：机构中随着主动件的运动而运动的其他活动构件。如内燃机中的连杆、曲轴、齿轮等都是从动件。当从动件输出运动或实现机构的功能时，便称其为执行件。

构件的表示方法如图 1-3 所示。构件可用直线、三角形或方块等图形表示。图 1-3（a）表示参与组成两个转动副的构件；图 1-3（b）表示参与组成一个转动副和一个移动副的构件；图 1-3（c）表示参与组成三个转动副的构件，它一般用三角形表示，在三角形内加剖面线或在三个内角上涂上焊缝标记，表明三角形为一个构件；若三个转动副在同一直线上，则可用跨越半圆符号来联接直线，如图 1-3（d）所示。

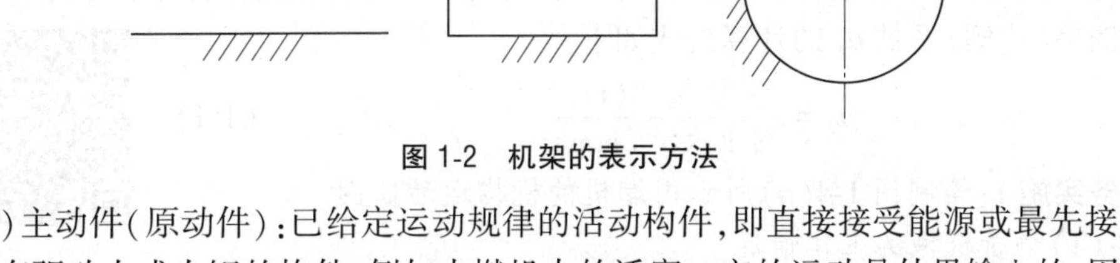

图 1-3　构件的表示方法

找一找:指出牛头刨床中的机架、主动件和从动件。

二、绘制平面机构运动简图

想一想:为什么要绘制平面机构的运动简图?

用规定的符号和线条按一定的比例表示构件的尺寸和运动副的相对位置,并能完全反映机构特征的简图称为平面机构运动简图。平面机构运动简图的绘制步骤如下:

(1)分析机械的工作情况。找出机架,确定主动件和从动件(包括执行件和传动件)。

(2)分析机械的运动情况。从主动件开始,沿着运动传递路线逐一分析各构件间相对运动的性质,确定构件的数目、运动副的类型和数目。

(3)合理选择视图平面。选择多数构件所在的运动平面或平行于运动平面的平面作为视图平面。

(4)绘制平面机构运动简图。测量构件尺寸,选择合适的比例尺,定出各运动副的相对位置,用规定的简单符号绘制平面机构运动简图。在机架上加上阴影线,在主动件上标上箭头,按传动路线给各构件依次标上构件号1,2,3,…,给各运动副标上$A,B,C,\cdots$。

比例尺(比例)系数μ_l的计算公式如下:

$$\mu_l=\frac{\text{实际尺寸(m)}}{\text{图上尺寸(mm)}}\tag{1-1}$$

码1-6 内燃机

任务实施1:绘制图1-4(a)所示内燃机的机构运动简图。

解:(1)分析机械的工作情况。

内燃机内包括三种机构,其运动平面相互平行,故可视为一个平面

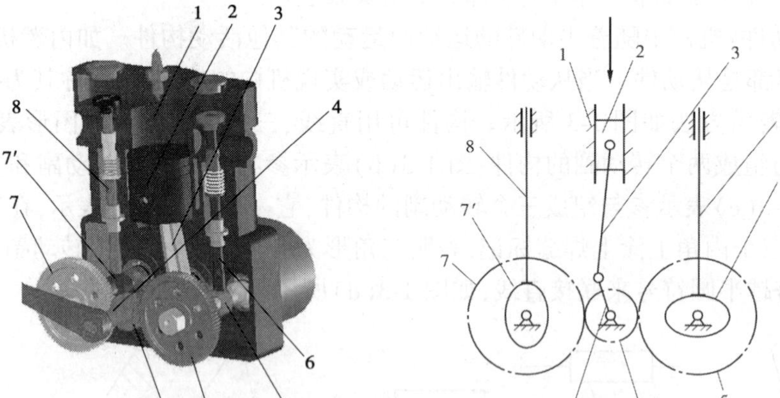

图1-4 内燃机机构运动简图

机构。活塞2、连杆3、曲轴4与气缸缸体1组成曲柄滑块机构;齿轮4′、齿轮5与气缸缸体1组成齿轮机构,齿轮4′、齿轮7与气缸缸体1组成齿轮机构;凸轮5′、进气阀顶杆6与气缸缸体1组成凸轮机构,凸轮7′、排气阀顶杆8与气缸缸体1组成凸轮机构。

气缸缸体 1 为机架;燃气推动下的活塞 2 为主动件;其余活动构件为从动件。

(2)分析机械的运动情况。

活塞 2 与气缸缸体 1 组成移动副,活塞 2 与连杆 3 组成转动副,连杆 3 与曲轴 4 组成转动副,齿轮 4′、齿轮 5 组成齿轮高副,凸轮 5′与进气阀顶杆 6 组成凸轮高副,进气阀顶杆 6 与气缸缸体 1 组成移动副,齿轮 4′、齿轮 7 组成齿轮高副,凸轮 7′与排气阀顶杆 8 组成凸轮高副,排气阀顶杆 8 与气缸缸体 1 组成移动副。

(3)合理选择视图平面。

连杆运动平面为视图平面。

(4)选择比例尺,绘制机构运动简图。

先画出滑块导路中心线及曲轴中心位置,然后根据构件尺寸和运动副之间的尺寸,按选定的比例尺和规定符号绘出,如图 1-4(b)所示。

任务二　计算机构自由度并判断运动可行性

一个做平面运动的自由构件有三个独立运动的可能性。如图 1-5 所示,在 xOy 坐标系中,构件 A 可随其上任一点沿 x 轴、y 轴方向移动,也可在 xOy 平面(绕垂直于 xOy 平面的轴线 z)转动,这三个独立的运动称为该构件的自由度。

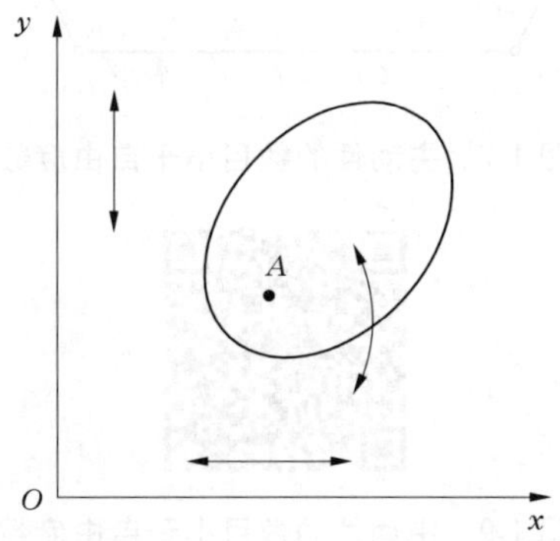

图 1-5　平面自由构件的自由度

码 1-7　平面自由构件的运动

通过运动副联接起来的构件系统怎样才能成为机构呢?要想判定若干个构件通过运动副联接起来的构件系统是否为机构,就必须研究平面机构自由度的计算。

平面机构的每个活动构件在未构成运动副之前都是三个自由度。当两个构件直接接触组成运动副之后,它们的相对运动就受到限制,自由度随之减少。运动副对构件的独立运动所加的限制称为约束。不同类型的运动副引入的约束数不同。每引入一个约束,构件就减少一个自由度。

一、平面机构自由度计算公式

设一个平面运动链由 k 个构件组成,其中一个构件为机架,则有 $n=k-1$ 个活动构件。未构成运动副之前,这些活动构件应有 $3n$ 个自由度。假设构成 P_L 个低副和 P_H 个高副,而一个低副引入两个约束,一个高副引入一个约束,每引入一个约束构件就失去一个自由度,故整个运动链相对机架的自由度应为活动构件自由度的总数与运动副引入约束总数之差。以 F 表示机构的自由度数,则有

$$F = 3n - 2P_L - P_H \tag{1-2}$$

二、机构具有确定运动的条件

从动件是不能独立运动的,只有主动件才能独立运动。通常每个主动件只有一个独立运动。因此,机构具有确定运动的条件为:构件系统的自由度必须大于零,且主动件的数目必须等于自由度数。

如果主动件的数目大于自由度数,则运动链中最薄弱的构件或运动副可能被破坏,不能成为机构,如图 1-6 所示。

如果主动件的数目小于自由度数,则构件运动不确定,也不能成为机构,如图 1-7 所示。

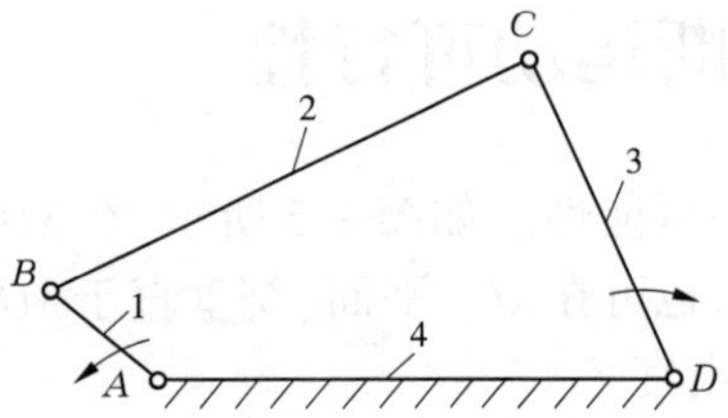

图 1-6 主动件的数目大于自由度数

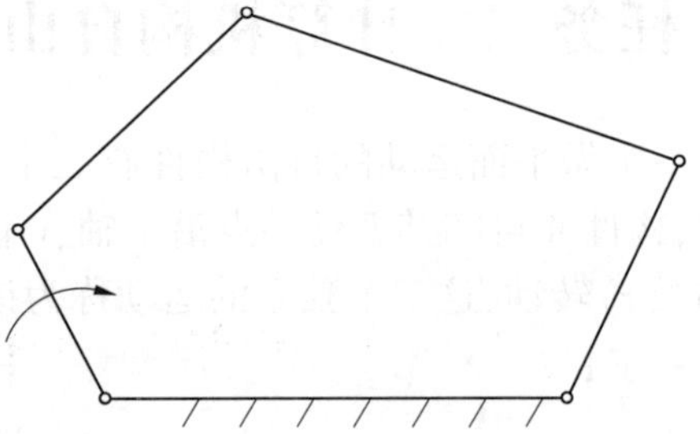

图 1-7 主动件的数目小于自由度数

码 1-8 主动件的数目大于自由度数

码 1-9 主动件的数目小于自由度数

想一想:为什么要对机构进行自由度计算?满足什么条件才具有确定的相对运动呢?

三、计算平面机构自由度时的注意事项

(一)复合铰链

两个以上构件在同一处以转动副相联构成的运动副称为复合铰链。图 1-8 所示是三个构件汇交成的复合铰链,图中构件 1 分别与构件 2、构件 3 构成两个转动副。依此类推,k 个构件在一处以转动副相联,应具有 $k-1$ 个转动副。因此,在统计转动副数目时,应注意识别复合铰链,避免遗漏。

(二)局部自由度

不影响机构运动的、局部独立运动的自由度称为局部自由度。如图 1-9(a)所示的凸轮机构中,为了减少高副接触处的磨损,在从动件上安装一个滚子,使其与凸轮轮廓线滚动

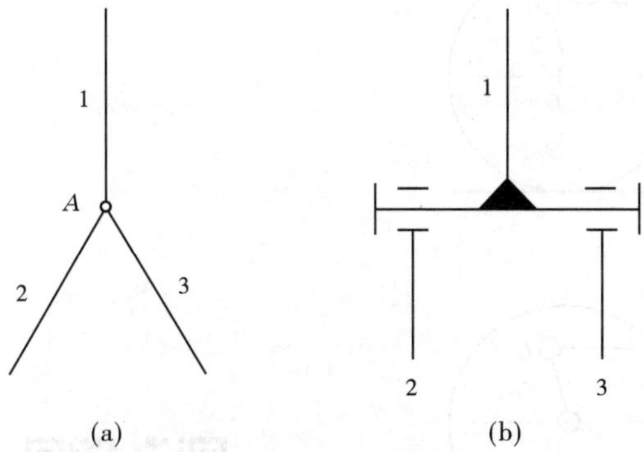

图 1-8　复合铰链

码 1-10　复合铰链

接触。显然,滚子绕本身轴线的转动不影响其他构件的运动,该转动的自由度即局部自由度。计算时,先把滚子看成与从动件连成一体,消除转动副后再计算其自由度,如图 1-9(b)所示。此时,机构中 $n=2, P_L=2, P_H=1$,则 $F=3n-2P_L-P_H=3\times2-2\times2-1=1$。

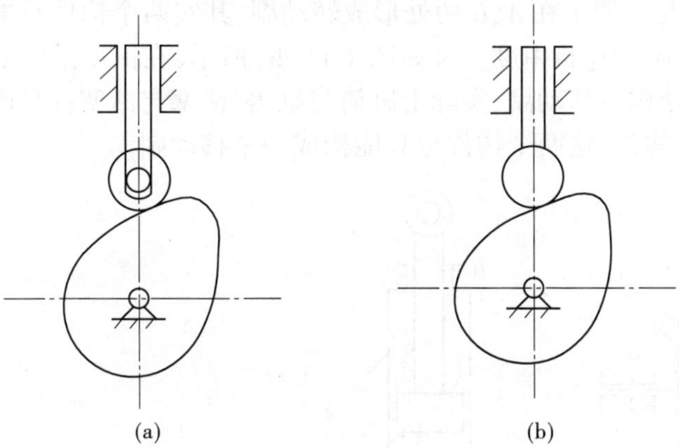

图 1-9　局部自由度

码 1-11　局部自由度

(三)虚约束

在实际机构中,有些运动副所起的约束作用是重复的,这种不起独立限制作用的重复约束称为虚约束。在计算机构自由度时,虚约束应去除不计。

平面机构中的虚约束,常出现在以下情况中:

(1)轨迹重合。联接构件上的轨迹和机构上联接点的轨迹重合时,引入虚约束。如图 1-10(a)所示的平行四边形机构中,联接构件 EF 上 E 点的轨迹与机构连杆 BC 上的轨迹重合,构件 EF 引入了虚约束。计算机构自由度时,应按图 1-10(b)处理,将构件 EF 及两个转动副 E、F 去掉。

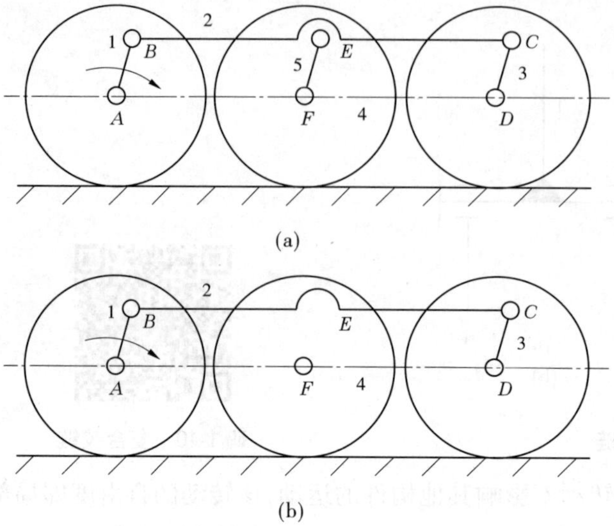

图 1-10 轨迹重合的平行四边形机构

码 1-12 虚约束

(2)导路平行或重合的移动副。两构件构成多个导路相互平行的移动副时,会出现虚约束。如图 1-11(a)所示,轮轴 2 与机架 1 在 A、B 两处形成转动副,其实两个构件只能构成一个运动副,这里应按一个运动副计算自由度。又如图 1-11(b)所示,在液压缸的缸筒 2 与活塞 1、缸盖 3 与活塞杆 4 两处构成移动副,实际上缸筒与缸盖、活塞与活塞杆是两两固联的,只有两个构件而并非四个构件,这两个构件也只能构成一个移动副。

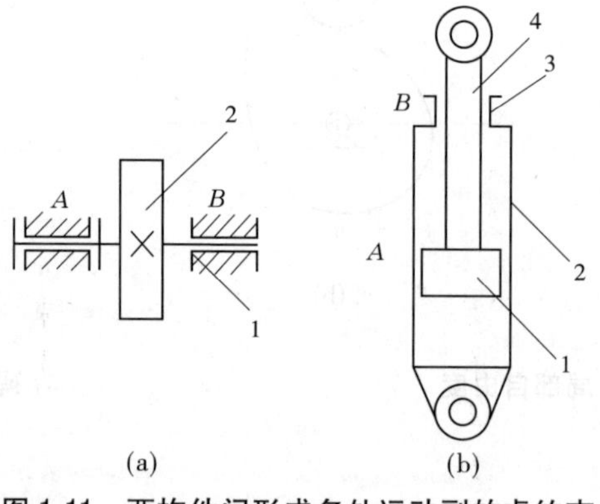

图 1-11 两构件间形成多处运动副的虚约束

(3)传动对称。机构中传递运动而不起独立作用的对称部分形成虚约束,如图 1-12 所示的差动轮系。

想一想:既然虚约束对机构的运动不起作用,为何机械中仍经常使用虚约束?

任务实施 2:计算图 1-4 所示内燃机构件系统的自由度,并判断是否有确定的运动。

解:图 1-4 中,曲轴 4 和齿轮 4′、齿轮 5 和凸轮 5′、齿轮 7 和凸轮 7′皆固联在一起,故可视为一个构件。因此,$n=7$,$P_L=8$(其中有 3 个移动副、5 个转动副),$P_H=4$,则该构件系统的自由度为

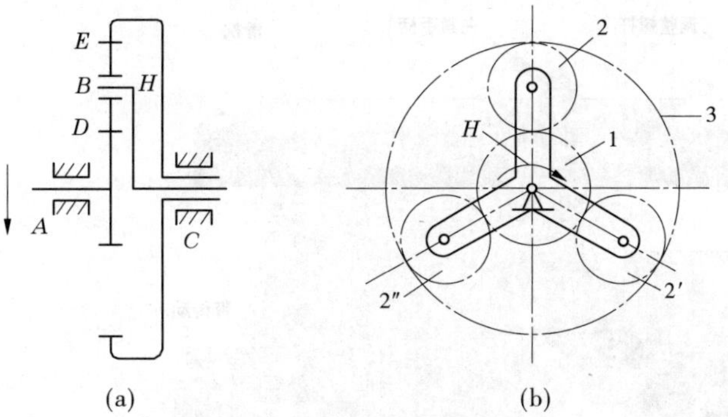

图 1-12　对称机构的虚约束

$$F = 3n - 2P_L - P_H = 3 \times 7 - 2 \times 8 - 4 = 1$$

主动件的数目为 1，等于自由度数，故该构件系统有确定的运动。

任务实施 3：计算图 1-13 所示筛料机构的自由度，并判断是否有确定的运动。

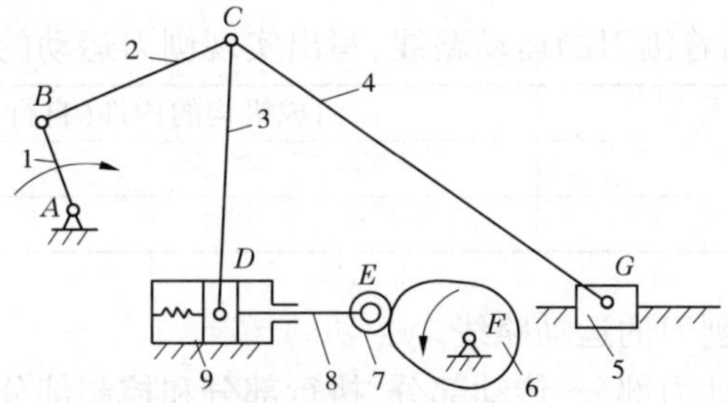

图 1-13　筛料机构

解：(1) 工作原理分析。机构中标有箭头的凸轮 6 和曲轴 1 作为主动件分别绕 F 点和 A 点转动，迫使工作构件 5 带动筛子抖动筛料。

(2) 处理特殊情况：

①三个构件 2、3、4 在 C 点组成复合铰链，此处有两个转动副；

②滚子 7 绕 E 点的转动为局部自由度，可看成滚子 7 与活塞杆 8 焊接在一起；

③两个构件 8 和 9 形成两处移动副，其中有一处是虚约束。

(3) 计算机构自由度。机构有 7 个活动构件、7 个转动副、2 个移动副、1 个高副，即 $n=7$、$P_L=9$、$P_H=1$，按式(1-2)计算得

$$F = 3n - 2P_L - P_H = 3 \times 7 - 2 \times 9 - 1 = 2$$

(4) 判断是否有确定的运动。主动件数目为 2，等于自由度数，故该机构有确定的运动。

想一想：图 1-13 中 C 处为复合铰链，含两个转动副；自行分析 G 处是否为复合铰链？为什么？

实战训练　分析牛头刨床刨刀的运动路线

观察牛头刨床实物(见图 1-14)，认识牛头刨床的机构，分析其工作原理，并完成以下挑战。

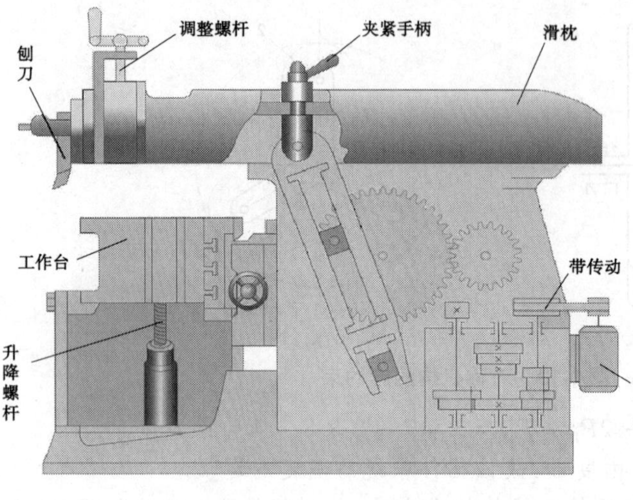

图1-14　牛头刨床

码1-13　牛头刨床

1. 从电动机开始,循着刨刀的运动路线,写出实现刨刀运动的各机构名称及组成。

序号	机构名称	组成机构的构件(自行在图上标序号)

2. 请写出牛头刨床刨刀的运动路线。
3. 写出牛头刨床的动力部分、传动部分、执行部分和控制部分。
4. 写出你观察到的牛头刨床中的通用零件,并指出哪些是标准件。

学·思·悟

自由度与工业机器人

ISO8373对工业机器人的解释:“机器人具备自动控制及可再编程、多用途功能,机器人操作机具有三个或三个以上的可编程轴,在工业自动化应用中,机器人的底座可固定也可移动。”机器人轴的数量决定了其自由度。自由度越多就越接近人手的动作机能,通用性就越好。随着轴数的增加,机器人的灵活性也随之增长。

码1-14　蒋新松:机器人之父

码1-15　蛇形机器人

读后笔记:

基础理论训练

一、填空题

1. 机构要能运动,自由度必须________。

2. 机构中相对静止的构件为________。

3. 两构件通过________接触组成的运动副为低副;通过________或________接触组成的运动副为高副。

4. 机构的自由度为 1,则机构需要________个主动件。

5. 在平面机构中有一个低副就引入________个约束。

二、判断题

1. 机构是由两个以上的构件组成的。 ( )

2. 虚约束对机构的运动不起作用。 ( )

3. 3 个构件在一处铰接,则构成 3 个转动副。 ( )

4. 机架是机构不可缺少的组成部分。 ( )

5. 组成平面高副的两个构件的接触必须是线接触。 ( )

三、选择题

1. 在机构中原动件数目( )机构自由度时,该机构具有确定的运动。

A. 小于　　B. 等于　　C. 大于

2. 构件运动确定的条件是( )。

A. 自由度大于 1　　B. 自由度大于零　　C. 自由度等于原动件数

3. 计算机构自由度时,若计入虚约束,则机构自由度就会( )。

A. 增多　　B. 减少　　C. 不变

4. 平面运动构件最多有( )个自由度。

A. 1　　B. 2　　C. 3

5. 一个低副引入的约束数为( )。

A. 1 个约束　　B. 2 个约束　　C. 3 个约束

6. 一个高副引入的约束数为( )。

A. 1 个约束　　B. 2 个约束　　C. 3 个约束

实践训练

1. 指出图 1-15 所示运动链中的复合铰链、局部自由度和虚约束,计算其自由度,并判断是否有确定的运动。

2. 图 1-16 所示为一简易冲床的初拟设计方案。设计者的意图是让凸轮 2 为主动件,

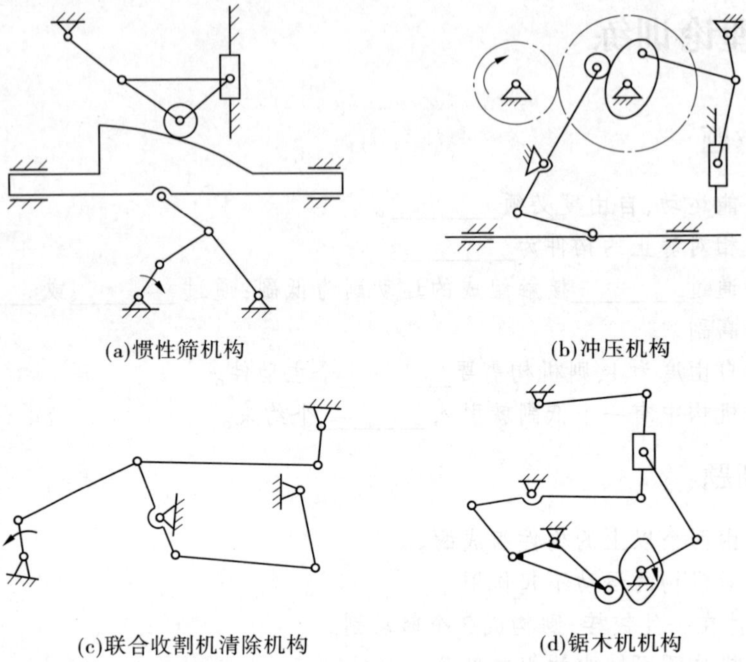

图 1-15

做匀速转动,通过构件 3 带动构件 4 做上下往复运动,从而实现冲压运动。试绘制其机构运动简图,分析运动是否确定,并提出修改意见。

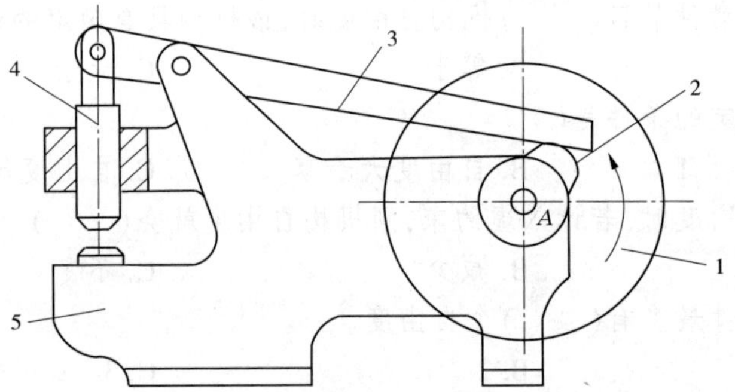

图 1-16　冲床的结构简图

项目二　平面连杆机构的设计与实现

【学习目标】

(1)熟识铰链四杆机构的基本类型及其演化,重点了解铰链四杆机构的三种形式和曲柄滑块机构。

(2)掌握平面四杆机构的基本特性。

(3)会判断四杆机构是否存在曲柄及其类型。

(4)培养学生勇于创新的思维,在设计时要有严谨的工作作风和精益求精的工匠精神。

码 2-1　课程思政教学案例

【项目导入】

码 2-2　公共汽车车门

图 2-1(a)、(b)所示为公共汽车车门启闭机构。压缩空气从汽车的储气囊里通过开关进入开关车门的管道,有正向的管道和反向的管道,驾驶员通过仪表盘上的按钮控制阀门,让压缩空气进入不同的管道,压缩空气进入气缸,推动活塞运动,带动一个逆平行双曲柄机构[见图 2-1(c)],让其中一根轴 AB 产生转动,如果正向转动则两扇车门同时开启,打开车门;如果反向转动则两扇车门同时关闭。

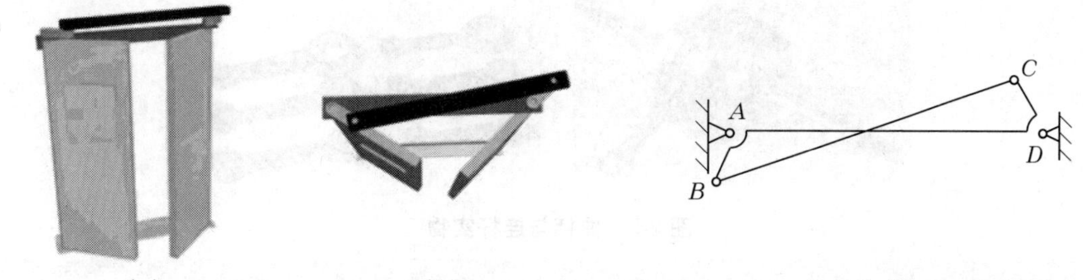

(a)　　(b)　　(c)

图 2-1　公共汽车车门启闭机构

平面连杆机构是机械中应用较多的一种传动机构,什么是平面连杆机构?平面连杆机构与铰链四杆机构有何关联?铰链四杆机构有哪些基本类型与应用?又具有怎样的工作特性?通过本项目内容的学习,学生能够对平面连杆机构进行初步分析与设计。

构件通过低副联接,且所有构件在相互平行平面内运动的机构称为平面连杆机构。四个构件通过低副联接而成的平面连杆机构,则称为平面四杆机构,它是平面连杆机构中最常见的形式,也是组成多杆机构的基础,故为本项目的主要介绍内容。由转动副连接四个构件而形成的机构,称为铰链四杆机构。

任务一 认识铰链四杆机构及演化机构

一、铰链四杆机构的基本类型

铰链四杆机构如图2-2所示,固定不动的杆4为机架,与机架相连的杆1与杆3称为连架杆,联接两连架杆的杆2为连杆。连架杆1与3通常绕自身的回转中心A和D回转,杆2做平面运动;能做整周回转(旋转角度为360°)的连架杆称为曲柄(图2-3为曲柄和连杆实物图片),不能做整周回转(旋转角度小于360°)的连架杆称为摇杆。铰链四杆机构共有三种基本形式:曲柄摇杆机构、双曲柄机构和双摇杆机构。

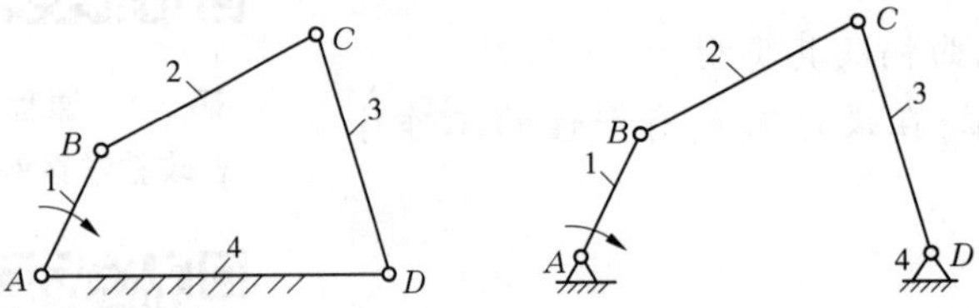

图2-2 铰链四杆机构

码2-3 铰链四杆机构

图2-3 曲柄与连杆实物

查一查:请查阅资料,了解铰链四杆机构的特点。

(一)曲柄摇杆机构

在铰链四杆机构中,若两个连架杆中,一个为曲柄,另一个为摇杆,则此铰链四杆机构称为曲柄摇杆机构。通常曲柄1为主动件,做匀速转动;而摇杆3为从动件,做变速往复摆动。如图2-4所示为调整雷达天线俯仰角的曲柄摇杆机构。曲柄1缓慢地匀速转动,通过连杆2,使摇杆3在一定角度范围内摆动,以调整天线俯仰角的大小。

在曲柄摇杆机构中,也可以以摇杆作为主动件,曲柄为从动件,将主动件摇杆的往复运动转换为从动件曲柄的整周运动。如图2-5所示为脚踏砂轮机机构。

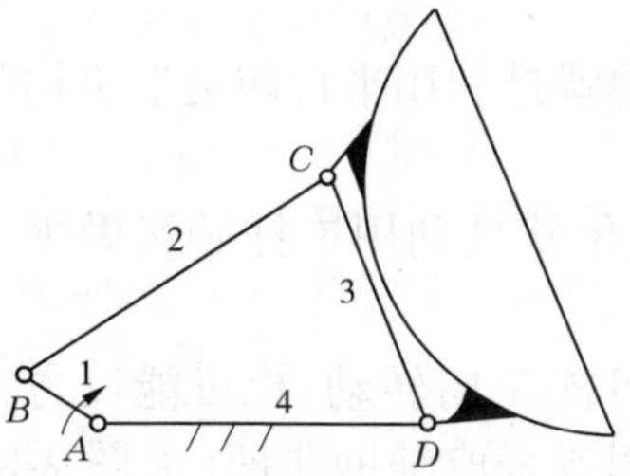

图 2-4　雷达天线俯仰角调整机构

码 2-4　雷达天线

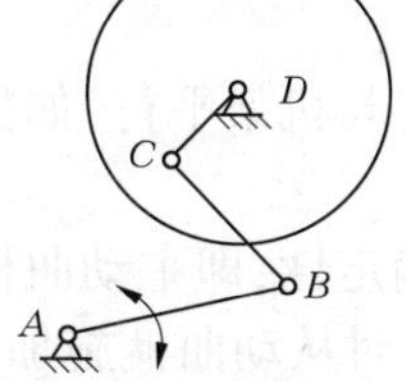

图 2-5　脚踏砂轮机机构

码 2-5　脚踏砂轮机机构

想一想：请分析缝纫机脚踏机构的形式，并指出该机构中的主动件、从动件、曲柄、连杆和摇杆。

(二)双曲柄机构

在铰链四杆机构中，若两个连架杆均为曲柄，则称为双曲柄机构。

图 2-6 所示为惯性筛，其构件 1、构件 2、构件 3 和构件 4 组成的机构为双曲柄机构。在惯性筛机构中，主轴曲柄 *AB* 等角速度回转一周，曲柄 *CD* 变角速度回转一周，进而带动筛子 *EF* 往复运动筛选物料。

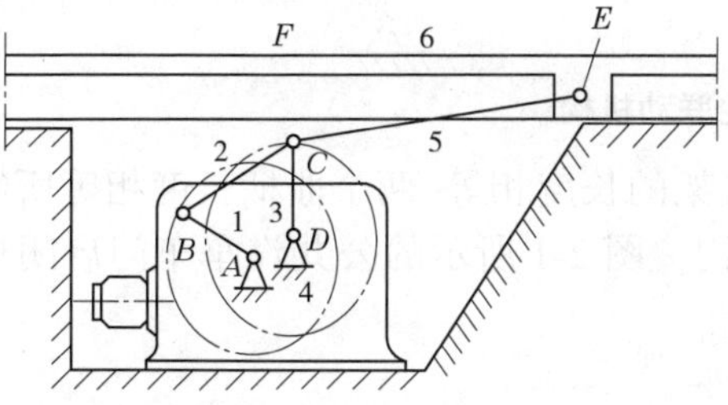

图 2-6　惯性筛工作机构

码 2-6　惯性筛

在双曲柄机构中，用得较多的是平行双曲柄机构，或称平行四边形机构，如图 2-7 所示。这种机构的对边长度相等，组成平行四边形。当杆 *AB* 等角速度转动时，杆 *CD* 也以相同角速度同向转动，连杆 *BC* 则做平移运动。

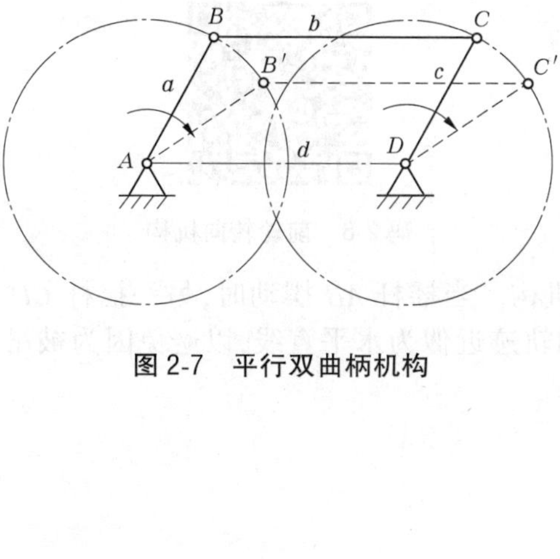

图 2-7　平行双曲柄机构

码 2-7　平行双曲柄机构

平行四边形机构有如下三个运动特点：

(1)两曲柄转速相等,如图2-8所示的机车车轮联动机构就是利用平行四边形机构的这一特性。

(2)连杆始终与机架平行,如摄影车升降机构的高度变化就是利用连杆始终做平动这一特性。

(3)运动不确定性,即主动曲柄连续转动,从动件曲柄可能正向转动,也可能反方向转动。为此,可以对从动曲柄施加外力、利用飞轮的惯性作用或采取辅助曲柄(见图2-8)等措施来克服机构运动的不确定性。

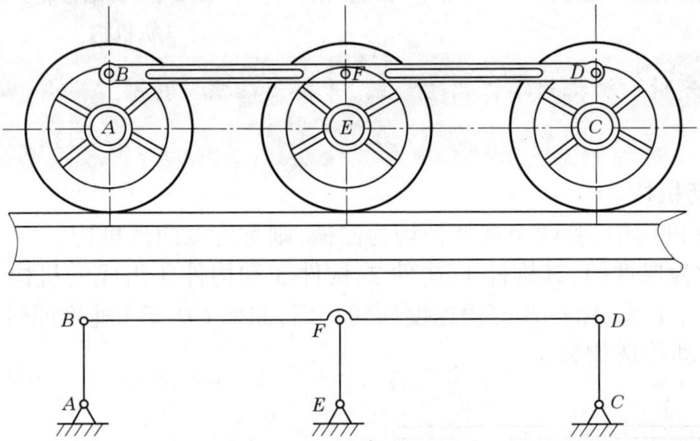

图2-8 机车车轮联动机构

对于两个曲柄转向相反的情况,即连杆与机架的长度相等、两个曲柄长度相等所组成的转向相反的双曲柄机构称为反平行四边形机构。图2-1所示的公共汽车车门启闭机构就是反平行四边形机构的应用实例。

(三)双摇杆机构

两连架杆均为摇杆的铰链四杆机构称为双摇杆机构。

图2-9所示轮式车辆的前轮转向机构为双摇杆机构,该机构两个摇杆长度相等,称为等腰梯形机构。车子转弯时,与前轮轴固联的两个摇杆的摆角 α 和 β 如果在任意位置都能使两前轮轴线的交点落在后轴线的延长线上,则当整个车身绕交点转动时,四个车轮都能在地面上纯滚动,避免轮胎因滑动而损伤。等腰梯形机构就能近似地满足这一要求。

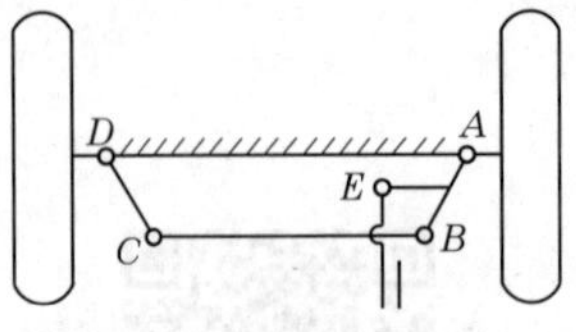

图2-9 前轮转向机构

码2-8 前轮转向机构

图2-10所示为用于鹤式起重机的双摇杆机构。当摇杆 AB 摆动时,另一摇杆 CD 随之摆动,选用合适的杆长参数,可使悬挂点 E 的轨迹近似为水平直线,以避免因为被吊重物做不必要的上下运动而造成的功耗。

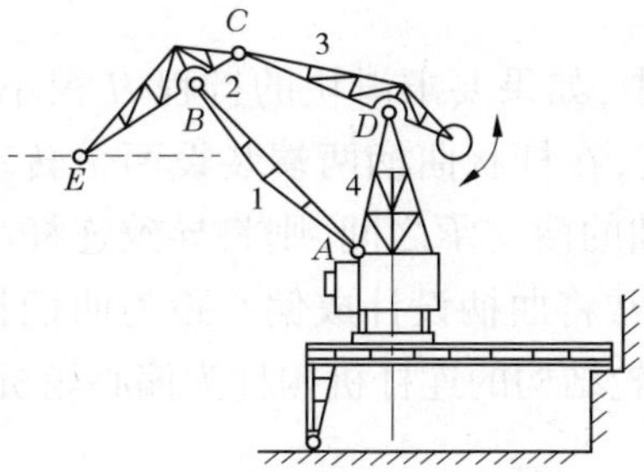

图 2-10　鹤式起重机的双摇杆机构

码 2-9　鹤式起重机的双摇杆机构

想一想:通过仔细观察、分析,请自行绘制风扇摇头机构的运动简图,并判断其机构类型。

二、铰链四杆机构的其他类型

平面四杆机构的各种类型之间存在着一定的内在联系,它们之间可以通过移动副取代转动副、变更机架、变更杆长和扩大回转副等途径相互演化。这种演化方式也是机械创新设计的常用方法。演化机构中被广泛采用的有曲柄滑块机构、偏心轮机构、导杆机构、摇块机构和定块机构。下面介绍由曲柄摇杆机构演化出来的铰链四杆机构的其他形式。

(一)曲柄滑块机构

移动副可以认为是转动副的一种特殊情况,即转动中心位于垂直于移动副导路的无限远处的一个转动副。

曲柄滑块机构就是用移动副取代曲柄摇杆机构中的转动副而演化得到的。如图 2-11(a)所示的曲柄摇杆机构,铰链中心 C 的轨迹为以 D 为圆心、R 为半径的圆弧 $m—m$。如图 2-11(b)所示,把杆 AD 做成环形槽,槽的中心在 D 点,而把杆 CD 做成弧形滑块,与环形槽相配合。若 R 增至无穷大,则如图 2-11(c)所示,C 点轨迹变成直线。于是摇杆演化为直线运动的滑块,转动副 D 演化为移动副,曲柄滑块机构便产生了。

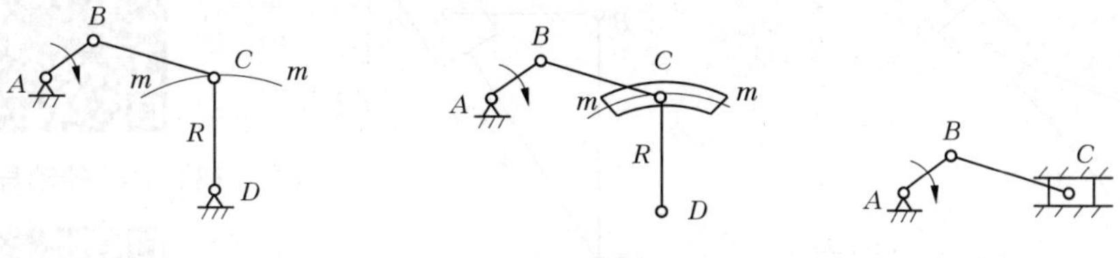

图 2-11　曲柄摇杆机构的演化

曲柄滑块机构分为曲线滑块机构和直线滑块机构,直线滑块机构又分为偏置曲柄滑块机构和对心曲柄滑块机构,今后如果没有特别说明,曲柄滑块机构即指对心曲柄滑块机构。曲柄滑块机构广泛应用于活塞式内燃机、空气压缩机和冲床等机械中。

查一查:在上述内容中,提到了“导路”这个名词,在上一个项目中是否也提到了“导路”,请自行查阅资料,学习相关知识。

(二)偏心轮机构

在曲柄滑块机构或其他含有曲柄的四杆机构中,如果要求滑块的行程 H 很小,则曲柄长度很短,因此曲柄两端的转动副 A、B 靠得较近,在杆状曲柄两端装设两个转动副将存在结构设计上的困难。而如果曲柄需安装在直轴的两支承之间,则将导致连杆与曲柄轴的运动发生干涉。又考虑到曲柄的强度,工程中常将曲柄设计成偏心距为曲柄长度的偏心圆盘,此偏心圆盘简称为偏心轮。曲柄为偏心轮结构的连杆机构称为偏心轮机构,如图 2-12 所示。

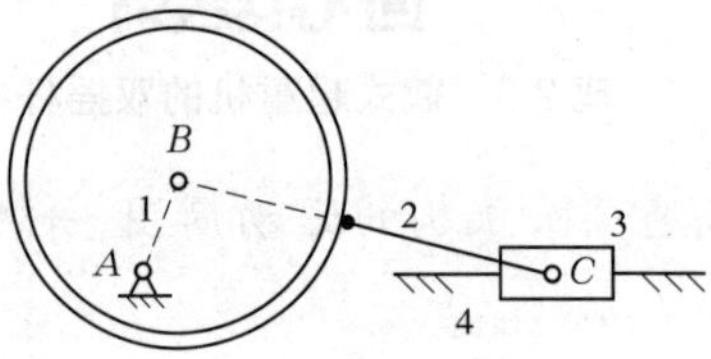

图 2-12　偏心轮机构

码 2-10　偏心轮机构

在偏心轮机构中,由于偏心距 AB 较小,一般只能以偏心轮为主动件,将它的连续运动转化为滑块的往复运动。偏心轮机构常用于曲柄承受较大冲击载荷或曲柄长度较短的机器,如小型往复泵、冲床、剪床及颚式破碎机等机械设备中。

(三)导杆机构

在如图 2-13(a)所示的对心曲柄滑块机构中,如果以构件 1 作为机架,构件 2 和构件 4 为连架杆,且构件 2 和构件 4 可以分别绕 B、A 点做整周运动(视为曲柄);滑块 3 一方面与构件 2 一同绕 B 点转动,另一方面又与构件 4 之间做往复移动。由于构件 4 充当了滑块 3 的导路,因此称为导杆。由曲柄、导杆、滑块和机架组成的机构称为导杆机构。

由于导杆能做整周运动,因此称为转动导杆机构,此时机架长度小于曲柄长度。若取机架长度大于曲柄长度,导杆 4 只能做往复摆动,形成摆动导杆机构,如图 2-13(b)所示。

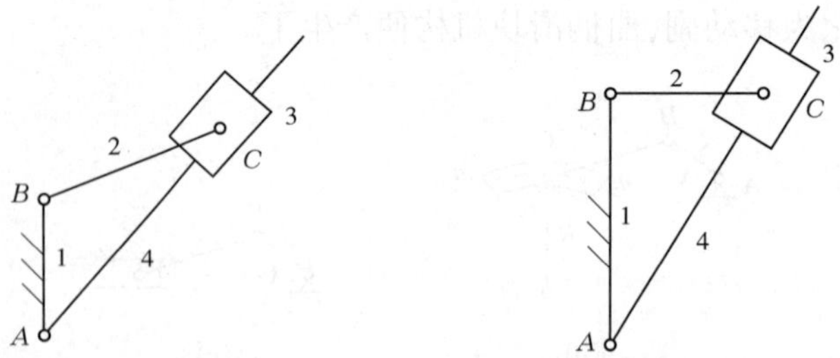

(a)转动导杆机构　　(b)摆动导杆机构

图 2-13　导杆机构

码 2-11　转动导杆机构

码 2-12　摆动导杆机构

导杆机构具有很好的传力性,与其他构件组合,用于牛头刨床、插床等要求传递重载的场合。如图 2-14 所示为牛头刨床的导杆机构。

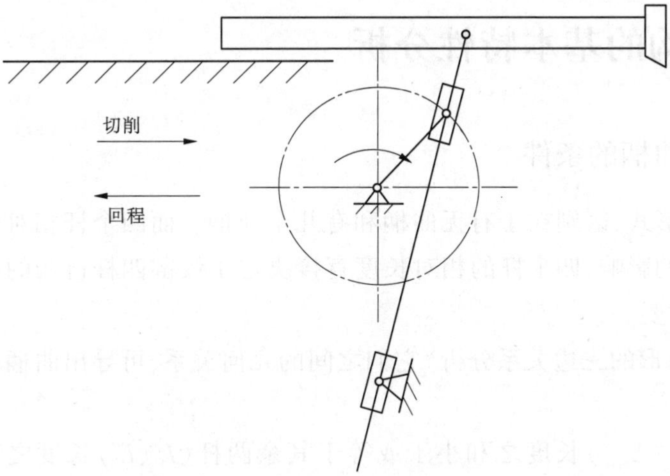

图 2-14　牛头刨床的导杆机构

码 2-13　牛头刨床的导杆机构

(四)摇块机构

在对心曲柄滑块机构中,将与滑块铰接的构件 BC 固定成为机架,使滑块只能绕 C 点摆动,就得到了曲柄摇块机构,简称摇块机构,如图 2-15 所示。

摇块机构在液压与气压传动系统中得到广泛应用,如图 2-16 所示为摇块机构在翻斗自卸车上的应用,如图 2-17 所示为摇块机构在柱塞式油泵上的应用。

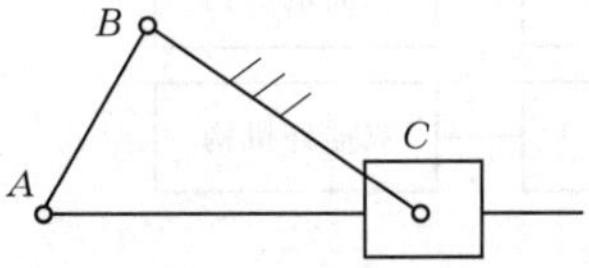

图 2-15　摇块机构

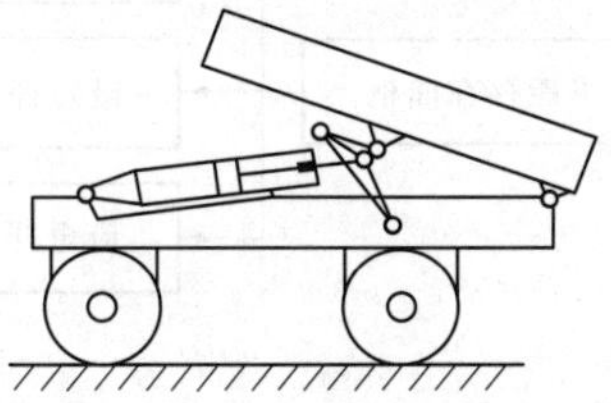

图 2-16　翻斗车的摇块机构

码 2-14　翻斗车的摇块机构

(五)定块机构

在对心曲柄滑块机构中,将滑块 C 固定为机架,就成了定块机构,如图 2-18 所示。这种机构常用于抽油泵和手动压水泵中。

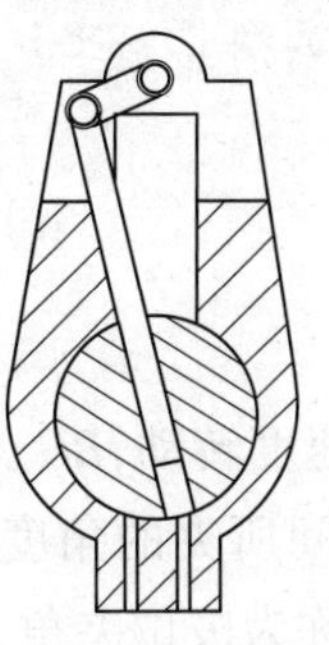

图 2-17　柱塞式油泵的摇块机构

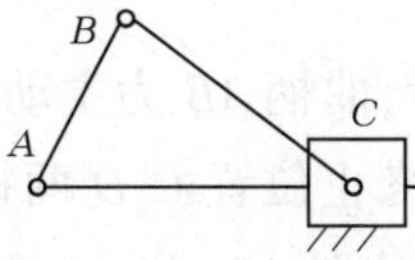

图 2-18　定块机构

码 2-15　定块机构

任务二　连杆机构的基本特性分析

一、铰链四杆机构存在曲柄的条件

铰链四杆机构的三种基本形式,区别在于有无曲柄和有几个曲柄。而四个杆相对长度对机构有无曲柄起着决定性的影响,四个杆的相对长度直接决定了铰链四杆机构的形式,这一点在机构设计中至关重要。

通过分析(主要是利用三角形的三边关系分析)它们之间的几何关系,可导出曲柄存在的条件:

(1)最短杆(L_{min})与最长杆(L_{max})长度之和小于或等于其余两杆(L'、L'')长度之和(简称长度和条件)。

(2)连架杆或机架中必有一杆为最短杆(简称最短杆条件)。

由以上条件可得出铰链四杆机构基本类型的判别方法如下:

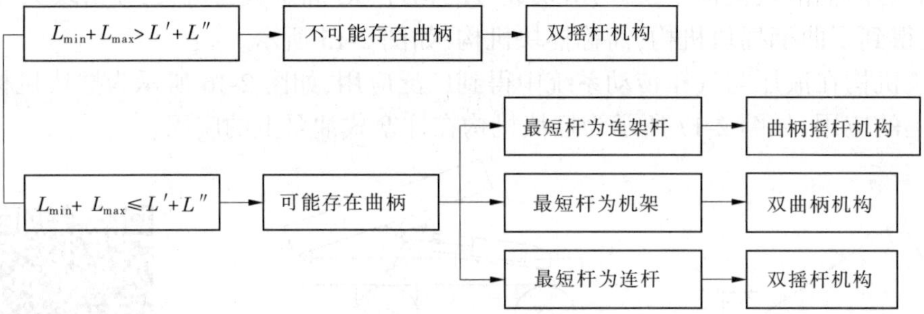

想一想:判别铰链四杆机构三种基本类型的最大前提是"铰链四杆机构中最短杆与最长杆长度之和、其余两杆长度之和"相互之间的大小关系。所以,在判别时首先应找出铰链四杆机构中的哪一个杆是最短杆,哪一个杆是最长杆,其次判断它们之间的杆长关系,再根据铰链四杆机构中以哪个作为机架来判别铰链四杆机构的类型。以上说法是否正确?

二、急回特性

在曲柄摇杆机构中,如图 2-19 所示,曲柄 AB 为主动件,做等角速度转动,BC 为连杆,CD 为摇杆,摇杆处于初始位置 C_1D 和终止位置 C_2D 两极限位置之间所夹的角度称为摇杆的摆角,用 φ 表示。曲柄处于两极限位置 AB_1 和 AB_2 所夹的锐角称为极位夹角,用 θ 表示。当摇杆 CD 由 C_1D 摆动到 C_2D 位置时,所需时间为 t_1,平均速度为 v_1。

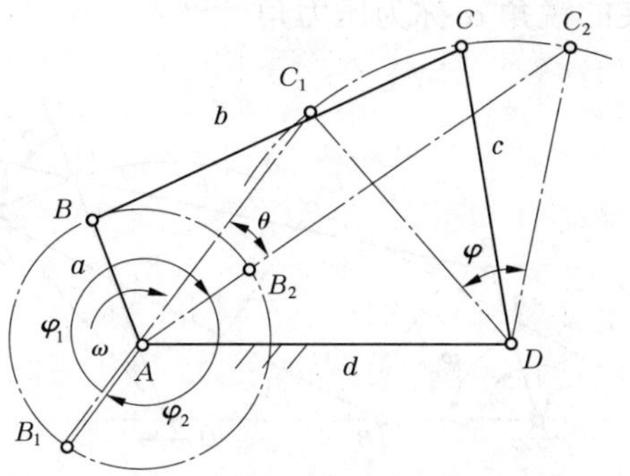

图 2-19　曲柄摇杆机构的急回特性分析

曲柄 AB 以等角速度顺时针从 AB_1 转到 AB_2，转过角度为 $\varphi_1=180°+\theta$。当摇杆 CD 由 C_2D 摆回到 C_1D 位置时，所需时间为 t_2，平均速度为 v_2。

曲柄 AB 以等角速度顺时针从 AB_2 转到 AB_1，转过的角度为 $\varphi_2=180°-\theta$。由于曲柄 AB 等角速度转动，所以 $\varphi_1>\varphi_2$，$t_1>t_2$，因此 $v_2>v_1$。

由此可见，主动件曲柄 AB 以等角速度转动时，从动件摇杆 CD 做往复摆动的平均速度并不相等。往往把进程的平均速度定为 v_1，而回程的平均速度定为 v_2。显而易见，从动件回程速度比进程速度快。这个性质称为机构的急回特性。把回程平均速度与进程平均速度之比称为行程速比系数，用 K 表示：

$$K=\frac{v_2}{v_1}=\frac{C_1C_2/t_2}{C_1C_2/t_1}=\frac{t_1}{t_2}=\frac{\varphi_1}{\varphi_2}=\frac{180°+\theta}{180°-\theta} \tag{2-1}$$

或

$$\theta=180°\times\frac{K-1}{K+1} \tag{2-2}$$

可见，θ 表示了急回程度的大小，θ 越大，急回程度越强，当 $\theta=0°$ 时，机构无急回特性。在机械设计时，可根据需要先设定 K 值，然后算出 θ 值，再由此计算得到各构件的长度尺寸。

急回特性在实际应用中广泛用于单向工作的场合，使回程所花的非生产时间缩短以提高生产率，例如牛头刨床滑枕的运动。

找一找：哪些机械设备中用到了急回特性？

三、压力角和传动角

在生产中，不仅要求连杆机构能实现预定的运动规律，而且希望运转轻便，效率较高。图 2-20 所示的曲柄摇杆机构，如不计各杆质量和运动副中的摩擦，则连杆 BC 为二力杆，它作用于从动摇杆 CD 上的力 P 是沿 BC 方向的。作用在从动件上的驱动力 P 与该力作

用点绝对速度 v_c 之间所夹的锐角 α 称为压力角。

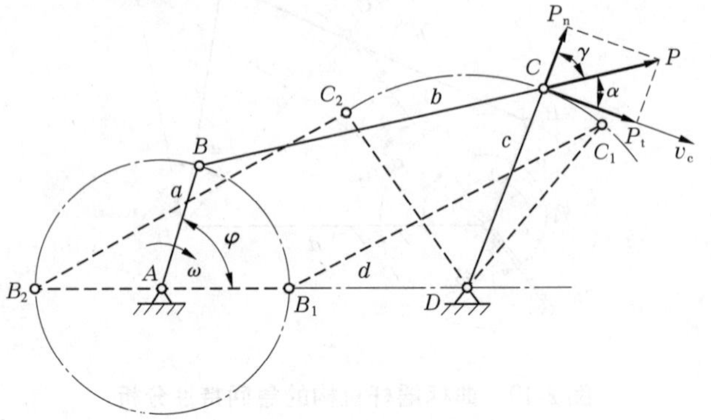

图 2-20　曲柄摇杆机构的压力角和传动角

可见,力 P 在 v_c 方向的有效分力为 $P_t=P\cos\alpha$,这说明压力角越小,有效分力就越大。也就是说,压力角可作为判断机构传动性能的标志。在连杆设计中,为了度量方便,习惯用压力角 α 的余角 γ(连杆和从动摇杆之间所夹的锐角)来判断传力性能,γ 称为传动角。因 $\gamma=90°-\alpha$,所以 α 越小,γ 越大,机构传力性能越好;α 越大,γ 越小,机构传力越费劲,传动效率越低。

机构运转时,传动角是变化的,为了保证机构正常工作,必须规定最小传动角 γ_{min}。对于一般功率,通常取 $\gamma_{min}\geqslant 40°$;对于颚式破碎机、冲床等大功率机械,最小传动角应当取大一些,可取 $\gamma_{min}\geqslant 50°$;对于小功率的控制机构和仪表,$\gamma_{min}$ 可略小于 40°。

想一想:压力角是越小越好还是越大越好?提出"传动角"这个概念的目的是什么?

四、死点位置

在曲柄摇杆机构中,当摇杆 CD 为主动件、曲柄 AB 为从动件,连杆 BC 与曲柄 AB 处于共线位置,连杆 BC 与曲柄 AB 之间的传动角 $\gamma=0°$,压力角 $\alpha=90°$时,无论连杆 BC 传给从动件曲柄 AB 的力多么大,曲柄 AB 都不动,机构所处的这种位置称为死点位置,又称止点位置。

例如,在家用缝纫机的踏板机构中就存在死点位置。机构存在死点位置是不利的,对于连续运转的机器,可采取以下措施使机构顺利地通过死点位置:

(1)利用从动件的惯性顺利地通过死点位置。家用缝纫机的踏板机构中大带轮就相当于飞轮,利用惯性通过死点。

(2)采用错位排列的方式顺利地通过死点位置,例如 V 型发动机。

四杆机构是否存在死点,取决于从动件是否与连杆共线。在曲柄摇杆机构中,如果曲柄为主动件,则连杆为从动件,因连杆与摇杆不存在共线的位置,故不存在死点。又如在曲柄滑块机构中,如果曲柄为主动件,也不存在死点。

有时可利用死点位置实现某种功能。如图 2-21 所示，当工件被夹具夹紧后，四杆机构的铰链中心 B、C、D 处于同一条直线上，工件经杆 1 传给杆 2 再传给杆 3 的力，通过回转中心 D 不能使杆 3 转动，因此当 P 去掉后仍能夹紧工件。此外，还有汽车发动机机盖、飞机起落架、折叠椅等。

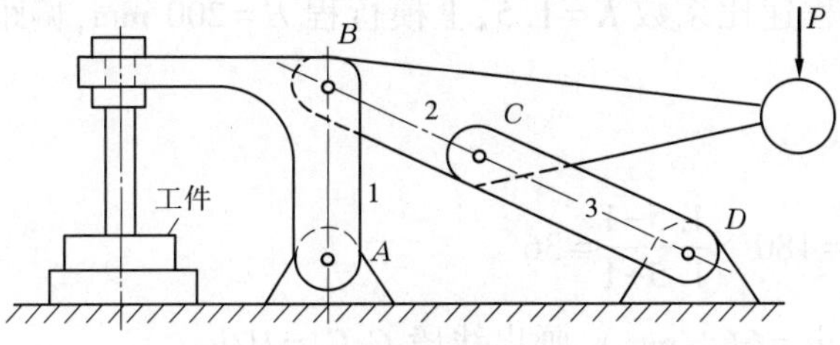

图 2-21　钻床夹具

码 2-16　钻床夹具

实战训练　平面四杆机构的设计

训练 1：设计铰链四杆机构作为加热炉炉门的启闭机构。炉门上两铰链的 B、C 中心距为 50 mm，炉门打开后成水平位置时要求炉门的外边朝上，固定铰链 A、D 装在 yy 轴线上，其相互位置的尺寸如图 2-22 所示。

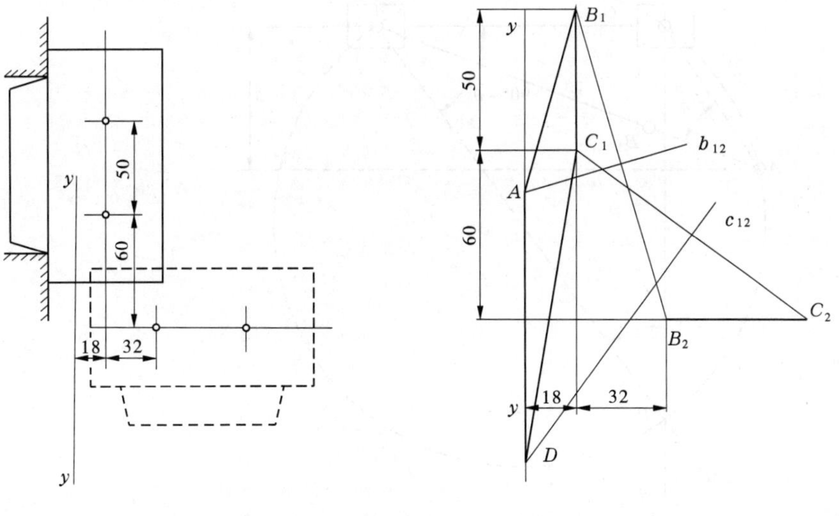

图 2-22　加热炉炉门启闭机构

码 2-17　加热炉炉门启闭机构

解：已知连杆的两个位置，设计的实质是确定铰链中心 A、D 点的位置。设计过程如下：

（1）选定长度比例尺，按给定的尺寸绘出连杆的两个位置 B_1C_1、B_2C_2。

（2）联接 B_1B_2 和 C_1C_2，作 B_1B_2 的垂直平分线 b_{12} 与 yy 轴线交于 A 点，作 C_1C_2 的垂直

平分线 c_{12} 与 yy 轴线交于 D 点，A、D 两点便是两个连架杆的固定铰链中心。联接 AB_1、C_1D、B_1C_1、AD,AB_1C_1D 即为所求的四杆机构。

(3)测量 AB_1、C_1D 计算 l_{AB}、l_{AD} 的长度,得 $l_{AB}=67.3$ mm,$l_{CD}=112.1$ mm。

训练 2:精压机中冲压机构采用曲柄滑块机构,上模做左右往复直线运动,具有快速、等速工作进给和快速返回的特性。行程速比系数 $K=1.5$,上模行程 $H=200$ mm,偏距 $e=100$ mm,设计此曲柄滑块机构。

解:设计步骤如下:

(1)求出极位夹角:$\theta=180°\times\dfrac{K-1}{K+1}=180°\times\dfrac{1.5-1}{1.5+1}=36°$。

(2)选取比例尺 $\mu_l=5$(mm/mm),$\mu_\delta=6$(°/mm),画出线段 $C_1C_2=H/\mu_l$。

由 C_2 点作 $\angle C_1C_2M=90°-\theta=90°-36°=54°$的斜线,它与 C_1C_2 的垂线 C_1N 交于点 P。以 C_2P 为直径作圆,固定铰链 A 点即在此圆上。

作与 C_1C_2 平行的直线,使该直线到 C_1C_2 线的距离为偏距 e/μ_l,则此直线与圆的交点即为曲柄转轴 A 点的位置。联接 AC_1、AC_2,则曲柄 $AB=(AC_2-AC_1)/2$。在 AC_2 上截取 $AB_2=AB=(AC_2-AC_1)/2$,则得到 B_2 点。

AB_2C_2 即为所设计的曲柄滑块机构,如图 2-23 所示。

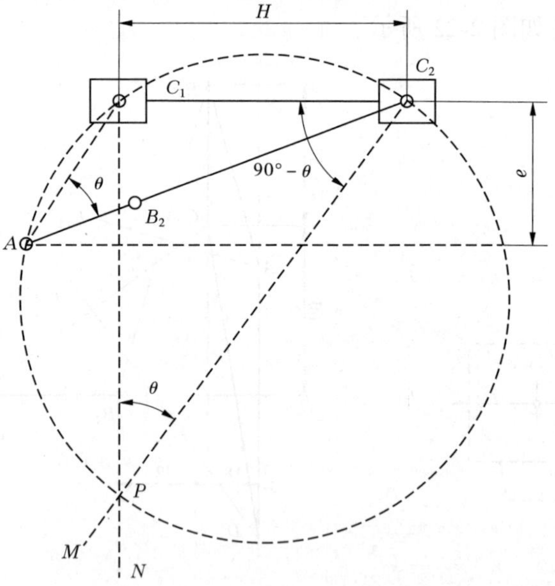

图 2-23　按行程速比系数设计曲柄滑块机构

因此,$l_{AB}=\mu_l\cdot AB_2=5\times16.4=82$(mm),$l_{BC}=\mu_l\cdot B_2C_2=5\times40.4=202$(mm)。

学·思·悟

机器人、AI 与“黑灯工厂”

机器人在粮堆内自由行走，快速平仓；AI 控制整个粮仓，精准计算和调节温度；精炼车间没有照明，只有 24 小时在岗的机器人……粮食产业领域的各类“黑科技”频频亮相。从仓储到加工，从生产到流通，科技正重塑粮食产业链的每一个环节。

码 2-18　黄真：并联机器人大师

码 2-19　智慧工厂

读后笔记：____

____

____

基础理论训练

一、填空题

1. 一平面铰链四杆机构的各杆长度分别为 $a=350$，$b=600$，$c=200$，$d=700$。①当取 c 杆为机架时，则为________类型；②当取 d 杆为机架时，则为________类型。

2. 平面连杆机构由一些刚性构件用________副和________副相互联接而组成。

3. 在铰链四杆机构中，能做整周连续旋转的构件称为________，只能来回摇摆某一角度的构件称为________，直接与连架杆相联接，借以传递运动和动力的构件称为________。

4. 铰链四杆机构的三种基本形式是________机构、________机构、________机构。

5. 平面连杆机构的急回运动特性可用以缩短________，从而提高工作效率。

二、选择题

1. 曲柄摇杆机构中，摇杆为主动件时，(　　)死点位置。

A. 不存在　　B. 曲柄与连杆共线时为　　C. 摇杆与连杆共线时为

2. 为保证四杆机构良好的机械性能，(　　)不应小于最小许用值。

A. 压力角　　B. 传动角　　C. 极位夹角

3. 在曲柄摇杆机构中，为提高机构的传力性能，应该(　　)。

A. 增大传动角　　B. 减小传动角　　C. 减小压力角　　D. 增大压力角

4. 为使四杆机构具有急回运动，要求行程速比系数(　　)。

A. $K>1$　　B. $K=1$　　C. $K<1$　　D. $K\geqslant 1$

5. 对于平面连杆机构,当(　　)时,机构处于死点位置。

A. 传动角为90°　B. 传动角为0°　C. 压力角为0°　D. 压力角为45°

三、判断题

1. 对于曲柄摇杆机构,当摇杆为主动件时,机构会出现死点位置。(　　)

2. 平行四边形机构运动中,从动件曲柄会出现转向不确定现象。(　　)

3. 在双曲柄机构中,各杆长度关系必须满足:最短杆与最长杆长度之和大于其他两杆长度之和。(　　)

4. 在偏置曲柄滑块机构中,若以曲柄为主动件,最小传动角可能出现在曲柄与滑块导路相平行的位置。(　　)

5. 极位夹角 θ 是从动件两极限位置之间的夹角。(　　)

实践训练

1. 铰链四杆机构 $ABCD$ 的各杆长度如图2-24所示。请根据曲柄存在的条件,说明机构分别以 AB、BC、CD、AD 各杆为机架时,属于何种形式的机构。

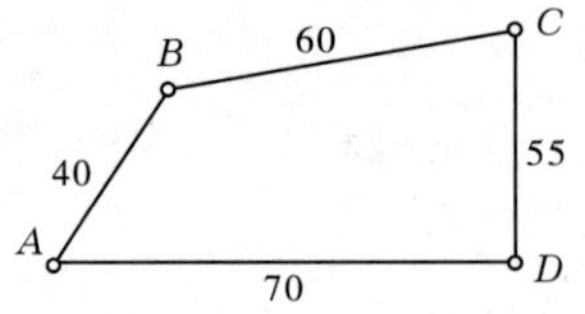

图2-24

2. 标注图2-25中机构所示位置的压力角。

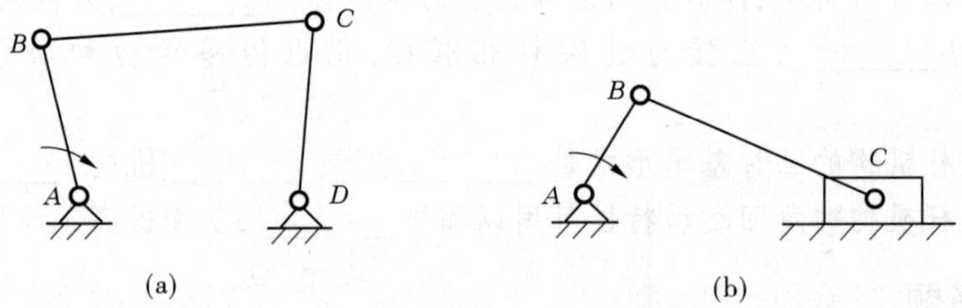

图2-25

3. 设计一个曲柄滑块机构,已知行程速比系数 $K=1.2$,滑块行程 $H=50$ mm,偏距 $e=16$ mm,求曲柄和连杆的长度。

项目三　凸轮机构分析

【学习目标】

(1)了解凸轮机构的类型和应用。

(2)能提出提高凸轮机构工作能力的措施。

(3)能够根据使用要求设计凸轮轮廓曲线。

(4)激发学生爱国情怀,增强民族自豪感,勇于改革创新,设计制造出更先进的传动机构,提高传动的精准性,学习凸轮小装置、大能量的奉献精神。

码 3-1　课程思政教学案例

【项目导入】

在各种机器中,尤其是在自动化、半自动化机器中,为实现各种复杂的运动要求,常采用凸轮机构,该机构设计比较简便,只要将凸轮的轮廓曲线按照从动件的运动规律设计出来,从动件就能较准确地实现预定的运动规律。图 3-1(a)所示为某型号内燃机的实物图,图 3-1(b)所示为实物图的配气凸轮机构,图 3-1(c)所示为凸轮机构的运动简图。

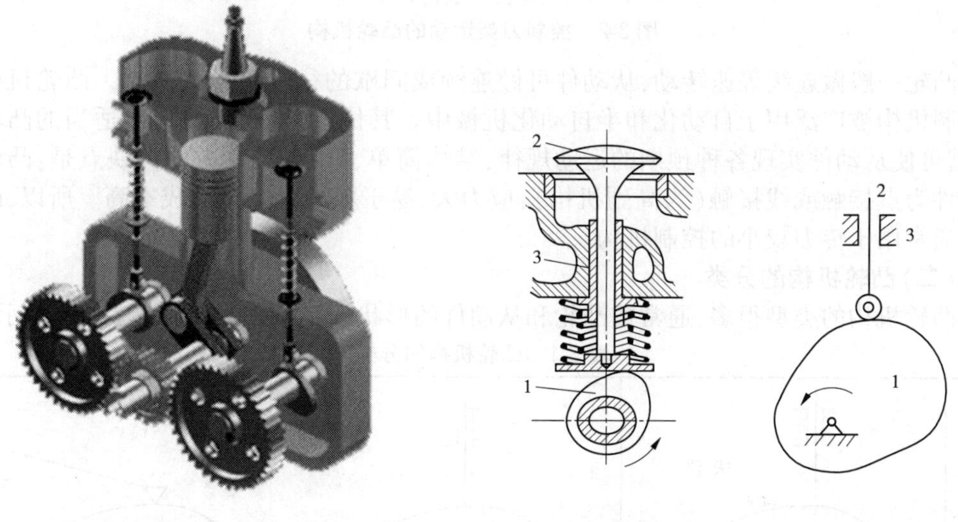

(a)　　(b)　　(c)

1—凸轮;2—从动件;3—机架。

图 3-1　内燃机的凸轮机构

任务一 认识凸轮机构

一、凸轮机构的应用和分类

(一)凸轮机构的应用

凸轮机构由凸轮、从动件和机架三部分组成。

图3-1(b)所示为内燃机配气凸轮机构。当具有一定曲线轮廓的凸轮1以等角速度回转时,它的轮廓迫使从动件2(阀杆)按内燃机工作循环的要求启闭阀门。

图3-2为自动机床上控制刀架运动的凸轮机构。当圆柱凸轮1回转时,凸轮凹槽侧面迫使摆杆2运动,以驱动刀架运动。凹槽的形状将决定刀架的运动规律。

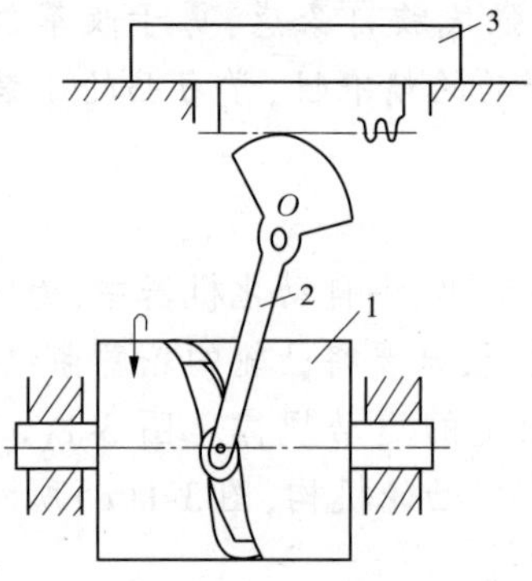

1—圆柱凸轮;2—摆杆;3—刀架。

图3-2 控制刀架运动的凸轮机构

凸轮一般做连续等速转动,从动件可做连续或间歇的往复运动或摆动。凸轮机构作为控制机构被广泛用于自动化和半自动化机械中。其优点是:只需设计出适当的凸轮轮廓,就可使从动件实现各种预期的运动规律,结构简单、紧凑,设计方便。缺点是:凸轮与从动件为点接触或线接触(为高副机构),应力大,易于磨损,加工难,成本高。所以,凸轮机构通常用于传力较小的控制机构。

(二)凸轮机构的分类

凸轮机构的类型很多,通常按凸轮和从动件的形状、运动形式分类,如表3-1所示。

表3-1 凸轮机构的分类

盘形凸轮机构	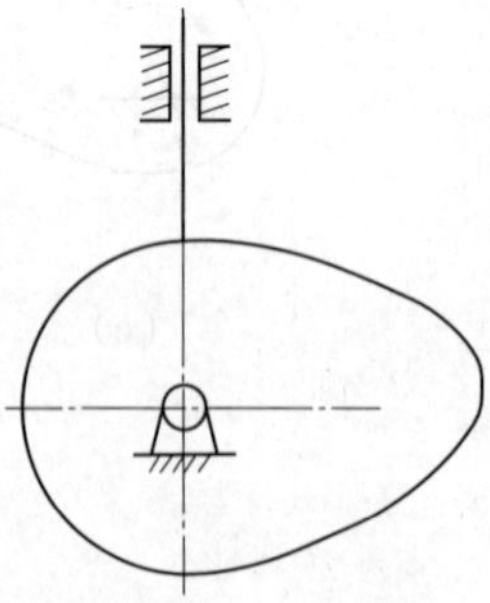 对心尖顶直动从动件	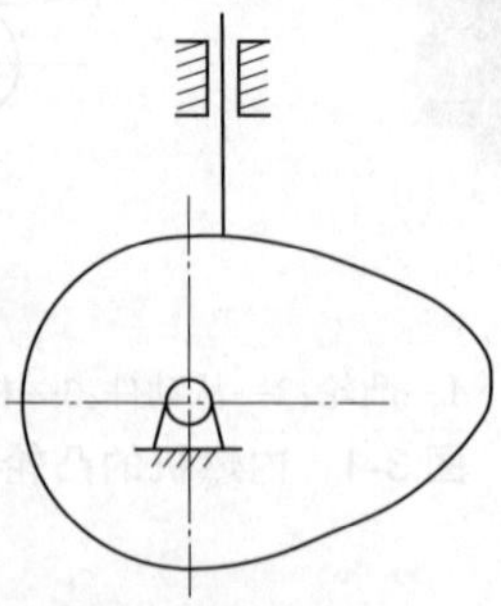 偏置尖顶直动从动件	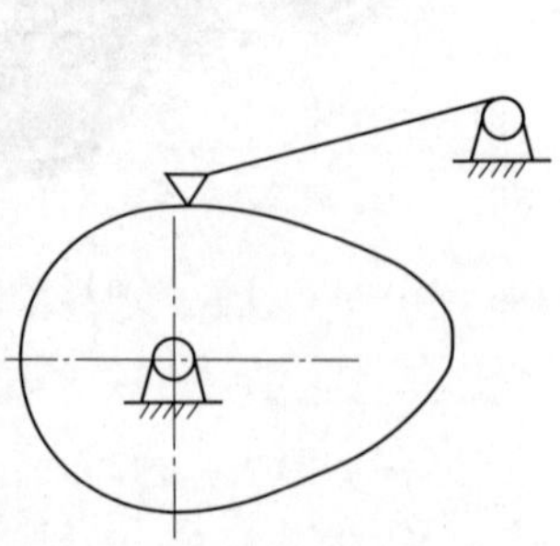 尖顶摆动从动件

续表 3-1

盘形凸轮机构	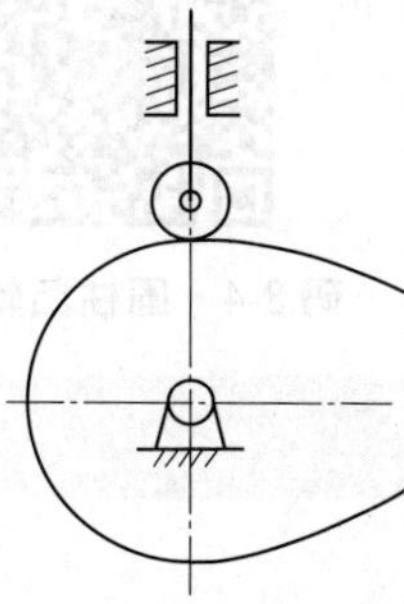 对心滚子直动从动件	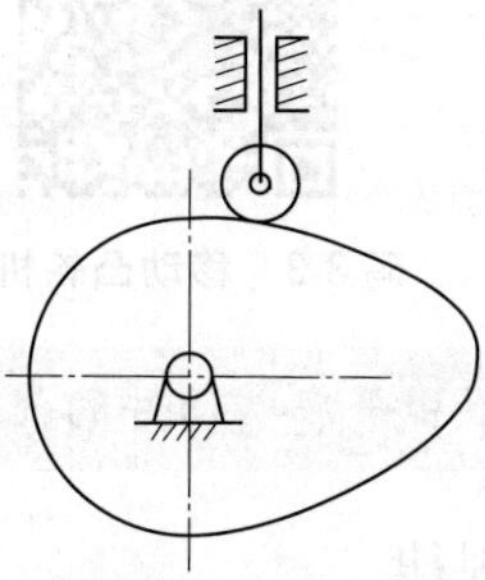 偏置滚子直动从动件	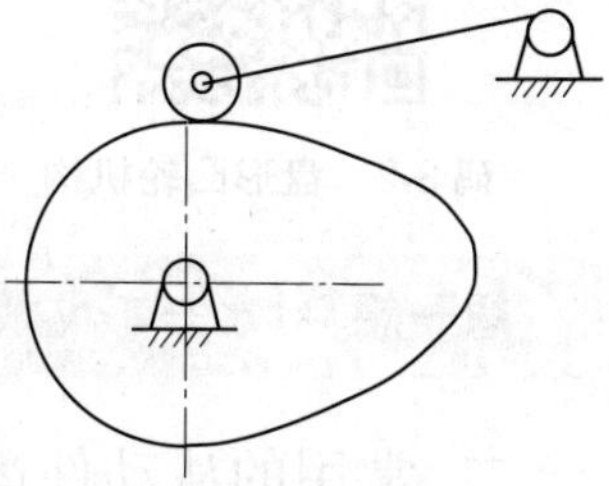 滚子摆动从动件
	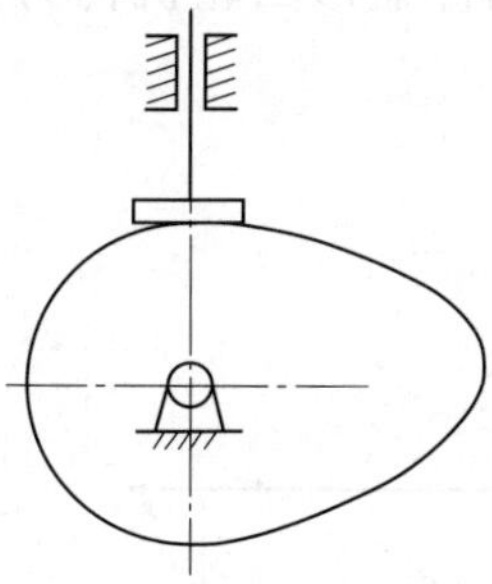 对心平底直动从动件	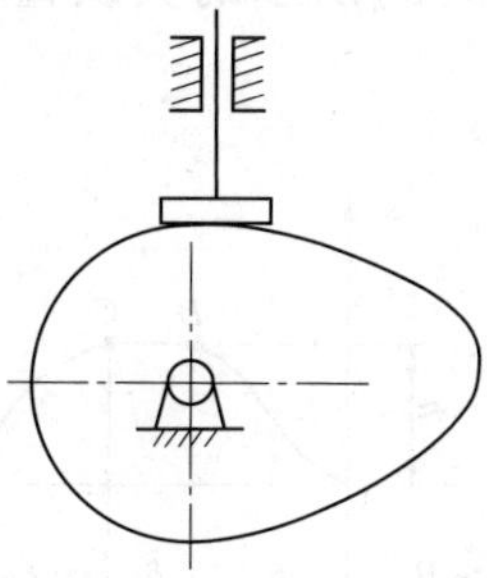 偏置平底直动从动件	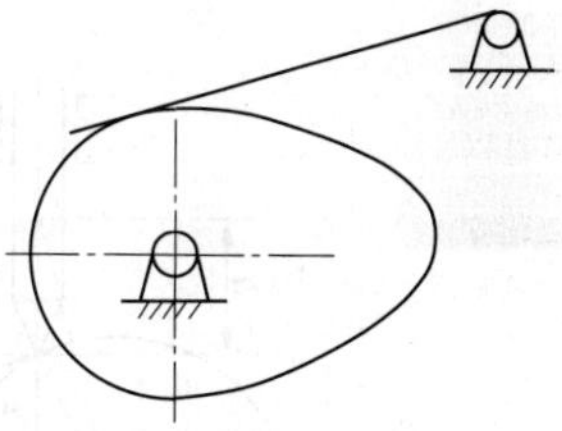 平底摆动从动件
移动凸轮机构	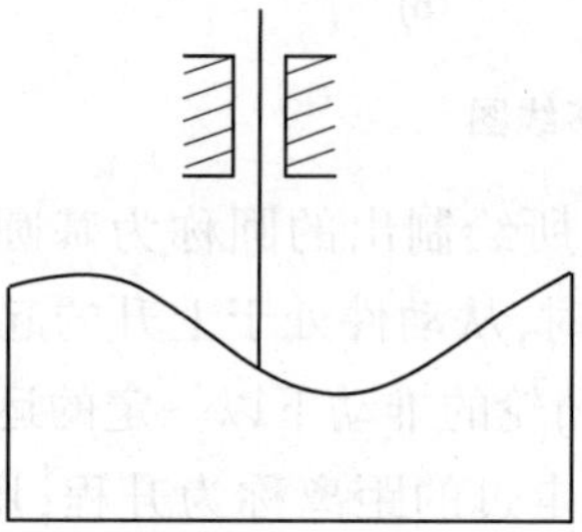 尖顶直动从动件	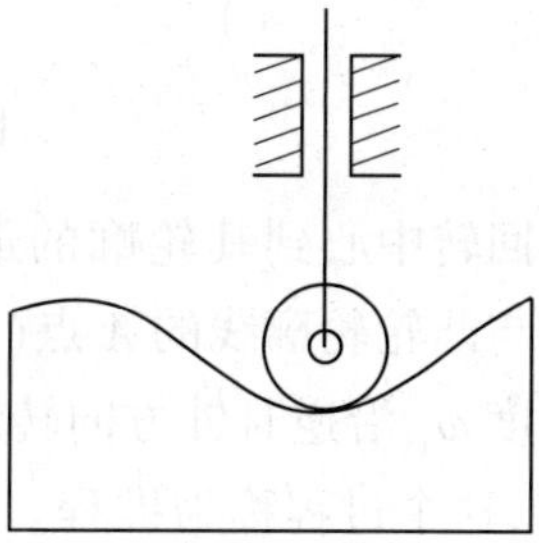 滚子直动从动件	
圆柱凸轮机构	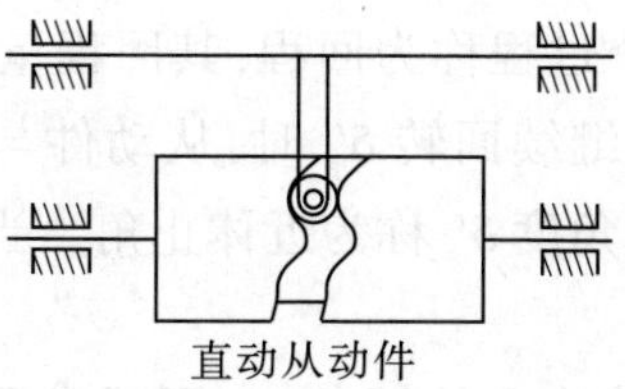 直动从动件	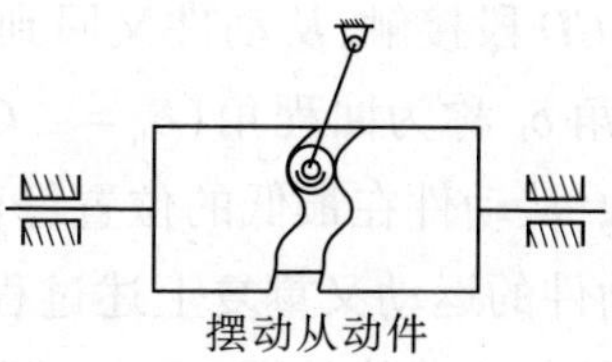 摆动从动件	

码 3-2　盘形凸轮机构　　码 3-3　移动凸轮机构　　码 3-4　圆柱凸轮机构

想一想：对比一下尖顶、滚子和平底从动件的优缺点。

二、常用的从动件运动规律

从动件的运动规律是指从动件在推程或回程时，其位移 s、速度 v 和加速度 a 随时间 t 或转角 δ 的变化规律。现以图 3-3(a)所示的尖顶直动从动件盘形凸轮机构为例进行凸轮机构的运动分析。

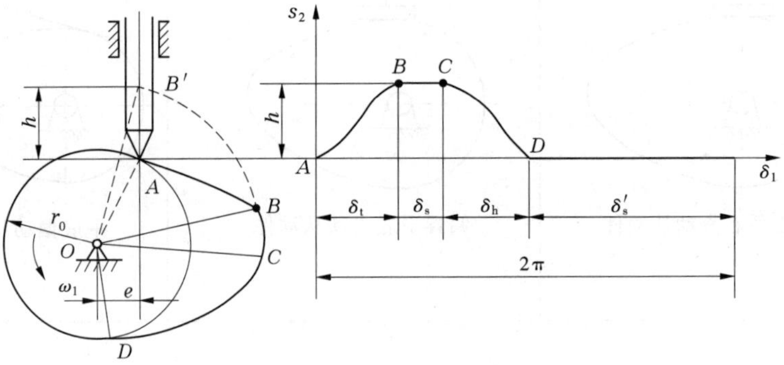

(a)　　(b)

图 3-3　从动件位移线图

以凸轮回转中心到其轮廓的最小向径为半径所绘制出的圆称为基圆，半径用 r_b 表示。当尖顶与凸轮轮廓线的 A 点(在基圆上)接触时，从动件处于上升的起始位置。当凸轮以等角速度 ω_1 沿逆时针方向转动时，从动件在凸轮的推动下以一定的运动规律到达最远位置 B 点，这个过程称为推程。此时，从动件所走过的距离称为升程，用 h 表示；相应凸轮所转过的角度 δ_t 称为推程角($\delta_t = \angle AOB$)。当凸轮继续回转 δ_s 角时，从动件与凸轮轮廓线 BC 段接触，BC 是以 O 为圆心的一段圆弧，因此从动件静止不动，这期间从动件呈休止状态，对应的角度 δ_s 称为远休止角($\delta_s = \angle BOC$)。凸轮继续回转 δ_h 时，从动件与凸轮轮廓线 CD 段接触，从动件又回到起始位置，这个过程称为回程，其回程量仍为 h，对应的凸轮转角 δ_h 称为回程角($\delta_h = \angle COD$)。当凸轮继续回转 δ'_s 时，从动件与凸轮基圆的 DA 段接触，从动件在最低的位置停留不动，对应的角度 δ'_s 称为近休止角。当凸轮继续回转时，从动件的运动又重复上述过程。

从动件位移曲线如图 3-3(b)所示，其横坐标代表凸轮转角 δ_1(因通常凸轮等角速度转动，故横坐标也代表时间 t)，纵坐标代表从动件位移 s_2。表明从动件位移 s_2 与凸轮转

角 δ_1 或时间 t 的关系曲线称为从动件的位移曲线。从动件常用运动规律(推程)如表 3-2 所示。

表 3-2 从动件常用运动规律(推程)

项目	等速运动规律	等加速-等减速运动规律	余弦加速度运动规律
运动线图	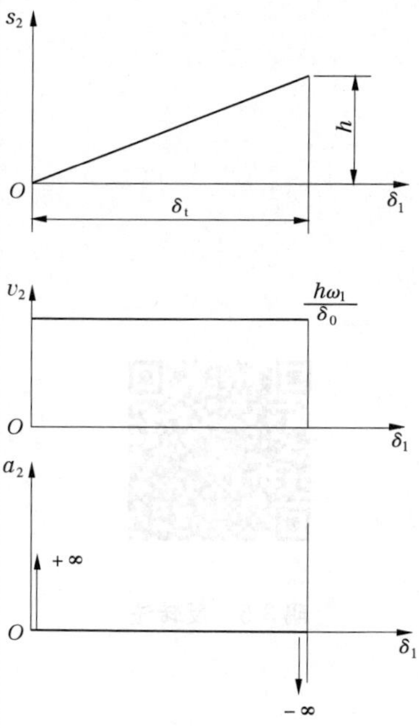	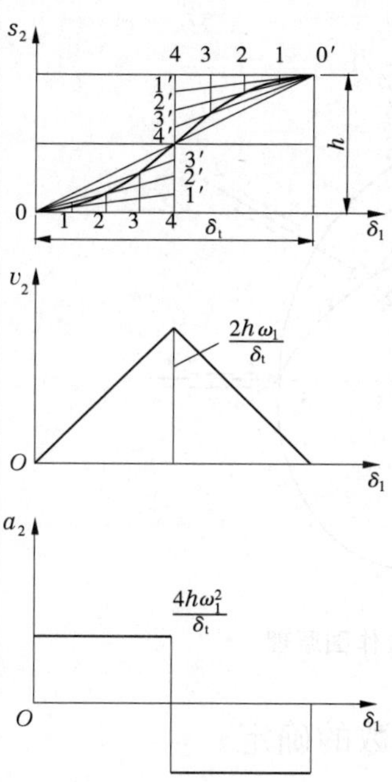	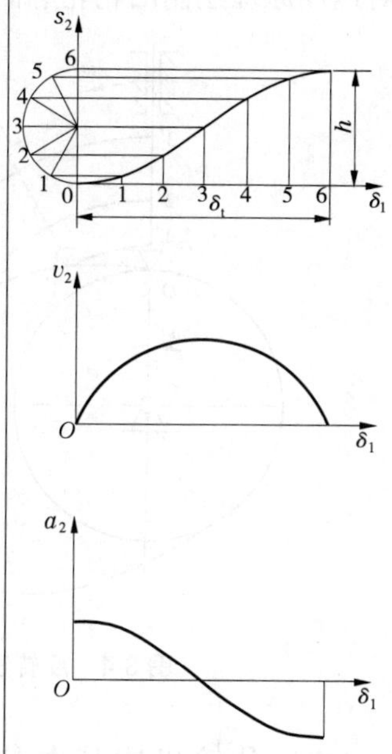
特点	在起点和终点瞬时加速度无穷大,产生刚性冲击,故只适用于中、小功率和低速运动场合	在运动起点、中点和终点的加速度突变为有限值,产生柔性冲击,故只适用于中速场合	在运动开始和终止时也有突变,故也有柔性冲击,因此也只适用于中速场合

想一想:在机械运行现场,凸轮的冲击力往往取决于凸轮转速的大小,这是为什么?

实战训练 设计凸轮轮廓曲线

一、反转法

对于一般精度的凸轮,常采用图解法。当凸轮机构工作时,凸轮是运动的,而绘制凸轮轮廓时,却需凸轮与图纸相对静止。所以,用图解法绘制凸轮轮廓曲线时要利用相对运动原理。

如图 3-4 所示,当凸轮以等角速度 ω 逆时针转动时,从动件将在导路内完成预期的运动规律。根据相对运动原理,如果给整个机构附加一个上绕凸轮轴心 O 的公共角速度 $-\omega$,机构各构件间的相对运动不变,但此时凸轮将会静止不动,而从动件一方面随机架和导路以角速度 $-\omega$ 绕 O 点转动,另一方面又在导路中按原来的运动规律往复移动。由于尖顶始终与凸轮轮廓相接触,所以在从动件的这种复合运动中,其尖顶的运动轨迹就是凸轮轮廓曲线。这种按相对运动原理绘制凸轮轮廓曲线的方法称为反转法。

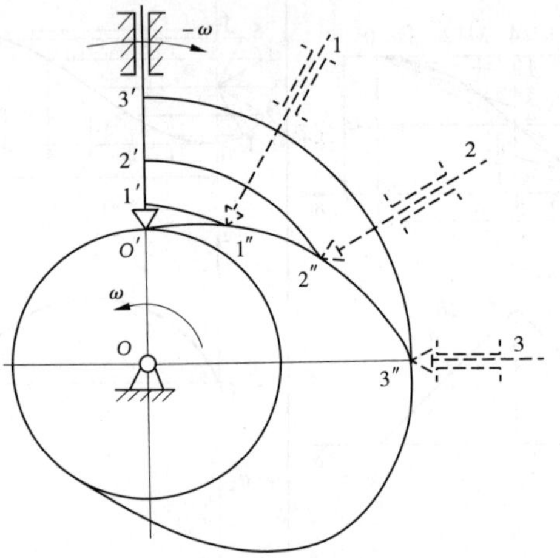

图 3-4　反转法作图原理

码 3-5　反转法

二、凸轮机构基本参数的确定

设计凸轮机构时,不仅要保证从动件实现预定的运动规律,还要求传动时受力良好、结构紧凑。选择凸轮滚子半径时,应考虑其对凸轮轮廓的影响。基圆半径是凸轮轮廓的一个重要参数,它对凸轮机构尺寸、受力、磨损和效率有重要的影响。

(一)滚子半径的选择

滚子从动件凸轮的实际轮廓曲线,是以理论轮廓上各点为圆心作一系列滚子圆的包络线而形成的,滚子选择不当,则无法满足运动规律。

必须指出,滚子半径的大小对凸轮实际轮廓有很大影响。如图 3-5 所示,设理论轮廓外凸部分的最小曲率半径用 ρ_{min} 表示,滚子半径用 r_T 表示,则相应位置实际轮廓的曲率半径 $\rho'=\rho_{min}-r_T$。

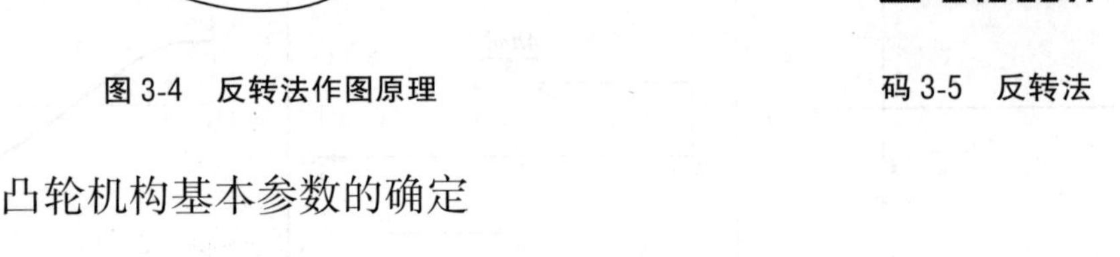

(a) $\rho_{min}>r_T$　(b) $\rho_{min}=r_T$　(c) $\rho_{min}<r_T$

图 3-5　滚子半径的选择

当 $\rho_{min}>r_T$ 时，如图 3-5(a)所示，$\rho'>0$，实际轮廓为一平滑曲线。

当 $\rho_{min}=r_T$ 时，如图 3-5(b)所示，$\rho'=0$，在凸轮实际轮廓上产生了尖点，这种尖点极易磨损，磨损后就会改变原定的运动规律。

当 $\rho_{min}<r_T$ 时，如图 3-5(c)所示，$\rho'<0$，实际轮廓曲线发生自交，图中自交部分的轮廓曲线在实际加工时将被切去，使这一部分运动规律无法实现。为了使凸轮轮廓在任何位置既不变尖，更不自交，滚子半径必须小于理论轮廓外凸部分的最小曲率半径 ρ_{min}（理论轮廓的内凹部分对滚子半径的选择没有影响）。如果 ρ_{min} 过小，按上述条件选择的滚子半径太小而不能满足安装和强度要求，就应当把凸轮基圆尺寸加大，重新设计凸轮轮廓。

滚子半径对凸轮实际轮廓的形状影响很大，为了避免实际轮廓变尖或运动失真，一般要求 $r_T\leqslant 0.8\rho_{min}$，凸轮轮廓的最小曲率半径 ρ_{min} 一般不小于 1～5 mm。

（二）压力角的选择和检验

压力角如图 3-6 所示，当不考虑从动件与凸轮接触处的摩擦时，凸轮对从动件的作用力 F 沿接触点 A 的法线 nn 方向，直动从动杆的速度 v 沿导路方向，法线 nn 与速度 v 之间所夹的锐角 α 即为压力角。

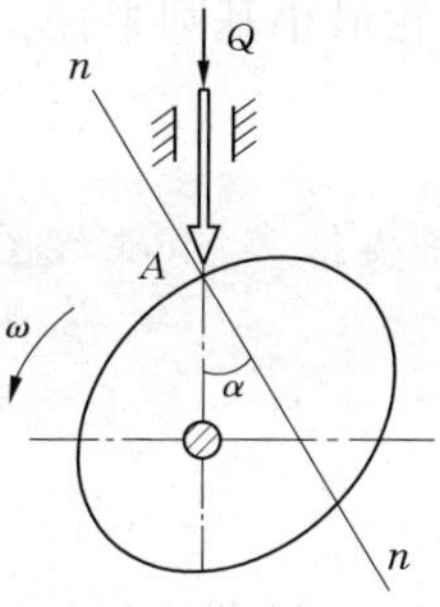

图 3-6　凸轮机构的压力角

码 3-6　凸轮机构的压力角

研究表明，从动件运动规律相同时，对应点的压力角与基圆半径 r_b 等因素有关。如图 3-6 所示，基圆半径较大的凸轮对应点的压力角较小，传力性能好，但结构尺寸较大；基圆半径小时，压力角较大，容易发生自锁，但凸轮的结构比较紧凑。

对直动从动件凸轮机构，许用压力角 $[\alpha]=30°\sim38°$。

对摆动从动件凸轮机构，许用压力角

$$\begin{cases}[\alpha]=40°\sim50° & \text{（工作行程）}\\ [\alpha]=70°\sim80° & \text{（回程）}\end{cases}$$

压力角大小可简便地用量角器测取。最大压力角 α_{max} 一般出现在从动件上升的起始位置、从动件具有最大速度 v_{max} 的位置或在凸轮轮廓上比较陡的地方。

（三）基圆半径的确定

如果从动件位移已给出，增大基圆半径 r_b，则凸轮上各点对应的向径也增大，凸轮机构的尺寸也会增大。所以，凸轮的基圆半径应尽可能取得小些，以使所设计的凸轮机构尽可能紧凑些。同时,基圆半径 r_b 越小,凸轮推程轮廓越陡峻,压力角越大,致使机构效率太低,甚至发生自锁;基圆半径 r_b 越大,凸轮推程轮廓越平缓,压力角越小。因此,实际设计中,只是在保证 $\alpha_{max} \leqslant [\alpha]$ 的条件下,考虑缩小凸轮的尺寸。

目前,凸轮基圆半径的选取常用如下两种方法。

1. 根据凸轮的结构确定 r_b

当凸轮与轴做成一体(凸轮轴)时

$$r_b \geqslant r + r_T + (2 \sim 5)\,\text{mm} \tag{3-1}$$

当凸轮装在轴上时

$$r_b \geqslant r_n + r_T + (2 \sim 5)\,\text{mm} \tag{3-2}$$

式中 r——凸轮轴的半径,mm;

r_n——凸轮轮毂的半径,mm,一般 $r_n = (1.5 \sim 1.7)r$;

r_T——滚子半径,mm,若从动件不带滚子,则 $r_T = 0$。

2. 根据 $\alpha_{max} \leqslant [\alpha]$ 确定 r_b

工程上现已制备了根据从动件常用运动规律确定最大压力角与凸轮基圆半径关系的诺模图。诺模图的作用是,可根据许用压力角近似确定凸轮最小基圆半径,又可根据所选基圆半径来校核最大压力角是否超过许用值。

查一查:诺模图是工程技术上常用的一种计算图表,种类很多,有共线图和共点图等。共线图的理论是由法国的奥卡涅于哪年首先提出的?

图 3-7 为直动对心直动推杆盘形凸轮机构的诺模图。

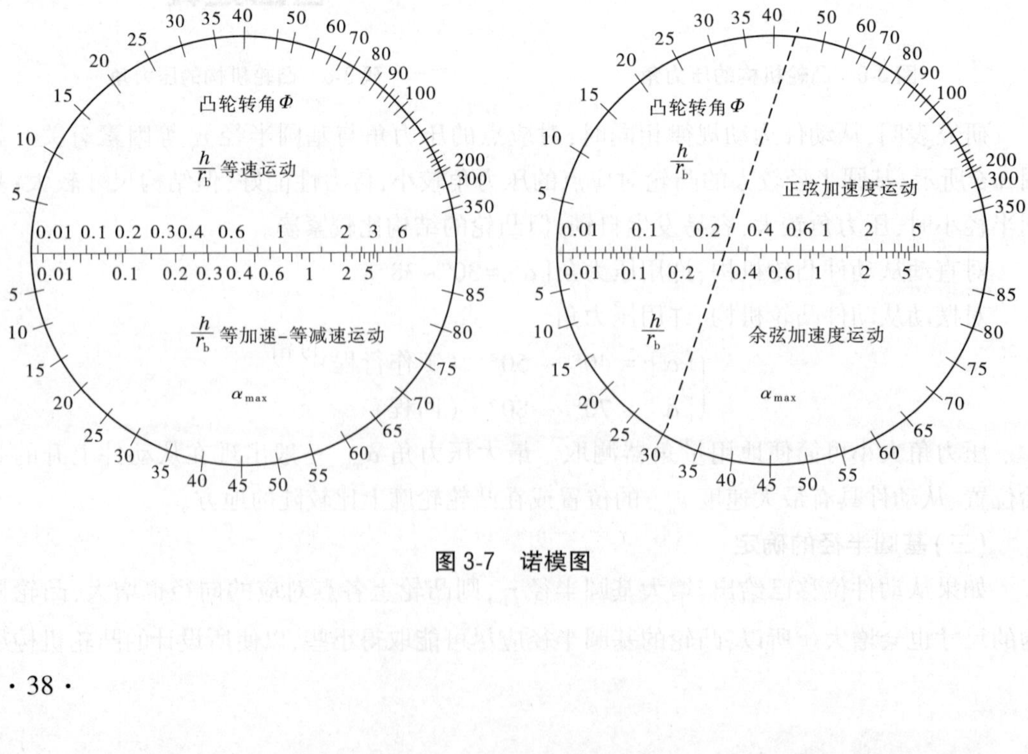

图 3-7 诺模图

训练 1:对心尖顶直动从动件盘形凸轮(见图 3-8)轮廓的绘制。

具体设计步骤如下:

(1)选比例尺 μ_l,作半径为 r_b 的基圆。

(2)反向等分各运动角并作射线。射线数目的原则是陡密缓疏。

(3)确定反转后,截取从动件位移线图上的各个位移量,将其对应在相应的射线上,以确定从动件尖顶在各等分点的位置。

(4)将各尖顶点联接成一条光滑曲线,便得到所要求的凸轮轮廓。

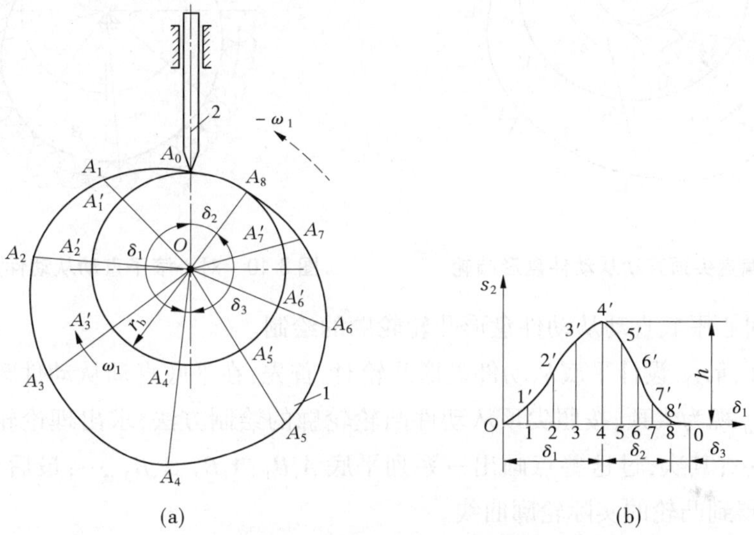

图 3-8 对心尖顶直动从动件盘形凸轮

想一想:在上述设计步骤中,等分各运动角的射线原则是陡密缓疏。如何理解这句话?

训练 2:偏置尖顶直动从动件盘形凸轮轮廓的绘制。

若为偏置尖顶直动从动件,如图 3-9 所示。显然,从动件在反转运动中,其导路始终与凸轮轴心 O 保持偏距 e。因此,设计这种凸轮轮廓时,首先,以 O 为圆心、偏距 e 为半径作偏距圆切于从动件导路;其次,以 r_b 为半径作基圆,基圆与导路的交点 A_0 即为从动件的起始位置。画出反转后从动件导路的一系列位置,从动件的相应位移应在这些切线上量取,便得到所要求的凸轮轮廓。

训练 3:对心滚子直动从动件盘形凸轮轮廓的绘制。

若将尖顶改为滚子,如图 3-10 所示,则其凸轮轮廓可按下述方法绘制:首先,把滚子中心看作尖顶从动件的尖顶,按上面讲述的方法求出一条轮廓曲线 β_0;其次,以 β_0 上各点为中心、以滚子半径 r_T 为半径作一系列圆;最后,作这些圆的内包络线 β,它便是使用滚子从动件时凸轮的实际轮廓,而 β_0 称为此凸轮的理论轮廓。由作图过程可知,滚子从动件凸轮的基圆半径和压力角 α 均应在理论轮廓上度量。

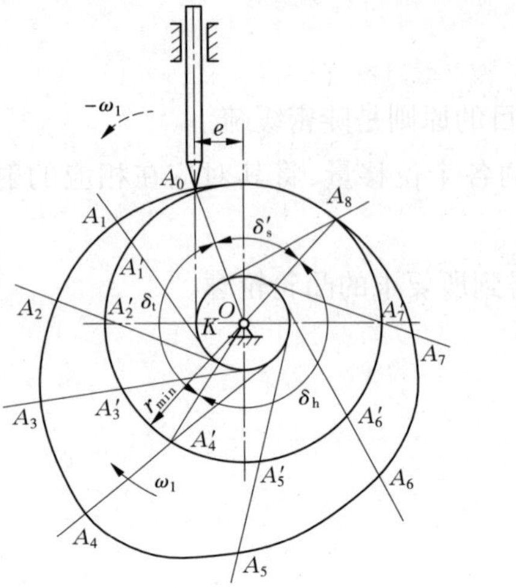

图 3-9　偏置尖顶直动从动件盘形凸轮

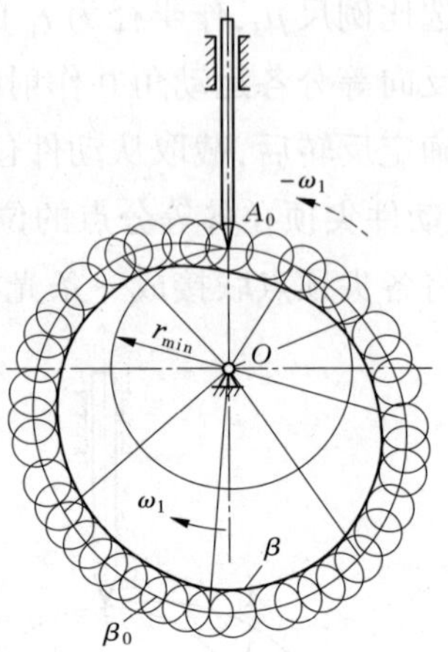

图 3-10　对心滚子直动从动件盘形凸轮

训练 4:对心平底直动从动件盘形凸轮轮廓的绘制。

如图 3-11 所示,设计平底从动件盘形凸轮时,首先,在平底直动从动件盘形凸轮底上选一固定点 A_0 视为尖顶,按照尖顶从动件凸轮轮廓的绘制方法,求出理论轮廓上一系列点 A_1、A_2、A_3、…;其次,过这些点画出一系列平底 A_1B_1、A_2B_2、A_3B_3、…;最后,作这些平底的包络线,便得到凸轮的实际轮廓曲线。

由图 3-11 可见,平底上与凸轮实际轮廓相切的点是随机构位置变化的。位置 1、6 是平底分别与凸轮轮廓相切于平底的最左位置和最右位置。为了保证平底始终与轮廓接触,平底左侧长度应大于 m,右侧长度应大于 l。

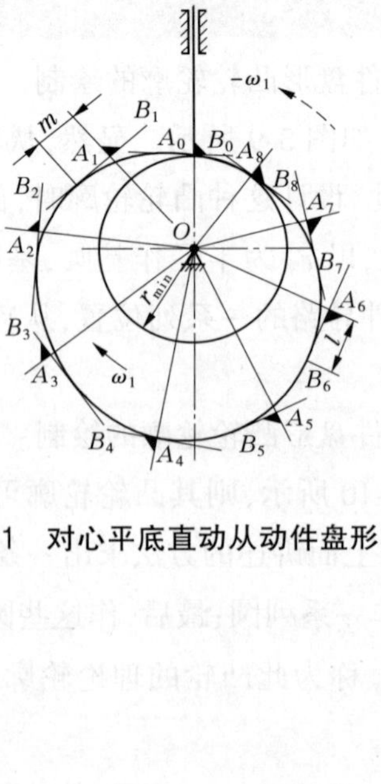

图 3-11　对心平底直动从动件盘形凸轮

学·思·悟

方文墨:打磨“飞鲨”的80后

技能改变命运。方文墨说:“只要我们肯吃苦、耐得住寂寞、刻苦练习、钻研技能,我们就可以用技能的精度,改变人生的高度。”“我们赶上了重视技能人才的时代。近几年,全社会大力弘扬劳模精神和工匠精神,使我们有了施展才华的广阔天地。我们一定要把自己的命运和国家的命运联系在一起,只有国家强大了我们才能有更大的作为。”

读后笔记:________________

码3-7 方文墨:打磨“飞鲨”的80后

基础理论训练

一、填空题

1. 凸轮机构主要是由________、________和固定机架三个基本构件组成的。
2. 从动杆的端部形状有________、________和平底三种。
3. 以凸轮的理论轮廓曲线的最小半径所作的圆称为凸轮的________。
4. 等速运动凸轮在速度换接处从动杆将产生________冲击,引起机构强烈的振动。
5. 凸轮与从动件接触处的运动副属于________。
6. 要使常用凸轮机构正常工作,必须以凸轮________。

二、选择题

1. 凸轮轮廓与从动件之间的可动联接是(　　)。

   A. 移动副　　B. 高副

   C. 转动副　　D. 可能是高副也可能是低副

2. 与平面连杆机构相比,凸轮机构的突出优点是(　　)。

   A. 能严格地实现给定的从动件运动规律　　B. 能实现间歇运动

   C. 能实现多种运动形式的变换　　D. 传力性能好

3. 多用于传力小、速度低、传动灵敏场合的是(　　)。

   A. 尖顶从动件　　B. 滚子从动件　　C. 平底从动件

4. 若要盘形凸轮机构的从动件在某段时间内停止不动，对应的凸轮轮廓应是(　　)。

A. 一段直线　　B. 一段圆弧

C. 一段抛物线　　D. 一段以凸轮转动中心为圆心的圆弧

5. (　　)决定了从动件预定的运动规律。

A. 凸轮转速　　B. 凸轮轮廓形状　　C. 凸轮形状

三、判断题

1. 凸轮机构广泛用于自动化机械中。(　　)

2. 圆柱凸轮机构中，凸轮与从动杆在同一平面或相互平行的平面内运动。(　　)

3. 平底从动杆不能用于具有内凹槽曲线的凸轮。(　　)

4. 当凸轮机构的压力角增大到一定值时，就会产生自锁现象。(　　)

5. 凸轮机构的等加速–等减速运动，是从动杆先做等加速上升，再做等减速下降完成的。(　　)

实践训练

1. 一从动件的运动规律为：从动件按简谐运动规律上升 30 mm，对应凸轮转角为 180°；从动件以等加速–等减速运动规律返回原处，对应凸轮转角为 120°；当凸轮转过剩余角度时，从动件不动。试绘制出从动件的位移曲线。

2. 试设计一对心尖顶直动从动件盘形凸轮机构。已知基圆半径 $r_b = 40$ mm，凸轮顺时针回转，运动规律为：从动件按余弦加速度运动规律上升 30 mm，对应凸轮转角为 180°；从动件以等加速–等减速运动规律返回原处，对应凸轮转角为 120°；当凸轮转过剩余角度时，从动件不动。

3. 画出图 3-12 所示凸轮机构中 *A* 点和 *B* 点位置处从动件的压力角。

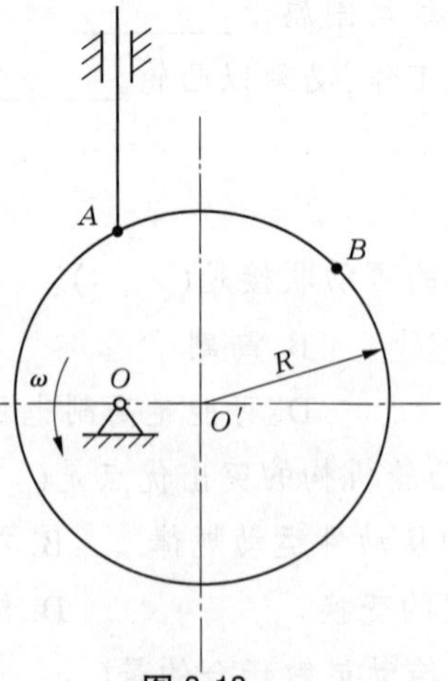

图 3-12

4. 用作图法求图 3-13 中各凸轮转过 45°后轮廓上的压力角，并在图上标出来。

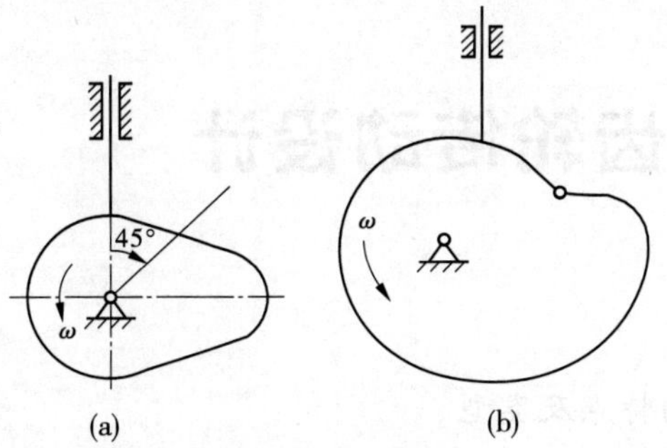

图 3-13

项目四　齿轮传动设计

【学习目标】

(1)了解齿轮机构的特点及类型。

(2)掌握渐开线直齿圆柱齿轮的主要参数和几何尺寸计算。

(3)能够正确选择渐开线直齿圆柱齿轮的加工方法。

(4)培养学生敬业、精益、专注、创新等方面的“工匠”精神;使学生养成恪守标准和遵纪守法的习惯,培育优秀的职业道德修养。

码 4-1　课程思政教学案例

【项目导入】

最简单的齿轮机构是由一对相互啮合的齿轮及机架组成的,用于传递空间任意两轴之间的运动和转矩,是应用最广泛的机械传动机构。随着加工技术的进步,齿轮机构的性能越来越高,已广泛应用在国防、矿山、冶金、化工、纺织、起重运输、建筑工程、食品工业和仪表制造等工业部门的机械设备中。

任务一　认识齿轮机构

一、齿轮机构的特点、传动类型

(一)齿轮机构的特点

同其他机构形式比较,齿轮机构具有下列优点:

(1)能保证瞬时传动比恒定不变。

(2)适用的载荷与速度范围很广,传递的功率可由很小到10万kW,圆周速度可达200~300 m/s。

(3)结构紧凑。

(4)效率高,一般效率 $\eta=0.94\sim0.995$。

(5)工作可靠且寿命长。

齿轮机构的主要缺点如下所述:

(1)对制造及安装精度要求较高,加工齿轮需要专用机床和设备,成本较高。

(2)当两轴间距离较远时,采用齿轮传动较笨重。

(二)齿轮传动的类型

齿轮传动的分类方法很多,按照两轴线的相对位置,可分为平面齿轮传动和空间齿轮传动,如图4-1和图4-2所示。另外,齿轮传动按照齿轮的圆周速度可分为:①低速传动,$v<3$ m/s;②中速传动,$v=3\sim15$ m/s;③高速传动,$v>15$ m/s。按齿轮的工作情况可以分为:①开式齿轮传动;②闭式齿轮传动;③半开式齿轮传动。按照齿面硬度可分为:①软齿面齿轮(齿面硬度≤350 HBW,或齿面硬度≤38 HRC);②硬齿面齿轮(齿面硬度>350 HBW,或齿面硬度>38 HRC)。

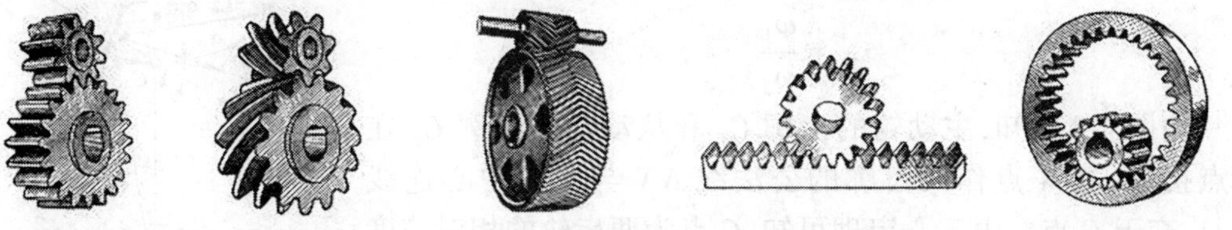

(a)直齿轮传动　(b)斜齿轮传动　(c)人字齿轮传动　(d)齿轮齿条传动　(e)内啮合齿轮传动

图 4-1　平面齿轮传动(轴线平行)

码 4-2　直齿轮传动　码 4-3　斜齿轮传动　码 4-4　人字齿轮传动　码 4-5　齿轮齿条传动　码 4-6　内啮合齿轮传动

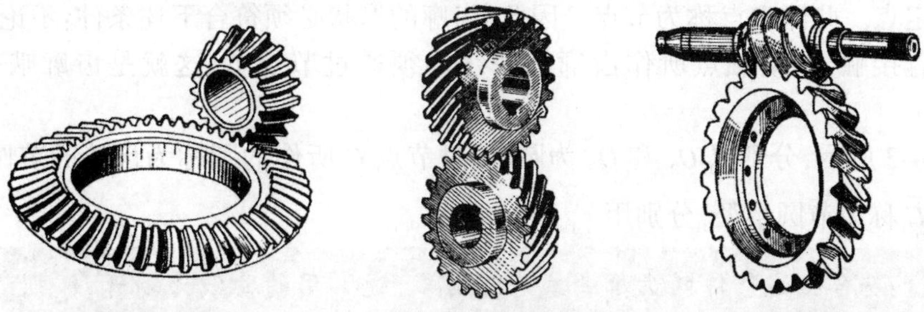

(a)圆锥齿轮传动　(b)交错轴斜齿轮传动　(c)蜗杆传动

图 4-2　空间齿轮传动(轴线不平行)

码 4-7　圆锥齿轮传动　码 4-8　交错轴斜齿轮传动　码 4-9　蜗杆传动

(三)齿轮啮合基本定律

齿轮传动最基本的要求是其瞬时传动比必须恒定不变。否则,当主动轮以等速度回转时,从动轮的角速度为变数,因而产生惯性力,影响齿轮的寿命,同时也会引起振动,影响其工作精度。齿轮的齿廓形状究竟符合什么条件,才能满足瞬时传动比保持不变呢?

图4-3所示为两啮合齿轮的齿廓 C_1 和 C_2 在 K 点接触的情况,设主动轮的角速度为 ω_1,从动轮的角速度为 ω_2,则两轮瞬时角速度之比 ω_1/ω_2 称为瞬时传动比,简称传动比,则

$$i_{12}=\frac{\omega_1}{\omega_2}$$

由图4-3可知,主动轮的齿廓 C_1 和从动轮的齿廓 C_2 在 K 点接触,过 K 点作两齿廓的公法线 NN 与两轮中心连线 O_1O_2 交于 C 点。由三心定理可知,C 点为两齿轮的相对速度瞬心。因此,两轮在 C 点的速度相等,即 $v_{C1}=\omega_1\overline{O_1C}=v_{C2}=\omega_2\overline{O_2C}$,则两轮的传动比可表示为

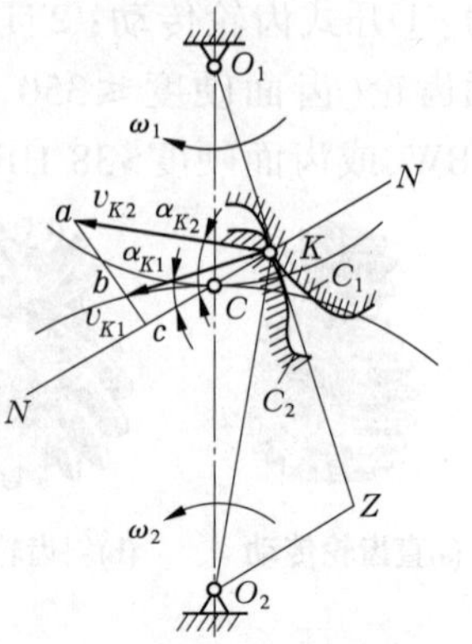

图4-3 齿廓啮合基本定律

$$i_{12}=\frac{\omega_1}{\omega_2}=\frac{\overline{O_2C}}{\overline{O_1C}} \tag{4-1}$$

式(4-1)表明:两轮的角速度与连心线被齿廓接触点的公法线分得的两线段成反比。

由此可见,要使两轮的角速度比恒定不变,则应使 $\overline{O_2C}/\overline{O_1C}$ 恒为常数。但因两轮的轴心为定点,即 $\overline{O_1O_2}$ 为定长,故欲使齿轮传动得到定传动比,必须使 C 点成为连心线上的一个固定点。此固定点称为节点。因此,齿廓的形状必须符合下述条件:不论轮齿齿廓在哪个位置接触,过接触点所作齿廓公法线均须通过节点 C,这就是齿廓啮合的基本定律。

如图4-3所示,分别以 O_1 和 O_2 为圆心,过节点 C 所作的圆称为齿轮的节圆,其半径 $\overline{O_1C}$ 和 $\overline{O_2C}$ 称为节圆半径,分别用 r'_1 和 r'_2 表示。

查一查:符合上述条件的齿廓曲线有无穷多,通常用的曲线为渐开线、摆线和圆弧。但齿廓曲线的选择应考虑制造、安装和强度等要求,工程上大多数的齿轮都是用渐开线作为齿廓曲线。这是为什么呢?

二、渐开线齿廓

(一)渐开线的形成和性质

当一条直线 L 沿一圆周做纯滚动时,此直线上任一点 K 的轨迹即称为该圆的渐开线,如图4-4所示。该圆称为渐开线的基圆,基圆半径以 r_b 表示,该直线 L 称为渐开线的发生线。

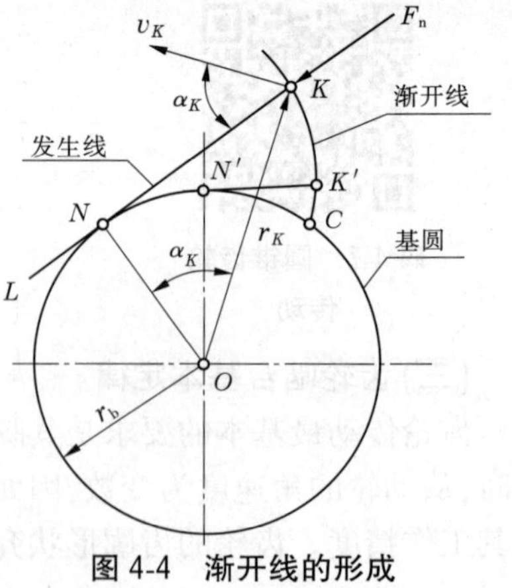

图4-4 渐开线的形成

根据渐开线形成过程可知,它具有下列特性:

(1)因发生线在基圆上做无滑动的纯滚动,故发生线所滚过的一段长度必等于基圆上被滚过的圆弧的长度。

(2)当发生线沿基圆做纯滚动时,N 点为速度瞬心,K 点的速度垂直于 NK,且与渐开线 K 点的切线方向一致,所以发生线即为渐开线在 K 点的法线。又因 NK 线切于基圆,所以渐开线上任一点的法线必与基圆相切。此外,N 点为渐开线上 K 点的曲率中心,线段 NK 为渐开线上 K 点的曲率半径。显然,渐开线愈接近基圆部分,其曲率半径愈小,即曲率愈大。

(3)渐开线的形状完全决定于基圆的大小。基圆愈大,渐开线愈平直,当基圆半径为无穷大时,渐开线就变成一条与发生线垂直的直线(齿条的齿廓)。

(4)基圆以内无渐开线。齿轮啮合传动时,渐开线上任一点法线压力的方向线 F_n(渐开线在该点的法线)和该点速度方向 v_K 之间所夹锐角称为该点的压力角 α_K。由图 4-4 可知:

$$\cos\alpha_K = \frac{\overline{ON}}{\overline{OK}} = \frac{r_b}{r_K} \tag{4-2}$$

式(4-2)表明渐开线上各点的压力角 α_K 的大小随 K 点的位置而异,K 点距圆心愈远,其压力角愈大;反之,压力角愈小。基圆上的压力角为零。

(二)渐开线齿廓啮合特点

1. 中心距可分性

图 4-5 所示为两渐开线齿轮的外啮合情况,啮合点为 C 点,两齿轮的基圆半径分别为 r_{b1} 和 r_{b2},与两基圆的内公切线 N_1N_2 构成一对相似三角形 $\triangle O_1N_1C$ 和 $\triangle O_2N_2C$,由相似三角形的性质和式(4-1)知,两齿轮的传动比为

$$i_{12} = \frac{\omega_1}{\omega_2} = \frac{\overline{O_2C}}{\overline{O_1C}} = \frac{r_{b2}}{r_{b1}} \tag{4-3}$$

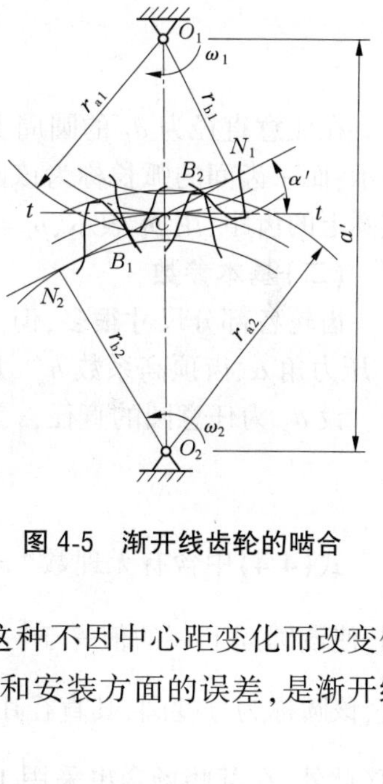

图 4-5 渐开线齿轮的啮合

可见渐开线齿轮的传动比取决于两齿轮基圆半径的大小,当一对渐开线齿轮制成后,两齿轮的基圆半径就确定了,即使安装后两齿轮中心距稍有变化,由于两齿轮基圆半径不变,所以传动比仍保持不变。渐开线齿轮这种不因中心距变化而改变传动比的特性称为中心距可分性。这一特性可补偿齿轮制造和安装方面的误差,是渐开线齿轮传动的一个重要优点。

2. 啮合线、力作用线为同一直线

两齿轮啮合时,其接触点的轨迹称为啮合线,由渐开线特性可知,两渐开线齿廓在任何位置接触时,过接触点所作两齿廓的公法线即为两基圆的内公切线 N_1N_2,故接触点的轨迹必然在这内公切线上。所以,其啮合线是唯一直线。过节点 C 作两节圆的公切线 tt,它与啮合线所夹的锐角称为啮合角(见图 4-5),通常用 α' 来表示。显然齿轮传动时啮合角不变,两齿廓间法向作用力方向不变,因此对齿轮传动平稳性有利。

三、渐开线标准齿轮各部分名称、参数和几何尺寸

(一)齿轮各部分名称

图4-6所示为一直齿圆柱齿轮的一部分,相邻两齿的空间称为齿间。齿间底部连成的圆称为齿根圆,直径用 d_f 表示。联接齿轮各齿顶的圆称为齿顶圆,直径用 d_a 表示。

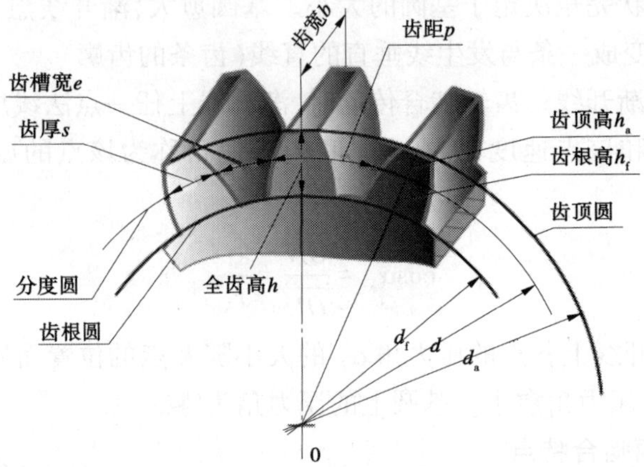

图4-6 齿轮各部分名称

在任意直径为 d_k 的圆周上,一个轮齿左右两侧齿廓的弧长称为该圆上的齿厚,用 s_k 表示;而一齿间的弧长称为该圆上的齿槽宽,用 e_k 表示;相邻两齿对应点之间的弧长称为该圆上的齿距,用 p_k 表示,$p_k=e_k+s_k$。

(二)基本参数

齿轮各部分尺寸很多,但决定齿轮尺寸和齿形的基本参数只有5个,即齿数 z、模数 m、压力角 α、齿顶高系数 h_a^*、顶隙系数 c^*。上述参数中,除齿数外均已标准化。

设 d_k 为任意圆的直径,z 为齿数,根据齿距的定义可得:

$$p_k=\frac{\pi d_k}{z} \quad 或 \quad d_k=\frac{p_k}{\pi}z \tag{4-4}$$

式(4-4)中含有无理数"π",为了便于设计、制造及互换性使用,在齿轮上取一基准圆,使该圆周上 $\frac{p_k}{\pi}$ 的值等于一些较简单的数值,并使该圆上的压力角等于规定的某一数值,该圆称为分度圆,其直径用 d 表示,分度圆上的压力角以 α 表示,我国采用20°为标准值(此外,在某些场合也采用14.5°、15°、22.5°及25°)。显然有分度圆直径 $d=\frac{p}{\pi}z$,我们把比值 $\frac{p}{\pi}$ 规定为标准值,用 m 来表示,称为模数,单位为mm。于是分度圆上的齿距 p 和直径 d 分别为

$$p=\pi m \tag{4-5}$$

$$d=mz \tag{4-6}$$

模数是齿轮尺寸计算中的一个基本参数,模数愈大,则齿距愈大,轮齿也就愈大(见

图 4-7)，轮齿的抗弯能力愈强。齿轮模数已标准化，我国常用的标准模数见表 4-1。

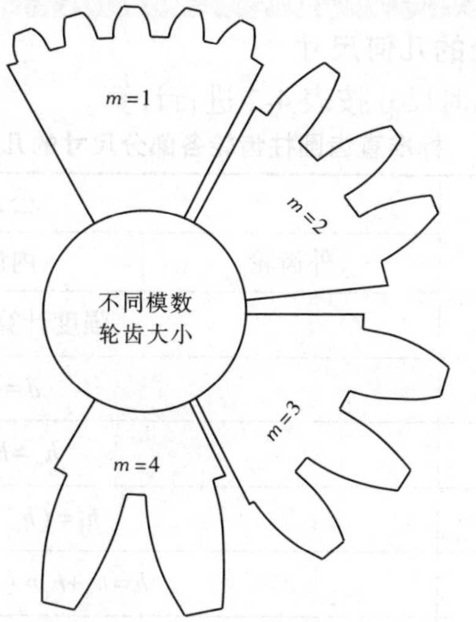

图 4-7　不同模数的齿形

表 4-1　常用的标准模数 m

单位：mm

第一系列	1	1.25	1.5	2	2.5	3	4	5	6	
	8	10	12	16	20	25	32	40	50	
第二系列	1.125	1.375	1.75	2.25	2.75	3.5	4.5	5.5	(6.5)	7
	9	11	14	18	22	28	36	45		

注：1. 优先采用第一系列，其次选用第二系列，括号内的尽量不用。

2. 本表适用于渐开线圆柱齿轮，对斜齿轮是指法面模数。

模数 m 作为齿轮各部分几何尺寸的计算基础，因此齿顶高可表示为 $h_a = h_a^* m$，齿根高可表示为 $h_f = (h_a^* + c^*)m$，其中，h_a^* 称为齿顶高系数，c^* 称为顶隙系数。它们有以下两种标准数值：

正常齿：$h_a^* = 1$，$c^* = 0.25$。

短齿：$h_a^* = 0.8$，$c^* = 0.3$。

凡模数、压力角、齿顶高系数与顶隙系数等于标准数值，且分度圆上齿厚与齿槽宽相等的齿轮称为标准齿轮。因此，标准齿轮有：

$$s = e = \frac{p}{2} = \frac{\pi m}{2} \tag{4-7}$$

对于一对模数、压力角相等的标准齿轮，由于其分度圆上的齿厚与齿槽宽相等，因此正确安装时分度圆与节圆重合，可看成两轮的分度圆相切做纯滚动。标准齿轮的这种安装称为标准安装，其中心距称为标准中心距。

对于单个齿轮而言，节圆、啮合角都是不存在的，只有当一对齿轮互相啮合时，节圆和啮合角才有意义。这时，节圆可能和分度圆重合，也可能不重合，须视两齿轮的安装是否标准而定。对于标准安装的一对齿轮，其啮合角 α' 等于分度圆上的压力角 α。

想一想:如何正确理解节圆与分度圆、啮合角与压力角这两组名词?

(三)标准直齿圆柱齿轮的几何尺寸

标准直齿圆柱齿轮的几何尺寸按表4-2进行计算。

表4-2 标准直齿圆柱齿轮各部分尺寸的几何关系

名称	符号	公式		
		外齿轮	内齿轮	齿条
模数	m	强度计算后获得		
分度圆直径	d	$d=mz$		
齿顶高	h_a	$h_a=h_a^* m$		
齿根高	h_f	$h_f=(h_a^*+c^*)m$		
全齿高	h	$h=h_a+h_f=(2h_a^*+c^*)m$		
齿顶圆直径	d_a	$d_a=(z+2h_a^*)m$	$d_a=(z-2h_a^*)m$	∞
齿根圆直径	d_f	$d_f=(z-2h_a^*-2c^*)m$	$d_f=(z+2h_a^*+2c^*)m$	∞
中心距	a	$a=(d_1+d_2)/2$	$a=(d_1-d_2)/2$	∞
基圆直径	d_b	$d_b=d\cos\alpha$		∞
齿距	p	$p=\pi m$		
齿厚	s	$s=\pi m/2$		
齿槽宽	e	$e=\pi m/2$		

任务实施:已知一正常齿制的标准直齿圆柱齿轮,齿数 $z_1=20$,模数 $m=2$ mm,拟将该齿轮作为某外啮合传动的主动齿轮,现须配一从动齿轮,要求传动比 $i=3.5$,试计算从动齿轮的几何尺寸及两轮的中心距。

解:根据给定的传动比 i,可计算从动轮的齿数:

$$z_2=iz_1=3.5\times 20=70$$

已知齿轮的齿数 z_2 及模数 m,由表4-2所列公式可以计算从动轮各部分尺寸。

分度圆直径 $d_2=mz_2=2\times 70=140(\text{mm})$

齿顶圆直径 $d_{a2}=(z_2+2h_a^*)m=(70+2\times 1)\times 2=144(\text{mm})$

齿根圆直径 $d_f=(z_2-2h_a^*-2c^*)m=(70-2\times 1-2\times 0.25)\times 2=135(\text{mm})$

全齿高 $h=(2h_a^*+c^*)m=(2\times 1+0.25)\times 2=4.5(\text{mm})$

中心距 $a=\dfrac{d_1+d_2}{2}=\dfrac{m}{2}(z_1+z_2)=\dfrac{2}{2}(20+70)=90(\text{mm})$

四、渐开线标准直齿圆柱齿轮的啮合传动

(一)正确啮合条件

一对渐开线齿轮的正确啮合条件为:①两齿轮的模数必须相等;②两齿轮分度圆上的

压力角一定相同。

这样，一对齿轮的传动比可写成：

$$i=\frac{\omega_1}{\omega_2}=\frac{n_1}{n_2}=\frac{d_2'}{d_1'}=\frac{d_2}{d_1}=\frac{z_2}{z_1} \tag{4-8}$$

（二）标准中心距

正确安装的渐开线齿轮，理论上应为无齿侧间隙啮合，即一轮节圆上的齿槽宽与另一轮节圆上的齿厚相等。标准齿轮正确安装时齿轮的分度圆与节圆重合，啮合角 $\alpha'=\alpha=20°$。

一对外啮合齿轮的中心距为

$$a=\frac{d_1'+d_2'}{2}=\frac{d_1+d_2}{2}=\frac{m}{2}(z_1+z_2) \tag{4-9}$$

一对内啮合齿轮的中心距为

$$a=\frac{d_2'-d_1'}{2}=\frac{d_2-d_1}{2}=\frac{m}{2}(z_2-z_1) \tag{4-10}$$

由于渐开线齿廓具有可分性，两轮中心距略大于正确安装中心距时仍能保持瞬时传动比恒定不变，但齿侧出现间隙，反转时会有冲击。

（三）连续传动条件

若要一对渐开线齿轮连续不断地传动，就必须使前一对齿终止啮合之前后一对齿及时进入啮合。图 4-8 所示为一对互相啮合的齿轮。设齿轮 1 为主动齿轮，齿轮 2 为从动齿轮。开始啮合时，主动齿轮 1 的齿根部分与从动齿轮 2 的齿顶部分在 K'点开始接触。随着两齿轮继续啮合转动，啮合点的位置沿啮合线 N_1N_2 向下移动，齿轮 2 齿廓上的接触点由齿顶向齿根移动，而齿轮 1 齿廓上的接触点则由齿根向齿顶移动。当两齿廓的啮合点移至 K 点时，则两齿廓啮合终止。

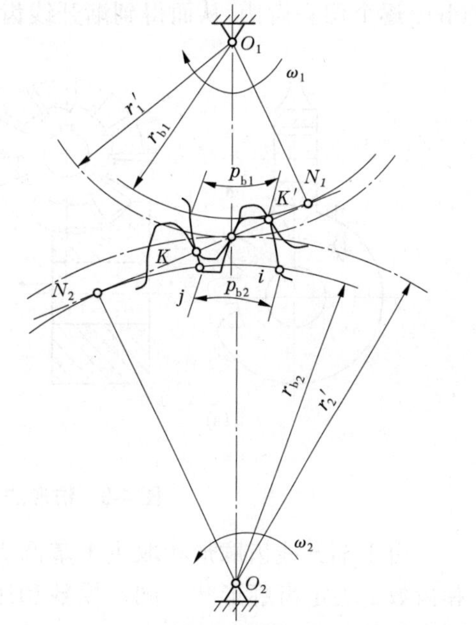

图 4-8 齿轮连续传动条件

由此可见，线段$\overline{KK'}$为啮合点的实际轨迹，故$\overline{KK'}$称为实际啮合线段。因基圆内无渐开线，故线段 $\overline{N_1N_2}$ 为理论上可能的最大啮合线段，所以被称为理论啮合线段。

显然，要保证一对渐开线齿轮连续不断地啮合传动，必须使前一对轮齿尚未在 K 点脱离啮合之前，后一对轮齿及时到达 K'点进入啮合。要保证这一点必须使$\overline{KK'}\geqslant p_b$，即实际啮合线段必须大于或等于齿轮的基圆齿距，这就是连续传动的条件，通常我们把这个条件用$\overline{KK'}$与 p_b 的比值表示，称为重合度，用 ε 表示，即

$$\varepsilon = \frac{\overline{KK'}}{p_b} \geqslant 1 \tag{4-11}$$

重合度越大,表明同时参与啮合的轮齿对数越多,每对齿分担的载荷就越小,运动越平稳。由于制造齿轮时齿廓必然有少量的误差,故设计齿轮时必须使啮合线比齿距大,即重合度大于1。重合度主要与齿数 z、齿顶高系数 h_a^*、压力角 α 有关,当取 $h_a^*=1$,$\alpha=20°$,$z\geqslant12$ 时,$\varepsilon=1.699\sim1.982$。

想一想:一对标准齿轮在啮合传动时,最多有几个轮齿同时参与啮合?

五、渐开线齿廓的切制原理与根切现象

(一)齿轮的加工方法

齿轮的加工方法很多,如铸造法、轧制法、切削法、粉末冶金等。其中,最常用的还是切削加工。按切削齿廓的原理不同,可分为仿形法和范成法。

1. 仿形法(又称成形法)

仿形法是铣床上用与齿槽形状相同的盘形铣刀[见图4-9(a)]或指形铣刀[见图4-9(b)]逐个切去齿槽,从而得到渐开线齿廓。

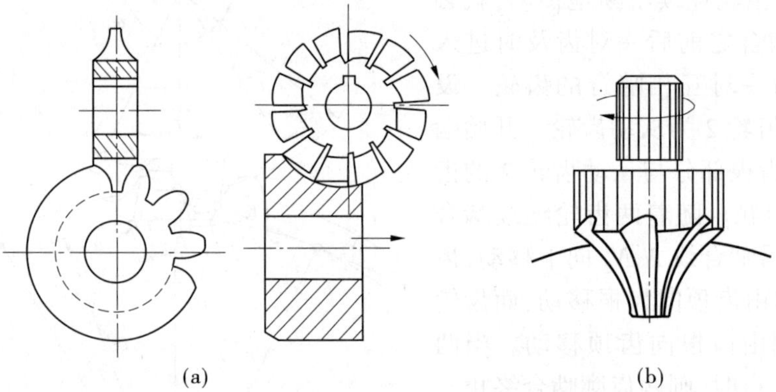

(a)　　(b)

图4-9　仿形法加工齿轮

码4-10　仿形法

由于渐开线齿廓形状取决于基圆大小,而基圆直径 $d_b=mz\cos\alpha$,即模数 m、压力角 α 和齿数 z 决定齿廓形状。同一模数和压力角的齿轮,齿数不同,齿形就不同,这样加工不同齿数的齿轮就要制造许多刀具,显然这是不可能的。为了减少铣刀数量,对于同一模数和压力角的齿轮,按齿数范围分为8组,每组用一把刀具来加工,刀具形状按范围内最少齿形设计。

仿形法加工齿轮的方法简单,不需要专用的齿轮加工机床,但是生产率低,加工精度低(一般只能加工出9~10级精度的齿轮),故只适合于精度要求不高、单件或小批量生产。

2. 范成法(又称展成法)

范成法是利用一对齿轮(或齿轮和齿条)互相啮合时,其共轭齿廓互为包络的原理来

加工齿轮的。用范成法切齿的常用刀具有三种：齿轮插刀、齿条插刀及滚刀。

图 4-10 为用齿轮插刀加工齿轮的情况，具有渐开线齿形的齿轮插刀和被切齿轮都按规定的传动比转动。根据正确啮合条件，被切齿轮的模数和压力角与插刀相同。插刀沿被切齿轮轴线方向做往复切削运动，同时模仿一对齿轮啮合传动，插刀在被切齿轮上切出一系列渐开线外形，这些渐开线的包络线即为被切齿轮的渐开线齿廓。切制相同模数和压力角、不同齿数的齿轮，只需用同一把插刀即可。

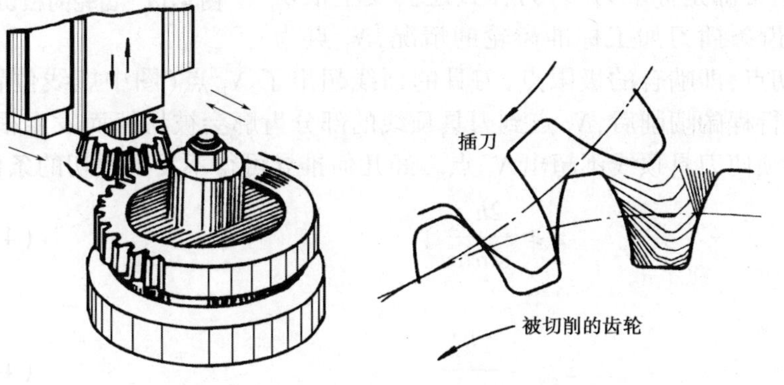

(a)　　　　(b)

图 4-10　齿轮插刀加工齿轮

码 4-11　齿轮插刀加工齿轮

图 4-11 为齿条插刀加工齿轮的情况。当齿轮插刀的齿数增至无穷多时，其基圆半径变为无穷大，渐开线齿廓为直线齿廓，齿轮插刀便变为齿条插刀。其加工原理与齿轮插刀切削齿轮相同。用齿条插刀加工所得的轮齿齿廓也为刀刃在各个位置的包络线。由于齿条插刀的齿廓为直线，比齿轮插刀制造容易，精度高，但因为齿条插刀长度有限，每次移动全长后要求复位，所以生产效率低。

图 4-12 为滚刀加工齿轮的情况。滚刀是蜗杆形状的铣刀，它的纵剖面为具有直线齿廓的齿条，当滚刀转动时，相当于齿条在移动，按范成法原理加工齿轮，它们的包络线形成被切齿轮的渐开线齿廓。

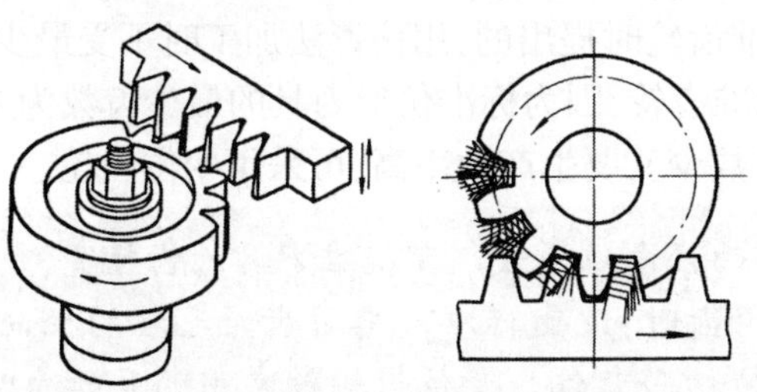

(a)　　　　(b)

图 4-11　齿条插刀加工齿轮

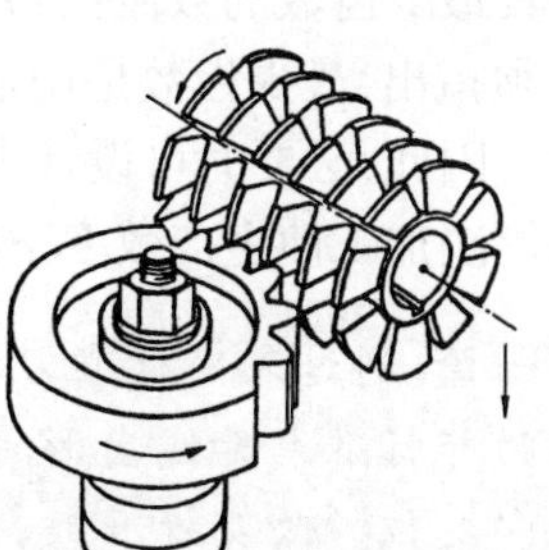

图 4-12　滚刀加工齿轮

滚刀加工是连续切削，而插刀加工有进刀和退刀，是间断切削。所以，滚刀加工生产率较高，是目前应用最为广泛的加工方法，但是在切削时，被切齿廓略有误差，因此加工精度略低。

(二)根切现象和最少齿数

用范成法加工齿轮时,如果齿轮的齿数太少,则切削刀具的齿顶就会切去轮齿根部的一部分,这种现象称为齿轮的根切现象,如图4-13所示。

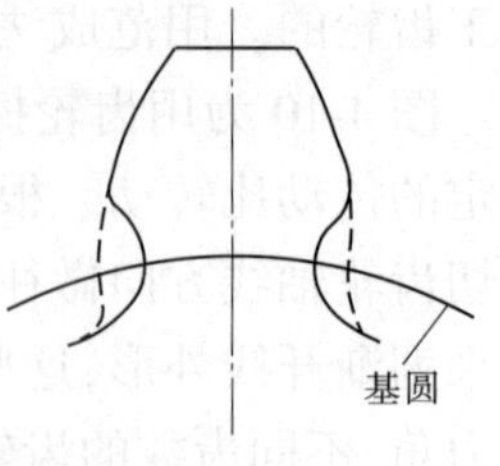

图4-13　齿轮的根切

发生根切会使轮齿的弯曲强度降低,并使重合度减小,传动时出现冲击噪声,故应设法避免根切的发生。

加工齿轮的刀具通常都是标准刀具,为什么还会发生根切呢?图4-14所示为用齿条插刀加工标准齿轮的情况,N_1点为轮坯基圆与啮合线的切点,即啮合的极限点,刀具的顶线超出了N_1点(图中虚线位置)。显然,当刀具完成一个行程的切削后,N_1点到刀具顶线的部分齿廓会被切掉而发生根切。因此,要避免根切就必须使刀具顶线不超出N_1点。经几何推导可得不发生根切的条件为

$$z \geqslant \frac{2h_a^*}{\sin^2\alpha} \tag{4-12}$$

即最少齿数为

$$z_{min} = \frac{2h_a^*}{\sin^2\alpha} \tag{4-13}$$

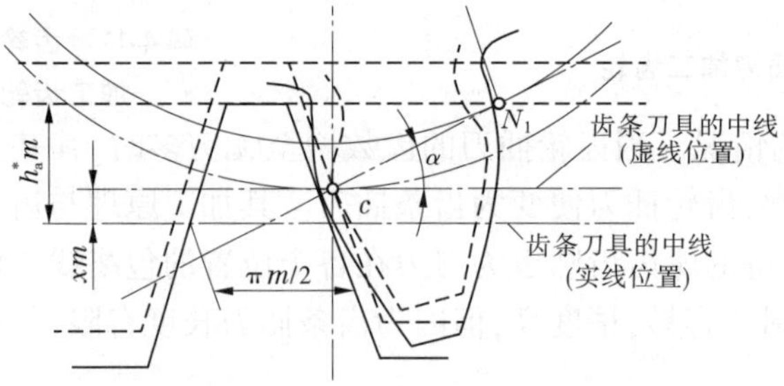

图4-14　根切与变位

码4-12　根切与变位

显然,为了避免根切,则齿数z不得少于某一最少限度,用范成法加工齿轮时,对于各种标准刀具最少齿数的数值:当$h_a^*=1$、$\alpha=20°$时,$z_{min}=17$;当$h_a^*=0.8$、$\alpha=20°$时,$z_{min}=14$。

必须指出,最少齿数是用范成法加工标准齿轮时提出的,用仿形法加工时不受最少齿数的限制。因此,必要时可设计齿数为12的标准齿轮,因为标准仿形刀具的最少齿数为12,但是用仿形法加工使生产效率下降。若既要齿数少又要生产效率高,可采用变位齿轮。

查一查:通过改变标准刀具对齿轮毛坯的径向位置或改变标准刀具的齿槽宽,切制出的齿形为非标准渐开线齿形的齿轮。切制轮齿时,改变标准刀具对齿轮毛坯的径向位置称为径向变位。改变标准刀具的齿槽宽称为切向变位。变位齿轮最常用的是哪类变位?请查阅变位齿轮的相关资料。

六、齿轮的结构设计

齿轮的结构设计主要包括选择合理适用的结构形式,依据经验公式确定齿轮的轮毂、轮辐、轮缘等各部分的尺寸及绘制齿轮的零件工作图等。

(一)齿轮轴

当圆柱齿轮的齿根圆至键槽底部的距离 $x \leqslant (2\sim2.5)m$(m 为模数)时,或当圆锥齿轮小端的齿根圆至键槽底部的距离 $x \leqslant (2\sim2.5)m$(m 为模数)时,应将齿轮与轴制成一体,称为齿轮轴,如图 4-15 所示。齿轮轴的刚度好,制造费用较低(与轴和齿轮分开时相比)。但是,当齿轮需要用较好材料制造时,由于齿轮与轴为一体,这种结构会造成浪费。

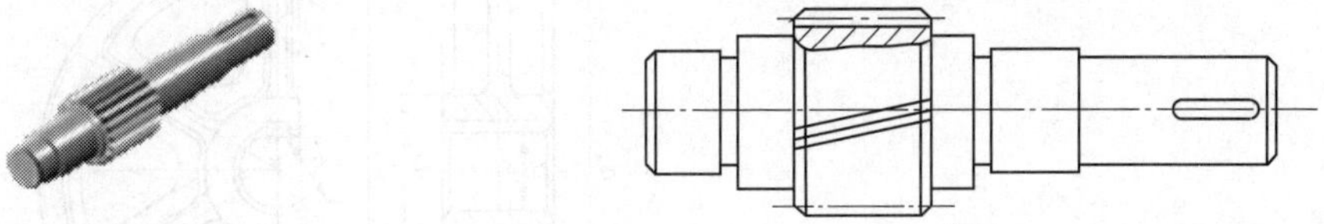

(a)　　　　　　　　(b)

图 4-15　圆柱齿轮轴

(二)实体式齿轮

当齿轮的齿顶圆直径 $d_a \leqslant 200$ mm 时,齿根圆到键槽底部的距离 $x > 2.5m$(m 为模数),可采用实体式结构,如图 4-16 所示。这种结构形式的齿轮常用锻钢制造。

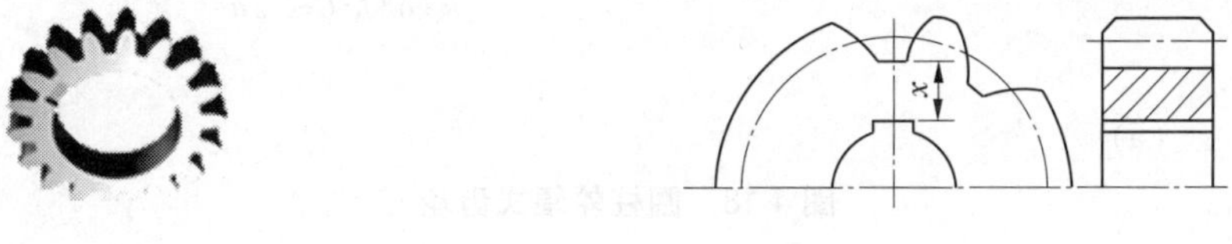

(a)　　　　　　　　(b)

图 4-16　实体式齿轮

(三)腹板式齿轮

当齿轮的齿顶圆 $d_a = 200\sim500$ mm 时,为了减轻重量,节约材料,可采用腹板式齿轮。腹板上开孔的数目根据结构尺寸大小而定。这种结构的齿轮一般多用锻钢制造,其各部分尺寸由图 4-17(b)中的数值公式确定。

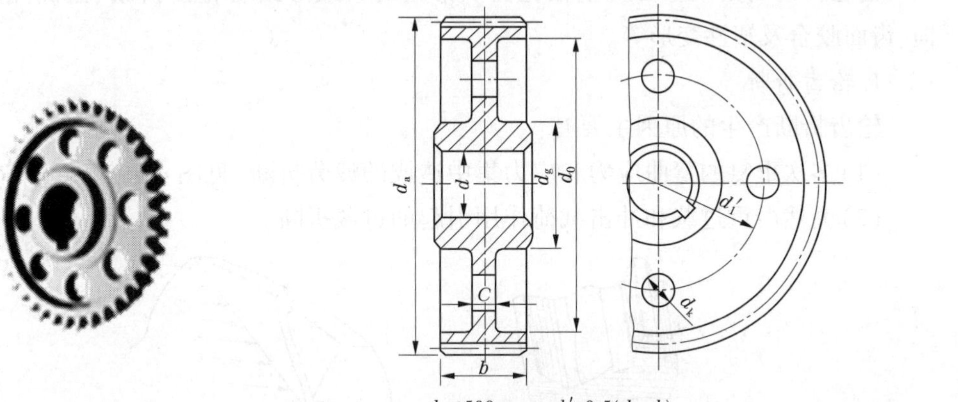

$d_a \leqslant 500$ mm;　$d_1' = 0.5(d_0 + d_g)$;
$d_k = 0.25(d_0 - d_g)$;　$d_0 = d_a - 10m_a$;
$d_g = 1.6d$;$C = 0.3b$

(a)　　　　　　　　(b)

图 4-17　腹板式齿轮

(四)轮辐式齿轮

当齿轮的齿顶直径 d_a>500 mm 时,可采用轮辐式结构,如图 4-18 所示。这种结构的齿轮常采用铸钢或铸铁制造,其各部分尺寸按图 4-18(b)中的数值公式确定。

(a)

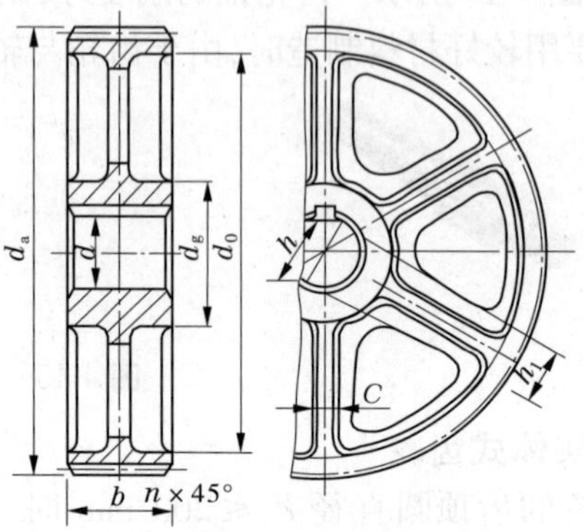

d_a=400~1 000 mm;
d_g=(1.6~1.8) d; h=0.8d;
h_1=0.8h; C=0.2 h

(b)

图 4-18　圆柱轮辐式齿轮

任务二　直齿圆柱齿轮传动设计

一、齿轮传动的失效形式及设计准则

(一)失效形式

齿轮传动的失效主要发生在轮齿。常见的失效形式有轮齿折断、齿面点蚀、齿面磨损、齿面胶合及塑性变形等。

1. 轮齿折断

轮齿折断产生的原因主要有:

(1)多次重复的弯曲应力和应力集中造成的疲劳折断(见图 4-19)。

(2)突然严重过载和冲击载荷作用引起的过载折断。

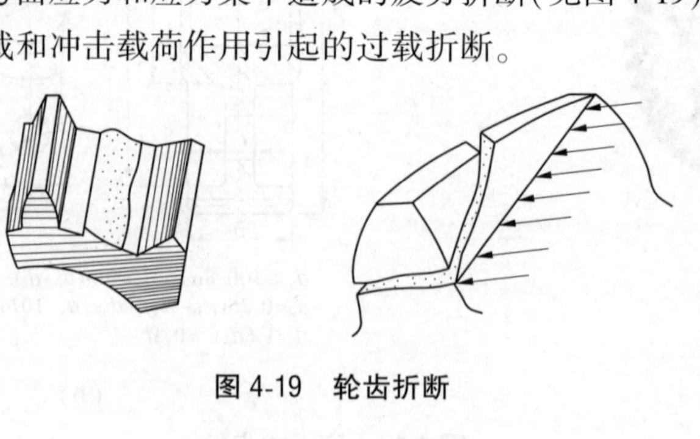

图 4-19　轮齿折断

改善措施：改善材料的力学性能、增大材料的韧性、限制齿轮根部的弯曲疲劳应力、避免过载或冲击、增大齿根圆半径并提高圆角处的表面质量、对根部圆角处进行表面强化处理。

2. 齿面点蚀

齿面点蚀（见图 4-20）是闭式齿轮传动的主要失效形式，特别是在软齿面上更容易产生。在开始齿轮传动后，由于齿面磨损较快，即使轮齿表面产生疲劳裂纹，但还未扩展到金属剥落时就已被磨掉，所以一般看不到点蚀现象。

产生原因：在润滑良好的闭式齿轮传动中，齿面材料在交变接触应力的作用下，因为接触疲劳产生贝壳形状凹坑。齿面上最初出现的点蚀随材料不同而不同，一般出现在靠近节线的齿根面上，最初为细小的尖状麻点。

危害：影响齿轮正确啮合，引起冲击和噪声，造成传动不平稳。

提高齿面硬度是解决齿面点蚀的有效措施。

3. 齿面磨损

齿面磨损（见图 4-21）是开式齿轮传动的主要失效形式之一，产生原因：①灰尘、金属微粒等进入齿面间引起的磨损；②齿面间的相对滑动摩擦引起的磨损。

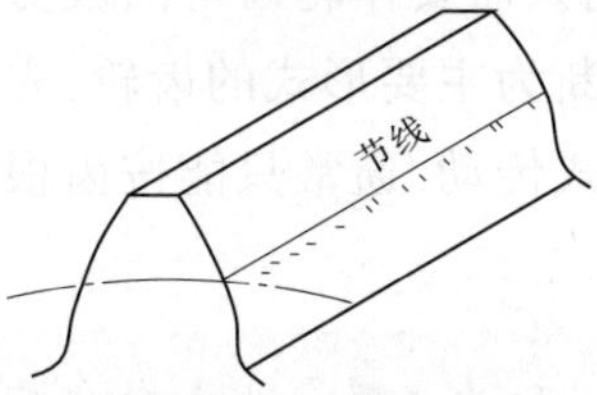

图 4-20　齿面点蚀

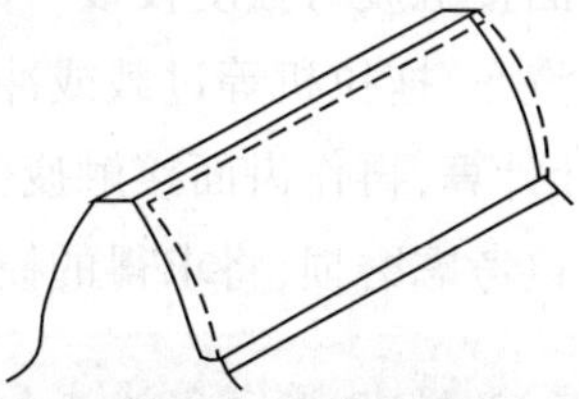

图 4-21　齿面磨损

危害：严重的磨损将使齿轮失去正确的齿形，使齿侧间隙增大而产生振动和噪声，甚至由于齿厚磨薄最终导致齿轮折断。

改用闭式齿轮传动是避免齿面磨损的最有效方法。

4. 齿面胶合

齿面胶合（见图 4-22）产生的原因：高速重载传动时，啮合区载荷大且集中，温升高，因而引起润滑失效；低速重载时，油膜不易形成。

改善措施：适当提高齿面硬度和降低表面粗糙度，低速传动宜采用黏度大的润滑油，高速传动则应采用含有抗胶合添加剂的润滑油。

5. 齿面塑性变形

齿面塑性变形（见图 4-23）产生的原因：低速重载传动时，若齿轮表面硬度较低，当齿面间作用力过大时，啮合中的齿面表层材料就会沿着摩擦力方向产生塑性流动。

改善措施：提高齿面硬度和采用黏度较高的润滑油。

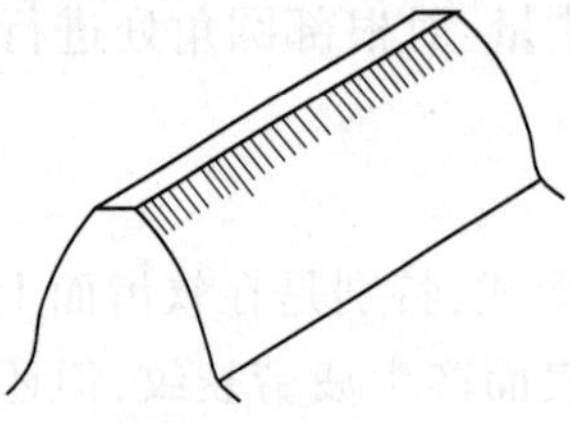

图 4-22　齿面胶合

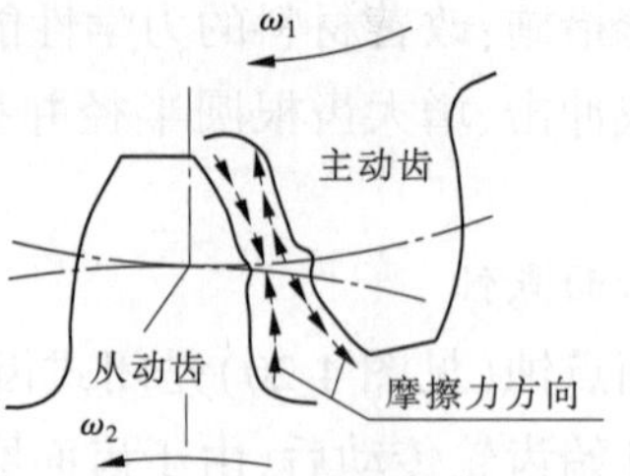

图 4-23　齿面塑性变形

(二)设计准则

对于一般工况下的齿轮传动,其设计准则是:保证足够的齿根弯曲疲劳强度,以免发生齿根折断;保证足够的齿面接触疲劳强度,以免发生齿面点蚀。对高速重载齿轮传动,除以上两个设计准则外,还应按齿面抗胶合能力的准则进行设计。

软齿面(硬度≤350 HBW)的闭式齿轮传动,先按齿面接触疲劳强度设计,再作齿根弯曲疲劳强度校核;硬齿面(硬度>350 HBW)的闭式齿轮传动,先按齿根弯曲疲劳强度设计,再作齿面接触疲劳强度校核。对于铸铁制造的齿轮只需要作轮齿弯曲疲劳强度设计计算;对于汽车、拖拉机等过载或冲击造成的以轮齿折断为主要形式的齿轮,先作轮齿过载折断设计计算,再作齿面接触疲劳强度校核;对于开式传动,通常只能按齿根弯曲疲劳强度设计,再考虑磨损,将求得的模数增大10%~20%。

想一想:工程中,零部件失去原有设计所规定的功能称为失效。失效包括完全丧失原定功能、功能降低和有严重损伤或隐患,继续使用会失去可靠性。机械零件如果失效,必定会导致机械故障吗?

二、齿轮传动的精度及齿轮的常用材料

(一)齿轮传动的精度

GB/T 10095.1—2022 对轮齿同侧齿面偏差规定了11个精度等级,用数字1~11由高到低的顺序排列,1级精度最高,11级精度最低。

GB/T 10095.1—2022 对径向综合偏差规定了21个精度等级,其中R30级精度最高,R50级精度最低。

选择齿轮精度等级时,必须根据其用途和使用条件(圆周速度、传递功率、工作时间、性能指标等)来确定。对于高速、分度等要求高的齿轮传动,常用6级,一般机械中常用7~8级,对精度要求不高的低速齿轮可用9级。齿轮传动常用精度等级及其应用范围见表4-3。

表 4-3　齿轮传动常用精度等级及其应用范围

要素		精度等级			
		6	7	8	9
工作条件及应用范围	机床	Ⅴ级精度机床主传动的重要齿轮，一般精度的分度链的中间齿轮，油泵齿轮	Ⅳ级和Ⅲ级以上精度等级机床的进给齿轮	一般精度的机床齿轮	没有传动精度要求的手动齿轮
圆周速度/(m/s)	直齿轮	>10~15	>6~10	<6	—
	斜齿轮	>15~30	>8~15	<8	—
工作条件及应用范围	航空 船舶 车辆	用于高速传动，有高平稳性、低噪声要求的机车、航空和轿车的齿轮	用于有平稳性和低噪声要求的航空、船舶和轿车的齿轮	用于中等速度、较平稳传动的载货汽车和拖拉机的齿轮	用于较低速和噪声要求不高的载货汽车第一挡与倒挡拖拉机和联合收割机的齿轮
圆周速度/(m/s)	直齿轮	≤20	≤15	≤10	≤4
	斜齿轮	≤35	≤25	≤15	≤6
工作条件及应用范围	动力齿轮	用于高速传动的齿轮，工业机器有高可靠性要求的齿轮，重型机械的功率传动齿轮，作业率很高的起重运输机械齿轮	用于高速和适度功率或大功率和适度速度条件下的齿轮，冶金、矿山、石油、林业、轻工、工程机械和小型工业齿轮箱（普通减速器）有可靠性要求的齿轮	用于中等速度、较平稳传动的齿轮，冶金、矿山、石油、林业、轻工、化工、工程机械、起重运输机械和小型工业齿轮箱（普通减速器）的齿轮	用于一般性工作和噪声要求不高的齿轮，受载低于计算载荷的传动齿轮，速度大于 1 m/s 的开式齿轮和转盘的齿轮
圆周速度/(m/s)	直齿轮	<30	<15	<10	≤4
	斜齿轮	<30	<25	<15	≤6

(二)齿轮的常用材料

1. 对齿轮材料的基本要求

为了保证齿轮工作的可靠性,提高其使用寿命,齿轮材料的基本要求如下:

(1)应有足够的硬度,以抵抗齿面磨损、点蚀、胶合及塑性变形等。

(2)齿芯应有足够的强度和较好的韧性,以抵抗齿根折断和冲击载荷。

(3)应有良好的加工工艺性能及热处理性能,以便于加工和提高其力学性能。

2. 齿轮的常用材料及热处理

最常用的材料为锻钢,其次为铸钢、铸铁。粉末冶金材料、塑料的应用也日益增多。

1)锻钢

因锻钢具有强度高、韧性好、便于制造、便于热处理等优点,大多数齿轮都用锻钢制造。

(1)软齿面齿轮。

软齿面齿轮的齿面硬度≤350 HBW,常用中碳钢和中碳合金钢,如45钢、40Cr、35SiMn等材料,进行调质或正火处理。这种齿轮适用于强度、精度要求不高的场合,轮坯经过热处理后进行插齿或滚齿加工,生产便利、成本较低。在确定大、小齿轮硬度时应注意使小齿轮的齿面硬度比大齿轮的齿面硬度高30~50 HBW,这是因为小齿轮受载荷次数比大齿轮多,且小齿轮齿根较薄,为使两齿轮的轮齿接近等强度,小齿轮的齿面要比大齿轮的齿面硬一些。

(2)硬齿面齿轮。

硬齿面齿轮的齿面硬度>350 HBW,常用的材料为中碳钢、中碳合金钢或合金渗碳钢。这种齿轮一般是先车削毛坯和粗切轮齿,然后进行热处理或化学热处理(热处理方法是表面淬火、渗碳、渗氮及碳氮共渗等)。由于热处理必然会产生变形,最后须经磨齿或其他方式的精加工。这种齿轮承载能力和耐磨性比软齿面齿轮有显著的提高,适用于高速重载和要求结构紧凑的机械设备中。

2)铸钢

当齿轮的尺寸较大(大于400~600 mm)而不便于锻造时,可用铸造方法制成铸钢齿坯,再进行正火处理以细化晶粒。

3)铸铁

低速、轻载场合的齿轮可以制成铸铁轮坯。当尺寸大于500 mm时,可制成大齿圈或制成轮辐式齿轮。

4)非金属材料

对于高速、轻载而又要求低噪声的齿轮传动,也可采用非金属材料,如夹布胶木、塑料、尼龙等。

常用齿轮的材料、热处理及其机械性能见表4-4。

表 4-4 常用齿轮的材料、热处理及其机械性能

材料牌号	热处理	强度极限 σ_b/MPa	齿面硬度	许用接触应力 $[\sigma_H]$/MPa	许用弯曲应力 $[\sigma_F]$/MPa	特性及应用
45	正火	580	162~217 HBW	468~513	280~301	用于不宜调质和淬火的大齿轮
45	调质	650	217~286 HBW	513~545	301~315	齿轮调质后强度及韧性较好,适用于中低速、中载的一般齿轮传动。调质后表面淬火的硬齿面齿轮,齿面承载能力大大提高,适用于中速、中载的主传动齿轮,如机床主传动箱齿轮等
35SiMn	调质	750	217~269 HBW	585~648	388~420	
40Cr	调质	700	241~286 HBW	612~675	399~427	
40Cr	表面淬火	900	48~55 HRC	1 035~1 098	483~518	
20Cr	渗碳淬火	650	56~62 HRC	1 350	645	渗碳淬火后齿面硬度高,耐冲击性好,适用于汽车、拖拉机等有冲击载荷的主传动齿轮
20CrMnTi	渗碳淬火	1 080	56~62 HRC	1 350	645	
ZG310-570	正火	570	163~197 HBW	270~301	171~186	适用于尺寸大、形状复杂、不易锻造的齿轮
ZG340-640	正火	640	169~229 HBW	288~306	182~196	
HT300		300	187~255 HBW	290~347	80~105	铸铁易成形,成本低,适用于低速、轻载、载荷平稳的齿轮
HT350		350	197~269 HBW	301~367	90~115	
QT600-3	正火	600	190~270 HBW	436~535	262~315	在某些场合可替代铸钢使用

三、标准直齿圆柱齿轮传动的设计计算

(一)轮齿的受力分析

图 4-24 为直齿圆柱齿轮的受力分析情况。若忽略啮合轮齿间的摩擦力,则沿啮合线作用、垂直于齿面的法向力 F_n 可分解为两个相互垂直的分力:圆周力 F_t 和径向力 F_r。

$$\left.\begin{aligned} F_t &= \frac{2T_1}{d_1} \\ F_r &= F_t \tan\alpha \\ F_n &= \frac{F_t}{\cos\alpha} \end{aligned}\right\} \tag{4-14}$$

式中 d_1——主动轮的节圆直径,对标准齿轮传动即为分度圆直径,mm;

α——啮合角,对标准齿轮 $\alpha=20°$;

T_1——主动轮传递的转矩,N·mm,计算公式为

$$T_1 = 9.55 \times 10^6 \times \frac{P_1}{n_1} \tag{4-15}$$

式中 P_1——主动轮的传递功率,kW;

n_1——转速,r/min。

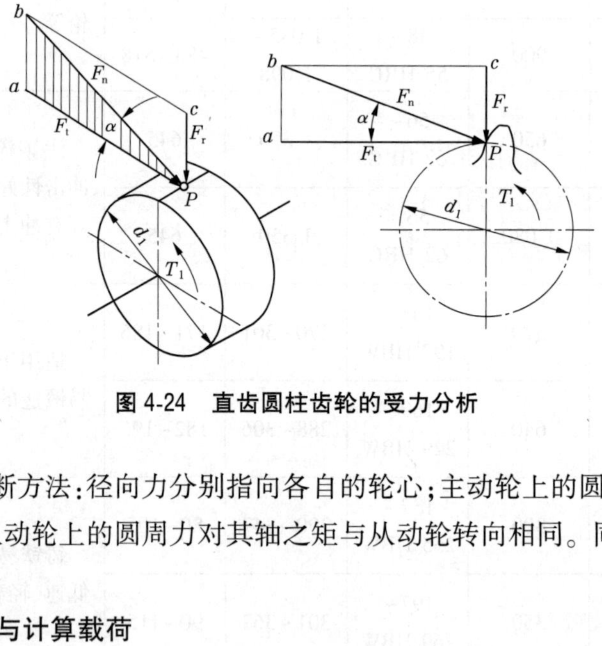

图 4-24 直齿圆柱齿轮的受力分析

各力的方向判断方法:径向力分别指向各自的轮心;主动轮上的圆周力对其轴之矩与主动轮转向相反;从动轮上的圆周力对其轴之矩与从动轮转向相同。同名力大小相等,方向相反。

(二)名义载荷与计算载荷

受力分析中的法向力 F_n 是理想情况下的载荷,称为名义载荷。

在计算齿轮强度时,需要引入载荷系数 K 来考虑使用条件、载荷性质、载荷分布等各种因素的影响,即以计算载荷 F_{nc} 代替名义载荷 F_n。

计算载荷按下式确定:

$$F_{nc} = KF_n \tag{4-16}$$

载荷系数 K 值由表 4-5 查取。

表 4-5　载荷系数 K

工作机械	载荷特性	原动机		
		电动机	多缸内燃机	单缸内燃机
均匀加料的加料机和输送机、轻型卷扬机、发电机、机床辅助传动	轻微冲击	1.0~1.2	1.2~1.6	1.6~1.8
不均匀加料的加料机和输送机、重型卷扬机、机床主传动	中等冲击	1.2~1.6	1.6~1.8	1.8~2.0
冲床、钻床、轧钢机、破碎机、挖掘机	大的冲击	1.6~1.8	1.9~2.1	2.2~2.4

注：直齿、圆周速度高、精度低、齿宽系数大，齿轮在两轴承间不对称布置时，载荷系数取大值；斜齿、圆周速度低、精度高、齿宽系数小，齿轮在两轴承间对称布置时，载荷系数取小值。

(三)齿面接触疲劳强度计算

齿面接触疲劳强度计算的目的是防止齿面点蚀失效。齿面的疲劳点蚀，主要与齿面接触应力大小有关。根据齿轮啮合原理可知，直齿圆柱齿轮在节点处为一对轮齿参与啮合，轮齿承受载荷最大，润滑条件不良，因而点蚀最容易发生在节线附近。因此，防止齿面点蚀的强度条件：节点处的计算接触应力应小于或等于齿轮材料的许用接触应力，即

$$\sigma_H \leqslant [\sigma_H]$$

经推导整理简化，齿面节线处的最大接触应力，可由弹性力学的赫兹应力公式计算，即

校核公式
$$\sigma_H = 3.52Z_E\sqrt{\frac{KT_1(u \pm 1)}{bd_1^2u}} \leqslant [\sigma_H] \tag{4-17}$$

设计公式
$$d_1 \geqslant \sqrt[3]{\frac{KT_1(u \pm 1)}{\varphi_d u}\left(\frac{3.52Z_E}{[\sigma_H]}\right)^2} \tag{4-18}$$

式中　σ_H——齿面工作时产生的最大接触应力，MPa；

$[\sigma_H]$——齿轮材料的接触疲劳许用应力，MPa，查表 4-4；

K——载荷系数，查表 4-5；

Z_E——材料的弹性影响系数，查表 4-6；

b——齿轮宽度，mm；

d_1——主齿轮的分度圆直径，mm；

u——齿数比，即大齿轮与小齿轮的齿数之比，$u=z_2/z_1$；

φ_d——齿宽系数，$\varphi_d=\frac{b}{d_1}$；

±——“+”用于外啮合，“-”用于内啮合。

表 4-6 材料的弹性影响系数 Z_E 单位：$\sqrt{\text{MPa}}$

两齿轮材料	两齿轮均为钢	钢与铸铁	两齿轮均为铸铁
Z_E	189.8	165.4	144

注意：由于两齿轮的法向压力相同，所以两轮的齿面接触应力也相同；接触应力与模数无关，只取决于齿轮的直径或中心距；按式(4-18)设计齿轮传动时，许用接触应力$[\sigma_H]$应取$[\sigma_H]_1$与$[\sigma_H]_2$两者中的较小值。

(四)齿根弯曲疲劳强度计算

齿根弯曲疲劳强度与齿根弯曲应力和齿轮材料的许用弯曲应力有关。将齿轮的轮齿视为一悬臂梁，其危险截面可用30°切线法确定，即可计算齿根弯曲应力。

通常可认为齿顶啮合时，即载荷作用于齿顶时，齿根危险截面上产生的弯曲应力最大。经过推导可得到齿根弯曲疲劳强度的校核公式与设计公式：

校核公式
$$\sigma_F = \frac{2KT_1}{bz_1m^2}Y_FY_S \leqslant [\sigma_F] \tag{4-19}$$

设计公式
$$m \geqslant \sqrt[3]{\frac{2KT_1}{\varphi_d z_1^2}\frac{Y_FY_S}{[\sigma_F]}} \tag{4-20}$$

式中 σ_F——齿根危险截面的最大弯曲应力，MPa；

$[\sigma_F]$——齿轮材料的弯曲疲劳许用应力，MPa，查表4-4；

Y_F——齿形系数，当齿廓的基本参数一定时，齿形取决于齿数z和变位系数x，对于标准齿轮，只取决于齿数z，查表4-7；

Y_S——应力修正系数，查表4-7；

m——齿轮的模数，mm；

z_1——主齿轮的齿数。

表 4-7 标准外齿轮的齿形系数 Y_F 和应力修正系数 Y_S

z	17	18	19	20	21	22	23	24	25	26	27	28	29
Y_F	2.97	2.91	2.85	2.80	2.76	2.72	2.69	2.65	2.62	2.60	2.57	2.55	2.53
Y_S	1.52	1.53	1.54	1.55	1.56	1.57	1.575	1.58	1.59	1.595	1.60	1.61	1.62
z	30	35	40	45	50	60	70	80	90	100	150	200	∞
Y_F	2.52	2.45	2.40	2.35	2.32	2.28	2.24	2.22	2.20	2.18	1.14	2.12	2.06
Y_S	1.63	1.65	1.67	1.68	1.70	1.73	1.75	1.77	1.78	1.79	1.83	1.86	1.97

注意：按式(4-19)校核齿轮传动的齿根弯曲疲劳强度时，小齿轮与大齿轮应分别进行计算；按式(4-20)设计齿轮传动时，式中的$\frac{Y_FY_S}{[\sigma_F]}$应取两轮中的较大值，并将计算得出的模

数与表 4-1 比较，选取标准值。

（五）齿轮主要参数的选择

1. 齿数比

齿数比 u 是大齿轮与小齿轮的齿数之比，其值大于或等于 1。对于一般单级减速器齿轮传动，通常取 $u \leq 7$。当 $u>7$ 时，宜采用多级传动，以免传动装置的外廓尺寸过大。对于开式或手动的齿轮传动，可取 $u_{max}=8\sim12$；对于增速齿轮传动，常取 $u \leq 2.5\sim3$。

想一想：齿轮的齿数比 u 与传动比 i 有何异同点？

2. 模数和齿数

模数的大小影响轮齿的抗弯强度，一般在满足轮齿弯曲疲劳强度的前提下，宜取较小模数，以增大齿数，减少切齿量。对于传递动力的齿轮，可按 $m=(0.007\sim0.02)a$ 初选，但要保证 $m \geq 2$ mm。

当中心距确定时，齿数增多，重合度增大，能提高传动的平稳性，并降低摩擦损耗，提高传动效率。因此，对于软齿面的闭式传动，在满足弯曲疲劳强度的前提下，宜采用较多齿数，一般取 20~40。对于硬齿面的闭式传动及开式传动，齿根抗弯曲疲劳破坏能力较低，宜取较少齿数，以增大模数，提高轮齿弯曲疲劳强度，但要避免发生根切，一般取 17~20。

另外，对于标准直齿圆柱齿轮，两轮齿数最好互为质数，以防止轮齿失效集中在某几个齿上。

3. 齿宽和齿宽系数

增大齿宽系数，可减小齿轮传动装置的径向尺寸，降低齿轮的圆周速度。但齿宽系数过大，则须提高结构刚度，否则将会出现载荷分布严重不均。齿宽系数小，则齿宽小；齿宽系数大，则齿宽大。齿宽系数 φ_d 按表 4-8 查取。

表 4-8　齿宽系数 φ_d

齿轮相对于轴承的位置	齿面硬度	
	软齿面（≤350 HBW）	硬齿面（>350 HBW）
对称布置	0.8~1.4	0.4~0.9
不对称布置	0.6~1.2	0.3~0.6
悬臂布置	0.3~0.4	0.2~0.25

齿宽 $b=\varphi_d d_1$，然后根据计算得到的数值进行圆整，一般取整数值。为了便于安装和补偿轴向尺寸的变动，通常小齿轮的宽度 b_1 的取值比大齿轮的宽度 b_2 大 5~10 mm，但在强度计算时，仍按大齿轮的宽度计算。

实战训练　直齿圆柱齿轮设计

试设计带式输送机的直齿齿轮传动。已知输入功率 $P_1=5$ kW,小齿轮转速 $n_1=750$ r/min,齿数比 $u=4$,由电动机驱动,工作寿命10年(设每年工作300天),单班制,带式输送机工作平稳,转向不变。

解:实训过程和结果如表4-9所示。

表4-9　直齿圆柱齿轮设计计算步骤

计算与说明	主要结果
1. 选定材料及热处理。该齿轮传动无特殊要求,为制造方便,采用软齿面,大、小齿轮的材料均为45钢,小齿轮经调质处理,齿面硬度为217~286 HBW,大齿轮经正火处理,齿面硬度为162~217 HBW	齿轮的材料均为45钢,小齿轮调质,大齿轮正火
2. 选定齿轮精度等级。运输机是一般工作机械,速度不是太高,查表4-3,初选8级精度(GB/T 10095.1—2022)	8级精度
3. 按齿面接触强度设计。该传动为闭式软齿面,主要失效形式为疲劳点蚀,故按齿面接触疲劳强度设计,再按齿根弯曲疲劳强度校核。 设计公式为　$d_1 \geqslant \sqrt[3]{\frac{KT_1(u \pm 1)}{\varphi_d u}\left(\frac{3.52Z_E}{[\sigma_H]}\right)^2}$ (1)载荷系数。按表4-5取 $K=1.2$。 (2)转矩 $T_1 = 9.55 \times 10^6 \times \frac{P_1}{n_1} = 9.55 \times 10^6 \times \frac{5}{750} = 63\ 667(\text{N} \cdot \text{mm})$。 (3)接触疲劳许用应力 $[\sigma_H]$,查表4-4,$[\sigma_H]_1=545$ MPa,$[\sigma_H]_2=513$ MPa。取 $[\sigma_H]=513$ MPa。 (4)材料的弹性影响系数 Z_E。查表4-6,$Z_E=189.8\sqrt{\text{N/mm}^2}$。 (5)齿宽系数 φ_d。查表4-8按齿轮相对轴承对称布置取 $\varphi_d=1$。 (6)主齿轮的分度圆直径 d_1。 $d_1 \geqslant \sqrt[3]{\frac{KT_1(u \pm 1)}{\varphi_d u}\left(\frac{3.52Z_E}{[\sigma_H]}\right)^2}$ $= \sqrt[3]{\frac{1.2 \times 63\ 667 \times (4+1)}{1 \times 4}\left(\frac{3.52 \times 189.8}{513}\right)^2}$ $= 54.5(\text{mm})$ 取 $d_1=60$ mm。 (7)计算圆周速度。 $v = \frac{n_1 \pi d_1}{60 \times 1\ 000} = \frac{750 \times \pi \times 60}{60 \times 1\ 000} = 2.36(\text{m/s})$ 查表4-3知,许用圆周速度为5 m/s,故取8级精度合适	$T_1=63\ 667$ N·mm $[\sigma_H]=513$ MPa $d_1=60$ mm 8级精度合适

续表 4-9

计算与说明	主要结果
4. 确定主参数。 (1)齿数。取 $z_1=20$,则 $z_2=uz_1=4\times20=80$。 (2)模数。$m=d_1/z_1=60/20=3(\text{mm})$,正好与表 4-1 的标准模数相符。 (3)分度圆直径。$d_1=60\text{ mm}$, $d_2=z_2m=80\times3=240(\text{mm})$ (4)中心距。$a=(d_1+d_2)/2=(60+240)/2=150(\text{mm})$ (5)齿轮宽度。$b=\varphi_d d_1=1\times60=60(\text{mm})$ 取 $b_2=60\text{ mm}, b_1=60+5=65(\text{mm})$	$z_1=20$ $z_2=80$ $m=3\text{ mm}$ $d_1=60\text{ mm}$ $d_2=240\text{ mm}$ $a=150\text{ mm}$ $b_1=65\text{ mm}$ $b_2=60\text{ mm}$
5. 校核齿根弯曲疲劳强度。 (1)齿形系数 Y_F,查表 4-7,$Y_{F1}=2.80$, $Y_{F2}=2.22$。 (2)应力修正系数 Y_S,查表 4-7,$Y_{S1}=1.55$,$Y_{S2}=1.77$。 (3)齿轮材料的弯曲疲劳许用应力$[\sigma_F]$,查表 4-4,$[\sigma_F]_1=310\text{ MPa}$,$[\sigma_F]_2=300\text{ MPa}$。 (4)校核计算。 $\sigma_{F1}=\frac{2KT_1}{bz_1m^2}Y_{F1}Y_{S1}=\frac{2\times1.2\times63\,667}{60\times20\times3^2}\times2.80\times1.55=61.40(\text{MPa})<[\sigma_F]_1=310\text{ MPa}$ $\sigma_{F_2}=\frac{2KT_1}{bz_1m^2}Y_{F_2}Y_{S2}=\frac{2\times1.2\times63\,667}{60\times20\times3^2}\times2.22\times1.77=55.59(\text{MPa})<[\sigma_F]_2=300\text{ MPa}$ 满足强度要求	 $[\sigma_F]_1=310\text{ MPa}$ $[\sigma_F]_2=300\text{ MPa}$
6. 结构设计及绘制齿轮零件图(从略)	

任务三　斜齿圆柱齿轮传动设计

一、齿廓曲面的形成及啮合特点

(一)齿廓曲面的形成

前面讨论直齿圆柱齿轮时,仅就垂直于轮轴的一个剖面加以研究,但实际齿轮齿廓侧面的形成如图 4-25(a)所示,发生面 S 沿母线切于齿轮的基圆柱上。当这一发生面在基圆柱上做纯滚动时,其上任一平行于母线的直线 AA 将展出一渐开线曲面,此曲面即为齿轮的齿侧面,它与轮轴垂直面的交线即为渐开线。当一对齿轮啮合时,两齿轮的齿将沿直线接触,其轨迹即为两齿轮的啮合面。

斜齿轮齿面的形成原理与直齿轮相似,不同的是形成渐开面的直线 AA 与母线不平行,偏斜了一个角度 β_b,如图 4-25(b)所示。发生面 S 在基圆柱上做纯滚动时,直线 AA 上的任一点的轨迹都是渐开线,这一系列的渐开线就形成了斜齿轮的齿廓曲面。显然,这个齿廓曲面与垂直于轴线端面的交线(端面齿廓)仍然是渐开线。将偏斜了 β_b 的直线 AA 在基圆柱上全面接触,形成螺旋线 ZZ。螺旋线 ZZ 在空间形成的曲面为渐开螺旋面。偏斜的角度 β_b 称为基圆上的螺旋角。当 $\beta_b=0$ 时成了直齿轮,可见直齿轮是斜齿轮的特例。

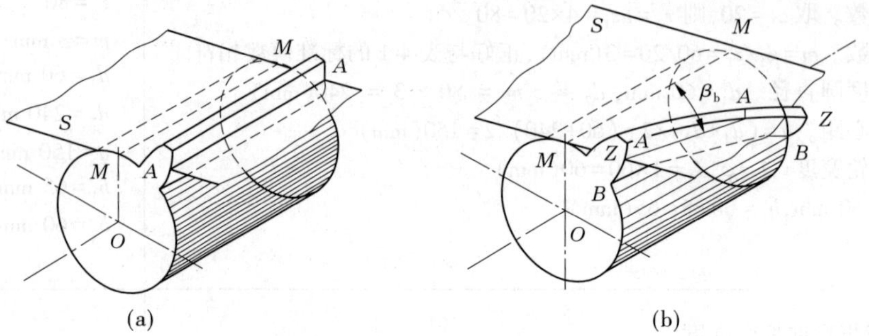

图 4-25　圆柱齿轮齿廓的形成

(二)啮合特点

直齿圆柱齿轮啮合时,齿面的接触线平行于齿轮轴线。轮齿是沿整个齿宽方向同时进入啮合、同时脱离啮合的,载荷沿齿宽突然加上及卸下,因此齿轮传动的平稳性较差,容易产生冲击和噪声,不适合高速、大功率传动的场合。

一对平行轴斜齿圆柱齿轮啮合时,斜齿轮的齿廓是逐渐进入、脱离啮合的,斜齿轮齿廓接触线的长度由零逐渐增加,又逐渐缩短,直至脱离接触。当其齿廓前端面脱离啮合时,齿廓的后端面仍在啮合中,载荷在齿宽方向上不是突然加上及卸下,其啮合过程比直齿轮长,同时啮合的轮齿对数也比直齿轮多,即其重合度较大,因此斜齿轮传动工作较平稳、承载能力强、噪声和冲击较小,适用于高速、大功率的齿轮传动。其主要缺陷是传动中存有轴向力。

二、主要参数及几何尺寸

(一)螺旋角 β

分度圆柱上的螺旋角 β 表示轮齿的倾斜程度。β 越大,则轮齿越倾斜,传动的平稳性越好,但轴向力也随之增大,通常在设计时取 $\beta=8°\sim20°$。

斜齿轮按轮齿的螺旋线方向分为左旋和右旋,如图 4-26 所示。图 4-26(a)所示为左旋齿轮,图 4-26(b)所示为右旋齿轮,图 4-26(c)所示为一对啮合斜齿轮的运动简图。

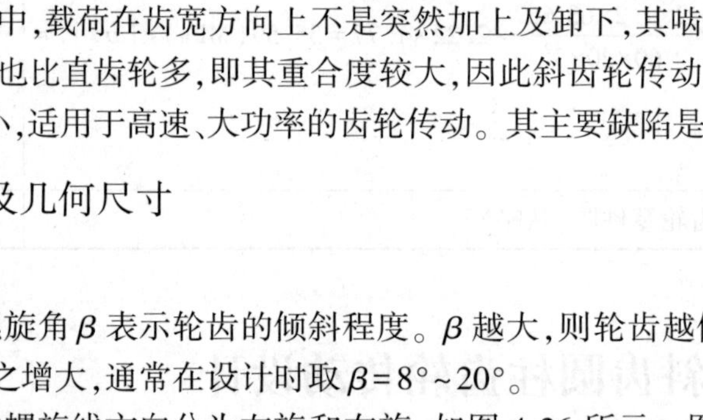

图 4-26　斜齿圆柱齿轮的旋向

(二)法面参数和端面参数

斜齿圆柱齿轮齿形有端面和法面之称。

法面是指垂直于轮齿螺旋线方向的平面。轮齿的法面齿形与刀具齿形相同,故国际上规定法面参数(m_n,α_n)为标准参数。

端面是指垂直于轴线的平面。端面齿形与直齿轮相同,故可以采用直齿轮的几何尺寸计算公式计算斜齿轮的几何尺寸。应注意:端面参数(m_t, α_t)为非标准值,为了计算斜齿轮的几何尺寸,必须掌握法面参数和端面参数间的换算关系。

图 4-27 为斜齿圆柱齿轮分度圆的展开图,由图可知:端面齿距 p_t 和法面齿距 p_n 的关系为

$$p_t = \frac{p_n}{\cos\beta} \tag{4-21}$$

由于端面模数 $m_t = p_t/\pi$,法面模数 $m_n = p_n/\pi$,故

$$m_t = \frac{m_n}{\cos\beta} \tag{4-22}$$

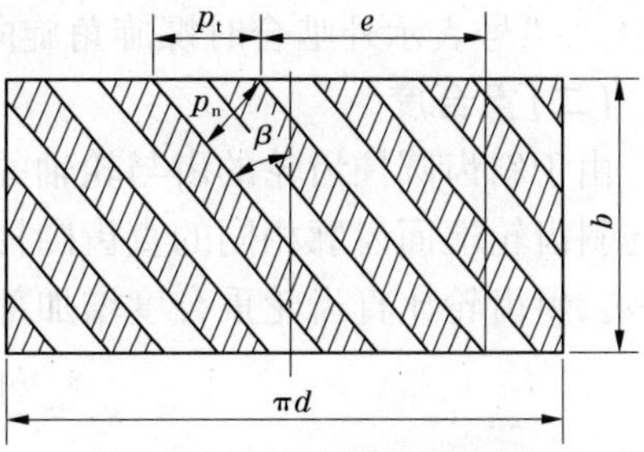

图 4-27　分度圆柱展开面

式中　β——分度圆柱上的螺旋角。

与模数类似,斜齿轮分度圆上的端面压力角 α_t 与法面压力角 α_n 间的关系为

$$\tan\alpha_t = \frac{\tan\alpha_n}{\cos\beta} \tag{4-23}$$

(三)几何尺寸计算

外啮合标准斜齿圆柱齿轮各部分几何尺寸的计算公式见表 4-10。

表 4-10　外啮合标准斜齿圆柱齿轮各部分几何尺寸的计算公式

各部分名称	代号	计算公式
法向模数	m_n	由强度计算获得
分度圆直径	d	$d_1 = m_t z_1 = \frac{m_n z_1}{\cos\beta}$;$d_2 = m_t z_2 = \frac{m_n z_2}{\cos\beta}$
齿顶高	h_a	$h_a = h_{an}^* m_n$　($h_{an}^* = 1$)
齿根高	h_f	$h_f = (h_{an}^* + c_n^*) m_n$　($c_n^* = 0.25$)
全齿高	h	$h = h_a + h_f = 2.25 m_n$
齿顶圆直径	d_a	$d_{a1} = d_1 + 2h_a$;$d_{a2} = d_2 + 2h_a$
齿根圆直径	d_f	$d_f = d_1 - 2h_f$
中心距	a	$a = \frac{d_1 + d_2}{2} = \frac{m_t(z_1 + z_2)}{2} = \frac{m_n(z_1 + z_2)}{2\cos\beta}$

三、斜齿圆柱齿轮的啮合传动

(一)正确啮合条件

一对斜齿圆柱齿轮的正确啮合条件为

$$\left.\begin{aligned}\alpha_{n1}=\alpha_{n2}=\alpha_{n}\\ m_{n1}=m_{n2}=m_{n}\\ \beta_{1}=\pm\beta_{2}\end{aligned}\right\}\tag{4-24}$$

式中:“-”号表示外啮合时螺旋角旋向相反;“+”号表示内啮合时螺旋角旋向相同。

(二)重合度

由于斜齿圆柱齿轮的齿与轮轴的方向成一螺旋角,所以使齿轮传动的啮合弧增大了。如与斜齿轮端面齿廓相同的直齿圆柱齿轮的重合度为 ε_{α},则斜齿圆柱齿轮的重合度 $\varepsilon_{\gamma}=\varepsilon_{\alpha}+\varepsilon_{\beta}$,斜齿轮比直齿轮重合度增加部分为

$$\varepsilon_{\beta}=\frac{b\tan\beta}{p_{t}}=\frac{b\sin\beta}{p_{n}}=\frac{z\varphi_{d}}{\pi}\tan\beta\tag{4-25}$$

式中 b——齿宽;

φ_{d}——齿宽系数。

当 $z=17$、$\varphi_{d}=1$、$\beta=7°\sim20°$时,$\varepsilon_{\beta}=0.664\sim1.970$。

四、当量齿数与当量齿轮

为了选择盘形铣刀及进行强度计算,必须知道和斜齿圆柱齿轮法面齿形相当的直齿圆柱齿轮,其齿数称为当量齿数。下面研究当量齿数 z_{v} 与实际齿数 z 及螺旋角 β 之间的关系。

如图4-28所示,过斜齿圆柱齿轮任一轮齿上的节点 C 作法向截面,则此法面与斜齿圆柱齿轮分度圆的交线为一椭圆,若以 ρ 为半径作一圆,此圆即为与斜齿圆柱齿轮相当的直齿圆柱齿轮的分度圆,此直齿圆柱齿轮称为当量齿轮。当量齿轮上的齿数称为当量齿数,其值为

$$z_{v}=\frac{z}{\cos^{3}\beta}\tag{4-26}$$

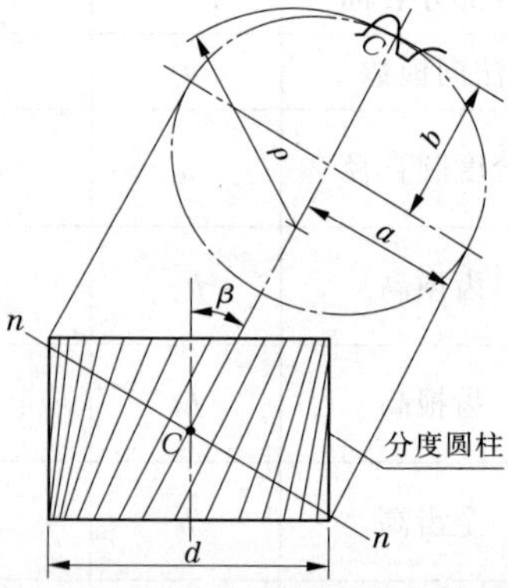

图4-28 斜齿圆柱齿轮的当量齿数

斜齿圆柱齿轮不产生根切的最少齿数 z_{min} 可由直齿圆柱齿轮最少齿数 z_{vmin} 来确定,即 $z_{min}=z_{vmin}\cos^{3}\beta$。

任务实施1:为改装某设备,需配一对斜齿圆柱齿轮传动。已知传动比 $i=3.5$,法向模数 $m_{n}=2$ mm,中心距 $a=92$ mm。试计算该对齿轮的几何尺寸。

解:(1)先选定小齿轮的齿数 $z_{1}=20$,则大齿轮齿数 $z_{2}=iz_{1}=3.5\times20=70$。

(2)知道齿数、法向模数及中心距,可由下式计算斜齿轮的分度圆螺旋角:

$$a=\frac{m_n(z_1+z_2)}{2\cos\beta}$$

$$\cos\beta=\frac{m_n(z_1+z_2)}{2a}=\frac{2\times(20+70)}{2\times 92}=0.978\ 260$$

$$\beta=11°58'7''$$

(3)按表4-10的公式计算其他几何尺寸。

分度圆直径

$$d_1=\frac{z_1m_n}{\cos\beta}=\frac{20\times 2}{\cos 11°58'7''}=40.89(\text{mm})$$

$$d_2=\frac{z_2m_n}{\cos\beta}=\frac{70\times 2}{\cos 11°58'7''}=143.11(\text{mm})$$

齿顶圆直径

$$d_{a1}=d_1+2m_n=40.89+2\times 2=44.89(\text{mm})$$

$$d_{a2}=d_2+2m_n=143.11+2\times 2=147.11(\text{mm})$$

齿根圆直径

$$d_{f1}=d_1-2.5m_n=40.89-2.5\times 2=35.89(\text{mm})$$

$$d_{f2}=d_2-2.5m_n=143.11-2.5\times 2=138.11(\text{mm})$$

任务实施2:图4-29所示的两级斜齿圆柱齿轮减速器,已知齿轮1的转向和螺旋线方向,齿轮2的参数 $m_{n2}=2$ mm, $z_2=50$, $\beta_2=10°$,齿轮3的参数 $m_{n3}=4$ mm, $z_3=20$。求:

(1)使Ⅱ轴所受轴向力最小时,齿轮3的螺旋线应是何旋向?在图上标出齿轮2、3的螺旋线方向。

(2)在图上标出齿轮2、3所受各分力的方向。

(3)如使Ⅱ轴的轴承不受轴向力,则齿轮3的螺旋角应取多大值?

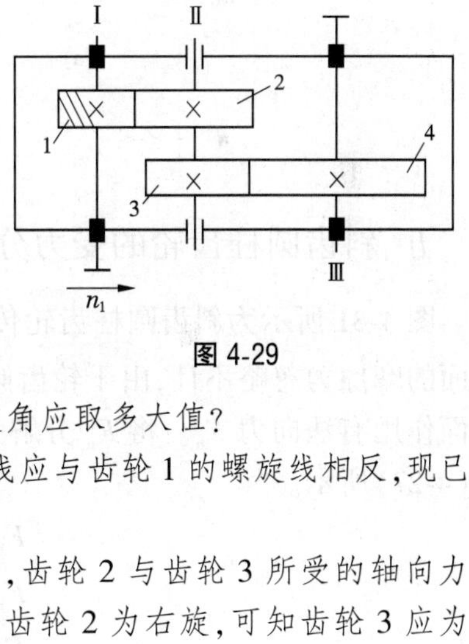

图4-29

解:(1)由于齿轮2与齿轮1啮合,齿轮2的螺旋线应与齿轮1的螺旋线相反,现已知齿轮1为左旋,故齿轮2为右旋。

当Ⅱ轴上的齿轮2与齿轮3的螺旋线方向相同时,齿轮2与齿轮3所受的轴向力的方向才相反,此时Ⅱ轴所受的轴向力最小。因此,根据齿轮2为右旋,可知齿轮3应为右旋,它们的螺旋线方向如图4-30(a)所示。

(2)齿轮2、3所受各分力方向如图4-30(b)所示。

(3)如使Ⅱ轴的轴承不受轴向力,必须要求Ⅱ轴上的齿轮2与齿轮3所受的轴向力完全抵消,因此必须使:

$$|F_{a2}|=|F_{a3}|$$

又根据 $F_a=F_t\tan\beta$,因此有:

$$F_{t2}\tan\beta_2=F_{t3}\tan\beta_3$$

即

$$\tan\beta_3 = \frac{F_{t2}}{F_{t3}}\tan\beta_2$$

由Ⅱ轴的转矩平衡,即 $T_2 = T_3$,可得到:

$$F_{t2}\frac{d_2}{2} = F_{t3}\frac{d_3}{2}$$

因此有:

$$\tan\beta_3 = \frac{F_{t2}}{F_{t3}}\tan\beta_2 = \frac{d_3}{d_2}\tan\beta_2 = \frac{m_{n3}z_3/\cos\beta_3}{m_{n2}z_2/\cos\beta_2}\tan\beta_2$$

即

$$\sin\beta_3 = \frac{m_{n3}z_3}{m_{n2}z_2}\sin\beta_2 = \frac{4\times20}{2\times50}\times\sin10° = 0.138\,9$$

因此:

$$\beta_3 = 7.985°$$

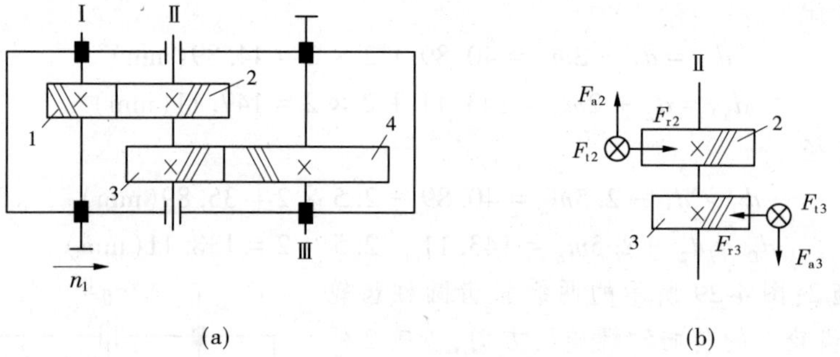

图 4-30

五、斜齿圆柱齿轮的受力分析

图 4-31 所示为斜齿圆柱齿轮传动的受力情况。当主动齿轮上作用转矩 T_1 时,若接触面的摩擦力忽略不计,由于轮齿倾斜,在切于基圆柱的啮合平面内,垂直于齿面的法向平面作用有法向力 F_n。将 F_n 分解为径向分力 F_r、圆周力 F_t 和轴向力 F_a。各力的大小如式(4-27)所示。

$$\left.\begin{aligned} F_t &= 2T_1/d_1 \\ F_r &= F_t\tan\alpha_n/\cos\beta \\ F_a &= F_t\tan\beta \\ F_n &= F_t/(\cos\alpha_n\cos\beta) \end{aligned}\right\} \tag{4-27}$$

式中 β——分度圆的螺旋角;

α_n——法向压力角,标准齿轮为 20°。

径向分力和圆周力方向的判断与直齿圆柱齿轮相同。轴向力的方向与齿轮的螺旋方向和转动方向有关,可用"主动轮左、右手法则"来判定,即对主动右旋齿轮,以右手四指弯曲的方向表示齿轮的转动方向,则伸直拇指的指向即为主动轮上轴向力 F_{a1} 的方向,从动轮上轴向力 F_{a2} 的方向与其相反。对于主动左旋齿轮,则应以左手用同样的方法来判定。同名力大小相等，方向相反。

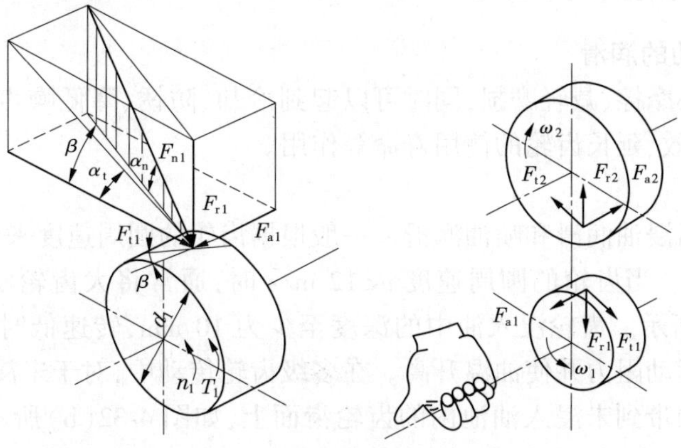

图 4-31　斜齿圆柱齿轮的受力分析

六、斜齿圆柱齿轮的强度计算

斜齿圆柱齿轮的强度计算与直齿圆柱齿轮的计算相似，主要包括齿面的接触疲劳强度计算和齿根弯曲疲劳强度计算。经计算简化，一般采用以下公式。

(一)齿面接触疲劳强度计算

校核公式

$$\sigma_H = 3.17Z_E\sqrt{\frac{KT_1}{bd_1^2}\cdot\frac{u\pm1}{u}} \leqslant [\sigma_H] \qquad (4\text{-}28)$$

设计公式

$$d_1 \geqslant \sqrt[3]{\frac{KT_1}{\varphi_d}\cdot\frac{u\pm1}{u}\left(\frac{3.17Z_E}{[\sigma_H]}\right)^2} \qquad (4\text{-}29)$$

(二)齿根弯曲疲劳强度计算

校核公式

$$\sigma_F = \frac{1.6KT_1\cos\beta}{bz_1m_n^2}Y_FY_S \leqslant [\sigma_F] \qquad (4\text{-}30)$$

设计公式

$$m_n \geqslant \sqrt[3]{\frac{1.6KT_1\cos^2\beta}{\varphi_d z_1^2}\cdot\frac{Y_FY_S}{[\sigma_F]}} \qquad (4\text{-}31)$$

式中各项符号的意义与直齿轮传动相同，斜齿轮传动的设计方法和参数选择与直齿轮传动基本相近。齿形系数 Y_F 和应力修正系数 Y_S，应按斜齿轮的当量齿数 z_v 由表 4-7 选取。

想一想：如何理解斜齿齿轮的法面参数和端面参数？直齿齿轮为什么没有提及这两个概念？

七、齿轮传动的润滑和维护

(一)齿轮传动的润滑

润滑可以减小摩擦、减轻磨损,同时可以起到冷却、防锈、降低噪声、改善齿轮的工作状态、延缓轮齿失效、延长齿轮的使用寿命等作用。

1. 润滑方式

润滑方式包括浸油润滑和喷油润滑。一般根据齿轮的圆周速度来确定润滑方式。

(1)浸油润滑。当齿轮的圆周速度 $v<12$ m/s 时,通常将大齿轮浸入油池中进行润滑,如图 4-32(a)所示。齿轮浸入油中的深度至少为 10 mm,转速低时可浸深一些,但浸入过深则会增大运动阻力并使油温升高。在多级齿轮传动中,对于未浸入油池内的齿轮,可采用带油轮将油带到未浸入油池内的齿轮齿面上,如图 4-32(b)所示。浸油齿轮可将油甩到齿轮箱壁上,有利于散热。

(2)喷油润滑。当齿轮的圆周速度 $v>12$ m/s 时,由于圆周速度大,齿轮搅油剧烈,且黏附在齿廓面上的油易被甩掉,因此不宜采用浸油润滑,而应采用喷油润滑,即用油泵将具有一定压力的润滑油经喷油嘴喷到啮合的齿面上,如图 4-32(c)所示。

对于开式齿轮传动,由于其传动速度较低,通常采用人工定期加油润滑的方式。

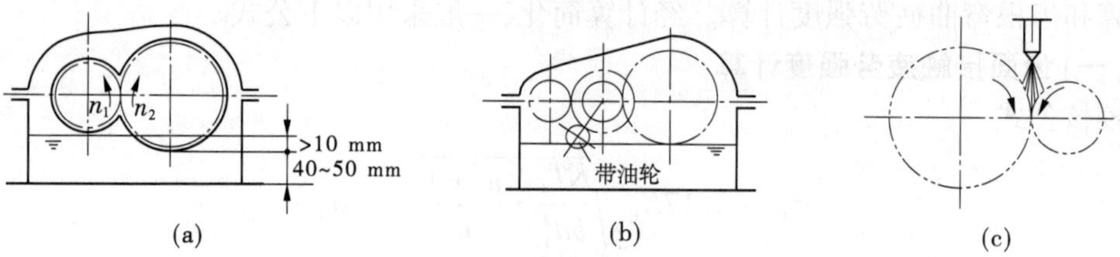

图 4-32 齿轮的润滑方式

2. 润滑剂的选择

齿轮传动常用润滑剂为润滑脂和润滑油。润滑油的选择可根据齿轮材料及圆周速度由表 4-11 选取其黏度,再由机械设计手册查出相应润滑油的牌号。

表 4-11 齿轮传动推荐用的润滑油运动黏度 ν (40 ℃) 单位:mm^2/s

材料	强度极限 σ_b/MPa	圆周速度 v/(m/s)						
		<0.5	0.5~1	1~2.5	2.5~5	5~12.5	12.5~25	>25
铸铁、青铜	—	320	220	150	100	80	60	—
钢	450~1 000	500	320	220	150	100	80	60
钢	1 000~1 250	500	500	320	220	150	100	80
钢	1 250~1 600	1 000	500	500	320	220	150	100
渗碳或表面淬火钢		1 000	500	500	320	220	150	100

必须经常检查齿轮传动润滑系统的状况(如润滑油的油面高度等)。油面过低则润滑不良;油面过高会增加搅油功率的损失。对于压力喷油润滑系统,还需检查油压状况,

油压过低会造成供油不足，油压过高则可能是因油路不畅通所致，需及时调整油压。

（二）齿轮传动的维护

（1）使用齿轮传动时，在启动、加载、换挡及制动的过程中应力求平稳，避免产生冲击载荷，以防止引起断齿等故障。

（2）经常检查润滑系统的状况，如润滑油量、供油状况、润滑油质量等，按照使用规则定期更换或补充规定牌号的润滑油。

（3）注意监视齿轮传动的工作状况，如有无不正常的声音或箱体过热现象。润滑不良和装配不合要求是齿轮失效的重要原因。声响监测和定期检查是发现齿轮损伤的主要方法。

学·思·悟

齿轮行业 AI 应用

AI 技术应用在齿轮设计、加工制造、质量检测、供应链管理等各个环节。德国的 Schaeffler 集团利用机器学习技术对齿轮进行设计优化，成功地将齿轮的寿命延长了 20%，提高了齿轮的可靠性。AI 能够对齿轮加工过程中的图像进行分析，实时监控齿轮的加工状态，确保加工精度和质量，提高生产效率和降低成本。

读者笔记：________________________________

____

____

码 4-13 扩展阅读

基础理论训练

一、填空题

1. 以齿轮中心为圆心，过节点所作的圆称为________圆。

2. 一对渐开线齿廓不论在哪点啮合，其节点 C 在连心线上的位置均________变化，从而保证实现________角速度比传动。

3. 分度圆齿距 p 与 π 的比值定为标准值，称为________。

4. 渐开线直齿圆柱齿轮的基本参数有五个，即________、________、________、齿顶高系数和顶隙系数。

5. 根据加工原理不同，齿轮轮齿的加工分为________法和________法两类。

6. 齿轮若发生根切，将会导致齿根________，重合度________，故应避免。

7. 重合度的大小表明同时参与啮合的________的对数的多少,重合度越大,传动越________,承载能力越________。

8. 渐开线上各点的压力角________,离基圆越远,压力角________,基圆上的压力角等于________。

9. 如果分度圆上的压力角等于________,模数取的是________值,齿厚和齿槽宽________的齿轮,就称为标准齿轮。

10. 一对渐开线标准直齿圆柱齿轮按标准中心距安装时,两轮节圆分别与其________圆重合。

11. 在直齿圆柱齿轮传动中,主动轮所受的圆周力 F_t 与其回转方向________,而从动轮所受的圆周力与其回转方向________。

12. 一对齿轮啮合时,其大、小齿轮的接触应力是________,而其许用接触应力是________的。

13. 在设计闭式硬齿面齿轮传动中,当直径一定时,应选取较少的齿数,使模数 m 增大,以提高齿轮的________。

14. 在一般情况下,齿轮强度计算中,大、小齿轮的弯曲应力 σ_{F1} 与 σ_{F2} 是________的,许用弯曲应力 $[\sigma_F]_1$ 与 $[\sigma_F]_2$ 是________。

15. 在斜齿圆柱齿轮设计中,应取________模数为标准值。

二、判断题

1. 渐开线上各点的曲率半径都是相等的。 (　　)

2. 渐开线的形状与基圆的大小无关。 (　　)

3. 齿轮的标准压力角和标准模数都在分度圆上。 (　　)

4. 设计斜齿圆柱齿轮传动时,螺旋角 β 一般在 $8°\sim20°$ 范围内选取,β 太小,斜齿轮传动的优点不明显,太大则会引起轴向力太大。 (　　)

5. 齿轮的模数越大,轮齿越大,承载能力越强。 (　　)

6. 齿数越多越容易出现根切。 (　　)

7. 节圆是一对齿轮相啮合时才存在的量。 (　　)

8. 直齿圆柱标准齿轮的正确啮合条件:只要两齿轮模数相等即可。 (　　)

9. 一对圆柱齿轮传动中,当齿面产生疲劳点蚀时,通常发生在靠近节线的齿根部分。 (　　)

10. 一对圆柱齿轮,通常把小齿轮的齿宽做得比大齿轮宽一些,其主要是为了便于安装,保证接触线长。 (　　)

11. 设计一般闭式齿轮传动时,齿根弯曲强度计算主要针对的失效形式是轮齿折断。 (　　)

12. 一减速齿轮传动,主动轮选用45钢调质,从动轮选用45钢正火,则它们的齿面接触应力不相等。 (　　)

三、选择题

1. 若使一对齿轮能进行啮合,它们必须相同的是(　　)。

A. 直径　　B. 宽度　　C. 基圆齿距　　D. 齿数

2. 在设计圆柱齿轮传动时,通常使小齿轮的宽度比大齿轮宽一些,其目的是(　　)。

A. 使小齿轮和大齿轮的强度接近相等

B. 使传动更平稳

C. 补偿可能的安装误差以保证接触线长度

3. 一般参数的闭式软齿面齿轮传动的主要失效形式是(　　)。

A. 齿面点蚀　　B. 轮齿折断　　C. 齿面磨粒磨损　　D. 齿面胶合

4. 为了提高齿根抗弯强度,可(　　)。

A. 增大模数　　B. 采用负变位齿轮　　C. 保持分度圆直径不变而增加齿数

5. 渐开线标准齿轮的根切现象,发生在(　　)。

A. 模数较大时　　B. 模数较小时　　C. 齿数较小时　　D. 齿数较多时

实践训练

1. 某直齿圆柱齿轮传动的小齿轮已丢失。但已知与之相配的大齿轮为标准齿轮,其齿数 $z_2=52$,齿顶圆直径 $d_{a2}=135$ mm,标准安装中心距 $a=112.5$ mm。试求丢失的小齿轮的齿数、模数、分度圆直径、齿顶圆直径、齿根圆直径。

2. 一对渐开线外啮合标准直齿圆柱齿轮机构,已知模数 $m=10$ mm,压力角 $\alpha=20°$,齿数 $z_1=26$,$z_2=87$,试计算这对齿轮的传动比、标准中心距、分度圆直径、基圆直径、齿顶圆直径、齿根圆直径、齿厚、齿槽宽。

3. 两级斜齿圆柱齿轮减速器,已知:电动机功率 $P=3$ kW,转速 $n=970$ r/min;高速级:$m_{n1}=2$ mm,$z_1=25$,$z_2=53$,$\beta_1=12°50'19''$;低速级:$m_{n3}=3$ mm,$z_3=22$,$z_4=50$;$a_2=110$ mm,如图 4-33 所示。试求(计算时不考虑摩擦损失):①为使轴Ⅱ上的轴承所承受的轴向力较小,确定齿轮 3、4 的螺旋线方向(绘于图上);②绘出齿轮 3、4 在啮合点处所受各力的方向。

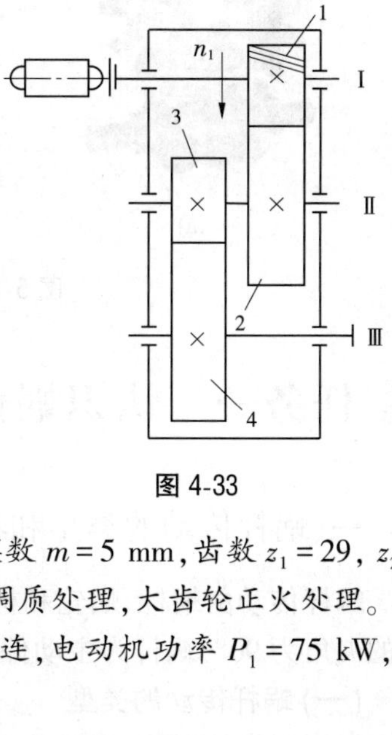

图 4-33

4. 设计一单级直齿圆柱齿轮减速器。已知输入功率 $P_1=10$ kW,小齿轮转速 $n_1=955$ r/min,齿数比 $u=4$,由电动机驱动,工作寿命 10 年,单班制,带式输送机工作平稳,转向不变。

5. 有一单级标准直齿圆柱齿轮减速器。已知齿轮的模数 $m=5$ mm,齿数 $z_1=29$,$z_2=71$,齿轮宽度 $b_2=100$ mm,齿轮的材料均为 45 钢,小齿轮调质处理,大齿轮正火处理。现打算把此减速器用于球磨机上,其高速轴直接与电动机相连,电动机功率 $P_1=75$ kW,转速 $n_1=1\,470$ r/min,中等冲击,试校核此齿轮传动。

项目五　蜗杆传动设计

【学习目标】

(1)了解蜗杆传动的应用和特点。

(2)能够正确选择蜗杆传动的参数并进行几何尺寸计算。

(3)了解蜗杆传动的失效形式,会设计蜗杆传动。

(4)培养学生学习和工作中要有协同合作、包容奉献的精神,认识到控制成本的重要性,养成节约的优秀品质。

码5-1　课程思政教学案例

【项目导入】

蜗杆传动是在空间交错的两轴间传递运动和动力的一种传动[见图5-1(a)],两轴线间的夹角可为任意值,主要用于两轴交错、传动比较大、传递功率不太大或间歇工作的场合。此外,由于传动具有自锁性,故常用在卷扬机[见图5-1(b)]等起重机械中,起安全保护作用。它还广泛应用在机床、汽车、仪器、冶金机械及其他机器或设备中。

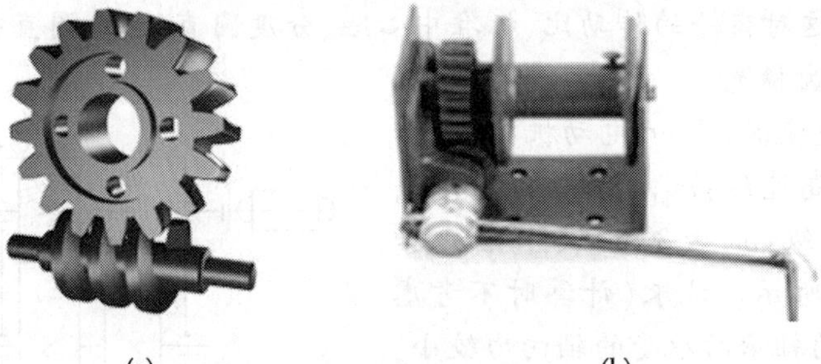

(a)　(b)

图5-1　手动卷扬机

码5-2　蜗轮蜗杆

任务一　认识蜗杆传动

一、蜗杆传动的类型和特点

蜗杆传动由蜗杆、蜗轮和机架组成,用来传递空间两交错轴的运动和动力。通常两轴间的夹角为90°,蜗杆为主动件。

(一)蜗杆传动的类型

根据蜗杆的形状,蜗杆传动可分为圆柱蜗杆传动[见图5-2(a)]、环面蜗杆传动[见图5-2(b)]、锥面蜗杆传动[见图5-2(c)]。

蜗杆传动多用直母线刀刃的车刀在车床上切制,可分为阿基米德蜗杆(ZA型)、渐开

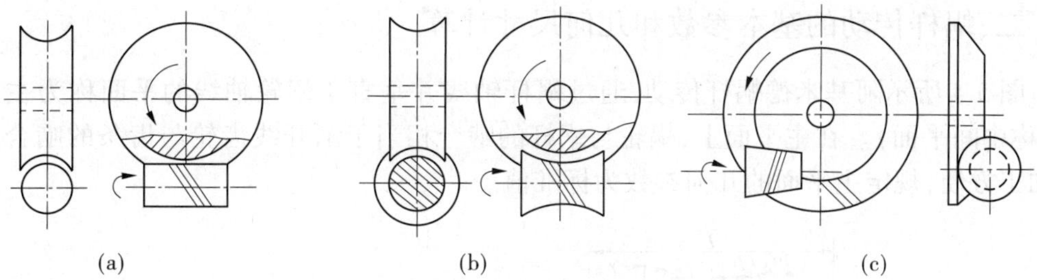

图 5-2　蜗杆传动的类型

线蜗杆(ZI 型)、法面直齿廓蜗杆(ZH 型)等几种。蜗杆传动类型很多,本项目仅讨论目前应用最为广泛的阿基米德圆柱蜗杆传动。

如图 5-3 所示,车制阿基米德蜗杆时,刀刃顶平面通过蜗杆轴线。该蜗杆轴向齿廓为直线,端面齿廓为阿基米德螺旋线。阿基米德蜗杆易车削、难磨削,通常在无需磨削加工情况下被采用,广泛用于转速较低的场合。

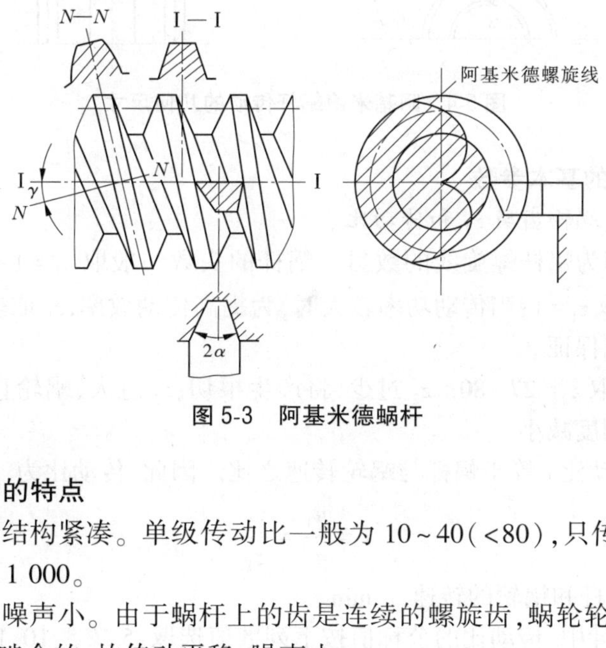

图 5-3　阿基米德蜗杆

(二)蜗杆传动的特点

(1)传动比大,结构紧凑。单级传动比一般为 10~40(<80),只传动运动时(如分度机构),传动比可达 1 000。

(2)传动平稳,噪声小。由于蜗杆上的齿是连续的螺旋齿,蜗轮轮齿和蜗杆是逐渐进入啮合又逐渐退出啮合的,故传动平稳,噪声小。

(3)具有自锁性。当蜗杆导程角小于当量摩擦角时,蜗轮不能带动蜗杆转动,呈自锁状态。手动起吊葫芦和浇铸机械常采用蜗杆传动满足自锁要求。

(4)传动效率低。蜗杆蜗轮啮合处有较大的相对滑动,摩擦剧烈、发热量大,故效率低。一般 $\eta=0.7\sim0.9$,具有自锁性能的蜗杆效率仅 0.4。

(5)蜗轮造价较高。为了减摩和耐磨,蜗轮常用青铜制造,材料成本较高。

由上述特点可知:蜗杆传动适用于传动比大、传递功率不大、两轴空间交错的场合。

查一查:通过观察分析,谈谈你身边有哪些机器使用了蜗杆传动?

二、蜗杆传动的基本参数和几何尺寸计算

图5-4所示阿基米德蜗杆传动,通过蜗杆轴线并垂直于蜗轮轴线的平面称为主平面(又称中间平面)。在主平面上,蜗轮与蜗杆的啮合相当于渐开线齿轮与齿条的啮合。为了加工方便,规定主平面的几何参数为标准值。

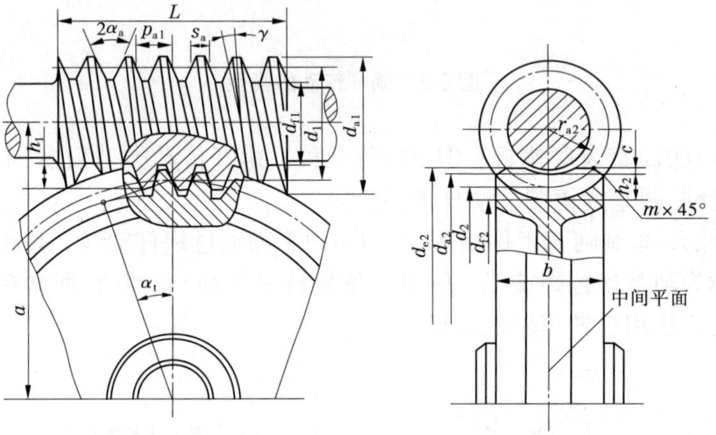

图5-4 阿基米德蜗杆传动的几何尺寸

(一)蜗杆传动的基本参数

1. 蜗杆头数 z_1、蜗轮齿数 z_2 和传动比 i

蜗杆头数 z_1,即为蜗杆螺旋线的数目。蜗杆的头数一般取 $z_1=1\sim6$。当传动比大于40或要求自锁时,取 $z_1=1$;当传动功率较大时,为提高传动效率,z_1 取较大值,但蜗杆头数过多,加工精度难以保证。

蜗轮齿数一般取 $z_2=27\sim80$。z_2 过少,将产生根切;z_2 过大,蜗轮直径增大,与之相应的蜗杆长度增加,刚度减小。

蜗杆传动的传动比 i 等于蜗杆与蜗轮转速之比。因此,传动比为

$$i=\frac{n_1}{n_2}=\frac{z_2}{z_1} \tag{5-1}$$

式中 n_1、n_2——蜗杆和蜗轮的转速,r/min。

在蜗杆传动设计中,传动比的公称值按下列数值选取:5、7.5、10、12.5、15、20、25、30、40、50、60、70、80。其中,10、20、40、80为基本传动比,应优先选用。z_1、z_2 可根据传动比 i 按表5-1选取。

表5-1 z_1 和 z_2 的推荐值

i	7~8	9~13	14~24	25~27	28~40	>40
z_1	4	3~4	2~3	2~3	1~2	1
z_2	28~32	27~52	28~72	50~81	28~80	>40

2. 模数 m 和压力角 α

由于蜗杆传动在主平面内相当于渐开线齿轮与齿条的啮合,而主平面既是蜗杆的轴向平面又是蜗轮的端面(见图 5-4),与齿轮传动相同,为保证轮齿的正确啮合,蜗杆的轴向模数 m_{a1} 应等于蜗轮的端面模数 m_{t2};蜗杆的轴向压力角 α_{a1} 应等于蜗轮的端面压力角 α_{t2};蜗杆分度圆导程角 γ 应等于蜗轮分度圆螺旋角 β,且两者螺旋方向相同。即蜗杆传动的正确啮合条件为

$$\begin{cases} m_{a1} = m_{t2} = m \\ \alpha_{a1} = \alpha_{t2} = \alpha \\ \gamma = \beta \end{cases} \tag{5-2}$$

3. 蜗杆的分度圆直径 d_1 和导程角 γ

如图 5-5 所示,将蜗杆分度圆柱展开,其螺旋线与端平面的夹角 γ 称为蜗杆的导程角。可得:

$$\tan\gamma = \frac{z_1 p_{a1}}{\pi d_1} = \frac{z_1 m}{d_1} \tag{5-3}$$

式中 p_{a1}——蜗杆轴向齿距,mm;

d_1——蜗杆分度圆直径,mm。

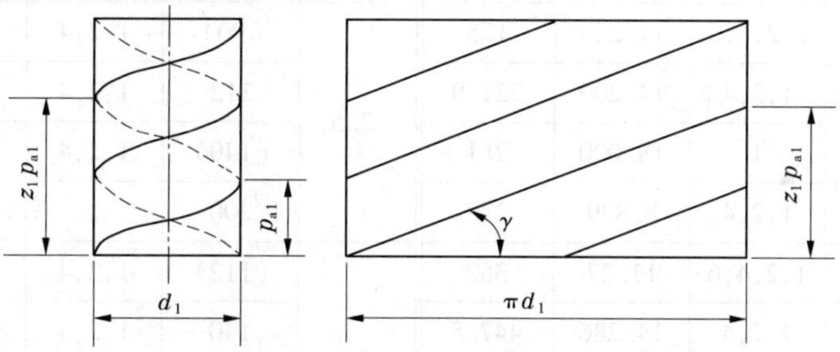

图 5-5 分度圆柱展开图

蜗杆的螺旋线与螺纹相似,也分为左旋和右旋,一般多为右旋。动力传动时,为提高效率,应采用较大的 γ 值,即采用多头蜗杆;对要求具有自锁性能的传动,应采用头数为 1 的蜗杆。由式(5-3)得:

$$d_1 = m\frac{z_1}{\tan\gamma} = mq \tag{5-4}$$

式中 q——蜗杆的直径系数,$q = \frac{z_1}{\tan\gamma}$。

当 m 一定时,q 值增大,则蜗杆直径 d_1 增大,蜗杆的刚度提高。小模数蜗杆一般有较大的 q 值,以使蜗杆有足够的刚度。

为保障蜗杆与蜗轮正确啮合,加工蜗轮的滚刀直径和齿形参数必须与相应的蜗杆相同,考虑到蜗轮滚刀的数量不宜过多,d_1 已标准化。d_1 与 m 有一定的匹配,如表 5-2 所示。

表 5-2　蜗杆基本参数($\Sigma = 90°$)

模数 m/mm	分度圆直径 d_1/mm	蜗杆头数 z_1	直径系数 q	m^2d_1/mm³	模数 m/mm	分度圆直径 d_1/mm	蜗杆头数 z_1	直径系数 q	m^2d_1/mm³
1	18	1	18.000	18	6.3	(80)	1,2,4	12.698	3 175
1.25	20	1	16.000	31.25		112	1	17.778	4 445
	22.4	1	17.920	35	8	(63)	1,2,4	7.875	4 032
1.6	20	1,2,4	12.500	51.2		80	1,2,4,6	10.000	5 376
	28	1	17.500	71.68		(100)	1,2,4	12.500	6 400
2	(18)	1,2,4	9.000	72		140	1	17.500	8 960
	22.4	1,2,4,6	11.200	89.6	10	(71)	1,2,4	7.100	7 100
	(28)	1,2,4	14.000	112		90	1,2,4,6	9.000	9 000
	35.5	1	17.750	142		(112)	1,2,4	11.200	11 200
2.5	(22.4)	1,2,4	8.960	140		160	1	16.000	16 000
	28	1,2,4,6	11.200	175	12.5	(90)	1,2,4	7.200	14 062
	(35.5)	1,2,4	14.200	221.9		112	1,2,4	8.960	17 500
	45	1	18.000	281		(140)	1,2,4	11.200	21 875
3.15	(28)	1,2,4	8.889	278		200	1	16.000	31 250
	35.5	1,2,4,6	11.27	352	16	(112)	1,2,4	7.000	28 672
	45	1,2,4	14.286	447.5		140	1,2,4	8.750	35 840
	56	1	17.778	556		(180)	1,2,4	11.250	46 080
4	(31.5)	1,2,4	7.875	504		250	1	15.625	64 000
	40	1,2,4,6	10.000	640	20	(140)	1,2,4	7.000	56 000
	(50)	1,2,4	12.500	800		160	1,2,4	8.000	64 000
	71	1	17.750	1 136		(224)	1,2,4	11.200	89 600
5	(40)	1,2,4	8.000	1 000		315	1	15.750	126 000
	50	1,2,4,6	10.000	1 250	25	(180)	1,2,4	7.200	112 500
	(63)	1,2,4	12.600	1 575		200	1,2,4	8.000	125 000
	90	1	18.000	2 250		(280)	1,2,4	11.200	175 000
6.3	(50)	1,2,4	7.936	1 985		400	1	16.000	250 000
	63	1,2,4,6	10.000	2 500					

注：1. 表中模数和分度圆直径仅列出了第一系列的较常用数据。

2. 括号内的数字尽可能不用。

4. 中心距 a

蜗杆传动中，当蜗杆节圆与蜗轮分度圆重合时称为标准传动，其中心距为

$$a = \frac{1}{2}(d_1 + d_2) \tag{5-5}$$

标准中心距为40、50、63、80、100、125、160、(180)、200、(225)、250、(280)、315、(355)、400、(450)、500，单位为mm。在蜗杆传动设计时，中心距应按上述标准进行圆整后取值。

(二)蜗杆传动的几何尺寸计算

标准阿基米德蜗杆传动的主要几何尺寸计算公式，如表5-3所示。

表5-3　标准阿基米德蜗杆传动的主要几何尺寸计算公式

名称	计算公式	
	蜗杆	蜗轮
齿顶高和齿根高	$h_{a1} = h_{a2} = m,\ h_{f1} = h_{f2} = 1.2\,m$	
分度圆直径	$d_1 = mq$	$d_2 = mz_2$
齿顶圆直径	$d_{a1} = m(q+2)$	$d_{a2} = m(z_2+2)$
齿根圆直径	$d_{f1} = m(q-2.4)$	$d_{f2} = m(z_2-2.4)$
顶隙	$C = 0.2\,m$	
蜗杆轴向齿距、蜗轮端面齿距	$p_{a1} = p_{t2} = \pi m$	
蜗杆分度圆导程角 蜗轮分度圆螺旋角	$\gamma = \arctan(z_1/q)$	$\beta = \gamma$
中心距	$a = \frac{m}{2}(q+z_2)$	

三、蜗杆传动的失效形式、设计准则、材料和结构

(一)蜗杆传动的失效形式和设计准则

1. 齿面相对滑动速度 v_s

蜗杆传动中蜗杆的螺旋面和蜗轮齿面之间有较大的相对滑动。滑动速度 v_s 沿蜗杆螺旋线的切线方向(见图5-6)，v_1 为蜗杆的圆周速度，v_2 为蜗轮的圆周速度，作速度三角形得：

$$v_s = \sqrt{v_1^2 + v_2^2} = \frac{v_1}{\cos\gamma} \tag{5-6}$$

较大的滑动速度 v_s，对齿面的润滑情况、齿面的失效形式及传动效率都有很大的影响，其概略值如图5-7所示。

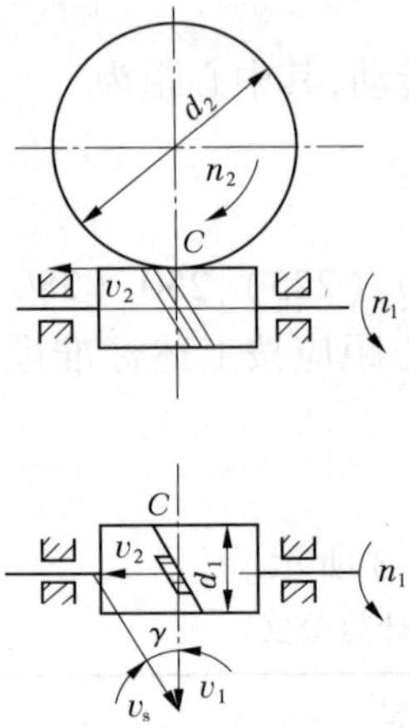

图 5-6 蜗杆传动滑动速度

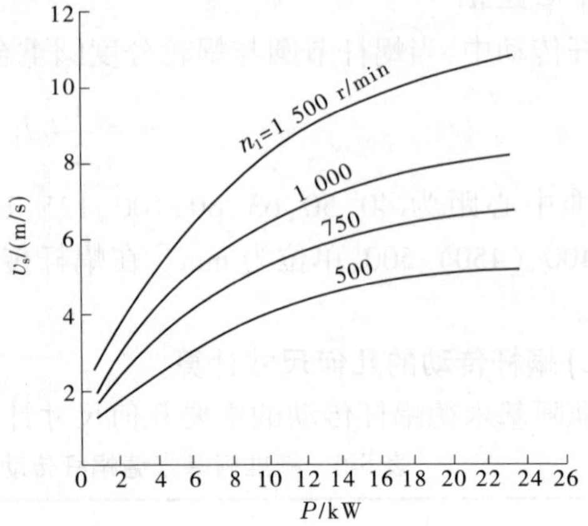

图 5-7 滑动速度 v_s 的概略值

2.轮齿的失效形式和设计准则

蜗杆传动的失效形式与齿轮传动相似,有轮齿折断、齿面点蚀、齿面磨损和胶合等,但蜗杆、蜗轮的齿廓间相对滑动速度较大、发热量大而效率低,因此蜗杆传动的主要失效形式为胶合、磨损和点蚀。由于蜗杆的齿是连续的螺旋线,且蜗杆的强度高于蜗轮,因而失效多发生在蜗轮轮齿上。在闭式传动中,蜗轮的主要失效形式是胶合与点蚀;在开式传动中,蜗轮的主要失效形式是磨损。

综上所述,蜗杆传动的设计准则为:闭式蜗杆传动按齿面接触疲劳强度设计,并校核齿根弯曲疲劳强度,为避免发生胶合失效,还必须作热平衡计算;对开式蜗杆传动,通常只需按齿根弯曲疲劳强度设计。实践证明,闭式蜗杆传动,当载荷平稳无冲击时,蜗轮轮齿因弯曲强度不足而失效的情况多发生于齿数 $z_2>80\sim100$ 时,所以在齿数少于以上数值时,弯曲强度校核可不考虑。

(二)蜗杆、蜗轮的材料和结构

1.蜗杆、蜗轮的材料选择

根据蜗杆传动的主要失效形式可知,蜗杆和蜗轮材料不仅要求有足够的强度,更重要的是要具有良好的减摩性、耐磨性和抗胶合能力。

蜗杆一般用碳钢或合金钢制造。对高速重载传动,蜗杆材料常用 15Cr、20Cr、20CrMnTi 等钢材,经渗碳淬火,表面硬度 56~62 HRC,须经磨削。对中速中载传动,蜗杆材料可用 45、40Cr、35SiMn 等钢材,表面淬火,表面硬度 45~55 HRC,须要磨削。对速度不高、载荷不大的蜗杆,材料可用 45 钢调质或正火处理,调质硬度 220~270 HBW。

蜗轮材料可参考相对滑动速度 v_s 来选择。铸造锡青铜抗胶合性、耐磨性好,易加工,允许的滑动速度 v_s 高,但强度较低,价格较贵。一般铸造锡青铜,如 ZCuSn10P1 允许滑动速度可达 25 m/s, ZCuSn5Pb5Zn5 常用于 $v_s<12$ m/s 的场合。铸造铝铁青铜,如 ZCuAl10Fe3,其减磨性和抗胶合性比锡青铜差,但强度高,价格便宜,一般用于 $v_s\leqslant4$ m/s 的传动。灰铸铁(如 HT150、HT200),用于 $v_s\leqslant2$ m/s 的低速轻载传动中。

2.蜗杆、蜗轮的结构

蜗杆通常和轴做成一体,称为蜗杆轴,如图 5-8 所示(只有 $d_f/d\geqslant1.7$ 时才采用蜗杆齿圈套装在轴上的形式)。车制蜗杆需有退刀槽时,$d=d_f-(2\sim4)$ mm,故刚性较差[见图5-8(a)];铣削蜗杆无退刀槽时,d 可大于 d_f[见图5-8(b)],刚性较好。

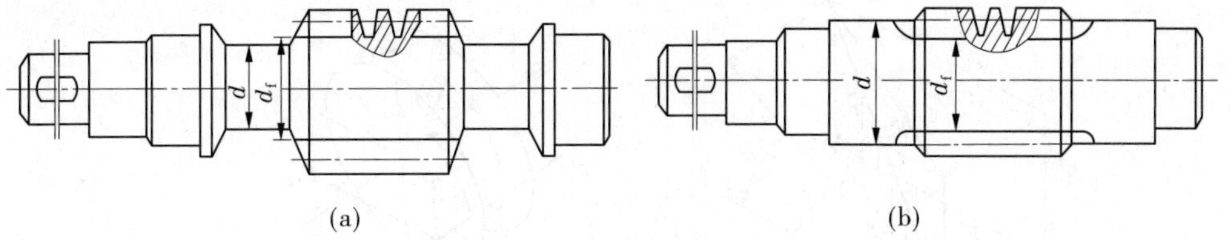

图5-8　蜗杆轴结构

蜗轮结构分为整体式和组合式两种。图5-9(a)所示的整体式蜗轮用于铸铁蜗轮及直径小于100 mm的青铜蜗轮。图5-9(b)、(c)、(d)均为组合式结构。其中,图5-9(b)为齿圈式蜗轮,轮芯用铸铁或铸钢制造,齿圈用青铜材料,两者采用过盈配合(H7/s6或H7/r6),并沿配合面安装4~6个紧定螺钉,该结构用于中等尺寸而且工作温度变化较小的场合。图5-9(c)为螺栓式蜗轮,齿圈和轮芯用普通螺栓或铰制孔螺栓联接,常用于尺寸较大的蜗轮。图5-9(d)为镶铸式蜗轮,将青铜轮缘铸在铸铁轮芯上然后切齿,适用于中等尺寸批量生产的蜗轮。

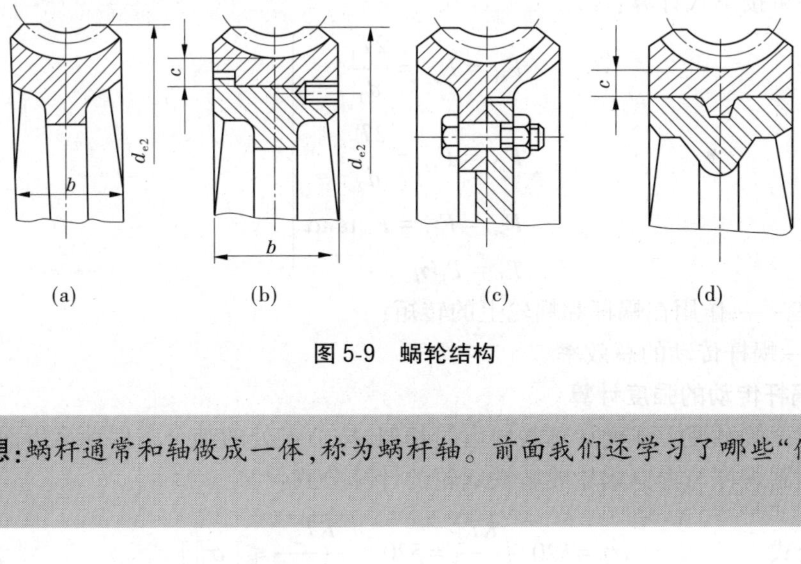

图5-9　蜗轮结构

想一想:蜗杆通常和轴做成一体,称为蜗杆轴。前面我们还学习了哪些"做成一体的轴"?

任务二　蜗杆传动设计

一、蜗杆传动的强度计算

(一)蜗杆传动的受力分析

蜗杆传动的受力分析与斜齿圆柱齿轮的受力分析相似,齿面上的法向力 F_n 可分解为三个相互垂直的分力:圆周力 F_t、轴向力 F_a、径向力 F_r,如图5-10所示。蜗杆为主动件,轴向力 F_{a1} 的方向由"左、右手法则"确定。图5-10为右旋蜗杆,用右手四指指向蜗杆转向,拇指所指方向就是轴向力 F_{a1} 的方向。圆周力 F_{t1} 与主动蜗杆转向相反,径向力 F_{r1} 指向蜗杆中心。

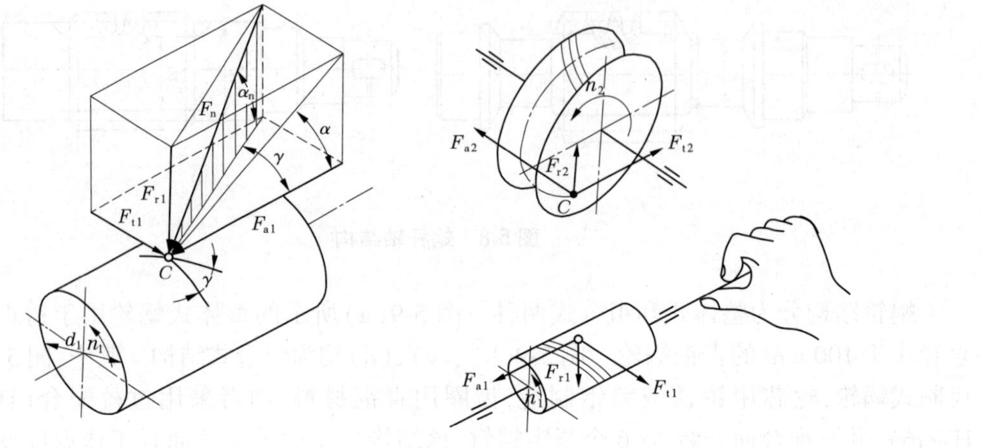

图 5-10　蜗杆传动受力分析

蜗轮的受力方向,由 F_{t1} 与 F_{a2}、F_{a1} 与 F_{t2}、F_{r1} 与 F_{r2} 的作用力与反作用力关系确定。各力的大小可按下式计算:

$$\left.\begin{aligned} F_{t1} &= F_{a2} = \frac{2T_1}{d_1} \\ F_{a1} &= F_{t2} = \frac{2T_2}{d_2} \\ F_{r1} &= F_{r2} = F_{t2}\tan\alpha \\ T_2 &= T_1 i\eta \end{aligned}\right\} \tag{5-7}$$

式中　T_1、T_2——作用在蜗杆和蜗轮上的转矩;

η——蜗杆传动的总效率。

(二)蜗杆传动的强度计算

蜗轮齿面接触疲劳强度计算与斜齿轮相似,按节点处的啮合条件计算齿面接触应力,可推出对钢制蜗杆与青铜蜗轮或铸铁蜗轮的计算公式:

校核公式
$$\sigma_H = 520\sqrt{\frac{KT_2}{d_1 d_2^2}} = 520\sqrt{\frac{KT_2}{m^2 d_1 z_2^2}} \leqslant [\sigma_H] \tag{5-8}$$

设计公式
$$m^2 d_1 \geqslant KT_2\left(\frac{520}{z_2[\sigma_H]}\right)^2 \tag{5-9}$$

式中　K——载荷系数,考虑到工作时载荷性质、载荷沿齿向分布情况及动载荷影响,一般取 $K=1.1\sim1.3$;

T_2——蜗轮上的转矩,N · mm;

z_2——蜗轮齿数;

$[\sigma_H]$——蜗轮许用接触应力,可由表 5-4、表 5-5 查取。

表 5-4　锡青铜蜗轮的许用接触应力[σ_H]　　单位:MPa

蜗轮材料	铸造方法	适用的滑动速度 v_s/(m/s)	蜗杆齿面硬度	
			≤350 HBW	>45 HRC
ZCuSn10P1	砂型	≤12	180	200
	金属型	≤25	200	220
ZCuSn6Zn6Pb3	砂型	≤10	110	125
	金属型	≤12	135	150

表 5-5　铝铁青铜及铸铁蜗轮的许用接触应力[σ_H]　　单位:MPa

蜗轮材料	蜗杆材料	滑动速度 v_s/(m/s)						
		0.5	1	2	3	4	6	8
ZCuAl10Fe3	淬火钢	250	230	210	180	160	120	90
HT150 HT200	渗碳钢	130	115	90	—	—	—	—
HT150	调质钢	110	90	70	—	—	—	—

注:蜗杆未经淬火时,须将表中许用应力值降低 20%。

对于闭式蜗杆传动,轮齿弯曲折断的情况较少出现,通常仅在蜗轮齿数较多(z_2>80~100)时才进行蜗轮轮齿弯曲疲劳强度计算。对于开式蜗杆传动,则按蜗轮轮齿的弯曲疲劳强度进行设计。蜗轮轮齿弯曲疲劳强度的计算方法可参考有关资料。

二、蜗杆传动的效率、润滑和热平衡计算

(一)蜗杆传动的效率

闭式蜗杆传动的总效率 η 包括啮合效率 η_1、搅油效率 η_2 和轴承效率 η_3,即

$$\eta = \eta_1\eta_2\eta_3 \tag{5-10}$$

啮合效率 η_1 是总效率的主要组成部分。蜗杆为主动件时,啮合效率按螺旋传动公式求出:

$$\eta_1 = \frac{\tan\gamma}{\tan(\gamma + \rho_v)}$$

实际设计时,通常取 $\eta_2\eta_3$ = 0.95~0.97,故有

$$\eta = (0.95 \sim 0.97)\frac{\tan\gamma}{\tan(\gamma + \rho_v)} \tag{5-11}$$

式中　γ——蜗杆螺旋升角(导程角);

ρ_v——当量摩擦角,$\rho_v = \arctan f_v$,其值如表 5-6 所示。

表 5-6　当量摩擦系数 f_v 和当量摩擦角 ρ_v

蜗轮材料	锡青铜				铝青铜		灰铸铁			
蜗杆齿面硬度	≥45 HRC		<45 HRC		≥45 HRC		≥45 HRC		<45 HRC	
滑动速度 v_s/(m/s)	f_v	ρ_v	f_v	ρ_v	f_v	ρ_v	f_v	ρ_v	f_v	ρ_v
0.01	0.110	6°17′	0.120	6°51′	0.180	10°12′	0.180	10°12′	0.190	10°45′
0.05	0.090	5°09′	0.100	5°43′	0.140	7°58′	0.140	7°58′	0.160	9°05′
0.10	0.080	4°34′	0.090	5°09′	0.130	7°24′	0.130	7°24′	0.140	7°58′
0.25	0.065	3°43′	0.075	4°17′	0.100	5°43′	0.100	5°43′	0.120	6°51′
0.50	0.055	3°09′	0.065	3°43′	0.090	5°09′	0.090	5°09′	0.100	5°43′
1.00	0.045	2°35′	0.055	3°09′	0.070	4°00′	0.070	4°00′	0.090	5°09′
1.50	0.040	2°17′	0.050	2°52′	0.065	3°43′	0.065	3°43′	0.080	4°34′
2.00	0.035	2°00′	0.045	2°35′	0.055	3°09′	0.055	3°09′	0.070	4°00′
2.50	0.030	1°43′	0.040	2°17′	0.050	2°52′	—	—	—	—
3.00	0.028	1°36′	0.035	2°00′	0.045	2°35′	—	—	—	—
4.00	0.024	1°22′	0.031	1°47′	0.040	2°17′	—	—	—	—
5.00	0.022	1°16′	0.029	1°40′	0.035	2°00′	—	—	—	—
8.00	0.018	1°02′	0.026	1°29′	0.030	1°43′	—	—	—	—
10.00	0.016	0°55′	0.024	1°22′	—	—	—	—	—	—
15.00	0.014	0°48′	0.020	1°09′	—	—	—	—	—	—
24.00	0.013	0°45′	—	—	—	—	—	—	—	—

注:对于硬度≥45 HRC 的蜗杆,ρ_v 值是指 R_a< 0.32~1.25 μm,经跑合并充分润滑的情况。

在初步计算时,蜗杆的传动效率可按表 5-7 选取。

表 5-7　蜗杆传动的总效率

闭式传动	z_1	1	2	4	6
	η	0.7~0.75	0.75~0.82	0.82~0.92	0.86~0.95
开式传动	z_1=1、2　　η=0.60~0.70				

(二)蜗杆传动的润滑

润滑对蜗杆传动特别重要,这是因为润滑不良时,蜗杆传动的效率将显著降低,并会导致剧烈的磨损和胶合。通常采用黏度较大的润滑油,为提高其抗胶合能力,可加入油性添加剂以提高油膜的刚度,但青铜蜗轮不允许采用活性较大的油性添加剂,以免被腐蚀。

闭式蜗杆传动的润滑油黏度和润滑方法可参考表 5-8 选择。开式蜗杆传动则采用黏度较高的齿轮油或润滑脂进行润滑。闭式蜗杆传动用油池润滑,在 $v_s \leqslant 5$ m/s 时常采用蜗杆下置式,浸油深度约为一个齿高,但油面不得超过蜗杆轴承的最低滚动体中心[见图 5-11(a)、(b)];当 $v_s > 5$ m/s 时常用上置式[见图 5-11(c)],油面允许达到蜗轮半径 1/3 处。

表 5-8　蜗杆传动的润滑油黏度及润滑方法

滑动速度 v_s/(m/s)	<1	<2.5	<5	5~10	10~15	15~25	>25
工作条件	重载	重载	中载	—	—	—	—
运动黏度 $\nu_{40\ ℃}$/(mm^2/s)	1 000	680	320	220	150	100	68
润滑方法	浸油		浸油或喷油		喷油润滑,油压/MPa		
					0.07	0.2	0.3

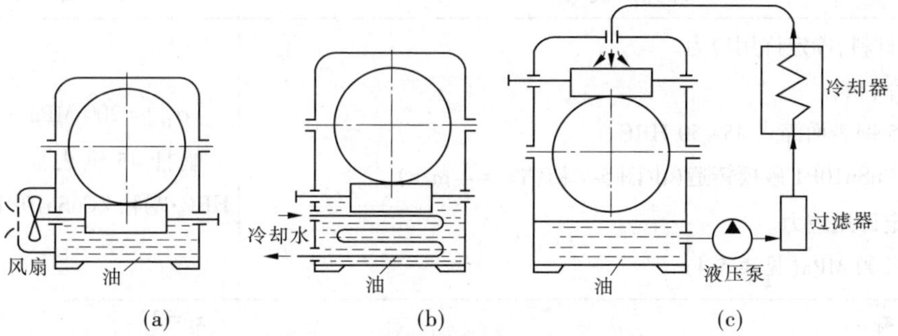

图 5-11　蜗杆传动的散热方法

(三)蜗杆传动的热平衡计算

蜗杆传动效率低,发热量大,若产生的热量不能及时散逸,将使油温升高,油黏度下降,油膜破坏,磨损加剧,甚至产生胶合破坏。因此,对连续工作的闭式蜗杆传动应进行热平衡计算。在单位时间内,蜗杆传动由于摩擦损耗产生的热量为

$$Q_1 = 1\ 000P_1(1 - \eta) \tag{5-12}$$

式中　P_1——蜗杆传动的输入功率,kW;

η——蜗杆传动的效率。

自然冷却时单位时间内经箱体外壁散逸到周围空气中的热量为

$$Q_2 = K_s A(t_1 - t_0) \tag{5-13}$$

式中　K_s——散热系数,可取 K_s=(8~17) W/(m^2·℃),通风良好时取大值;

A——散热面积,m^2;

t_1——箱体内的油温,一般取许用油温[t_1]=60~80 ℃,最高不超过 90 ℃;

t_0——周围空气的温度,通常取 t_0=20 ℃。

按热平衡条件 $Q_1 = Q_2$,可得工作条件下的油温为

$$t_1 = \frac{1\ 000(1 - \eta)P_1}{K_s A} + t_0 \leqslant [t_1] \tag{5-14}$$

若工作温度超过许用温度,可采用下列措施:

(1)在箱体壳外铸出散热片,增加散热面积 A。

(2)在蜗杆轴上装风扇[见图 5-11(a)],提高散热系数,此时 $K_s \approx 20 \sim 28$ W/($m^2 \cdot ℃$)。

(3)加冷却装置,如在箱体油池内装蛇形冷却管[见图 5-11(b)]或用循环油冷却[见图 5-11(c)]。

想一想:蜗杆传动时一定要进行热平衡计算吗?热平衡计算的目的是什么?

任务实施:设计用于带式运输机的一级闭式蜗杆传动。蜗杆轴输入功率 $P_1=4$ kW,转速 $n=960$ r/min,传动比 $i=20$,连续单向运转,载荷平稳,一班制,预期寿命 10 年。

解:设计计算过程如表 5-9 所示。

表 5-9　设计计算过程

计算与说明	主要结果
1. 选择材料,确定许用应力。 (1)选择材料。 蜗杆:45 钢表面淬火 45~50 HRC。 蜗轮:ZCuSn10P1 砂模铸造(由图 5-7 初估 $v_s=4$ m/s)。 (2)确定许用应力。 $[\sigma_H]=200$ MPa(见表 5-4)	$[\sigma_H]=200$ MPa 蜗杆 45 钢表面淬火 45~50 HRC;蜗轮 ZCuSn10P1 砂模铸造
2. 确定 z_1、z_2。 $z_1=2$(见表 5-1)　　$z_2=iz_1=20\times2=40$	$z_1=2$ $z_2=40$
3. 计算蜗轮转矩 T_2。 $T_2=T_1 i\eta=9.55\times10^6(P_1/n_1)\times i\eta$ $=9.55\times10^6(4/960)\times20\times0.8=6.37\times10^5$(N·mm) (取 $\eta=0.8$)	$T_2=6.37\times10^5$ N·mm
4. 按齿面接触疲劳强度计算。 $K=1.1$(工作载荷稳定速度较低) $m^2d_1\geqslant KT_2\left(\frac{520}{z_2[\sigma_H]}\right)^2$ $=1.1\times6.37\times10^5\times\left(\frac{520}{40\times200}\right)^2$ $=2\,960$(mm^3) 考虑到常用数据,由表 5-2 取 $m^2d_1=5\,376$ mm^3 得: $m=8$ mm、$q=10$、$d_1=80$ mm $d_2=mz_2=8\times40=320$(mm) $\gamma=\arctan(z_1m/d_1)=\arctan(2\times8/80)=11.31°$	$m=8$ mm $q=10$ $d_1=80$ mm $d_2=320$ mm $\gamma=11.31°$

续表 5-9

计算与说明	主要结果
5. 校核齿根弯曲疲劳强度(略)	
6. 验算传动效率 η。 $v_1=\pi d_1 n_1/(60\times1\ 000)$ $=3.14\times80\times960/(60\times1\ 000)\approx4.02(\text{m/s})$ $v_s=v_1/\cos\gamma=4.02/\cos11.31°\approx4.1(\text{m/s})$ 查表 5-6 得：$\rho_v=1°22'=1.36°$ $\eta=(0.95\sim0.97)\times\dfrac{\tan\gamma}{\tan(\gamma+\rho_v)}$ $=(0.95\sim0.97)\times\dfrac{\tan11.31°}{\tan(11.31°+1.36°)}$ $=0.84\sim0.86$	$\eta=0.84\sim0.86$ 与初估值 $\eta=0.8$ 相近
7. 几何尺寸计算。 (1)蜗杆几何尺寸计算。 $d_1=80$ mm $d_{a1}=m(q+2)=8\times(10+2)=96(\text{mm})$ $d_{f1}=m(q-2.4)=8\times(10-2.4)=60.8(\text{mm})$ $p_{a1}=\pi m=3.14\times8=25.12(\text{mm})$ (2)蜗轮几何尺寸计算。 $d_2=mz_2=8\times40=320(\text{mm})$ $d_{a2}=m(z_2+2)=8\times(40+2)=336(\text{mm})$ $d_{f2}=m(z_2-2.4)=8\times(40-2.4)=300.8(\text{mm})$ (3)中心距。 $a=m(q+z_2)/2=8\times(10+40)/2=200(\text{mm})$	 $d_1=80$ mm $d_{a1}=96$ mm $d_{f1}=60.8$ mm $p_{a1}=25.12$ mm $d_2=320$ mm $d_{a2}=336$ mm $d_{f2}=300.8$ mm $a=200$ mm
8. 热平衡计算。 取 $t_0=20$ ℃、$t_1=65$ ℃、$K_s=14$ W/(m^2·℃) $A=\dfrac{1\ 000(1-\eta)P_1}{K_s(t_1-t_0)}=\dfrac{1\ 000\times(1-0.8)\times4}{14\times(65-20)}\approx1.27(\text{m}^2)$	所需散热面积： $A\approx1.27$ m^2
9. 结构设计绘制工作图(略)	

学·思·悟

中国获得装备标准制定权

近年来,随着中国装备科技的快速发展,开始不断地制定属于自己的装备科技标准,并且在多装备领域引领标准。蜗轮、蜗杆在龙门吊中起到减速、增速、改变运动方向和实现自锁的作用。关于大型龙门吊等大量标准的制定,意味着中国正在不断制定属于自己的标准,也就意味着将来在装备科技领域,中国将成为标准的引领者,并且将因为这些标准的引领让中国装备科技更快地走向复兴,让中国经济在可持续发展的道路上走得更远!

蜗轮、蜗杆

龙门吊

读者笔记:________________

____

____

基础理论训练

一、选择题

1. 阿基米德蜗杆的(　　)模数,应符合标准数值。
   A. 端面　　B. 法面　　C. 轴向
2. 蜗杆传动中,如果蜗杆的螺旋线方向为右旋,则蜗轮的螺发线方向应为(　　)。
   A. 左旋　　B. 右旋　　C. 左旋、右旋都可以
3. 阿基米德圆柱蜗杆传动在(　　)内相当于齿条和齿轮啮合传动。
   A. 端面　　B. 中间平面　　C. 轴面
4. 在蜗杆传动中,当其他条件相同时,增加蜗杆头数,则传动效率(　　)。
   A. 降低　　B. 不变　　C. 可能提高,也可能减小　　D. 提高

二、填空题

1. 在蜗杆传动中,通常(　　)为主动件。
2. 蜗杆分度圆直径用公式 $d_1=mq$ 计算,其中 q 称为蜗杆的(　　)。
3. 蜗杆蜗轮传动时,轮齿之间是(　　)接触。
4. 在蜗杆传动中,当蜗轮为主动件时的自锁条件为(　　)。
5. 蜗轮蜗杆传动的标准中心距 $a=$________。

三、判断题

1. 蜗轮的螺旋角 β 一定等于蜗杆的导程角 γ。（ ）
2. 蜗轮和蜗杆轮齿的螺旋方向相同。（ ）
3. 自锁的蜗杆蜗轮机构中，蜗杆不能反向旋转来驱动蜗轮。（ ）
4. 蜗杆传动的传动比与齿轮传动一样，也是齿数或分度圆的反比。（ ）
5. 蜗杆传动的主要失效形式是胶合、点蚀和磨损，一般不会出现断齿现象。（ ）

实践训练

1. 已知某蜗杆减速器中蜗杆的参数为 $z_1=2$、右旋、$d_{a1}=48$ mm、$p_{a1}=12.56$ mm、中心距 $a=100$ mm，试计算蜗轮的几何尺寸。

2. 标出图 5-12 中未注明蜗杆或蜗轮的旋向及转向（蜗杆为主动件），并绘出蜗杆和蜗轮啮合点处作用力的方向。

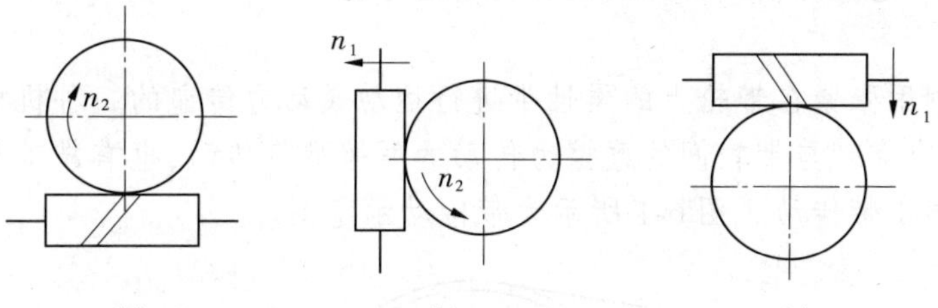

图 5-12

3. 设计由电机驱动的单级闭式蜗杆减速器。已知电机功率 $P=3$ kW、转速 $n_1=1\,440$ r/min、传动比 $i=24$、载荷平稳、单向运转、预期寿命 $L_h=15\,000$ h。

4. 图 5-13 为一开式蜗杆传动起重机构。蜗杆蜗轮间当量摩擦系数 $f_v=0.16$（不计轴承摩擦损失），起重时作用于手柄之力 $F=200$ N。求：

（1）蜗杆分度圆导程角 γ，此机构是否自锁？

（2）起重时蜗杆转向。

（3）起重、落重时蜗杆受力方向（用三个分力表示）。

（4）起重时最大起重量 W。

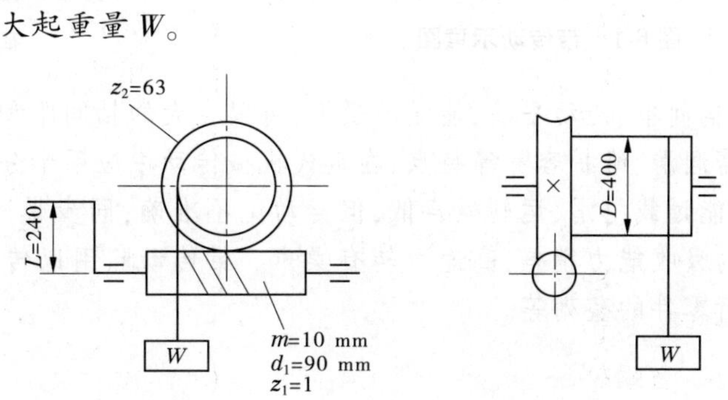

图 5-13

项目六　带传动和链传动

【学习目标】

(1)了解带传动和链传动的类型、特点、应用。

(2)掌握V带传动的工作原理、受力分析、弹性滑动、打滑、应力分析。

(3)能够正确选择V带参数并进行V带设计,熟练查选有关国家标准、行业标准和各类图表。

(4)增强民族自豪感,培养爱岗敬业的职业素养,鼓励学生发表不同意见,发挥想象力,拓展思维,提升创新思考能力。

码6-1　课程思政教学案例

【项目导入】

带传动是利用张紧在带轮上的柔性带进行运动或动力传递的一种机械传动。根据传动原理的不同,有靠带与带轮间的摩擦力传动的摩擦型带传动,也有靠带与带轮上的齿相互啮合传动的同步带传动。图6-1所示为带传动示意图。

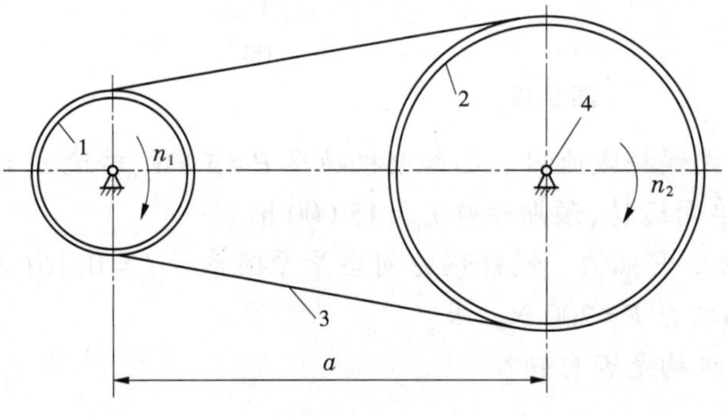

1—主动轮;2—从动轮;3—传动带;4—机架。

图6-1　带传动示意图

码6-2　带传动

带传动具有结构简单、传动平稳,能缓冲吸振,可以在大的轴间距和多轴间传递动力,且其造价低廉、不需润滑、维护容易等特点,在近代机械传动中应用十分广泛。

摩擦型带传动能过载打滑、运转噪声低,但传动比不准确;同步带传动可保证传动同步,但对载荷变动的吸收能力稍差,高速运转有噪声。带传动除用以传递动力外,有时也用来输送物料、进行零件的整列等。

任务一　认识普通 V 带和带轮

一、带传动的基本知识

(一)带传动的组成及工作原理

如图 6-1 所示,带传动一般是由主动轮 1、从动轮 2、紧套在两轮上的传动带 3 及机架 4 组成。当原动机驱动带轮 1(主动轮)转动时,带与带轮间摩擦力的作用,使从动轮 2 一起转动,实现传递运动和动力。

(二)带传动的类型

(1)按工作原理,带传动分为摩擦带传动和啮合带传动两大类。

(2)按传动带的截面形状不同,传动中常用的有平带、V 带和特殊截面带(如多楔带和圆截面带)。

平带如图 6-2(a)所示,截面为矩形,内表面为工作面。

V 带如图 6-2(b)所示,截面形状为梯形,两侧面为工作面。在同样压紧力 W 的作用下,V 带的摩擦力比平带大,传递功率也较大。因此,在传递同样功率情况下,V 带传动结构更为紧凑。

圆截面带如图 6-2(c)所示,只适用于小功率传动,如缝纫机等。

多楔带如图 6-2(d)所示,它是在平带基体上由多根 V 带组成的传动带。可传递很大的功率,用于要求结构紧凑的场合。

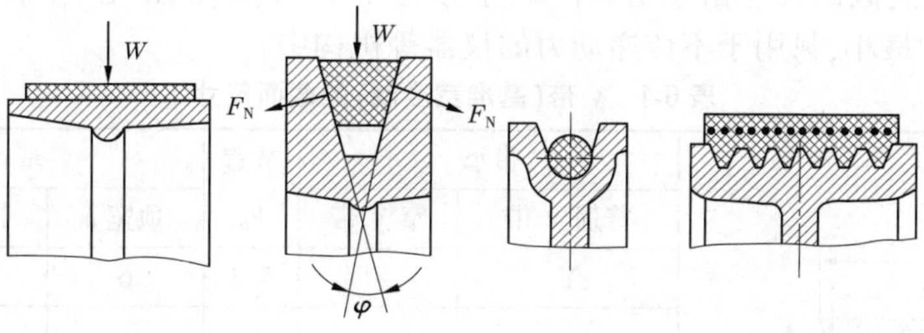

图 6-2　带传动的主要类型

(三)带传动的特点和应用

带传动是通过中间挠性件(带),靠摩擦来传动的,所以其具有传动平稳、缓冲吸振、过载保护、结构简单、安装和维护方便、成本低廉且适用较远距离传动等优点。但不能保证准确的传动比和外廓尺寸较大,也使其在使用中受到一定的限制。

带传动适用于要求传动平稳、传动比不要求准确、中小功率的较远距离传动。一般带传动的功率 $P \leqslant 100$ kW,带速 $v = 5 \sim 25$ m/s,高速带传动的带速可达 60 m/s 以上。

想一想:在同样压紧力 W 的作用下,V 带传动的摩擦力约为平带传动的 3 倍,故能传递较大的功率。原因何在?

二、普通 V 带和 V 带轮

(一) 普通 V 带的结构和尺寸标准

V 带已实现标准化,并由专业厂家系列化生产。V 带分为普通 V 带、窄 V 带、宽 V 带、汽车 V 带、大楔角 V 带等。其中,普通 V 带和窄 V 带应用较广,本项目主要讨论普通 V 带传动。

标准 V 带呈无接头的环形,其横截面结构如图 6-3 所示,由包布层(包布)、伸张层(顶胶)、强力层(抗拉体)、压缩层(底胶)组成。其中,强力层有帘布芯结构和绳芯结构两种。帘布芯结构抗拉强度高,但柔韧性及抗弯曲强度不如绳芯结构好。绳芯结构 V 带适用于转速高、带轮直径较小的场合。

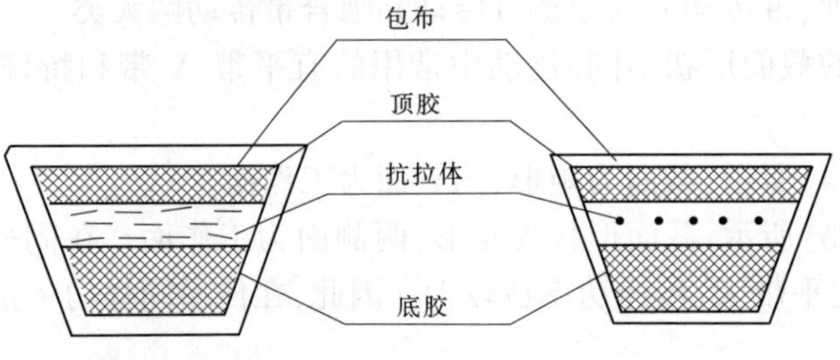

图 6-3 V 带的结构

普通 V 带按截面尺寸由小至大的顺序分为 Y、Z、A、B、C、D、E 七种型号,见表 6-1。其中,Y 型尺寸最小,只用于不传递动力的仪器等机构中。

表 6-1 V 带(基准宽度制)的截面尺寸 单位:mm

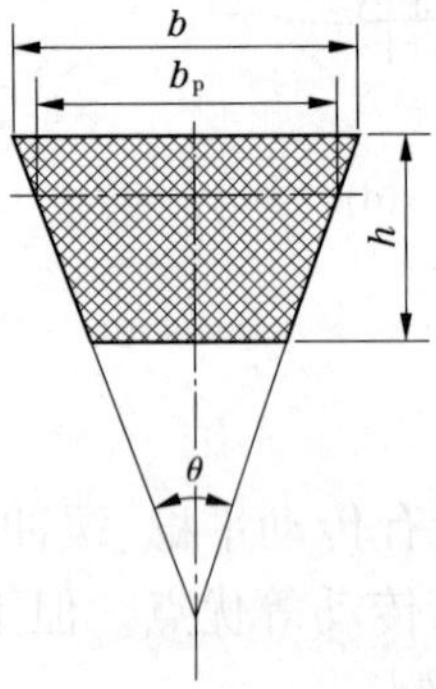

带型		节宽	基本尺寸		
普通 V 带	窄 V 带	b_p	顶宽 b	带高 h	楔角 θ
Y		5.3	6	4	40°
Z	SPZ	8.5	10	6 8	
A	SPA	11.0	13	8 10	
B	SPB	14.0	17	11 14	
C	SPC	19.0	22	14 18	
D		27.0	32	19	
E		32.0	38	25	

V 带绕在带轮上产生弯曲,伸张层受拉伸长,压缩层受压缩短,两者之间存在一长度

不变的中性层。中性层面称为节面，节面的宽度称为节宽 b_p。普通 V 带的节面高度 h 与其节宽 b_p 的比值为 0.7。V 带装在带轮上，和节宽 b_p 相对应的带轮直径称为基准直径，用 d_d 表示。V 带轮的基准直径 d_d 系列尺寸见表 6-2。V 带在规定的张紧力下，位于带轮基准直径上的周线长度称为基准长度 L_d，它用于带传动的几何计算。V 带的基准长度 L_d 的系列尺寸见表 6-3。

表 6-2 V 带轮的基准直径 d_d 系列尺寸 单位：mm

基准直径 d_d	带型						
	Y	Z SPZ	A SPA	B SPB	C SPC	D	E
	外径 d_a						
20	23.2						
22.4	25.6						
25	28.2						
28	31.2						
31.5	34.7						
35.5	38.7						
40	43.2						
45	48.2						
50	53.2	+54					
56	59.2	+60					
63	66.2	67					
71	74.2	75					
75		79	+80.5				
80	83.2	84	+85.5				
85			+90.5				
90	93.2	94	95.5				
95			100.5				
100	103.2	104	105.5				
106			111.5				
112	115.2	116	117.5				

续表 6-2

基准直径 d_d	带型						
	Y	Z SPZ	A SPA	B SPB	C SPC	D	E
	外径 d_a						
118			123.5				
125	128.2	129	130.5	+132			
132		136	137.5	+139			
140		144	145.5	147			
150		154	155.5	157			
160		164	165.5	167			
170				177			
180		184	185.5	187			
200		204	205.5	207	+209.6		
212				219	+221.6		
224				231	233.6		
236		228	229.5	243	245.6		
250		254	255.5	257	259.6		
265					274.6		
280		284	285.5	287	289.6		
315		319	320.5	322	324.6		
355		359	360.5	362	364.6	371.2	
375						391.2	
400		404	405.5	407	409.6	416.2	
425						441.2	
450			455.5	457	459.6	466.2	
475						491.2	
500		504	505.5	507	509.6	516.2	519.2
530							549.2
560			565.5	567	569.6	576.2	579.2
630		634	635.5	637	639.6	646.2	649.2
710			715.5	717	719.6	726.2	729.2
800			805.5	807	809.6	816.2	819.2
900				907	909.6	916.2	919.2
1 000				1 007	1 009.6	1 016.2	1 019.2
1 120				1 127	1 129.6	1 136.2	1 139.2
1 250					1 259.6	1 266.2	1 269.2
1 600						1 616.2	1 619.2
2 000						2 016.2	2 019.2
2 500							2 519.2

注:有"+"号的外径只用于普通V带。

表 6-3　V 带(基准宽度制)的基准长度 L_d 系列尺寸及长度修正系数 K_L

Y		Z		A		B		C		D		E	
L_d/mm	K_L	L_d/mm	K_L	L_d/mm	K_L	L_d/mm	K_L	L_d/mm	K_L	L_d/mm	K_L	L_d/mm	K_L
200	0.81	405	0.87	630	0.81	930	0.83	1 565	0.82	2 740	0.82	4 660	0.91
224	0.82	475	0.90	700	0.83	1 000	0.84	1 760	0.85	3 100	0.86	5 040	0.92
250	0.84	530	0.93	790	0.85	1 100	0.86	1 950	0.87	3 330	0.87	5 420	0.94
280	0.87	625	0.96	890	0.87	1 210	0.87	2 195	0.90	3 730	0.90	6 100	0.96
315	0.89	700	0.99	990	0.89	1 370	0.90	2 420	0.92	4 080	0.91	6 850	0.99
355	0.92	780	1.00	1 100	0.91	1 560	0.92	2 715	0.94	4 620	0.94	7 650	1.01
400	0.96	920	1.04	1 250	0.93	1 760	0.94	2 880	0.95	5 400	0.97	9 150	1.05
450	1.00	1 080	1.07	1 430	0.96	1 950	0.97	3 080	0.97	6 100	0.99	12 230	1.11
500	1.02	1 330	1.13	1 550	0.98	2 180	0.99	3 520	0.99	6 840	1.02	13 750	1.15
		1 420	1.14	1 640	0.99	2 300	1.01	4 060	1.02	7 620	1.05	15 280	1.17
		1 540	1.54	1 750	1.00	2 500	1.03	4 600	1.05	9 140	1.08	16 800	1.19
				1 940	1.02	2 700	1.04	5 380	1.08	10 700	1.13		
				2 050	1.04	2 870	1.05	6 100	1.11	12 200	1.16		
				2 200	1.06	3 200	1.07	6 815	1.14	13 700	1.19		
				2 300	1.07	3 600	1.09	7 600	1.17	15 200	1.21		
				2 480	1.09	4 060	1.13	9 100	1.21				
				2 700	1.10	4 430	1.15	10 700	1.24				
						4 820	1.17						
						5 370	1.20						
						6 070	1.24						

窄 V 带的截面高度与其节宽之比为 0.9。窄 V 带的强力层采用高强度绳芯。按《带传动 普通 V 带和窄 V 带 尺寸(基准宽度制)》(GB/T 11544—2012),窄 V 带截面尺寸分为 SPZ、SPA、SPB、SPC 四个型号,见表 6-1。窄 V 带具有普通 V 带的特点,并能承受较大的张紧力。当窄 V 带带高与普通 V 带相同时,其带宽较普通 V 带约小 1/3,而承载能力可提高 1.5~2.5 倍,因此适用于传递大功率且传动装置要求紧凑的场合。

普通V带和窄V带的标记为

带型	基准长度	标准编号

标记示例:A型普通V带,基准长度为1 430 mm,其标记为

A1430　GB/T 1171—2017

又如,SPA型窄V带,基准长度为1 250 mm,其标记为

SPA1250　GB/T 12730—2018

V带的标记通常压印在带的外表面上,以便选用识别。

(二)普通V带轮的结构

1. V带轮的设计要求

带轮应具有足够的强度和刚度,无过大的铸造内应力;质量小且分布均匀,结构工艺性好,便于制造;带轮工作表面应光滑,以减少带的磨损。当5 m/s<v<25 m/s时,带轮要进行静平衡;当v>25 m/s时,带轮则应进行动平衡。

2. 带轮的材料

带轮材料常采用铸铁、钢、铝合金或工程塑料等,灰铸铁应用最广。当带速v≤30 m/s时采用HT150或HT200;当v>30~45 m/s时则应采用HT300或HT350;当v≤45~80 m/s时,应采用球墨铸铁、铸钢或锻钢,也可以采用钢板冲压后焊接带轮。小功率传动时带轮可采用铸铝或塑料等材料。

3. 带轮的结构

带轮由轮缘、腹板(轮辐)和轮毂三部分组成。

轮缘上制有槽,槽的结构尺寸和数目应与所用V带的型号、根数相对应。

轮槽尺寸见表6-4。轮毂是带轮的内圈部分,它和轴相联接。

联接轮缘和轮毂的中间部分称为轮辐(或腹板),V带轮按腹板(轮辐)结构的不同分为以下几种形式:当带轮基准直径d_a≤(2.5~3)d(d为轴的直径)时,可采用S型V带轮——实心带轮,如图6-4所示;当d_a≤300 mm时,可采用P型V带轮——腹板带轮,如图6-5所示。每种形式根据轮毂相对于腹板(轮辐)位置的不同分为Ⅰ、Ⅱ、Ⅲ、Ⅳ等几种,详细分类可查阅机械设计手册相关内容。V带轮的结构形式及腹板(轮辐)厚度的确定可参阅有关设计手册。

三、普通V带传动工作能力分析

(一)带传动的受力分析

为保证带传动正常工作,安装时必须把带适度张紧。此时,带轮两边的带就承受了相等的初拉力(又称预紧力)F_0,如图6-6(a)所示。工作时,由于带和带轮接触面间摩擦力的作用,带两边的拉力不再相等,如图6-6(b)所示。带绕入主动轮的一边被拉紧,拉力由F_0增大到F_1,称为紧边;绕入从动轮的一边被放松,拉力由F_0减小为F_2,称为松边。设环形带的总长不变,则紧边拉力的增加量F_1-F_0应等于松边拉力的减少量F_0-F_2,即

$$F_0=\frac{F_1+F_2}{2} \tag{6-1}$$

表 6-4　基准宽度制 V 带轮的轮槽尺寸　　单位：mm

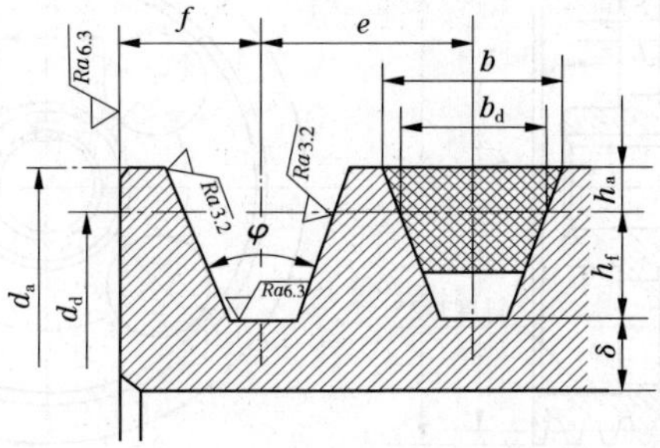

模块	符号	槽型 Y	Z SPZ	A SPA	B SPB	C SPC	D	E
基准宽度	b_d	5.3	8.5	11.0	14.0	19.0	27.0	32.0
基准线上槽深	h_{amin}	1.6	2.0	2.75	3.5	4.8	8.1	9.6
基准线下槽深	h_{fmin}	4.7	7.0 9.0	8.7 11.0	10.8 14.0	14.3 19.0	19.9	23.4
槽间距	e	8±0.3	12±0.3	15±0.3	19±0.4	25.5±0.5	37±0.6	44.5±0.7
槽边距	f_{min}	6	7	9	11.5	16	23	28
最小轮缘厚	δ_{min}	5	5.5	6	7.5	10	12	15
圆角半径	r_1	0.2~0.5						
带轮宽	B	$B=(z-1)e+2f$　z 为轮槽数						
外径	d_a	$d_a=d_d+2h_a$						
轮槽角 φ 32°	相应的基准直径 d_d	≤60	—	—	—	—	—	—
轮槽角 φ 34°	相应的基准直径 d_d	—	≤80	≤118	≤190	≤315	—	—
轮槽角 φ 36°	相应的基准直径 d_d	>60	—	—	—	—	≤475	≤600
轮槽角 φ 38°	相应的基准直径 d_d	—	>80	>118	>190	>315	>475	>600
轮槽角 φ 极限偏差		±30′						

注：槽间距 e 的极限偏差适用于任何两个轮槽对称中心面的距离，不论相邻还是不相邻。

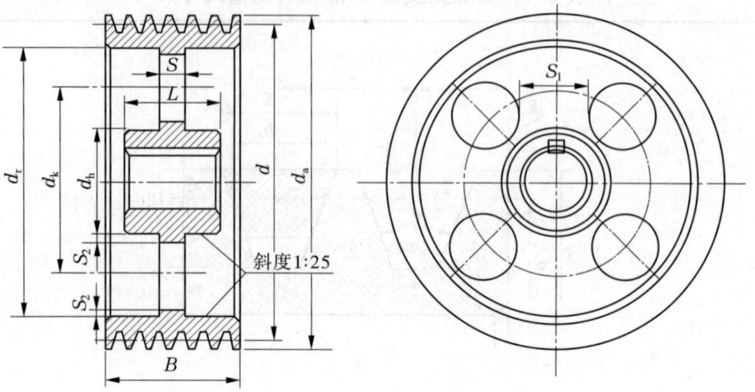

图6-4 S型V带轮的结构

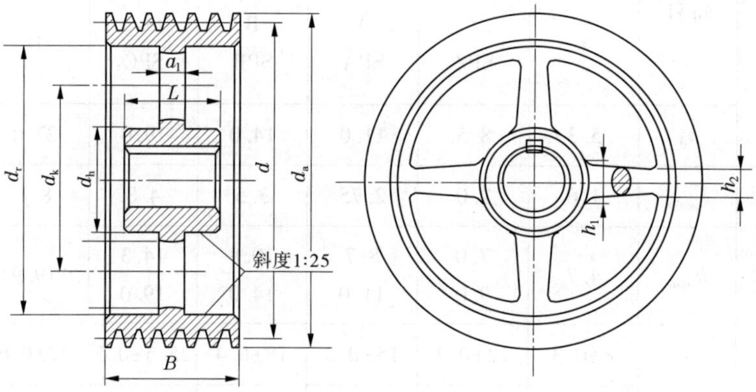

图6-5 P型V带轮的结构

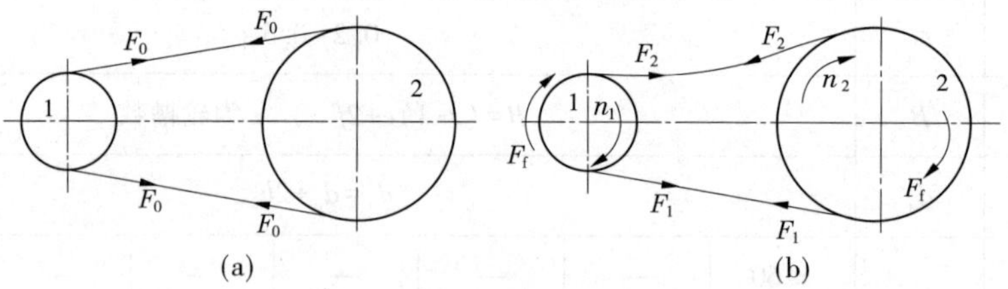

图6-6 带传动的工作原理图

带传动两边的拉力之差 F 称为带传动的有效拉力。有效拉力就是带传动所传递的有效圆周力。实际上 F 就是带与带轮之间摩擦力的总和,在最大静摩擦力范围内,带传动的有效拉力 F 与总摩擦力相等,即

$$F = F_1 - F_2 \tag{6-2}$$

带传动所传递的功率为

$$P = \frac{Fv}{1\ 000} \tag{6-3}$$

式中 P——传递功率,kW;

F——有效圆周力,N;

v——带速,m/s。

在一定的初拉力 F_0 作用下,带与带轮接触面间摩擦力的总和有一极限值。当带所传递的圆周力超过极限摩擦力总和时,带将沿带轮表面全面滑动,这种现象称为打滑。当传动带和带轮接触弧间有全面滑动趋势时,摩擦力达到最大值,即有效圆周力达到最大值。此时,忽略离心力的影响,紧边拉力 F_1 和松边拉力 F_2 之间的关系可用欧拉公式表示,即

$$\frac{F_1}{F_2} = e^{f\alpha} \tag{6-4}$$

式中 F_1、F_2——带的紧边拉力和松边拉力,N;

e——自然对数的底,e≈2.718;

f——带与带轮接触面间的摩擦系数,V 带用当量摩擦系数 f_v 代替 f, $f_v=f/\sin(\varphi/2)$;

α——包角,即带与小带轮接触弧所对的中心角,rad。

由式(6-1)、式(6-2)和式(6-4)可得:

$$F = 2F_0\left(\frac{e^{f\alpha} - 1}{e^{f\alpha} + 1}\right) \tag{6-5}$$

式(6-5)表明,带所传递的圆周力 F 与下列因素有关:

(1)初拉力 F_0。F 与 F_0 成正比,增大初拉力 F_0,带与带轮间正压力增大,则传动时产生的摩擦力就越大,故 F 越大。但 F_0 过大会加剧带的磨损,致使带过快松弛,缩短其工作寿命。

(2)摩擦系数 f。f 越大,摩擦力也越大,F 就越大。f 与带和带轮的材料、表面状况、工作环境、条件等有关。

(3)包角 α。F 随 α 的增大而增大。增加 α 会使整个接触弧上摩擦力的总和增加,从而提高传动能力。因此,水平装置的带传动,通常将松边放置在上边,以增大包角。由于大带轮的包角 α_2 大于小带轮的包角 α_1,打滑首先在小带轮上发生,所以只需考虑小带轮的包角 α_1。

联立式(6-2)和式(6-4),可得带传动在不打滑条件下所能传递的最大圆周力为

$$F_{max} = F_1\left(1 - \frac{1}{e^{f\alpha}}\right) \tag{6-6}$$

(二)带传动的应力分析

带传动工作时,带中的应力由以下三部分组成。

1. 由拉力产生的拉应力 σ

紧边拉应力:
$$\sigma_1 = \frac{F_1}{A} \tag{6-7}$$

松边拉应力:
$$\sigma_2 = \frac{F_2}{A} \tag{6-8}$$

式中 A——带的横截面面积,mm^2。

2. 由离心力产生的离心拉应力 σ_c

工作时,绕在带轮上的传动带随带轮做圆周运动,产生离心拉力 F_c。F_c 的计算公式为

$$F_c = qv^2 \tag{6-9}$$

式中 q——传动带单位长度的质量,kg/m,各种型号 V 带的 q 值见表 6-5;

v——传动带的速度,m/s。

表 6-5 基准宽度制 V 带每米长的质量 q 及带轮最小基准直径 d_{dmin}

带型	Y	Z	A	B	C	D	E	SPZ	SPA	SPB	SPC
q/(kg/m)	0.02	0.06	0.10	0.17	0.30	0.63	0.97	0.07	0.12	0.20	0.37
d_{dmin}/mm	20	50	75	125	200	355	500	63	90	140	224

F_c 作用于带的全长上,产生的离心拉应力为

$$\sigma_c = \frac{F_c}{A} = \frac{qv^2}{A} \tag{6-10}$$

3. 弯曲应力 σ_b

传动带绕过带轮时发生弯曲,从而产生弯曲应力。由材料力学可得,带的弯曲应力为

$$\sigma_b = \frac{Eh}{d_d} \tag{6-11}$$

式中 E——带的弹性模量,MPa;

h——带的高度,mm;

d_d——V 带轮基准直径,mm。

由式(6-11)可知,h 越大,d_d 越小,则带的弯曲应力就越大,故一般弯曲应力 $\sigma_{b1} > \sigma_{b2}$。因此,为避免弯曲应力过大,规定了最小带轮直径 d_{dmin}(见表 6-5)。

带在工作时的应力分布情况如图 6-7 所示。由此可知,带是在变应力情况下工作的,故易产生疲劳破坏。带的最大应力发生在紧边与小带轮的接触处,其值为

$$\sigma_{max} = \sigma_1 + \sigma_c + \sigma_{b1} \tag{6-12}$$

为保证带具有足够的疲劳寿命,应满足:

$$\sigma_{max} = \sigma_1 + \sigma_c + \sigma_{b1} \leqslant [\sigma] \tag{6-13}$$

式中 $[\sigma]$——带的许用应力。

$[\sigma]$是在 $\alpha_1 = \alpha_2 = 180°$、规定的带长和应力循环次数、载荷平稳等条件下通过试验确定的。

(三)带传动的弹性滑动和打滑

传动带是弹性体,受到拉力后会产生弹性伸长,伸长量随拉力大小的变化而改变。带由紧边绕过主动轮进入松边时,带内拉力由 F_1 减小为 F_2,其弹性伸长量也由 δ_1 减小为 δ_2。这说明带在绕经带轮的过程中,相对于轮面向后收缩了 $\Delta\delta(\Delta\delta = \delta_1 - \delta_2)$,带与带轮轮面间出现局部相对滑动,导致带的速度逐渐小于主动轮的圆周速度,如图 6-8 所示。同

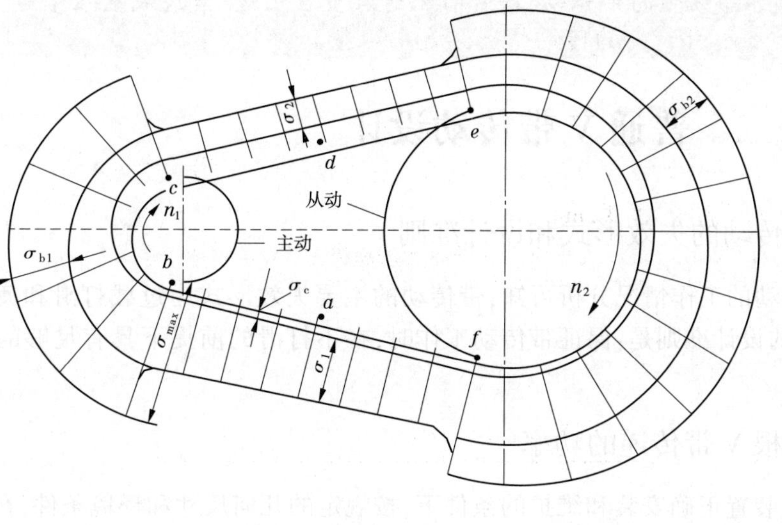

图 6-7　带的应力分布

样，当带由松边绕过从动轮进入紧边时，拉力增加，带逐渐被拉长，沿轮面产生向前的弹性滑动，使带的速度逐渐大于从动轮的圆周速度。这种由于带的弹性变形及拉力差而产生的带与带轮间的微量相对滑动称为弹性滑动。弹性滑动是不可避免的。

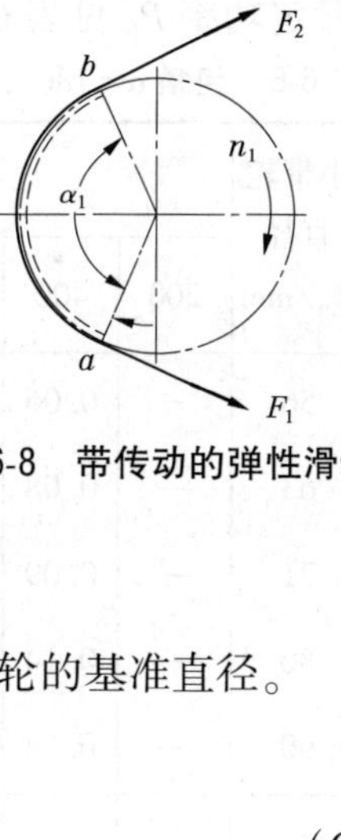

图 6-8　带传动的弹性滑动

带的弹性滑动使从动轮的圆周速度 v_2 低于主动轮的圆周速度 v_1，其速度的降低程度用滑动率 ε 表示，即

$$\varepsilon = \frac{v_1 - v_2}{v_1} = \frac{\pi d_{d1} n_1 - \pi d_{d2} n_2}{\pi d_{d1} n_1} \tag{6-14}$$

式中　n_1、n_2——主动轮、从动轮的转速，r/min；

d_{d1}、d_{d2}——主动轮、从动轮的直径，mm，对 V 带传动则为带轮的基准直径。

由式(6-14)得带传动的传动比为

$$i = \frac{n_1}{n_2} = \frac{d_{d2}}{d_{d1}(1 - \varepsilon)} \tag{6-15}$$

因带传动的滑动率 $\varepsilon = 0.01 \sim 0.02$，其值很小，所以在一般传动计算中可不予考虑。此时带的传动比计算式可简化为

$$i = \frac{n_1}{n_2} = \frac{d_{d2}}{d_{d1}} \tag{6-16}$$

当传递的外载荷增大时，有效拉力 F 也随之增加，当 F 达到一定数值时，带与带轮接触面间的摩擦力总和 F_f 达到极限值。若外载荷继续增加，带将沿整个接触弧面滑动，这种现象称为打滑。带传动一旦出现了打滑，即失去传动能力，从动轮转速急剧下降，带严重磨损。所以，必须避免打滑。

想一想:水平装置的带传动,通常将松边放置在上边、紧边放置在下边,这是为什么呢?

任务二　普通 V 带传动设计

一、带传动的失效形式和设计准则

由带传动的工作情况分析可知,带传动的主要失效形式为过载打滑和疲劳破坏。因此,带传动的设计准则是:保证带传动工作时,在不打滑的前提下具有足够的疲劳强度和寿命。

二、单根 V 带传递的功率

在传动装置正确安装和维护的条件下,按规定的几何尺寸和环境条件,在规定的时间周期内,给定 V 带所能传递的功率,成为带传动的额定功率。其值和 V 带横截面、小带轮基准直径、带速、传动比、包角及带长等因素有关。

为设计方便,在包角 $\alpha=180°(i=1)$、特定带长、载荷平稳的条件下,单根普通 V 带的基本额定功率 P_0 见表 6-6。

表 6-6　包角 $\alpha=180°$、特定带长、载荷平稳情况下,单根普通 V 带的基本额定功率 P_0　单位:kW

型号	小带轮直径 d_{d1}/mm	小带轮转速 n_1/(r/min)												
		200	400	700	800	950	1 200	1 450	1 600	2 000	2 400	2 800	3 200	3 600
Z	56	—	0.06	0.11	0.12	0.14	0.17	0.19	0.20	0.25	0.30	0.33	0.35	0.37
	63	—	0.08	0.13	0.15	0.18	0.22	0.25	0.27	0.32	0.37	0.41	0.45	0.47
	71	—	0.09	0.17	0.20	0.23	0.27	0.31	0.33	0.39	0.46	0.50	0.54	0.58
	80	—	0.14	0.20	0.22	0.26	0.30	0.36	0.39	0.44	0.50	0.56	0.61	0.64
	90	—	0.14	0.22	0.24	0.28	0.33	0.37	0.40	0.48	0.54	0.60	0.64	0.68
A	75	0.16	0.27	0.42	0.45	0.52	0.60	0.68	0.73	0.84	0.92	1.00	1.04	1.08
	90	0.22	0.39	0.63	0.68	0.79	0.93	1.07	1.15	1.34	1.50	1.64	1.75	1.83
	100	0.26	0.47	0.77	0.83	0.97	1.14	1.32	1.42	1.66	1.87	2.05	2.19	2.28
	112	0.31	0.56	0.93	1.00	1.18	1.39	1.62	1.74	2.04	2.30	2.51	2.68	2.78
	125	0.37	0.67	1.11	1.19	1.40	1.66	1.93	2.07	2.44	2.74	2.98	3.16	3.26
	140	0.43	0.78	1.31	1.41	1.66	1.96	2.29	2.45	2.87	3.22	3.48	3.65	3.72
	160	0.51	0.94	1.56	1.69	2.00	2.36	2.74	2.94	3.42	3.80	4.06	4.19	4.17

续表 6-6

型号	小带轮直径 d_{d1}/mm	小带轮转速 n_1/(r/min)												
		200	400	700	800	950	1 200	1 450	1 600	2 000	2 400	2 800	3 200	3 600
B	125	0.48	0.84	1.34	1.44	1.67	1.93	2.20	2.33	2.64	2.85	2.96	2.94	2.80
	140	0.59	1.05	1.69	1.82	2.13	2.47	2.83	3.00	3.42	3.70	3.85	3.83	3.63
	160	0.74	1.32	2.16	2.32	2.72	3.17	3.64	3.86	4.40	4.75	4.89	4.80	4.46
	180	0.88	1.59	2.61	2.81	3.30	3.85	4.41	4.68	5.30	5.67	5.76	5.52	4.92
	200	1.02	1.85	3.06	3.30	3.86	4.50	5.15	5.46	6.13	6.47	6.43	5.95	4.98
	224	1.19	2.17	3.59	3.86	4.50	5.26	5.99	6.33	7.02	7.25	6.95	6.05	4.47

型号	小带轮直径 d_{d1}/mm	小带轮转速 n_1/(r/min)												
		100	200	300	400	500	600	730	980	1 200	1 460	1 600	1 800	2 000
C	200	—	1.39	1.92	2.41	2.87	3.30	3.80	4.66	5.29	5.86	6.07	6.28	6.34
	224	—	1.70	2.37	2.99	3.58	4.12	4.78	5.89	6.71	7.47	7.75	8.00	8.05
	250	—	2.03	2.85	3.62	4.33	5.00	5.82	7.18	8.21	9.06	9.38	9.63	9.62
	280	—	2.42	3.40	4.32	5.19	6.00	6.99	8.65	9.81	10.74	11.06	11.22	11.04
	315	—	2.86	4.04	5.14	6.17	7.14	9.34	10.23	11.53	12.48	12.72	12.67	12.14
	400	—	3.91	5.54	7.06	8.52	9.82	11.52	13.67	15.04	15.51	15.24	14.08	11.95
D	355	3.01	5.31	7.35	9.24	10.90	12.39	14.04	16.30	17.25	16.70	15.63	12.97	—
	400	3.66	6.52	9.13	11.45	13.55	15.42	17.58	20.25	21.20	20.03	18.31	14.28	—
	450	4.37	7.90	11.02	13.85	16.40	18.67	21.12	24.16	24.84	22.42	19.59	13.34	—
	500	5.08	9.21	12.88	16.20	19.17	21.78	24.52	27.60	27.61	23.28	18.88	9.59	—
	560	5.91	10.76	15.07	18.95	22.38	25.32	28.28	31.00	29.67	22.08	15.13	—	—
E	500	6.21	10.86	14.96	18.55	21.65	24.21	26.62	28.52	25.53	16.25	—	—	—
	560	7.32	13.09	18.10	22.49	26.25	29.30	32.02	33.00	28.49	14.52	—	—	—
	630	8.75	15.65	21.69	26.95	31.36	34.83	37.64	37.14	29.17	—	—	—	—
	710	10.31	18.52	25.69	31.83	36.85	40.58	43.07	39.56	25.91	—	—	—	—
	800	12.05	21.70	30.05	37.05	42.53	46.26	47.79	39.08	16.46	—	—	—	—

当实际工作条件与确定 P_0 值的特定条件不同时，应对查得的单根 V 带的基本额定功率 P_0 值加以修正。修正后即得实际工作条件下单根 V 带所能传递的功率 $[P_0]$。$[P_0]$ 的计算公式为

$$[P_0] = (P_0 + \Delta P_0)K_\alpha K_L \tag{6-17}$$

式中 ΔP_0——功率增量,考虑传动比 $i \neq 1$ 时,带在大轮上的弯曲应力较小,故在寿命相同的条件下,可传递的功率应比基本额定功率 P_0 大,ΔP_0 的数值查表6-7;

K_α——包角系数,考虑 $\alpha \neq 180°$时 α 对传递功率的影响,查表6-8可得;

K_L——带长修正系数,考虑带为非特定长度时带长对传递功率的影响,查表6-3可得。

表6-7 考虑 $i \neq 1$ 时单根V带的功率增量 ΔP_0

型号	n_1/(r/min)	传动比 i									
		1.00~1.01	1.02~1.04	1.05~1.08	1.09~1.12	1.13~1.18	1.19~1.24	1.25~1.34	1.35~1.51	1.52~1.99	≥2.0
A	200	0	0	0.01	0.01	0.04	0.01	0.02	0.02	0.02	0.02
A	400	0	0	0.01	0.02	0.02	0.03	0.03	0.04	0.04	0.05
A	700	0	0	0.02	0.03	0.04	0.05	0.06	0.07	0.08	0.09
A	800	0	0	0.02	0.03	0.04	0.05	0.07	0.08	0.09	0.10
A	950	0	0	0.03	0.04	0.05	0.06	0.08	0.09	0.10	0.12
A	1 200	0	0	0.03	0.05	0.07	0.08	0.10	0.11	0.13	0.15
A	1 450	0	0	0.04	0.06	0.08	0.10	0.12	0.14	0.16	0.18
A	1 600	0	0	0.04	0.06	0.08	0.11	0.13	0.15	0.17	0.20
A	2 000	0	0	0.05	0.08	0.11	0.14	0.16	0.19	0.22	0.25
B	200	0	0	0.01	0.02	0.03	0.04	0.04	0.05	0.06	0.06
B	400	0	0	0.03	0.04	0.06	0.07	0.09	0.10	0.12	0.13
B	700	0	0	0.05	0.07	0.10	0.13	0.15	0.18	0.20	0.23
B	800	0	0	0.06	0.08	0.12	0.14	0.17	0.20	0.23	0.26
B	950	0	0	0.07	0.10	0.14	0.17	0.21	0.24	0.27	0.31
B	1 200	0	0	0.09	0.13	0.17	0.22	0.26	0.30	0.35	0.39
B	1 450	0	0.01	0.10	0.15	0.21	0.26	0.31	0.37	0.42	0.47
B	1 600	0	0.01	0.12	0.17	0.23	0.29	0.35	0.40	0.46	0.52
B	1 800	0	0.01	0.13	0.19	0.26	0.32	0.39	0.45	0.52	0.58
B	2 000	0	0.01	0.14	0.21	0.29	0.36	0.43	0.51	0.58	0.65

续表 6-7

n_1/(r/min)		传动比 i									
		1.00～1.01	1.02～1.04	1.05～1.08	1.09～1.12	1.13～1.18	1.19～1.24	1.25～1.34	1.35～1.51	1.52～1.99	≥2.0
C	200	0	0	0.04	0.06	0.08	0.10	0.12	0.14	0.16	0.18
	300	0	0	0.06	0.09	0.12	0.15	0.18	0.21	0.24	0.27
	400	0	0	0.08	0.12	0.16	0.20	0.24	0.28	0.32	0.36
	500	0	0.01	0.10	0.15	0.20	0.25	0.30	0.35	0.40	0.45
	600	0	0.01	0.12	0.17	0.24	0.30	0.36	0.42	0.48	0.54
	700	0	0.01	0.14	0.20	0.28	0.35	0.42	0.49	0.56	0.63
	800	0	0.01	0.16	0.23	0.32	0.40	0.48	0.56	0.64	0.72
	950	0	0.01	0.19	0.28	0.38	0.47	0.57	0.66	0.76	0.84
	1 200	0	0.01	0.24	0.35	0.48	0.60	0.72	0.84	0.96	1.08
	1 450	0	0.02	0.29	0.42	0.58	0.72	0.87	1.01	1.16	1.30
	1 600	0	0.02	0.32	0.47	0.64	0.80	0.96	1.12	1.28	1.43
	1 800	0	0.02	0.36	0.52	0.72	0.90	1.08	1.26	1.44	1.61
	2 000	0	0.02	0.40	0.58	0.80	1.00	1.19	1.39	1.59	1.79

表 6-8　小带轮包角系数 K_α

α/(°)	180	174	169	163	157	151	145	139	133	127	120	113	106	99	91	83
K_α	1	0.99	0.97	0.96	0.94	0.93	0.91	0.89	0.87	0.85	0.82	0.80	0.77	0.73	0.70	0.65

三、普通 V 带传动的设计步骤

设计普通 V 带传动时,一般已知条件是传动的工作情况,传递的功率 P,两轮转速 n_1、n_2(或传动比 i)及空间尺寸要求等。具体的设计内容有:确定 V 带的型号、长度和根数,传动中心距及带轮直径,画出带轮零件图等。

(一)确定设计功率

设计功率 P_d 是根据传递功率 P,并考虑载荷性质及每天运转时间的长短等因素的影响而确定的,即

$$P_d = K_A P \tag{6-18}$$

式中　K_A——工作情况系数,查表 6-9 可得。

(二)选择 V 带的型号

根据设计功率 P_d 和主动轮转速 n_1,由图 6-9 选择 V 带型号。当所选的坐标点在图中两种型号分界线附近时,可先选择两种型号分别进行计算,然后择优选用。

表 6-9　工作情况系数 K_A

工况		K_A					
		空、轻载启动			重载启动		
		每天工作小时数/h					
		<10	10~16	>16	<10	10~16	>16
载荷变动微小	液体搅拌机、通风机和鼓风机(≤7.5 kW)、离心式水泵、压缩机、轻型输送机	1.0	1.1	1.2	1.1	1.2	1.3
载荷变动小	带式输送机(不均匀载荷)、通风机(>7.5 kW)、旋转式水泵、压缩机(非离心式)、发电机、金属切削机床、印刷机、旋转筛、锯木机等	1.1	1.2	1.3	1.2	1.3	1.4
载荷变动较大	制砖机、斗式提升机、往复式水泵压缩机、起重机、磨粉机、冲剪机床、橡胶机械振动筛、纺织机械、重载输送机	1.2	1.3	1.4	1.4	1.5	1.6
载荷变动很大	破碎机(旋转式、颚式等)、磨碎机(球磨、棒磨、管磨)	1.3	1.4	1.5	1.5	1.6	1.8

注: 1. 空、轻载启动:电动机(交流启动、△启动、直流并励),四缸以上的内燃机,装有离心式离合器、液力联轴器的动力机。

2. 重载启动:电动机(联机交流启动、直流复励或串励),四缸以下的内燃机。

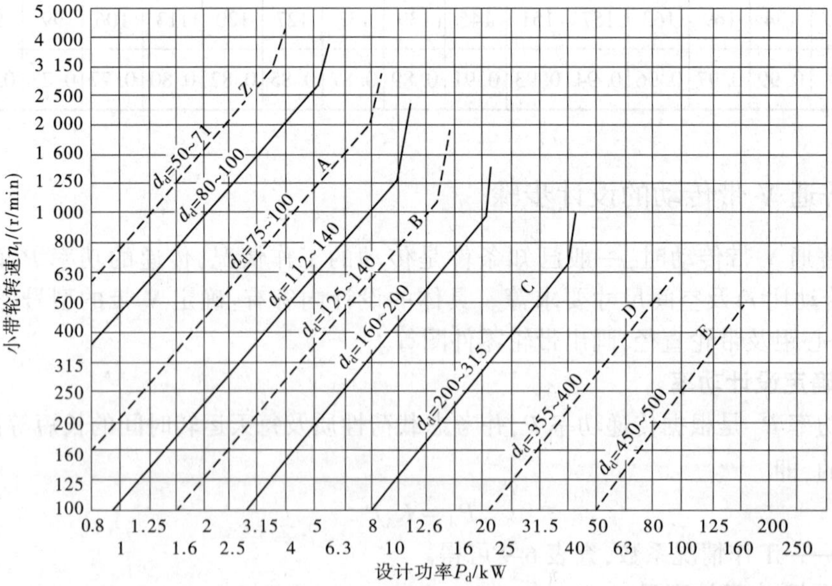

图 6-9　普通 V 带选型图

(三)确定带轮基准直径 d_{d1}、d_{d2}

带轮直径小可使传动结构紧凑,但弯曲应力大,使带的寿命降低。设计时,应取小带轮的基准直径 $d_{d1} \geqslant d_{dmin}$,$d_{dmin}$ 的值查表 6-5。忽略弹性滑动的影响,$d_{d2} = d_{d1} n_1 / n_2$,$d_{d1}$、$d_{d2}$ 应取标准值(查表 6-2)。

(四)验算带速 v

带速 v 的计算公式如下:

$$v = \frac{\pi d_{d1} n_1}{60 \times 1\ 000} \tag{6-19}$$

带速太高会使离心力增大,使带与带轮间的摩擦力减小,传动中容易打滑。另外,单位时间内带绕过带轮的次数也增多,缩短传动带的工作寿命。若带速太低,则当传递功率一定时,传递的圆周力增大,带的根数增多。一般应使 v 在 5~25 m/s,如带速超过上述范围,应重选小带轮直径 d_{d1}。

(五)初定中心距 a 和基准带长 L_d

如果传动中心距小,则结构紧凑,但传动带较短,包角减小,且带的绕转次数增多,缩短了带的寿命,因此传动能力设计时应根据具体的结构要求或按下式初步确定。如果中心距过大,则结构尺寸增大,当带速较高时带会产生颤动。中心距 a_0 为

$$0.7(d_{d1} + d_{d2}) \leqslant a_0 \leqslant 2(d_{d1} + d_{d2}) \tag{6-20}$$

由带传动的几何关系可得带的基准长度计算公式:

$$L_0 = 2a_0 + \frac{\pi}{2}(d_{d1} + d_{d2}) + \frac{(d_{d2} - d_{d1})^2}{4a_0} \tag{6-21}$$

L_0 为带的基准长度计算值,查表 6-3 即可选定带的基准长度 L_d,而实际中心距 a 可由下式近似确定:

$$a \approx a_0 + \frac{L_d - L_0}{2} \tag{6-22}$$

考虑到安装调整和补偿初拉力的需要,应将中心距设计成可调式,有一定的调整范围,一般取:

$$\left.\begin{aligned} a_{min} &= a - 0.015\, L_d \\ a_{max} &= a + 0.03\, L_d \end{aligned}\right\} \tag{6-23}$$

(六)校验小带轮包角 α_1

小带轮包角 α_1 的计算公式如下:

$$\alpha_1 = 180° - \frac{d_{d2} - d_{d1}}{a} \times 57.3° \tag{6-24}$$

一般应使 $\alpha_1 \geqslant 120°$(特殊情况下允许 $\geqslant 90°$),若不满足此条件,可适当增大中心距或减小两带轮的直径差,也可以在带的外侧加压带轮,但这样做会缩短带的使用寿命。

(七)确定V带根数 z

V带根数 z 的计算公式如下：

$$z \geqslant \frac{P_d}{[P_0]} = \frac{P_d}{(P_0 + \Delta P_0)K_\alpha K_L} \tag{6-25}$$

带的根数应取整数。为使各带受力均匀，带的根数不宜过多，一般应满足 $z<10$。如计算结果超出范围，应改选V带型号或加大带轮直径后重新设计。

(八)单根V带的初拉力 F_0

单根V带所需的初拉力 F_0 为

$$F_0 = \frac{500P_d}{zv}\left(\frac{2.5}{K_\alpha} - 1\right) + qv^2 \tag{6-26}$$

由于新带易松弛，对不能调整中心距的普通V带传动，安装新带时的初拉力应为计算值的1.5倍。

(九)带传动作用在带轮轴上的压力 F_Q

V带的张紧对轴、轴承产生的压力 F_Q 会影响轴、轴承的强度和寿命。为简化其运算，一般按静止状态下带轮两边均作用初拉力 F_Q 进行计算，如图6-10所示，得：

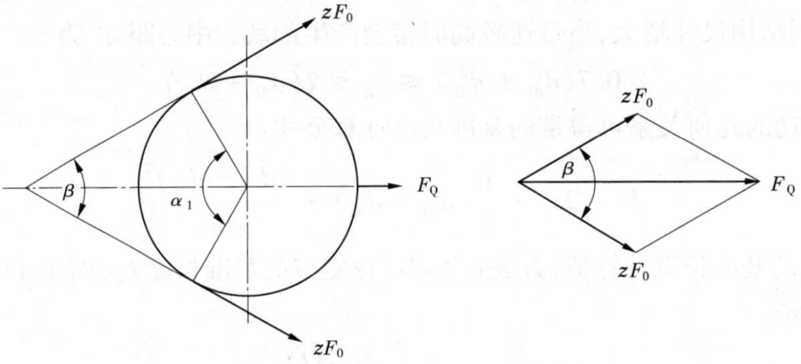

图6-10 带传动作用在轴上的压力

$$F_Q = 2F_0 z \sin\frac{\alpha_1}{2} \tag{6-27}$$

(十)带轮结构设计

设计出带轮结构后还要绘制带轮零件图。

(十一)设计结果

列出带型号，带的基准长度 L_d，带的根数 z，带轮直径 d_{d1}、d_{d2}，中心距 a，轴上压力 F_Q 等。

任务实施： 设计某鼓风机用普通V带传动。已知电动机额定功率 $P=10$ kW，转速 $n_1=1\ 450$ r/min，从动轴转速 $n_2=400$ r/min，中心距约为1 500 mm，每天工作24 h。

解： 实训过程和结果如表6-10所示。

表 6-10 实训过程和结果

计算与说明	主要结果
1. 确定设计功率 P_d。 由表 6-9 查得 $K_A=1.3$，由式（6-18）得： $P_d=K_AP=1.3\times10=13(kW)$	$P_d=13$ kW
2. 选取普通 V 带型号。 根据 $P_d=13$ kW、$n_1=1\ 450$ r/min，由图 6-9 选用 B 型普通 V 带	B 型普通 V 带
3. 确定带轮基准直径 d_{d1}、d_{d2}。 根据表 6-5 和图 6-9 选取 $d_{d1}=140$ mm，且 $d_{d1}=140\ mm>d_{dmin}=125$ mm。 大带轮基准直径为 $d_{d2}=d_{d1}n_1/n_2=140\times1\ 450/400=507.5$（mm）。 按表 6-2 选取标准值 $d_{d2}=500$ mm，则实际传动比 i、从动轮的实际转速分别为 $$i=\frac{d_{d2}}{d_{d1}}=\frac{500}{140}=3.57$$ $$n_2=n_1/i=1\ 450/3.57=406(r/min)$$ 从动轮的转速误差率为 $$\frac{406-400}{400}\times100\%=1.5\%$$ 在±5%以内为允许值	$d_{d1}=140$ mm $d_{d2}=500$ mm
4. 验算带速 v。 $$v=\frac{\pi d_{d1}n_1}{60\times1\ 000}=\frac{\pi\times140\times1\ 450}{60\times1\ 000}=10.63(m/s)$$ 带速在 5~25 m/s 范围内	$v=10.63$ m/s
5. 确定带的基准长度 L_d 和实际中心距 a。 按结构设计要求初定中心距 $a_0=1\ 500$ mm。 由式（6-21）得： $$L_0=2a_0+\frac{\pi}{2}(d_{d1}+d_{d2})+\frac{(d_{d2}-d_{d1})^2}{4a_0}$$ $$=2\times1\ 500+\frac{\pi}{2}(140+500)+\frac{(500-140)^2}{4\times1\ 500}$$ $$=4\ 026.9\ (mm)$$ 由表 6-3 选取基准长度 $L_d=4\ 060$ mm。 由式（6-22）得实际中心距 a 为 $$a\approx a_0+\frac{L_d-L_0}{2}$$ $$=1\ 500+\frac{4\ 060-4026.9}{2}$$ $$=1\ 517(mm)$$ 中心距 a 的变化范围为 $a_{min}=a-0.015\ L_d$ $=1\ 517-0.015\times4\ 060=1\ 501(mm)$ $a_{max}=a+0.03\ L_d=1\ 517+0.03\times4\ 060=1\ 639(mm)$	$L_d=4\ 060$ mm $a=1\ 517$ mm

续表 6-10

计算与说明	主要结果
6. 校验小带轮包角 α_1。 由式(6-24)得: $\alpha_1=180°-\dfrac{d_{d2}-d_{d1}}{a}\times57.3°$ $=180°-\dfrac{500-140}{1\ 487}\times57.3°$ $=166.13°>120°$	$\alpha_1=166.13°$
7. 确定 V 带根数 z。 由式(6-25)得: $z\geqslant\dfrac{P_d}{[P_0]}=\dfrac{P_d}{(P_0+\Delta P_0)K_\alpha K_L}$ 根据 $d_{d1}=140$ mm、$n_1=1\ 450$ r/min,查表 6-6,得: $P_0=2.83$ kW 查表 6-7 得功率增量 ΔP_0 为 $\Delta P_0=0.47$ kW 由表 6-3 查得带长度修正系数 $K_L=1.13$,由表 6-8 查得包角系数 $K_\alpha=0.97$,得普通 V 带根数: $z=\dfrac{13}{(2.83+0.47)\times0.97\times1.13}=3.59$(根) 圆整得 $z=4$ 根	$z=4$ 根
8. 求初拉力 F_0 及带轮轴上的压力 F_Q。 由表 6-5 查得 B 型普通 V 带的每米长的质量 $q=0.17$ kg/m,根据式(6-26)得单根 V 带的初拉力为 $F_0=\dfrac{500P_d}{zv}\left(\dfrac{2.5}{K_\alpha}-1\right)+qv^2$ $=\dfrac{500\times13}{4\times10.63}\times\left(\dfrac{2.5}{0.97}-1\right)+0.17\times(10.63)^2$ $=260.33$(N) 由式(6-27)可得作用在轴上的压力 F_Q 为 $F_Q=2F_0z\sin\dfrac{\alpha_1}{2}$ $=2\times260.33\times4\sin\dfrac{166.13°}{2}$ $=2\ 067.4$ (N)	$F_0=260.33$ N $F_Q=2\ 067.4$ N
9. 轮的结构设计。 按本项目任务二进行设计(设计过程及带轮工作图略)	

想一想:V 带的根数 z 不宜过多,一般不超过 10 根。试解释其原因。

四、带传动的安装、张紧和维护

(一)带传动的张紧

带传动工作一段时间后就会由于塑性变形而松弛,使初拉力减小,传动能力下降,这时必须要重新张紧。常用的张紧方式主要有以下几种。

1. 调整中心距法

(1)定期张紧。如图 6-11 所示,将装有带轮的电动机 1 装在滑道 2 上,旋转调节螺钉 3 以增大或减小中心距,从而达到张紧或松开的目的。图 6-12 所示为把电动机 1 装在一摆动底座 2 上,通过调节螺钉 3 调节中心距达到张紧的目的。

(2)自动张紧。把电动机 1 装在如图 6-13 所示的摇摆架 2 上,利用电机的自重,使电动机轴心绕铰点 A 摆动,拉大中心距,达到自动张紧的目的。

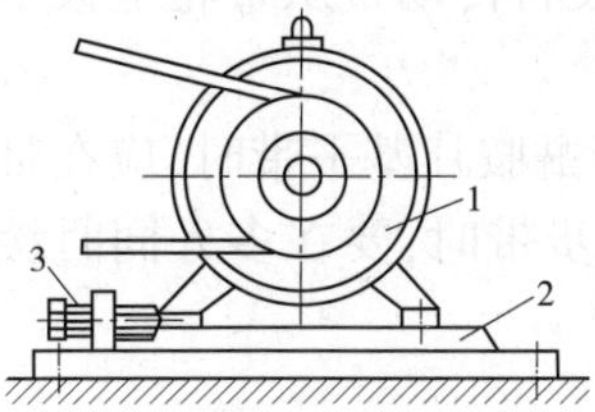

图 6-11　水平传动定期张紧装置

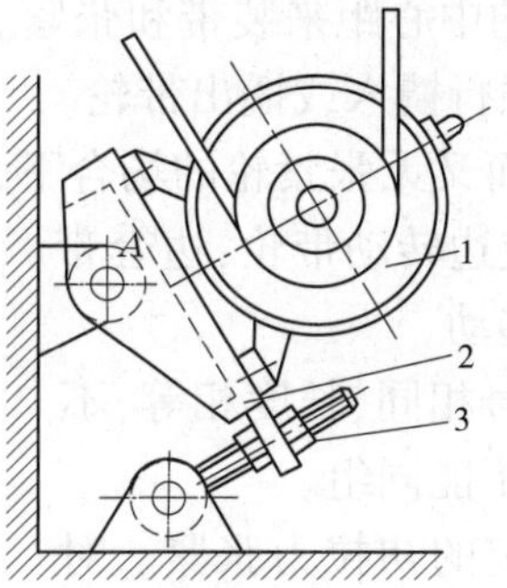

图 6-12　垂直传动定期张紧装置

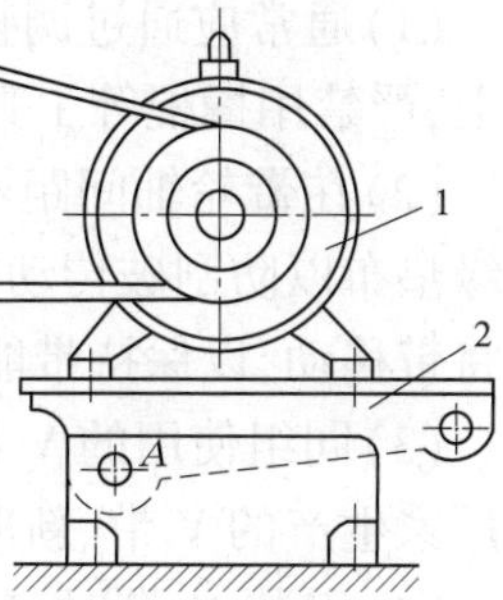

图 6-13　自动张紧装置

2. 张紧轮法

带传动的中心距不能调整时,可采用张紧轮法。图 6-14(a)所示为定期张紧装置,定期调整张紧轮的位置可达到张紧的目的。图 6-14(b)所示为摆锤式自动张紧装置,依靠摆捶重力可使张紧轮自动张紧。

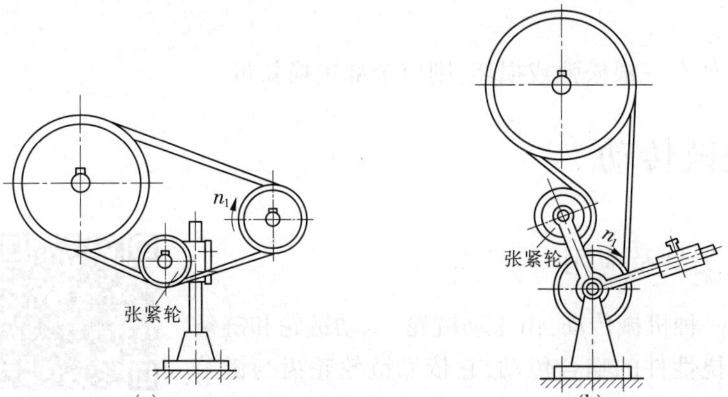

图 6-14　张紧轮的布置

码 6-3　定期张紧

码 6-4　张紧轮张紧

V 带张紧时,张紧轮一般放在带的松边内侧并应尽量靠近大带轮一边,这样可使带只受单向弯曲,且小带轮的包角不致过分减小。

平带传动时,张紧轮一般应放在松边外侧,并要靠近小带轮处。这样可以增大小带轮包角,提高了平带的传动能力。

(二)带传动的安装与维护

1. 带的安装

1)带轮的安装

平行轴传动时,各带轮的轴线必须保持固定的平行度。各轮宽的中心线,V 带轮、多楔带轮的对应轮槽中心线,平带轮面凸弧的中心线均应共面且与轴线垂直,否则会加速带的磨损,缩短带的寿命。

2)传动带的安装

(1)通常应通过调整各轮的中心距来装带和张紧。切忌硬将传动带从带轮上拔下或扳上,严禁用撬棍等工具将带强行撬入或撬出带轮。

(2)在带轮轴间距不可调而又无张紧轮的场合下,安装聚酰胺片基平带时,应在带轮边缘垫布以防刮破传动带,并应边转动带轮,边套带。安装同步带时,要在多处同时缓慢地将带移动,以保持带能平齐移动。

(3)同组使用的 V 带应型号相同、长度相等,不同厂家生产的 V 带、新旧 V 带不能同组。

(4)安装 V 带时,应按规定的初拉力张紧。对于中等中心距的带传动,也可凭经验张紧,带的张紧程度以大拇指能将带按下 15 mm 为宜,如图 6-15 所示。新带使用前,最好预先拉紧一段时间后再使用。

图 6-15 V 带的张紧程度

2. 带传动的维护

(1)带传动装置外面应加防护罩,以保证安全,防止带与酸、碱或油接触而腐蚀传动带。

(2)带传动不需要润滑,禁止往带上加润滑油或润滑脂,应及时清理带轮槽内及传动带上的油污。

(3)应定期检查胶带,如有一根松弛或损坏,则应全部更换新带。

任务三 认识链传动

一、链传动的特点、类型及应用

码 6-5 链传动

链传动是应用较广的一种机械传动,由主动链轮、从动链轮和链条组成。链传动是具有中间挠性件的啮合传动,它依靠链轮轮齿与链节的啮合来传递运动和动力。

(一)链传动的特点

链传动与带传动相比,具有以下特点:

(1)无弹性滑动和打滑现象,能保持准确的平均传动比。

(2)传动效率较高。

(3)张紧力小,所以作用于轴上的径向力较小。

(4)结构紧凑。

(5)能在高温、灰尘多、湿度大及有腐蚀等恶劣条件下工作。

链传动与齿轮传动相比,具有以下特点:

(1)制造与安装精度要求低,成本低。

(2)在远距离传动时,其结构简单、轻便。

链传动的主要缺点是:

(1)只适用于平行轴之间的同向回转传动。

(2)瞬时传动比不恒定。

(3)工作时有噪声。

(4)磨损后易发生跳齿。

(5)不宜应用于载荷变化很大和急速反向的传动。

查一查:如何理解链传动的平均传动比和瞬时传动比?

(二)链的类型

(1)按用途或工作性质划分,链可分为传动链、输送链和起重链。在一般机械传动中,常用传动链,而输送链和起重链主要用在运输和起重机械中。

(2)按传动链结构形式划分,链可分为滚子链、套筒链、齿形链及成型链,前三种都已经标准化了。目前,应用最广泛的是滚子链。

(三)链传动的应用场合

链传动主要用在要求工作可靠、平均传动比准确,且两轴相距较远,以及其他不宜采用齿轮传动的场合。目前,链传动广泛应用于农业、矿山、起重运输、冶金、建筑、石油、化工等行业的各种机械中。

链传动传递的功率一般在 100 kW 以下,其链速一般不超过 15 m/s,推荐使用的最大传动比为 $i=8$,常用 $i=2\sim2.5$。

找一找:仔细观察普通自行车,链传动时松边在上面还是在下面?

二、滚子链和链轮

(一)滚子链

1. 滚子链的结构

滚子链的结构如图 6-16 所示,由滚子、套筒、销轴、内链板和外链板组成。内链板与套筒之间、外链板与销轴之间分别用过盈配合固联。滚子与套筒之间、套筒与销轴之间均为间隙配合。

滚子链有单排链和多排链之分。当传递大功率时,可采用双排链或多排链,多排链的承载能力与排数成正比,但排数一般不宜超过 4 排。

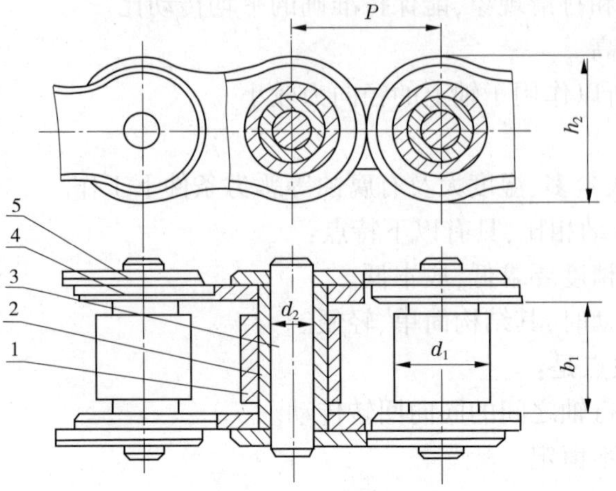

1—滚子;2—套筒;3—销轴;4—内链板;5—外链板。

图 6-16 滚子链

想一想:滚子链的排数一般不宜超过4排,为什么?

2. 滚子链的基本参数

滚子链的基本参数有节距 P、滚子直径 d_1、内链节内宽 b_1、多排链排距 P_t 等。

相邻两销轴轴心线间的距离称为节距,用 P 表示,它是链的主要参数。节距 P 越大,链的各元件的尺寸也大,承载能力也越高,但重量也增加,冲击和振动也随之加大。因此,传递功率较大时,为减小链传动的外廓尺寸,减小冲击、振动,可采用小节距的多排链。

滚子链已标准化,分为两系列,表6-11列出了几种常用滚子链的基本参数和尺寸。

表 6-11 滚子链的基本参数和尺寸

ISO链号	节距 P	滚子直径 d_1 max	内链节内宽 b_1 min	销轴直径 d_2 max	内链板高度 h_2 max	排距 P_t	抗拉载荷 单排 min	抗拉载荷 双排 min	单排链的质量 q min
	mm						kN		kg/m
06B	9.525	6.35	5.72	3.28	8.26	10.24	8.9	16.9	0.4
40	12.70	7.92	7.85	3.98	12.07	14.38	13.9	27.8	0.6
08B	12.70	8.51	7.75	4.45	11.81	13.92	17.8	31.1	0.7
50	15.875	10.16	9.40	5.09	15.09	18.11	21.8	43.6	1.00
60	19.05	11.91	12.57	5.96	18.10	22.78	31.3	62.6	1.50
80	25.40	15.88	15.75	7.94	24.13	29.29	55.6	111.2	2.6
100	31.75	19.05	18.90	9.54	30.17	35.76	87.0	174.0	3.8
120	38.10	22.23	25.22	11.11	36.20	45.44	125.0	250.0	5.6
140	44.45	25.40	25.22	12.71	42.23	48.87	170.0	340.0	7.50
160	50.80	28.58	31.55	14.29	48.26	58.55	223.0	446.0	10.10
200	63.50	39.68	37.85	19.85	60.33	71.55	347.0	694.0	16.10
240	76.20	47.63	47.35	23.81	72.39	87.83	500.0	1 000.0	22.6

滚子链的标记为

链号 - 排数 × 链节的数目　标准编号

例如,40-1×88　GB/T 1243—2024

表示:按 GB/T 1243—2024 制造的节距为 12.7 mm、单排、88 节的滚子链。

(二)联接链节

为了使链联成封闭环状,链的两端应用联接链节联接起来,联接链节通常有三种形式。当组成链的总链节为偶数时,可采用开口销或弹簧夹将接头上的活动销轴固定,见图 6-17(a)、(b)。当链节总数为奇数时,可采用过渡链节联接,见图 6-17(c)。链条受力时,过渡链节除受拉力外,还承受附加弯矩作用,其强度比一般链节低,故最好采用偶数链节。

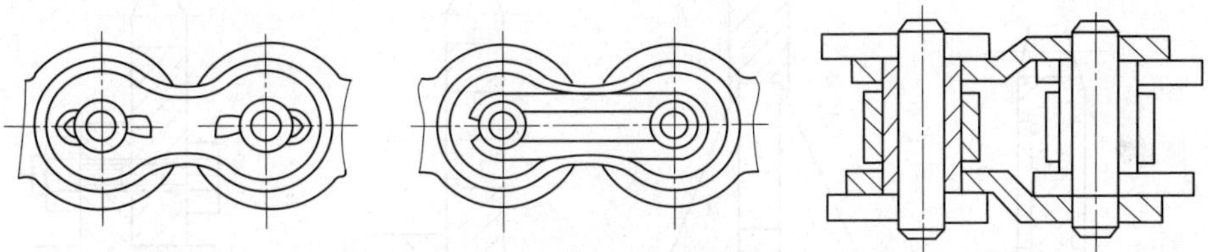

(a)　(b)　(c)

图 6-17　滚子链的接头方式

想一想:链传动一般采用偶数链节还是奇数链节?

(三)链轮

1. 链轮的基本参数与主要尺寸

链轮的基本参数有配用链条的节距 P、套筒的最大外径 d、排距 P_t,以及链轮的齿数 z。链轮的主要尺寸及计算公式见表 6-12。

表 6-12　滚子链链轮的主要尺寸及计算公式　单位:mm

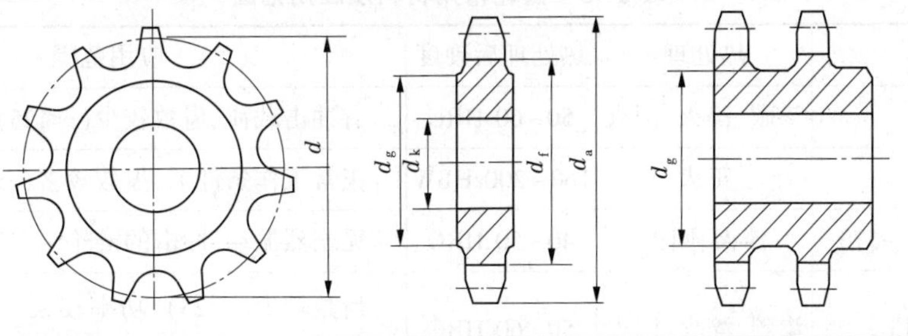

名称	符号	计算公式
分度圆直径	d	$d=P/\sin\dfrac{180^\circ}{z}$
齿顶圆直径	d_a	$d_a=P(0.54+\cot\dfrac{180^\circ}{z})$
齿根圆直径	d_f	$d_f=d-d_1$
分度圆弦齿高	h_a	$h_a=0.27P$

2. 链轮齿形

链轮齿形应满足下列要求：

(1)保证链节能自由地进入和退出啮合。

(2)接触应力小。

(3)形状简单,便于加工。

国家标准 GB/T 1243—2024 规定了滚子链链轮的齿形,相关计算公式见设计手册。

3. 链轮的结构

链轮常用结构见图 6-18。一般小直径链轮采用实心式[见图 6-18(a)],中等直径采用孔板式[见图 6-18(b)],较大直径采用联接式[见图 6-18(c)]。

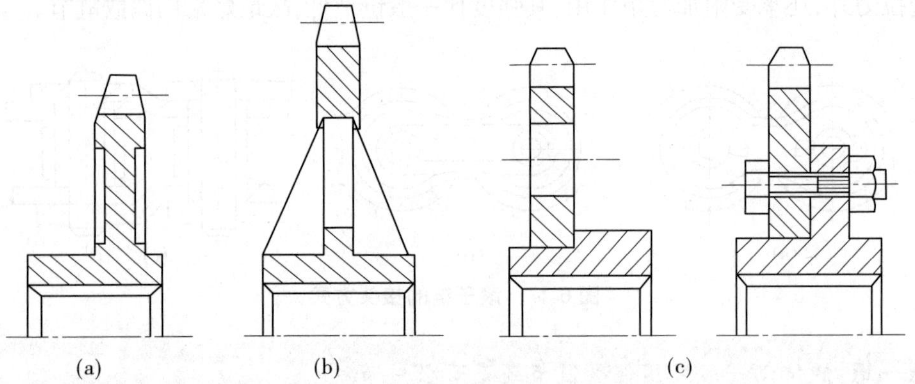

图 6-18 链轮结构

4. 链轮常用材料

链轮材料应满足强度和耐磨性要求。链轮常用材料及应用范围见表 6-13。小链轮的啮合次数比大链轮多,因此对材料的要求也比大链轮高。

表 6-13 链轮常用材料及应用范围

材料	热处理	热处理后硬度	应用范围
15、20	渗碳、淬火、回火	50~60 HRC	有冲击载荷、齿数较少($z \leqslant 25$)的链轮
35	正火	160~200 HBW	正常工作条件下,齿数较多($z>25$)的链轮
40、50、ZG310-570	淬火、回火	40~50 HRC	无剧烈振动、冲击的链轮
15Cr、20Cr	渗碳、淬火、回火	50~60 HRC	齿数较少($z<25$)、功率较大且有冲击的重要链轮
40Cr、35SiMn、35CrMo	淬火、回火	40~50 HRC	使用优质链条、重要的链轮
Q235、Q275	焊接后退火	140 HBW	中等速度、中等功率、直径较大的链轮
普通灰铸铁(不低于 HT150)	淬火、回火	260~280 HBW	齿数较多($z>50$)的从动链轮

学·思·悟

CVT 无级变速箱钢带传动系统

CVT 无级变速箱以两个可改变直径的传动轮,中间套上传动带来传动。其原理是将传动带两端绕在一个锥形带轮上,带轮的外径大小靠油压大小进行无级的变化。起步时,主动带轮直径变为最大直径,而被动带轮变为最小,实现较高的传动比。由于 CVT 可以实现传动比的连续改变,提高了整车的燃油经济性和动力性,改善了驾驶员的操作方便性和乘员的乘坐舒适性。

码 6-6 CVT 无级变速箱

读者笔记:________________

____

____

基础理论训练

一、选择题

1. 带传动中,在预紧力相同的条件下,V 带比平带能传递较大的功率,是因为 V 带( )。

A. 强度高　　B. 尺寸小　　C. 有楔形增压作用　　D. 没有接头

2. 带传动中,若小带轮为主动轮,则带的最大应力发生在带( )处。

A. 进入主动轮　　B. 进入从动轮　　C. 退出主动轮　　D. 退出从动轮

3. 带传动正常工作时不能保证准确的传动比是因为( )。

A. 带的材料不符合虎克定律　　B. 带容易变形和磨损

C. 带在带轮上打滑　　D. 带的弹性滑动

4. 带传动打滑总是( )。

A. 在小轮上先开始　　B. 在大轮上先开始

C. 在两轮上同时开始

5. V 带传动设计中,限制小带轮的最小直径主要是为了( )。

A. 使结构紧凑

B. 限制弯曲应力

C. 保证带和带轮接触面间有足够摩擦力

D. 限制小带轮上的包角

6. 带传动的主要失效形式之一是带的( )。

A. 松弛　　B. 颤动　　C. 疲劳破坏　　D. 弹性滑动

7. 带传动正常工作时,紧边拉力 F_1 和松边拉力 F_2 满足关系( )。

A. $F_1=F_2$　　B. $F_1-F_2=F$　　C. $F_1+F_2=F_0$

8. 链条的节数宜采用(　　)。

A. 奇数　　B. 偶数　　C. 5 的倍数　　D. 10 的倍数

二、填空题

1. 平带、V 带传动主要依靠＿＿＿＿＿＿传递运动和动力。
2. 带传动打滑总是在＿＿＿＿＿＿轮上先开始。
3. 普通 V 带中＿＿＿＿＿＿型带截面尺寸最小。
4. 带传动不能保证准确传动比是因为＿＿＿＿＿＿。
5 带传动采用张紧装置的目的是＿＿＿＿＿＿＿＿＿＿＿＿＿＿＿＿＿＿＿＿。
6. 滚子链的基本参数是＿＿＿＿＿＿、＿＿＿＿＿＿、＿＿＿＿＿＿及＿＿＿＿＿＿等,其中＿＿＿＿＿＿是滚子链的主要参数。

三、判断题

1. V 带的基准长度是指在规定的张紧力下,位于带轮基准直径上的周线长度。(　　)
2. 弹性滑动是可以避免的。(　　)
3. 带轮转速越高,带截面上的最大拉应力也相应越大。(　　)
4. 为了增强传动能力,可以将带轮工作面制得粗糙些。(　　)
5. 为了保证 V 带的传动能力,小带轮的包角通常要求大于或等于 120°。(　　)
6. V 带的张紧轮最好布置在松边外侧靠近大带轮处。(　　)

实践训练

1. 单根普通 V 带传动,能传递的最大功率 $P=10$ kW,主动轮的转速 $n_1=1\ 450$ r/min,主动轮、从动轮的基准直径分别为 $d_{d1}=180$ mm、$d_{d2}=350$ mm,中心距 $a=630$ mm,带与带轮间的当量摩擦系数 $f_v=0.2$,试求紧边拉力 F_1 和松边拉力 F_2。

2. 某 V 带传动传递的功率 $P=5.5$ kW,带速 $v=10$ m/s,紧边拉力 F_1 是松边拉力 F_2 的 2 倍,求该带传动的有效拉力及紧边拉力 F_1。

3. 已知某普通 V 带传动由电动机驱动,电动机转速 $n_1=1\ 450$ r/min,小带轮基准直径 $d_{d1}=100$ mm,大带轮基准直径 $d_{d2}=280$ mm,中心距 $a\approx350$ mm,用两根 A 型 V 带传动,载荷平稳,两班制工作,试求此传动所能传递的最大功率。

4. 某普通 V 带传动由电动机直接驱动,已知电动机转速 $n_1=1\ 450$ r/min,主动带轮基准直径 $d_{d1}=160$ mm,从动带轮直径 $d_{d2}=400$ mm,中心距 $a=1\ 120$ mm,用两根 B 型 V 带传动,载荷平稳,两班制工作。试求该传动可传递的最大功率。

5. 某带式运输机其异步电动机与齿轮减速器之间用普通 V 带传动,电动机额定功率 $P=5.5$ kW,转速 $n_1=960$ r/min,V 带传动比 $i_{12}=2.5$,运输机单向运转,载荷平稳,一班制工作,试设计此 V 带传动。(允许传动比误差 $\Delta i\leqslant\pm5\%$)

6. 试设计某车床上电动机和床头箱间的普通 V 带传动。已知电动机的功率 $P=4$ kW,转速 $n_1=1\ 440$ r/min,从动轴的转速 $n_2=680$ r/min,两班制工作,根据机床结构,要求两带轮的中心距在 950 mm 左右。

项目七　机械联接与支承件设计

【学习目标】

码 7-1　课程思政教学案例

(1)掌握联接方式。熟知键联接、销联接、螺纹联接等各类机械联接方式,精准把握它们的工作原理,透彻理解其结构特点,清晰分辨在不同机械场景中的适用情况。

(2)认识支承件特性。掌握滚动轴承的类型、性能特点和选择方法,掌握滚动轴承的寿命计算方法。

(3)理解稳固设计原理。深度理解机械联接与支承件稳固设计的基本原则,掌握提高机械联接可靠性的方法。

(4)培养将工程实际需求转化为轴承支承结构设计方案的能力,学会分析复杂工况下的技术难题,提出创新性的解决方案,提升工程设计能力。

(5)使学生感受到我国制造业的巨大进步,增强民族自豪感,培养爱岗敬业的职业素养,树立学生民族自豪感和对大国工匠的敬佩之情。

【项目导入】

机器由许多零部件组成,这些零部件需要通过联接来实现机器的职能,因而联接是构成机器的重要环节。联接种类很多,根据被联接件之间的相互关系可分为动联接和静联接两类。机器通常用到如下的联接件:图 7-1(a)所示为键联接,图 7-1(b)所示为螺纹联接件,图 7-1(c)所示为联轴器。

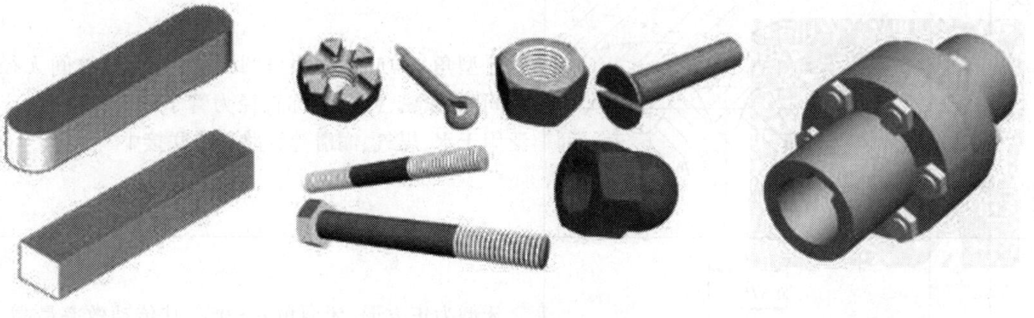

(a)　　(b)　　(c)

图 7-1　联接件

机械联接意义重大,它能把不同零件组合,实现运动与动力传递,像键联接让齿轮与轴协同工作;便于装配维修,降低维护成本;能满足多样化设计需求,提升产品性能;能增强结构稳定性,确保机械系统正常运行,延长使用寿命。

任务一　选择合适的螺纹、键、销等联接方式

一、螺纹

(一)螺纹的分类、特点和应用

螺纹有外螺纹和内螺纹之分,它们共同组成螺旋副。起联接作用的螺纹称为联接螺纹;起传动作用的螺纹称为传动螺纹。按螺纹的旋向可分为左旋和右旋,常用的为右旋螺纹。螺纹又分为米制和英制(螺距以每英寸牙数表示)两类。我国除管螺纹保留英制外,都采用米制螺纹。

查一查:如何区分螺纹是左旋螺纹还是右旋螺纹?

常用螺纹的类型主要有普通螺纹、管螺纹、矩形螺纹、梯形螺纹和锯齿形螺纹。前两种主要用于联接,后三种主要用于传动。除矩形螺纹外其他已标准化,标准螺纹的基本尺寸可查阅有关标准。常见螺纹的类型、特点和应用见表7-1。

表7-1　常见螺纹的类型、特点和应用

类型		图例	特点和应用
联接螺纹	普通螺纹	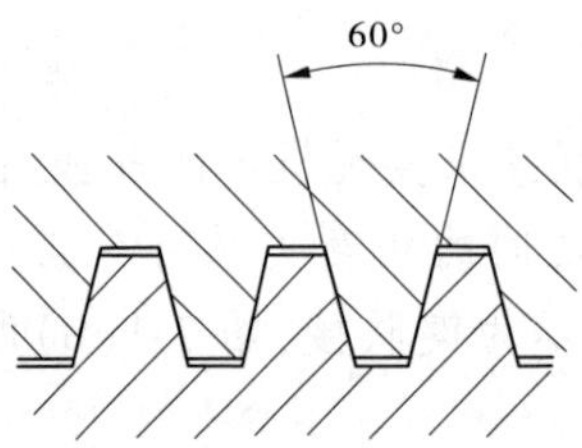	米制三角形螺纹,其牙型角 $\alpha=60°$。普通螺纹的当量摩擦系数较大,自锁性能好,螺纹牙根的强度高,广泛应用于各种紧固联接。一般联接多用粗牙螺纹。细牙螺纹螺距小、升角小、自锁性能好,但螺牙强度低、耐磨性较差、易滑脱,常用于细小零件、薄壁零件或受冲击、振动和变载荷的联接,还可用于微调机构的调整
	圆柱管螺纹	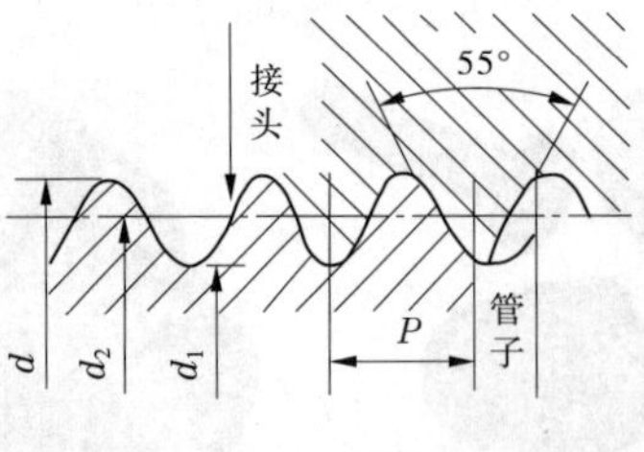	牙型角 $\alpha=55°$,牙顶呈圆弧形,旋合螺纹间无径向间隙,紧密性好,公称直径为管子的公称通径,广泛用于水、煤气、润滑等管路系统联接中
传动螺纹	矩形螺纹	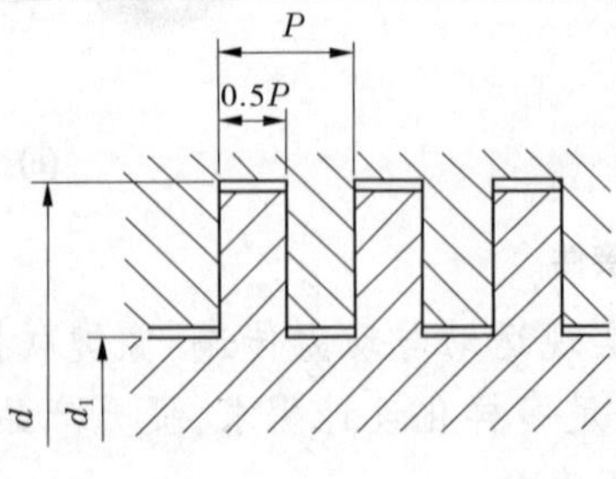	牙型为正方形,牙型角 $\alpha=0°$。其传动效率最高,但精加工较困难,牙根强度低,且螺旋副磨损后的间隙难以补偿,使传动精度降低。常用于传力或传导螺旋。矩形螺纹未标准化,已逐渐被梯形螺纹替代

续表 7-1

类型		图例	特点和应用
传动螺纹	梯形螺纹	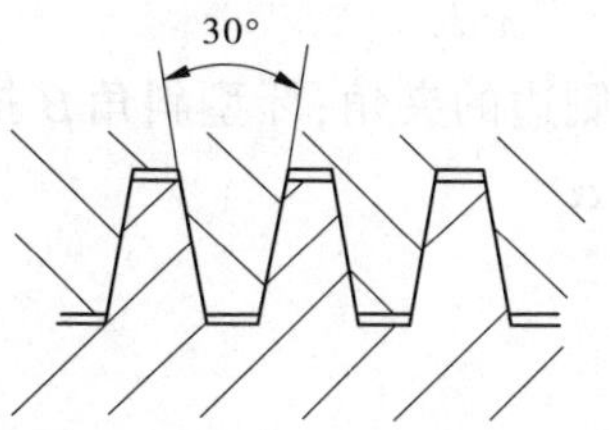	牙型为等腰梯形,牙型角 $\alpha=30°$。其传动效率略低于矩形螺纹,但工艺性好,牙根强度高,螺旋副对中性好,可以调整间隙。广泛用于传力或传导螺旋,如机床的丝杠、螺旋举重器等
	锯齿形螺纹	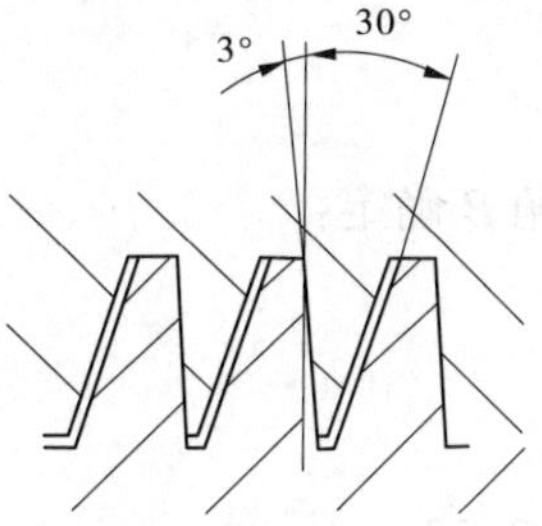	锯齿形螺纹工作面的牙侧角为 3°,非工作面的牙侧角为 30°,兼有矩形螺纹效率高和梯形螺纹牙根强度高的优点,但只能承受单向载荷,适用于单向承载的螺旋传动。螺纹牙强度高,用于单向受力的传力螺旋,如螺旋压力机、千斤顶等

(二)螺纹的主要参数

要区分不同的螺纹,就要掌握说明螺纹特点的一些参数。以广泛应用的圆柱普通外螺纹为例,螺纹的主要参数(见图 7-2)如下:

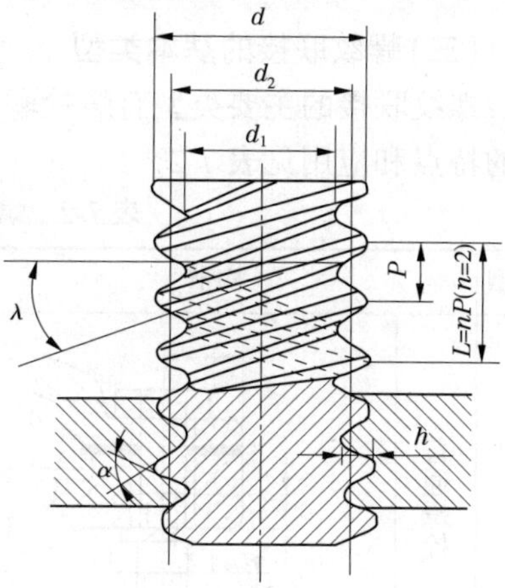

图 7-2　螺纹的主要参数

(1)大径 d(外径)——与外螺纹牙顶相重合的假想圆柱面直径,一般定为螺纹的公称直径。

(2)小径 d_1(内径)——与外螺纹牙底相重合的假想圆柱面直径,在强度计算中作危险剖面的计算直径。

(3)中径 d_2——在轴向剖面内牙沟槽与凸起宽相等处的假想圆柱面的直径,近似等于螺纹的平均直径,$d_2\approx0.5(d+d_1)$。

(4)螺距 P——相邻两牙在中径圆柱面的母线上对应两点间的轴向距离。

(5)导程 L——同一螺旋线上相邻两牙在中径圆柱面的母线上的对应两点间的轴向距离。

(6)线数 n——螺纹螺旋线数目。沿一根螺旋线形成的螺纹称为单线螺纹;沿两根以上的等距螺旋线形成的螺纹称为多线螺纹。常用的联接螺纹要求有一定的自锁性,故多用单线螺纹;传动螺纹要求传动效率高,故多用双线或三线螺纹。一般为便于制造,选取 $n\leqslant4$;螺距、导程、线数之间的关系:

$$L = nP$$

(7) 螺旋升角 λ——在中径圆柱面上螺旋线的切线与垂直于螺旋线轴线的平面的夹角。

$$\lambda = \arctan \frac{L}{\pi d_2} = \arctan \frac{nP}{\pi d_2}$$

(8) 牙型角 α——螺纹轴向平面内螺纹牙型两侧边的夹角;牙型斜角 β 指螺纹牙型的侧边与螺纹轴线的垂直平面的夹角。对称牙型 $\beta=\frac{\alpha}{2}$。

螺旋副的传动效率的计算公式如下:

拧紧时 $$\eta = \frac{\tan\lambda}{\tan(\lambda + \rho_v)}$$

松开时 $$\eta = \frac{\tan(\lambda - \rho_v)}{\tan\lambda}$$

式中 ρ_v——当量摩擦角,可由摩擦系数 f 和牙型斜角 β 确定:

$$\rho_v = \arctan \frac{f}{\cos\beta}$$

螺旋副的自锁条件为:$\lambda \leqslant \rho_v$。

一般来说,$\lambda<6°$ 就自锁,普通三角螺纹 $\lambda=1.5°\sim3.5°$。

查一查:圆柱普通内螺纹的大径、中径和小径如何表达?

(三) 螺纹联接的基本类型

螺纹联接的主要类型有螺栓联接、双头螺柱联接、螺钉联接和紧定螺钉联接。各种联接的特点和应用见表 7-2。

表 7-2 螺纹联接的基本类型、特点和应用

类型	构造		主要尺寸关系	特点和应用
螺栓联接	普通螺栓	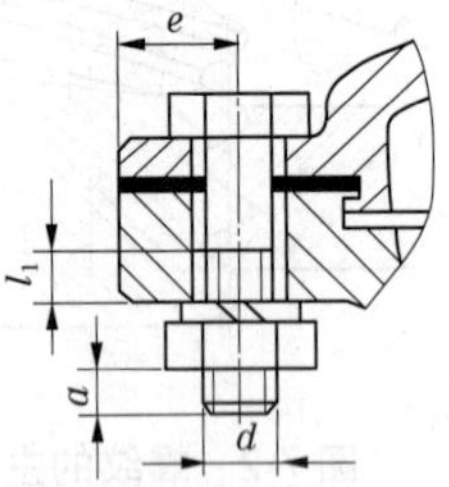	螺纹余留长度 l_1: 普通螺栓联接时, 静载荷 $l_1 \geqslant (0.3\sim0.5)d$ 变载荷 $l_1 \geqslant 0.75d$ 冲击、弯曲载荷 $l_1 \geqslant d$ 铰制孔用螺栓联接时, l_1 尽可能小 螺纹伸出长度: $a \approx (0.2\sim0.3)d$ 螺栓轴线到边缘的距离: $e \approx d+(3\sim6)$ mm	无须在被联接件上切制螺纹,故不受被联接材料的限制,构造简单,装拆方便,广泛应用于通孔并能从联接的两边进行装配的场合
	铰制孔用螺栓	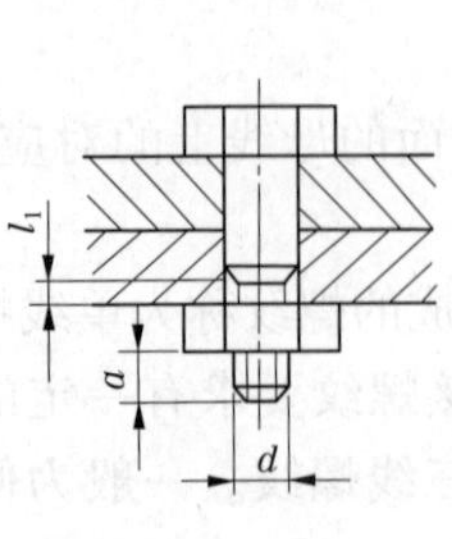		铰制孔用螺栓能精确固定联接件的相对位置并能承受横向载荷,但对孔的加工精度要求高

续表 7-2

类型	构造	主要尺寸关系	特点和应用
双头螺柱联接	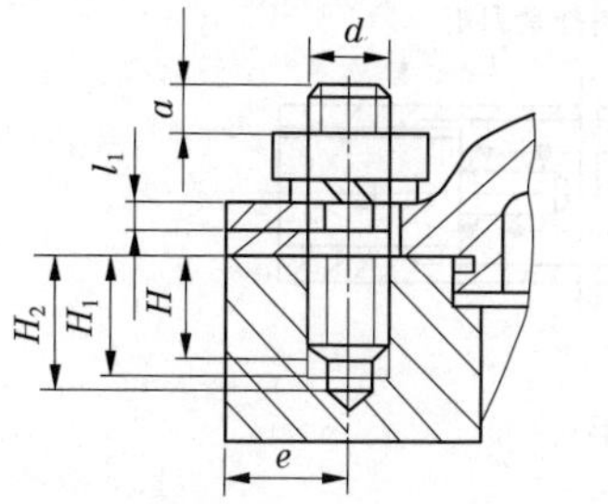	座端拧入深度 H，当螺孔零件采用以下材料时： 钢或青铜 $H\approx d$ 铸铁 $H\approx(1.25\sim1.5)d$ 铝合金 $H\approx(1.5\sim2.5)d$ 螺纹孔深度： $H_1\approx H+(2\sim2.5)P$ 钻孔深度： $H_2\approx H_1+(0.5\sim1)d$ l_1、a、e 值同螺栓联接	双头螺柱旋紧在被联接件之一的螺孔中，用于因结构限制不能用螺栓联接的地方（如被联接件之一太厚）或希望结构较紧凑且经常装拆的场合
螺钉联接	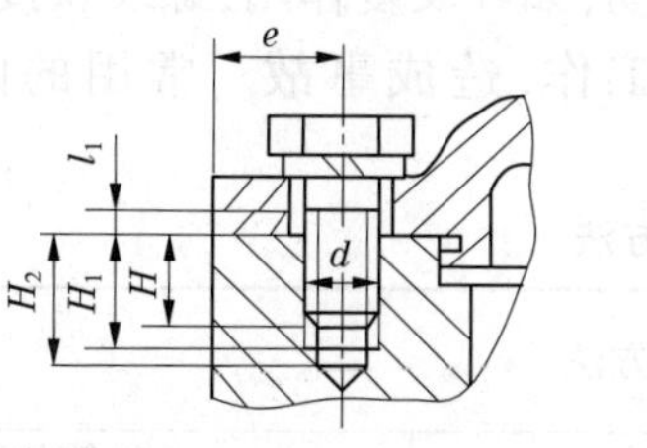		不用螺母，重量较轻，在定位一端的被联接件外部能有光整的外露表面，应用与双头螺柱相似，但经常拆卸易使螺孔损坏，故不宜用于经常拆卸处。螺钉除作联接和紧定用外，还可用以调整零件位置，如调节螺钉等
紧定螺钉联接	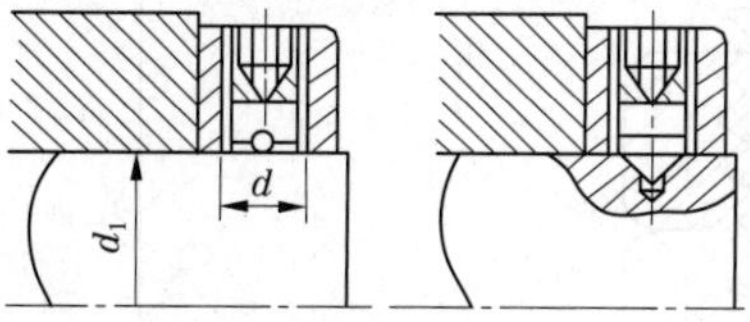		紧定螺钉旋入一零件的螺纹孔中，并用其末端顶住另一零件的表面或嵌入相应的凹坑中，以固定两零件的相对位置，并可传递不大的力和转矩

（四）螺纹联接的预紧和防松

1. 预紧

在实际使用中，绝大多数的螺纹联接都必须在装配时将螺母拧紧，称为紧联接。预紧可以使螺栓在承受工作载荷之前就受到预紧力的作用，增强联接的可靠性和紧密性，以防止联接受载后被联接件之间出现间隙或横向滑移，也可以防松。所需预紧力的大小与工作载荷有关。实践证明：适当选用较大的预紧力对螺纹联接可靠性及联接件的疲劳强度都是有利的，特别对于像气缸、管路凸缘、齿轮箱轴承盖等紧密性要求较高的螺纹联接，预紧更为重要。但过大的预紧力会导致整个联接的结构尺寸增大，也会使联接件在装配或偶然过载时被拉断。因此，为了保证联接所需要的预紧力，又不使螺纹联接件过载，重要的螺纹联接，在装配时要控制预紧力。

拧紧螺母时，要克服螺纹副的摩擦力矩 T_1 和螺母与支持面间的摩擦力矩 T_2，因此拧紧力矩为 $T=T_1+T_2$。

对于 M10～M68 的粗牙普通螺纹，无润滑时可取 $T\approx0.2F'd$。其中，F' 为预紧力（N）；d 为螺纹公称直径（mm）。

为了保证预紧力不致过大或过小，可在拧紧过程中控制拧紧力矩 T 的大小，其方法有采用测力矩扳手或定力矩扳手(见图 7-3)，必要时测定螺栓伸长量。

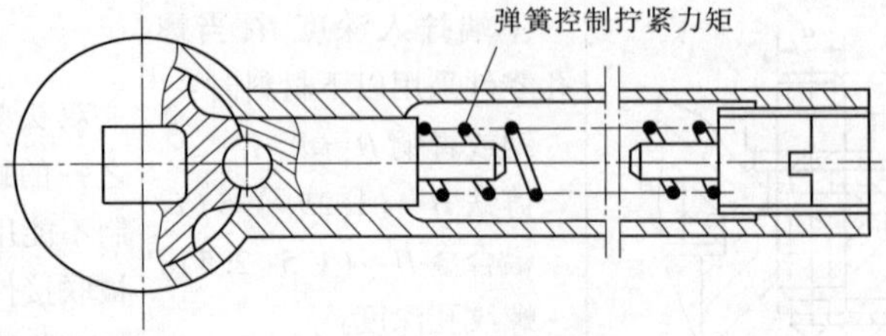

图 7-3　定力矩扳手

2. 防松

实际工作中，外载荷有振动、变化、材料高温蠕变等会造成摩擦力减小，螺纹副中正压力在某一瞬间消失，摩擦力为零，从而使螺纹联接松动，如经反复作用，螺纹联接就会松弛而失效。因此，必须进行防松，否则会影响正常工作，造成事故。常用的防松方法见表 7-3。

表 7-3　常见的防松方法

防松原理	防松装置或方法		
摩擦防松(使螺纹副中有不随联接载荷而变的压力，因而始终有摩擦力矩以防止相对转动。压力可由螺纹副纵向或横向压紧而产生)	对顶螺母		弹簧垫圈
	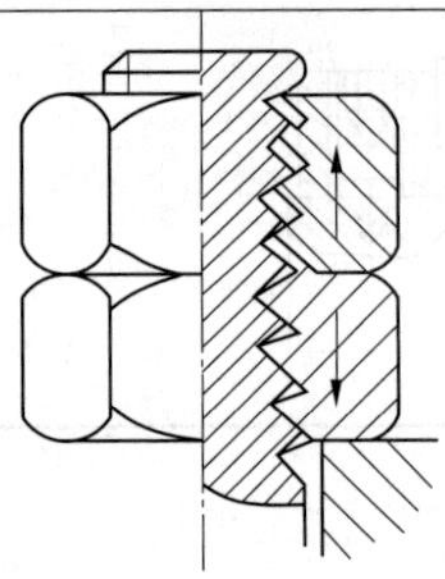		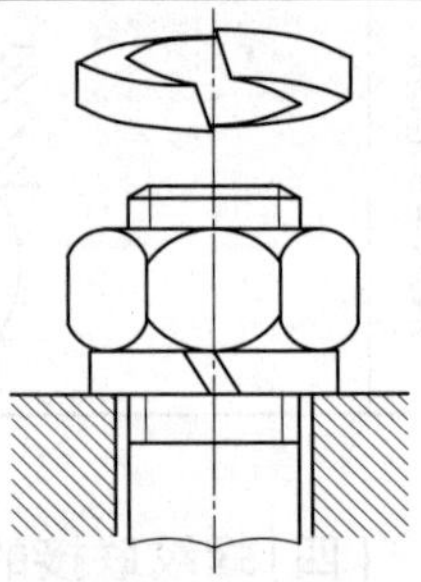
	两螺母对顶拧紧，螺栓旋合段受拉而螺母受压，从而使螺纹副纵向压紧		利用拧紧螺母时垫圈被压平后的弹性力使螺纹副纵向压紧
	金属锁紧螺母	尼龙圈锁紧螺母	楔紧螺纹锁紧螺母
	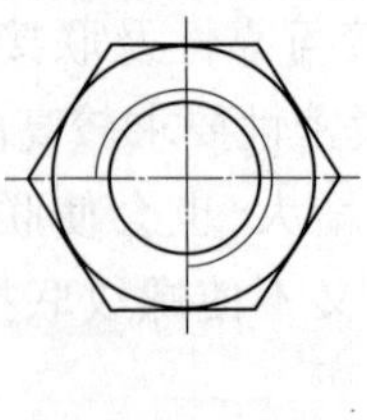	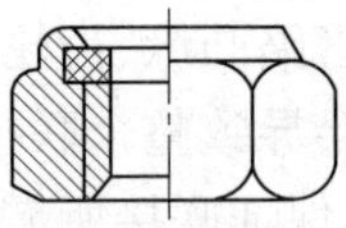	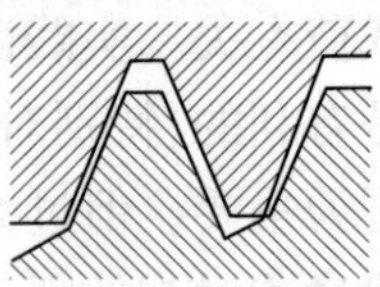
	利用螺母末端椭圆口的弹性变形箍紧螺栓，横向压紧螺纹	利用螺母末端的尼龙圈箍紧螺栓，横向压紧螺纹	利用楔紧螺纹，使螺纹副纵横压紧

续表 7-3

防松原理	防松装置或方法		
	开口销与槽形螺母	止动垫片	串联金属丝
机械防松(利用便于更换的金属元件约束螺纹副)	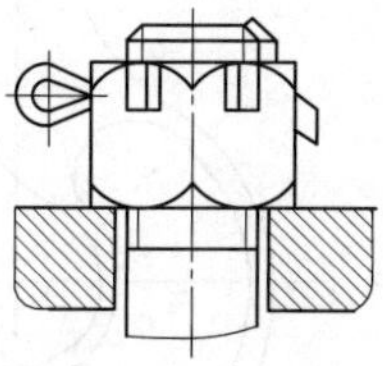 利用开口销使螺栓螺母相互约束	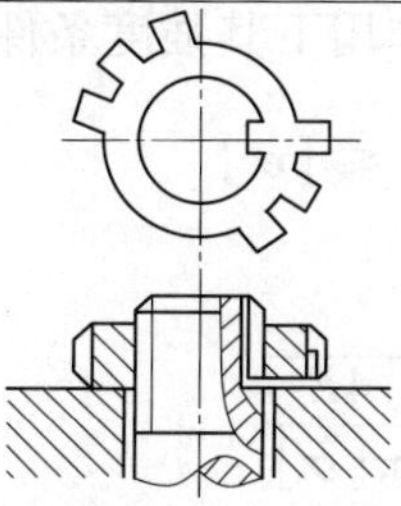 将止动垫片的内翅放入栓槽中,待螺母拧紧后,把垫片的外翅弯入螺母缺口内,使螺栓螺母相互约束	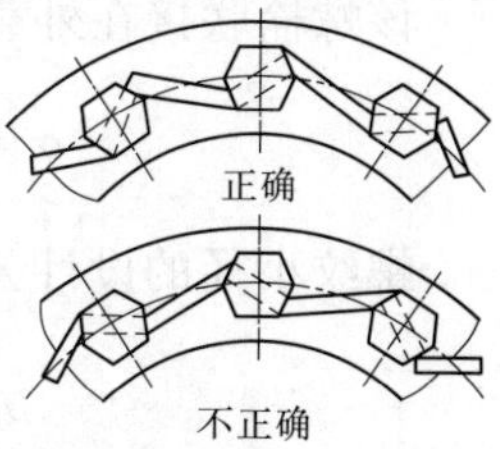 钢丝穿入一组螺钉头部的小孔并拉紧。当螺钉有松动趋势时,将使钢丝被拉得更紧。适用于螺钉组,在使用时应注意钢丝穿入螺钉的方向
	冲点防松法	黏合防松法	焊接法
其他防松方法	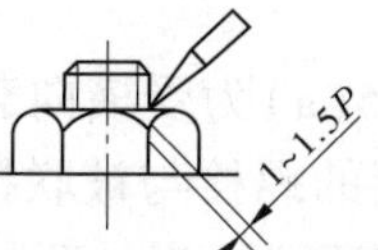 拧紧后在螺栓和螺母的骑缝处用样冲冲打 2~3 个点成永久防松	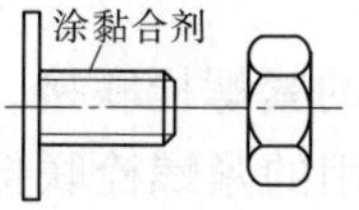 用黏合剂涂于螺纹旋合表面,拧紧螺母后黏合剂能自动固化,防松效果良好	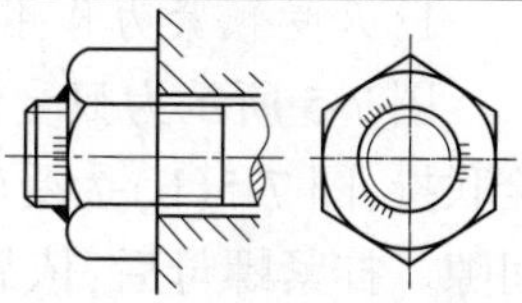 拧紧后在螺栓和螺母的骑缝处用焊具点焊 2~3 个点成永久防松

(五)螺栓联接的强度计算

有关强度计算的讨论主要是指单个螺栓联接,它也适用于双头螺柱和螺钉联接。

螺栓联接的受载形式有很多,它所传递的载荷主要有两类:一类为外载荷沿螺栓轴线方向,称为轴向载荷;另一类为外载荷垂直于螺栓轴线方向,称为横向载荷。

当传递横向载荷时,一种采用普通螺栓,靠螺栓联接预紧力使被联接件结合面间产生的摩擦力来传递横向载荷,此时螺栓所受的预紧力仍为轴向拉力;另一种采用铰制孔用螺栓,螺杆与铰制孔间是过渡配合,工作时靠螺杆受剪,杆壁与孔相互挤压来传递横向载荷,此时螺杆受剪,故称为受剪螺栓。

想一想:当螺栓传递轴向载荷时,可用铰制孔用螺栓联接吗?

螺栓联接的强度计算,是根据联接的类型、装配情况(预紧或不预紧、控制预紧力或不控制预紧力)、载荷状态等条件,确定螺栓的受力,然后按相应的强度计算准则,计算螺栓危险截面的直径(螺纹小径 d_1)或校核其强度。

1. 松螺栓联接的强度计算

松螺栓联接不需拧紧螺母,因而螺栓不受预紧力作用。典型的结构如图7-4所示的起重机吊钩。

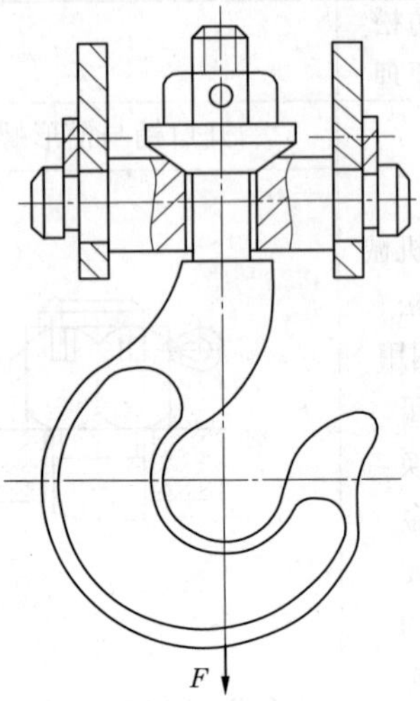

图7-4 起重机吊钩

该螺栓联接在外载荷 F 作用下其强度条件公式为

$$\sigma = \frac{F}{\pi d_1^2/4} \leqslant [\sigma] \tag{7-1}$$

螺纹小径的设计公式为

$$d_1 \geqslant \sqrt{\frac{4F}{\pi[\sigma]}}$$

式中 F——螺栓承受轴向工作载荷,N;

d_1——螺纹小径,mm;

σ 和 $[\sigma]$——松螺栓联接的拉应力和许用拉应力,MPa。

2. 紧螺栓联接的强度计算

紧螺栓联接装配时必须拧紧,在承受外载荷之前,螺栓已受到预紧力 F' 的作用,这种联接应用广泛。

1) 只受预紧力作用的螺栓

图7-5所示为只受预紧力的紧螺栓联接。其中,图7-5(a)为受横向载荷作用的紧螺栓联接,图7-5(b)为受转矩作用的紧螺栓联接。这种联接的螺栓与被联接件的孔壁间有间隙。拧紧螺母后,依靠螺栓的预紧力 F' 使被联接件相互压紧,当被联接件受到横向工作载荷 R 作用时[见图7-5(a)],由预紧力产生的结合面间的摩擦力抵抗横向力 R,从而阻止摩擦面间产生相对滑动。因此,这种联接正常工作的条件为被联接件彼此不产生相对滑动,即

$$F'zfm \geqslant CR \tag{7-2}$$

式中 f——被联接件结合面间的摩擦系数,钢或铸铁零件干燥表面取 $f=0.10\sim0.16$;

m——被联接件结合面的对数;

z——联接螺栓的数目;

C——联接的可靠性系数,通常取 $C=1.1\sim1.3$。

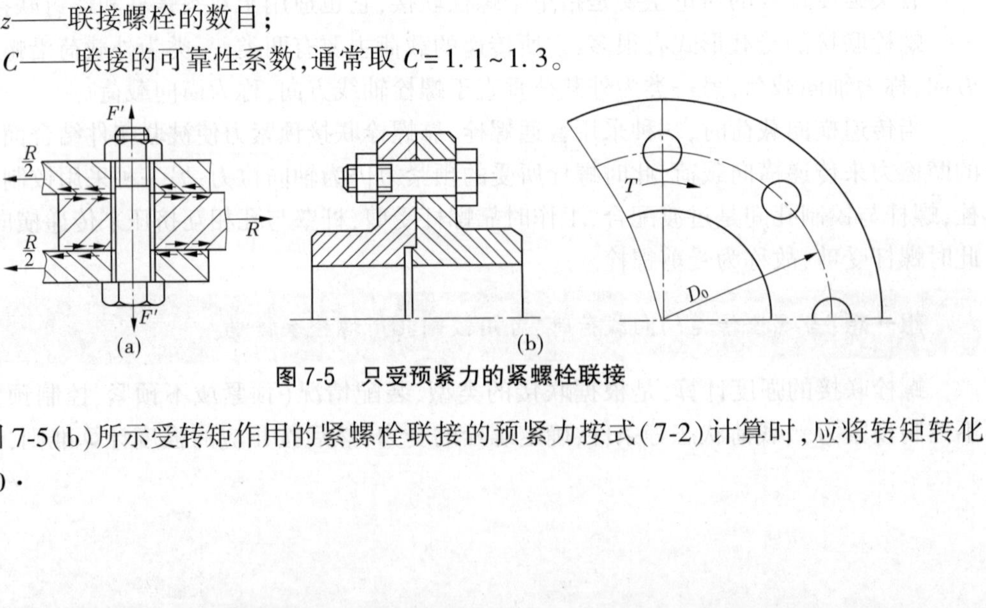

图7-5 只受预紧力的紧螺栓联接

图7-5(b)所示受转矩作用的紧螺栓联接的预紧力按式(7-2)计算时,应将转矩转化

为横向载荷 R, $R=2\,000T/D_0$,其中 D_0 为螺栓所分布圆周的直径,mm;T 为传递的转矩,N·m。

单个预紧螺栓联接螺栓杆除受沿轴向的预紧力 F'的拉伸作用外,在拧紧螺母时还受螺纹力矩 T_1 的扭转作用。F'和 T_1 将分别使螺纹部分产生拉应力 σ 及扭转剪应力 τ,当螺栓采用塑性材料时,螺纹部分的强度条件为

$$\sigma = 1.3 \times \frac{F'}{\pi d_1^2/4} \leqslant [\sigma] \tag{7-3}$$

式中 F'——螺栓承受的预紧力,N;

d_1——螺纹小径,mm;

σ 和$[\sigma]$——紧螺栓联接的拉应力和许用拉应力,MPa,$[\sigma]$查表 7-4、表 7-5。

比较式(7-1)和式(7-3)可知,考虑扭转剪应力的影响,相当于把螺栓的轴向拉力增大30%后按纯拉伸来计算螺栓的强度。

表 7-4 螺纹紧固件常用材料的力学性能 单位:MPa

钢号	Q215	Q235	35	45	40Cr
强度极限 σ_b	340~420	410~470	540	650	750~1 000
屈服极限 σ_s	220	240	320	360	650~900

表 7-5 螺纹紧固件的许用应力和安全系数

联接情况	受载情况	许用应力和安全系数
松联接	静载荷	$[\sigma]=\sigma_s/s$, $s=1.2\sim1.7$
紧联接	静载荷	$[\sigma]=\sigma_s/s$, s 取值:控制预紧力时,$s=1.2\sim1.5$;不控制预紧力时,s 查表 7-6
铰制孔用螺栓联接	静载荷	$[\tau]=\sigma_s/2.5$,联接件为钢时,$[\sigma_p]=\sigma_s/1.25$;联接件为铁时,$[\sigma_p]=\sigma_s/2\sim2.5$
	变载荷	$[\tau]=\sigma_s/3.5\sim5$,变载荷的$[\sigma_p]$按静载荷的$[\sigma_p]$值降低 20%~30%

表 7-6 紧螺栓联接的安全系数 s(静载不控制预紧力时)

材料	螺栓		
	M6~M16	M16~M30	M30~M60
碳钢	4~3	3~2	2~1.3
合金钢	5~4	4~2.5	2.5

2)受预紧力和轴向工作拉力 F 的螺栓联接

这种联接比较常见,图 7-6 所示为气缸盖螺栓组联接,装配时螺栓受预紧力 F',由于螺栓和联接件都是弹性体,在受有预紧力 F'的基础上,因受到两者弹性变形的相互制约,故总拉力 F_0 并不等于预紧力 F'和工作拉力 F 之和,它们的受力关系属静不定问题。根据静力平衡条件和变形协调条件,可求出各力之间的关系式:

$$F_0 = F' + \frac{c_1}{c_1 + c_2}F = F'' + F \tag{7-4}$$

式中 $c_1/(c_1+c_2)$——螺栓的相对刚度,其大小与联接的材料、结构形式、尺寸大小及载荷作用方式有关;

F''——螺栓受载变形后的剩余预紧力,应大于零,一般当工作拉力 F 无变化时取 $F''=(0.2\sim0.6)F$,当工作拉力 F 有变化时取 $F''=(0.6\sim1.0)F$,对要求有紧密性的螺栓联接,取 $F''=(1.5\sim1.8)F$。

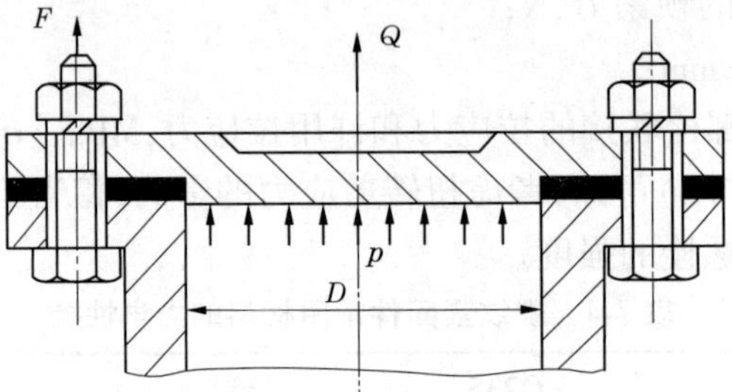

图 7-6　气缸盖联接螺栓受力分析

考虑到螺栓工作时被拧紧,在螺纹部分产生扭转剪应力,将总拉力 F_0 增大 30%作为计算载荷,则受拉螺栓螺纹部分的强度条件为

$$\sigma = \frac{1.3F_0}{\pi d_1^2/4} \leqslant [\sigma] \tag{7-5}$$

式中各符号含义同前。

3. 铰制孔用螺栓联接的强度计算

如图 7-7 所示,其受力形式为:在被联接件的结合面处螺栓杆受剪切;螺栓杆表面与孔壁之间受挤压。这种联接所受的预紧力很小,所以在计算时不考虑预紧力和螺纹摩擦力矩的影响。螺纹紧固件常用材料的力学性能如表 7-4 表示。

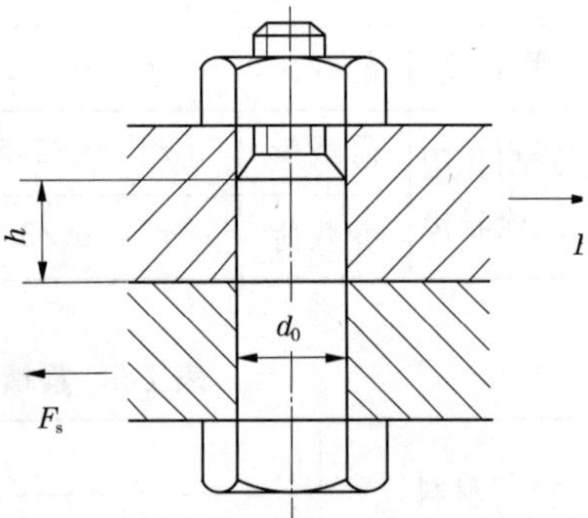

图 7-7　铰制孔联接螺栓受力分析

螺栓杆受横向工作载荷 F_s 时,剪切强度条件为

$$\tau = \frac{F_s}{m\pi d_0^2/4} \leqslant [\tau] \tag{7-6}$$

螺栓杆或孔壁的挤压强度条件为

$$\sigma_p = \frac{F_s}{d_0\delta} \leqslant [\sigma_p] \tag{7-7}$$

式中 F_s——横向载荷,N;

d_0——螺杆或孔的直径,mm;

δ——被联接件中受挤压孔壁的最小长度,mm;

$[\tau]$——螺栓许用剪应力,MPa,查表 7-5;

$[\sigma_p]$——螺栓或被联接件中较弱者的许用挤压应力,MPa,查表 7-5。

(六)螺纹联接件的材料

螺栓的常用材料有低碳钢 Q215、Q235、10 钢和中碳钢 35、45 钢等,重要和有特殊要求的场合可采用 15Cr、40Cr、30CrMnSi 和 15MnVB 等机械性能较高的合金钢。有防蚀或导电要求时,也可采用铜及其合金,以及其他有色金属。近年来还发展了高强度塑料螺栓和螺母。

注意:螺母的强度应低于螺栓材料的强度,螺母的硬度稍低于螺栓的硬度(均低于 20~40 HBW)。

二、键联接

键和花键联接主要用于实现轴和轴上零件(如齿轮、蜗轮)的周向固定,并传递转矩的轴毂联接。其中有些能实现轴向固定,传递轴向力;有些还能构成动联接。销主要用来固定零件间的相互位置。销联接通常只传递少量载荷。销还可用作安全保险零件。

(一)键联接的类型、特点和应用

1. 平键联接

如图 7-8(a)所示,平键的上表面与轮毂键槽顶面留有间隙,依靠键与键槽间的两侧面挤压力传递转矩,所以两侧面为工作面。平键联接结构简单、制造容易、装拆方便、对中性良好,用于传动精度要求较高的场合。根据用途可将其分为如下三种。

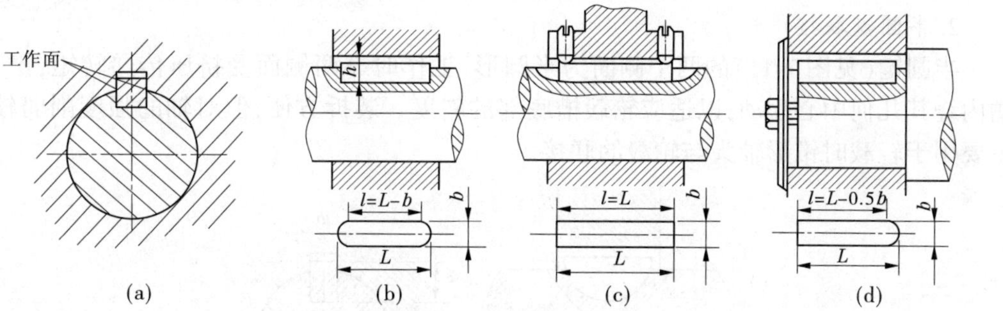

图 7-8 平键联接

1)普通平键

键的尺寸是长 L、宽 b 和高 h。端部形状有圆头[A 型,见图 7-8(b)]、平头[B 型,见图 7-8(c)]和单圆头[C 型,见图 7-8(d)]三种,C 型键用于轴端,A 型键定位好,应用广泛。A 型键、C 型键的轴上键槽用立铣刀加工,轴上应力集中较大。B 型键的轴上键槽用盘铣刀加工,轴上应力集中较小,但键在键槽中的轴向固定不好,故尺寸较大的键要用紧定螺钉压紧。

2)导向平键和滑键

当零件需要做轴向移动时,可采用导向平键联接(见图 7-9)。导向平键较普通平键长,有圆头(A 型)和方头(B 型)两种。为防止键体在轴中松动,导向平键联接用两个螺钉将其固定在轴上。为拆卸方便,在键的中部加工有起键用的螺孔。当轴上零件移动距离较大时,可用滑键联接(见图 7-10)。滑键固定在轮毂上,轮毂带着滑键在轴上键槽中做轴向移动,故需要在轴上加工长键槽。

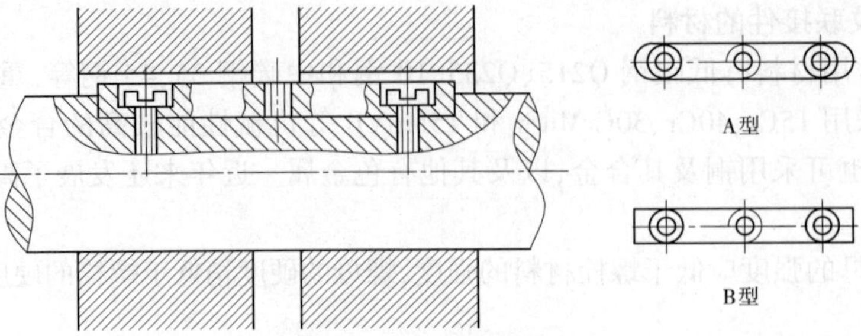

图 7-9 导向平键联接

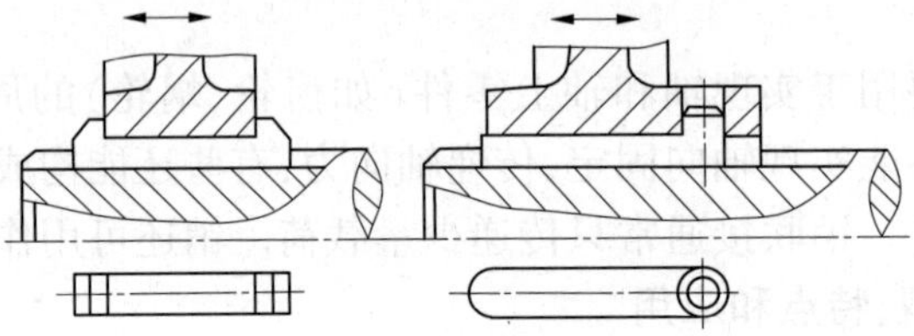

图 7-10 滑键联接

3)薄型平键

键高为普通平键的60%~70%,也有A、B、C三种形式,用于薄壁结构、空心轴等径向尺寸受限制的联接。

2. 半圆键联接

半圆键(见图7-11)的两个侧面为半圆形,工作时靠两侧面受挤压传递转矩,键在轴槽内绕其几何中心摆动,以适应轮毂槽底部的斜度。装拆方便,但对轴的强度削弱较大,主要用于轻载时锥形轴头与轮毂的联接。

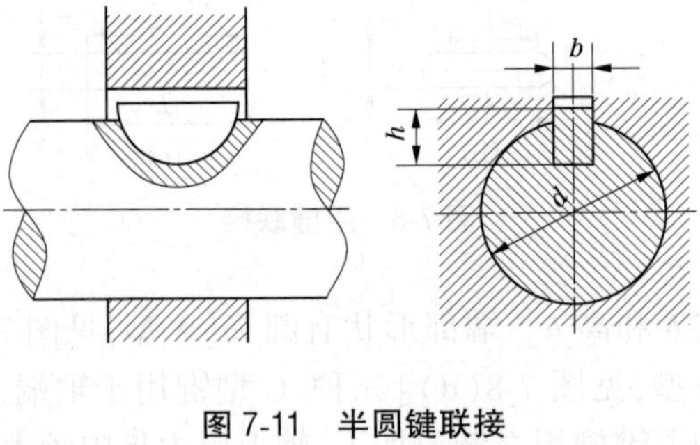

图 7-11 半圆键联接

3. 楔键联接

键的上表面和轮毂槽底面均制成1:100的斜度,装配时将键用力打入槽内,使轴与轮毂之间的接触面产生很大的径向压紧力,转动时靠接触面的摩擦力来传递转矩及单向轴向力。楔键可分普通楔键[见图7-12(a)、(b)]和钩头楔键[见图7-12(c)]两种形式。前者又分为圆头和平头两种。圆头普通楔键是放入式的(放入轴上键槽后打紧轮毂),其他楔键都是打入式的(先将轮毂装到适当位置再将键打紧)。钩头楔键与轮毂端面之间应留有余地,以便于拆卸。楔键的定心性差,在冲击、振动或变载荷下,联接容易松动,适用于不要求准确定心、低速运转的场合,如农业机械、建筑机械等。

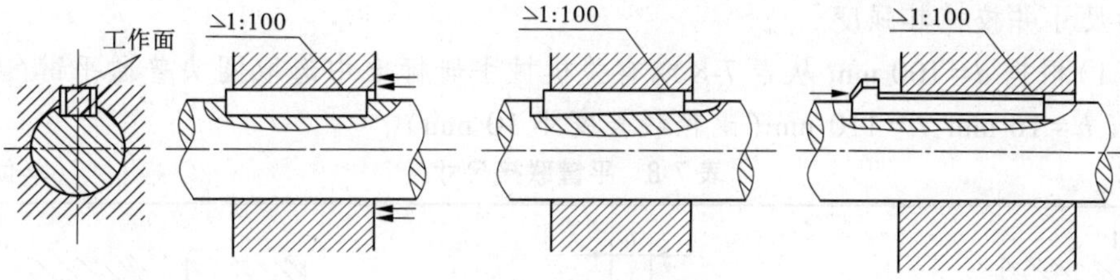

(a)A型普通楔键　(b)B型普通楔键　(c)钩头楔键

图 7-12　楔键联接

(二)平键的选择和强度校核

1. 尺寸选择

(1)根据键联接的工作要求和使用特点,选择平键的类型。

(2)按照轴的公称直径 d,从国家标准《普通型 平键》(GB/T 1096—2003)中选择平键的尺寸 $b \times h$。

(3)根据轮毂长度选择键长 L;键的长度应略小于或等于轮毂的长度,并应符合标准长度系列。

标记示例:宽度 $b=16$ mm、高度 $h=10$ mm、长度 $L=100$ mm 普通 A 型平键的标记为:

GB/T 1096　　键 16×10×100

2. 平键联接的强度校核

键联接的主要失效形式为压溃(键、轴、毂中较弱者——静联接)、过度磨损(动联接)或键的剪断(较少)。对普通平键一般只进行挤压强度计算:

$$\sigma_p = \frac{4T}{dhl} \leqslant [\sigma_p] \tag{7-8}$$

式中　$[\sigma_p]$——许用挤压应力,MPa,计算时应取联接中较弱材料的值,见表 7-7;

T——扭矩,N·mm;

h——工作高度,mm;

d——轴径,mm;

l——工作长度,A 型键 $l=L-b$,B 型键 $l=L$,C 型键 $l=L-b/2$,L 为公称长度。

表 7-7　键联接材料的许用应力$[\sigma_p]$(压强$[p]$)　　单位:MPa

许用应力(压强)	联接性质	键或轴、毂材料	载荷性质		
			静载荷	轻微冲击	冲击
$[\sigma_p]$	静联接	钢	120~150	100~120	60~90
		铸铁	70~80	50~60	30~45
$[p]$	动联接	钢	50	40	30

如果单键强度不够,可适当增加轮毂宽和键长,或用间隔 180°的两个键。考虑到载荷分布的不均匀性,双键联接的强度可按 1.5 个键计算。

任务实施:已知减速器中直齿圆柱齿轮和轴的材料都是锻钢,齿轮轮毂长度为 120 mm,轴的直径 $d=100$ mm,所需传递的转矩 $T=3\ 000$ N·m,载荷有轻微冲击。试选择平键联接的尺寸并校核其强度。

解:(1)根据 $d=100$ mm 从表7-8或有关机械手册标准中选取圆头普通平键(A型),$b=28$ mm,$h=16$ mm,$L=110$ mm(比轮毂长度小10 mm)。

表7-8　平键联接尺寸　　单位:mm

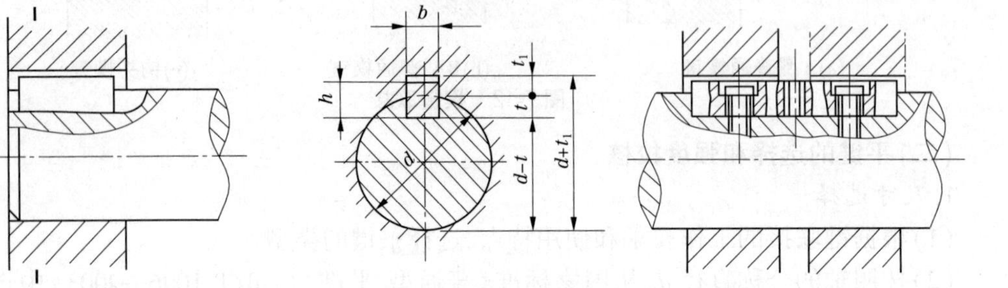

轴 公称直径 d	键 b h8	键 h h11(方形h8)	键 L h14	宽度b 极限偏差 较松键联接 轴H9	较松键联接 毂D10	一般键联接 轴N9	一般键联接 毂JS9	较紧键联接 轴和毂P9	深度 轴t 公称尺寸	轴t 极限偏差	毂t_1 公称尺寸	毂t_1 极限偏差	半径r 最小	半径r 最大
>10~12	4	4	8~45	+0.030 0	+0.078 +0.030	0 -0.030	±0.015	-0.012 -0.014	2.5	+0.1 0	1.8	+0.1 0	0.08	0.16
>12~17	5	5	10~56						3.0		2.3		0.16	0.25
>17~22	6	6	14~70						3.5		2.8			
>22~30	8	7	18~90	+0.036 0	+0.098 +0.040	0 -0.036	±0.018	-0.015 -0.051	4.0	+0.2 0	3.3	+0.2 0		
>30~38	10	8	22~110						5.0		3.3		0.25	0.40
>38~44	12	8	28~140	+0.043 0	+0.120 +0.050	0 -0.043	±0.021 5	-0.018 -0.061	5.0		3.3			
>44~50	14	9	36~160						5.5		3.8			
>50~58	16	10	45~180						6.0		4.3			
>58~65	18	11	50~200						7.0		4.4			
>65~75	20	12	56~220	+0.052 0	+0.149 +0.065	0 -0.052	±0.026	-0.022 -0.074	7.5		4.9		0.40	0.60
>75~85	22	14	63~250						9.0		5.4			
>85~95	25	14	70~280						9.0		5.4			
95~110	28	16	80~320						10.0		6.4			
L系列	6,8,10,12,14,16,18,20,22,25,28,32,36,40,45,50,56,63,70,80,90,100,110,125,140,160,180,200,220,250,280,320,360,400,450,500													

注:1. 在工作图中,轴槽深用 t 或 $d-t$ 标注,但 $d-t$ 的偏差应取负号;毂槽深用 t_1 或 $d+t_1$ 标注;轴槽的长度公差为H14。

2. 较松键联接用于导向平键;一般键联接用于载荷不大的场合;较紧键联接用于载荷较大、有冲击和双向转矩的场合。

(2)校核该联接的强度。

$$\sigma_p = \frac{4T}{dhl} \leqslant [\sigma_p]$$

其中,$l = L - b = 110 - 28 = 82\text{mm}$。则:

$$\sigma_p = \frac{4 \times 3\ 000\ 000}{100 \times 16 \times 82} = 91.5\ (\text{MPa})$$

查表 7-7 得:$[\sigma_p] = 100$ MPa,则该平键联接强度足够。

(三)花键联接

花键联接由轴上加工出多个键齿的花键轴和轮毂孔上加工出同样的键齿槽组成。工作时靠键齿的侧面互相挤压传递转矩。其优点:比平键联接承载能力强;轴与零件的定心性好;导向性好;对轴的强度削弱小。缺点是成本较高。因此,花键联接用于定心精度要求高和载荷较大的场合。花键已标准化,按齿廓的不同,可分矩形花键和渐开线花键。

1. 矩形花键联接

矩形花键(见图 7-13)的齿侧面为互相平行平面,制造方便,广泛应用。

2. 渐开线花键联接

渐开线花键的齿廓为渐开线,分度圆上的压力角为 30°和 45°两种。其具有制造工艺性好、强度高、易于定心和精度高等特点,适用于重载及尺寸较大的联接。

(四)销联接

销联接主要用来固定零件之间的相互位置,也可用于轴和轮毂或其他零件的联接,并传递不大的载荷,有时还可用作安全装置中的过载剪断元件,如图 7-14 所示。

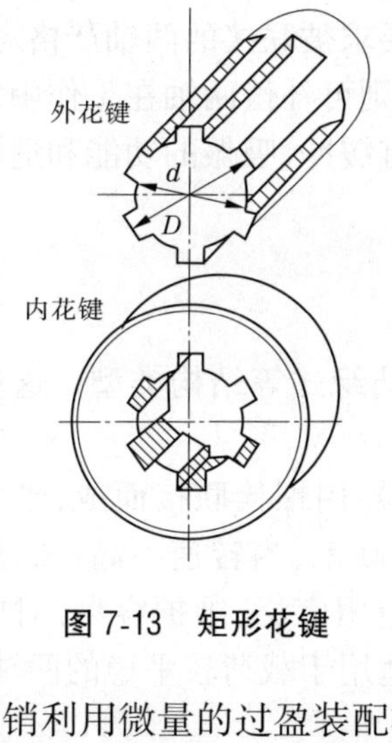

图 7-13　矩形花键

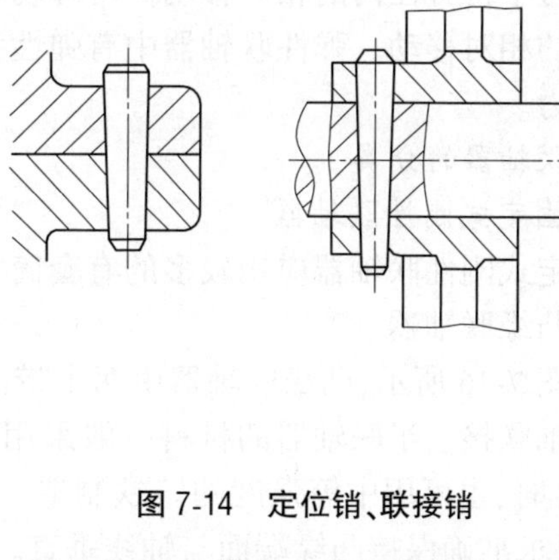

图 7-14　定位销、联接销

圆柱销利用微量的过盈装配在铰光的销孔中,如果多次装拆,就会松动,失去定位的精确性和联接的紧固性。圆锥销有 1:50 的锥度,在受横向力时可以自锁;装配在铰光的销孔中,可多次装拆而不影响定位的精确性。

定位销通常不受载荷或受很小的载荷,其尺寸根据经验从标准 GB/T 117—2000、GB/T 119.1—2000、GB/T 119.2—2000 中选取。承受载荷的销(如承受剪切和挤压等),一般先根据使用和结构要求选择其类型和尺寸,然后校核其强度。

开口销是一种防松零件,常用低碳钢丝制造。

三、轴间联接

联轴器和离合器是机械传动中常用的部件,主要用于联接两轴,使其一同旋转并传递转矩,有时也可用作安全装置。联轴器和离合器的不同之处是:用联轴器联接的两轴,在机械运转时两轴是不能脱开的,只有在机械停车时才能将联接分开,使两轴分离。离合器可以根据工作需要,在机械运转时随时将两轴分开或结合,而不必停车。

联轴器所联接的两轴,由于制造和安装误差,以及承载后变形和热变形等影响往往不能保证严格的对中,两轴将会产生某种形式的相对位移误差,如图7-15所示。图7-15(a)所示为轴向位移误差,图7-15(b)所示为径向位移误差,图7-15(c)所示为角位移误差,图7-15(d)所示为综合位移误差。这就要求联轴器在结构上具有补偿能力。

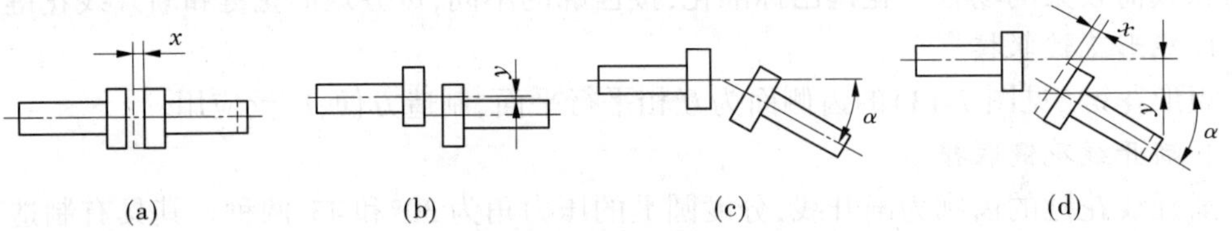

图7-15　轴线的相对位移

联轴器和离合器都是常用构件,目前,大多已经标准化了。

(一)联轴器

根据工作性能,联轴器可分为刚性联轴器和弹性联轴器两大类。刚性联轴器又有固定式和可移动式两种。固定式刚性联轴器构造简单,但要求被联接的两轴严格对中,而且在运转时不得有任何的相对移动。可移动式刚性联轴器则可补偿两轴在工作中发生的一定限度的相对移动。弹性联轴器中有弹性元件,所以具有缓冲、吸振的功能和适应轴线偏移的能力。

1. 联轴器的分类

1)固定式刚性联轴器

固定式刚性联轴器应用较多的有套筒式、夹壳式和凸缘式等结构类型。这里只介绍常用的凸缘联轴器。

如图7-16所示,凸缘联轴器由两个带凸缘的半联轴器用螺栓联接而成,半联轴器用键与两轴联接。半联轴器的材料一般采用35、ZG270-500钢,当转速不高(外缘速度 $v<35$ m/s)时,也可用中等强度的铸铁制造。凸缘联轴器应用广泛,维护容易,对中精确可靠,但要求准确保持凸缘端面与轴线垂直。这种联轴器适用于载荷较平稳的两轴联接,如果提高制造和安装精度,也可用于高速重载场合。

特点:构造简单,成本低,可传递较大转矩。不允许两轴有相对位移,无缓冲。

用途:在转速低、无冲击、轴的刚性大、对中性较好的场合应用较广。

2)可移动式刚性联轴器

A. 滑块联轴器

滑块联轴器以滑块构成动联接来实现刚性可移的要求。图7-17所示为十字形滑块

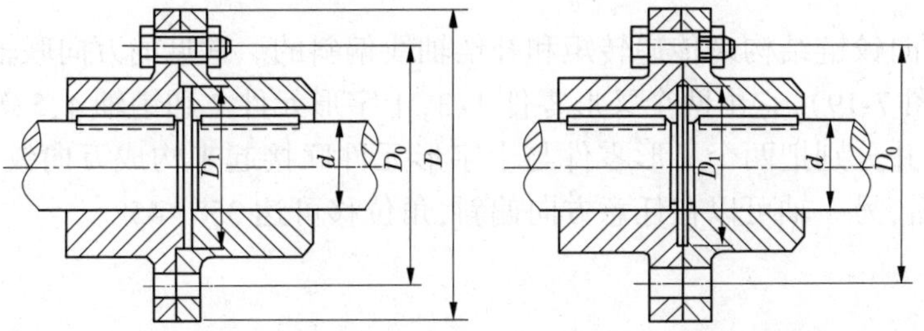

(a)用凸肩和凹槽对中　(b)用铰制孔螺栓对中

图 7-16　凸缘联轴器

码 7-2　凸缘联轴器

联轴器，它由两个端面开有径向凹槽的半联轴器 1、3 和一个两面带凸牙的中间盘 2 构成。中间盘两面的方形凸牙互相垂直成十字形滑块，嵌配在两半联轴器的滑槽中。因为十字形滑块可在凹形槽中滑动，因此可补偿安装及运转时两轴间的位移。十字形滑块联轴器的特点是结构简单，径向尺寸小，但工作面易磨损，一般适用于两轴平行但有较大径向位移、工作时无大的冲击和转速不高的场合。

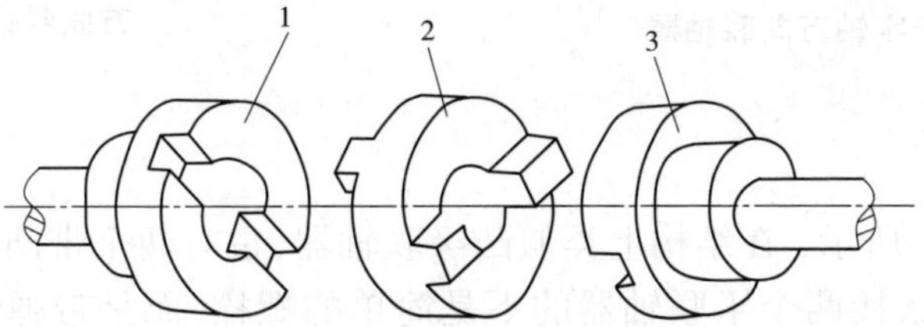

1、3—半联轴器；2—中间盘。

图 7-17　十字形滑块联轴器

码 7-3　十字形滑块联轴器

B. 齿式联轴器

齿式联轴器如图 7-18 所示，由两个具有外齿的半联轴器 1 和两个带内齿及凸缘的外壳 2 组成，两外壳用螺栓相联，壳内储有润滑油，以便联轴器旋转时将油甩向四周以润滑啮合齿轮，从而减小啮合轮齿间的摩擦和相对移动阻力，以及降低作用在轴和轴承上的附加载荷。

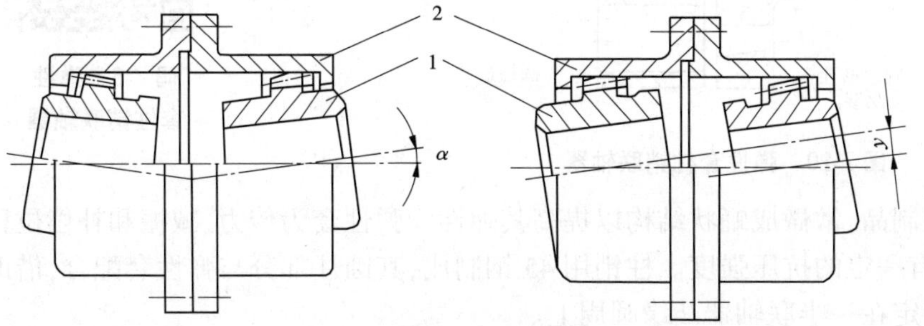

1—半联轴器；2—外壳。

图 7-18　齿式联轴器

码 7-4　齿式联轴器

C. 万向联轴器

万向联轴器是通过万向铰链结构来传递转矩和补偿轴线偏斜的。常见的万向联轴器有十字轴万向联轴器(见图7-19),它由两个叉形零件1、3,十字形元件2和销轴4、5等组成。两销轴互相垂直配置并分别把两个叉形零件与十字形元件联接起来构成万向铰链。因此,当一轴的位置固定后,另一轴可以在任意方向偏斜,角位移可达35°~45°。

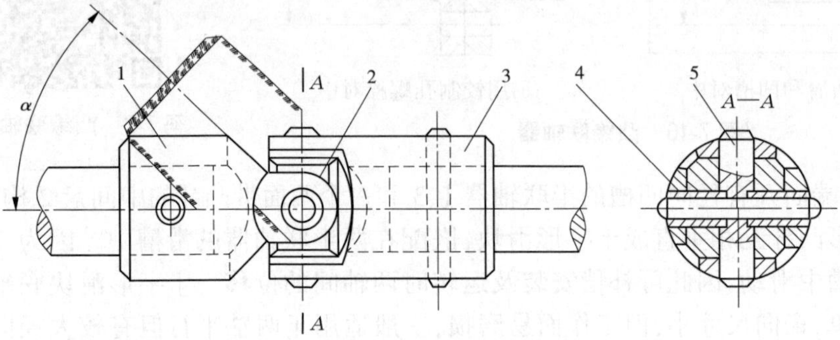

1、3—叉形零件;2—十字形元件;4、5—销轴。

图7-19 十字轴万向联轴器

码7-5 十字轴万向联轴器

3)弹性联轴器

A. 弹性套柱销联轴器

弹性套柱销联轴器如图7-20所示,在结构上类似凸缘联轴器,也有两个带凸缘的半联轴器分别与主、从动轴相联。联接两个半联轴器的不是简单的螺栓,而是带弹性套的柱销。

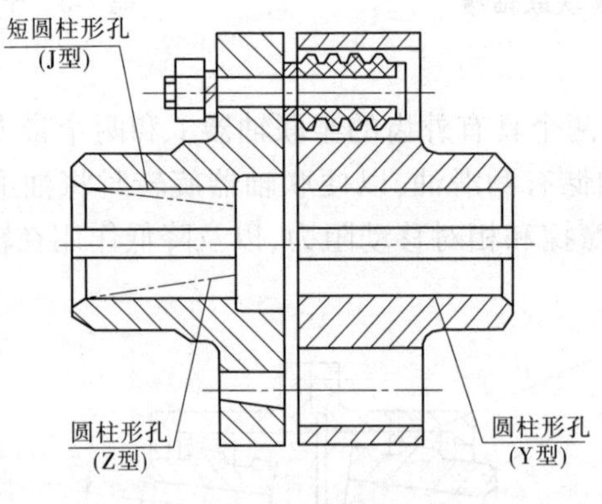

图7-20 弹性套柱销联轴器

码7-6 弹性套柱销联轴器

弹性套为橡胶制品,常做成蛹状结构以提高其弹性。弹性套为传力、减振和补偿位移的元件,因此应具有一定的抗压强度。柱销用45钢制成,其圆柱部分与弹性套配合,借助锥面与螺纹联接固定在一半联轴器凸缘圆周上。

这种联轴器制造容易,装拆方便,成本较低,但弹性套易磨损,使用寿命较短。它适用于联接载荷平稳、需正反转或启动频繁的传递中、小转矩的轴。

B. 弹性柱销联轴器

如图 7-21 所示，弹性柱销联轴器是用弹性柱销 2 将两个半联轴器 1、4 联接起来。工作时转矩是通过半联轴器、柱销而传到从动轴上去的。为了防止柱销脱落，在半联轴器的外侧用螺钉固定挡板 3。这种联轴器较弹性套柱销联轴器结构简单，而且传递转矩的能力更大，也有一定的缓冲吸振能力，允许被联接两轴有一定的轴向位移及少量的径向位移和偏角位移，适用于轴向窜动较大、正反转变化较多和启动频繁的场合。

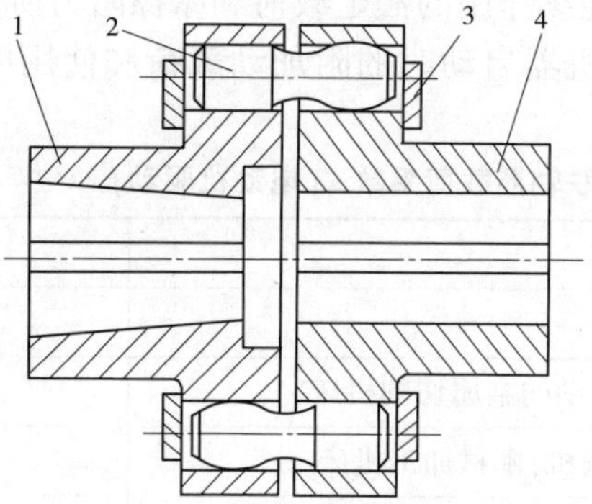

1、4—半联轴器；2—弹性柱销；3—挡板。

图 7-21　弹性柱销联轴器

码 7-7　弹性柱销联轴器

C. 梅花形弹性联轴器

图 7-22 所示的梅花形弹性联轴器，是利用梅花形弹性元件置于两半联轴器凸爪之间实现联接的。弹性元件可根据使用要求选用不同硬度的聚氨酯、尼龙、橡胶等材料制造。梅花形弹性联轴器的特点是结构简单、费用较低，具有良好的补偿位移和减振能力。

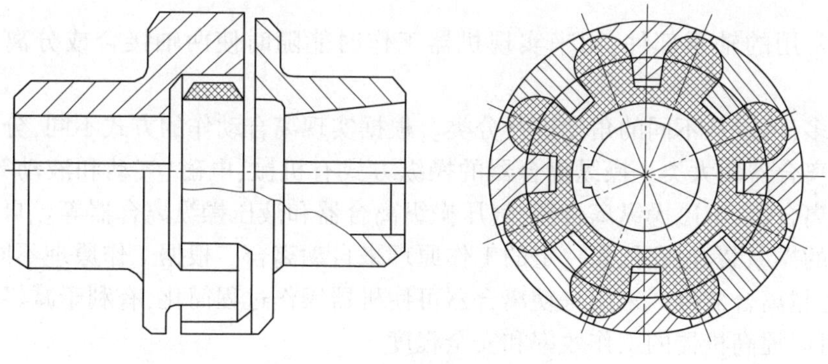

图 7-22　梅花形弹性联轴器

码 7-8　梅花形弹性联轴器

2. 联轴器的选择

1）联轴器类型的选择

联轴器类型主要是根据机器的工作特点、性能要求（如缓冲减振、补偿轴线位移、安全保护等）进行选择，一般对于低速、刚性大的短轴，可选用固定式刚性联轴器；对于低速、刚性小的长轴，则宜选用可移动式刚性联轴器，以补偿长轴的安装误差及轴的变形；对于传递转矩较大的重型机械（如起重机），可选用齿轮联轴器；对于需有一定补偿量、单向转动而冲击载荷不大的中、低速传动的水平轴的联接，可选用滚子链联轴器；对于高速轴，应选用弹性联轴器;对于轴线相交的两轴,则宜选用万向联轴器。

2)联轴器型号尺寸的确定

在确定类型的基础上,可根据传递转矩、转速、轴的结构形式及尺寸等要求,确定联轴器型号和结构尺寸,并保证所选型号的许用转矩 T_n(可查有关国家标准)不小于其计算转矩 T_c。联轴器的计算转矩 T_c 常按下式计算:

$$T_c = KT \leqslant T_n \tag{7-9}$$

式中 T——名义转矩,即为克服连续作用的额定载荷和摩擦阻力所需的工作转矩;

K——载荷系数,用以考虑机器启动时的附加动载荷和使用中可能出现的过载现象,K 值见表 7-9。

表 7-9 联轴器载荷系数 K(电动机驱动)

机械名称	K
发电机	1.0~2.0
带式运输机、鼓风机、连续运动的金属切削机床	1.25~1.5
离心、螺旋输送机,链板运输机,木材加工机床	1.5~2.0
往复运动的金属切削机床	1.5~2.5
活塞式压缩机	2.0~3.0
球磨机、破碎机、冲剪机、往复式泵	2.0~3.0
升降机、起重机、轧钢机	3.0~4.0

注:1. 当原动机为往复式发动机时,表中的 K 值应增加 50%~70%。

2. 对于刚性联轴器,取较大值;对于弹性联轴器,取较小值。

(二)离合器

离合器是一种常用的轴系部件,用来实现机器工作时能随时使两轴接合或分离的装置。

离合器种类较多,可以从不同的角度进行分类。根据实现离合动作的方式不同,分为操纵离合器和自动离合器两大类。操纵离合器的操纵方式有机械、电磁、气动和液动等,因此又有机械操纵离合器、电磁操纵离合器、气压操纵离合器和液压操纵离合器等。自动离合器不需要专门的操纵装置,它依靠一定的工作原理来自动离合。根据工作原理不同,又有离心离合器、超越离合器等。采用自动离合器可使机器操作过程简化,有利于减轻操作者体力劳动,并可以提高机器的工作效率和安全程度。

1. 操纵离合器

1)操纵式牙嵌离合器

图 7-23 所示的操纵式牙嵌离合器,主要由端面具有若干嵌牙的两个半离合器组成。其中,半离合器 1 固定在主动轴上;另一个半离合器 2 用导键(或花键)与从动轴相联,并可由操纵机构的滑块 4 使其做轴向移动,以实现离合器的离、合。牙嵌离合器借助嵌牙之间的嵌合来传递转矩。为了使两半离合器能够对中,在主动轴端的半离合器上固定有对中环 3,从动轴

码 7-9 牙嵌离合器

可在对中环内自由转动。

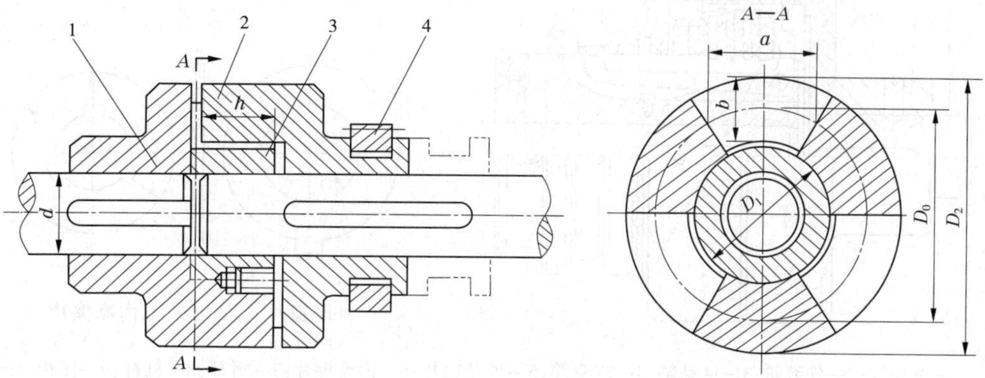

1、2—半离合器；3—对中环；4—滑块。

图 7-23　操纵式牙嵌离合器

2) 操纵式圆盘摩擦离合器

操纵式圆盘摩擦离合器是依靠圆盘形摩擦元件之间的摩擦来传递转矩的离合器，主要有单盘式和多盘式两种典型结构。图 7-24 所示为单盘式摩擦离合器。摩擦盘 1 固定在主轴上，摩擦盘 3 用导键与从动轴联接，它可沿轴向滑动。为了增大摩擦系数，在一个盘子的表面装上摩擦片 2。工作时利用操作机构，在可移动的摩擦盘 3 上施加轴向压力 Q，使两盘压紧，产生摩擦力传递转矩。

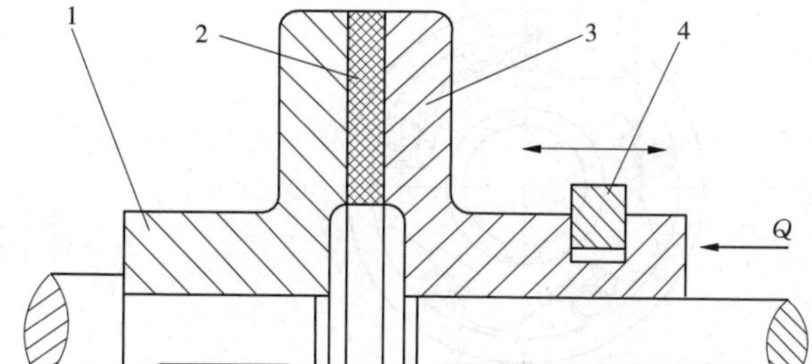

1、3—摩擦盘；2—摩擦片；4—导键。

图 7-24　单盘式摩擦离合器

码 7-10　摩擦离合器

单盘式摩擦离合器结构简单，分离彻底，但传递转矩能力受到结构尺寸的限制。在传递转矩较大时，往往采用多盘式摩擦离合器。

图 7-25 所示为多盘式摩擦离合器。图中主动轴 1 与外鼓轮 2 相联，从动轴 3 也用键与内套筒 4 相联。外摩擦片 5 的外圆与外鼓轮之间通过花键联接，而其内圆不与其他零件接触；内摩擦片 6 的内圆与内套筒之间也通过花键联接，其外圆不与其他零件接触。工作时，向左移动滑环 7，通过杠杆 8、压板 9，使两组摩擦片压紧，离合器便处于接合状态。若向右移动滑环，摩擦片被松开，离合器即分开。摩擦片数目多，可以增大所传递的转矩。但片数过多，将使各层间压力分布不均匀，易于出现离合不分明的现象。

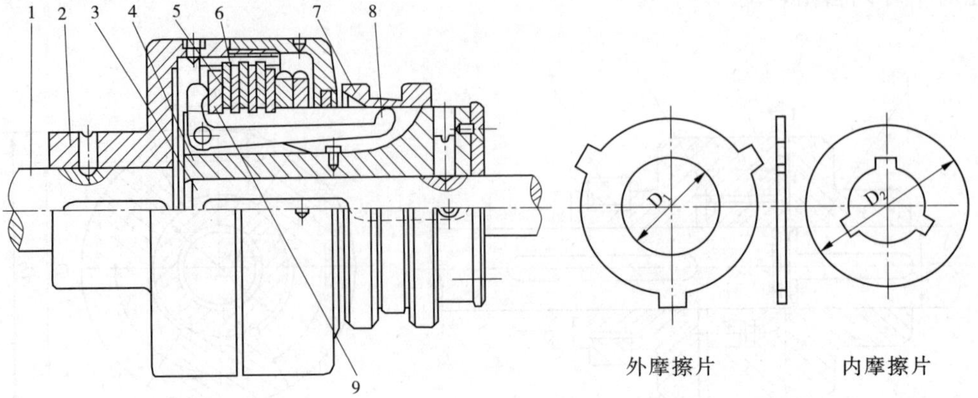

1—主动轴;2—外鼓轮;3—从动轴;4—内套筒;5—外摩擦片;6—内摩擦片;7—滑环;8—杠杆;9—压板。

图 7-25 多盘式摩擦离合器

2. 自动离合器

1)超越离合器

图 7-26 所示为精密机械中常用的滚柱超越离合器。它由星轮 1、外环 2、滚柱 3 和弹簧顶杆 4 等组成。当星轮为主动件并顺时针回转时,滚柱被摩擦力带动而锲紧在槽的狭窄部分,从而带动外环一起旋转,离合器处于接合状态。当星轮反向旋转时,滚柱则滚到槽的宽敞部分,外环不再随星轮回转,离合器处于分离状态。

码 7-11 多片摩擦离合器

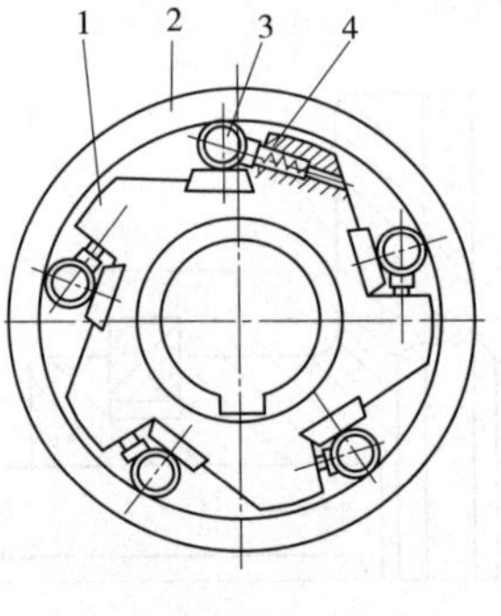

1—星轮;2—外环;3—滚柱;4—弹簧顶杆。

图 7-26 超越离合器

2)安全离合器

安全离合器通常有嵌合式和摩擦式两种形式。当载荷达到最大值时,它们将分开联接件,使联接件打滑,从而可防止机器中重要零件的损坏。

常用的嵌合式安全离合器(见图 7-27)和牙嵌离合器很相似,只是牙的倾斜角 α 较大,并由弹簧压紧机构代替滑环操纵机构。工作时,两半离合器由弹簧 2 的压紧力使牙盘 3、4 嵌合以传递转矩。一旦转矩过载,轴向推力将克服弹簧阻力和摩擦阻力使离合器自动分离。当转矩降低到某一定值以下时,离合器自动接合。弹簧的压力通过螺母 1 调节。

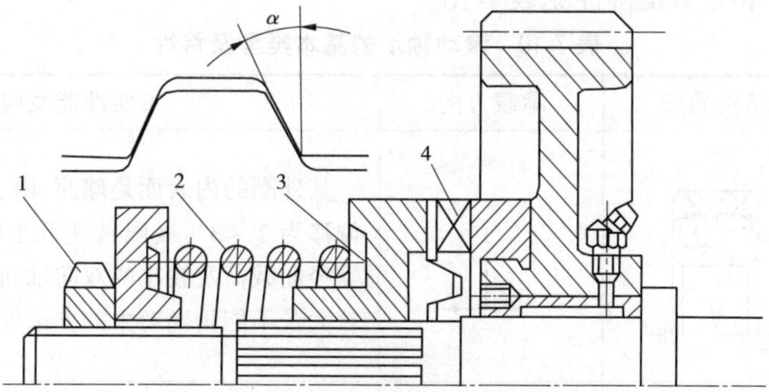

1—螺母;2—弹簧;3、4—牙盘。

图 7-27　嵌合式安全离合器

摩擦盘式安全离合器与多盘式摩擦离合器相似,只是没有操作机构,而是用弹簧将摩擦盘压紧,并用螺钉调节压紧力的大小。当转矩超过限值时,摩擦盘发生打滑,从而起到安全保护作用。

想一想:联轴器和离合器在使用中有何区别?

任务二　滚动轴承的正确选用

一、滚动轴承的结构

滚动轴承一般由内圈 1、外圈 2、滚动体 3 和保持架 4 组成,如图 7-28 所示。内、外圈分别与轴颈、轴承座孔装配在一起。当内、外圈相对转动时,滚动体在内、外圈的滚道间滚动。保持架使滚动体分布均匀,减少滚动体的摩擦和磨损。滚动轴承内有滚动体,运行时轴承内存在滚动摩擦,与滑动摩擦相比,滚动轴承的摩擦系数与磨损较小。载荷、转速及工作温度的适用范围广,且为标准件,有专门厂家大批量生产,质量可靠,供应充足,润滑、维修方便,但径向尺寸较大,有振动和噪声。

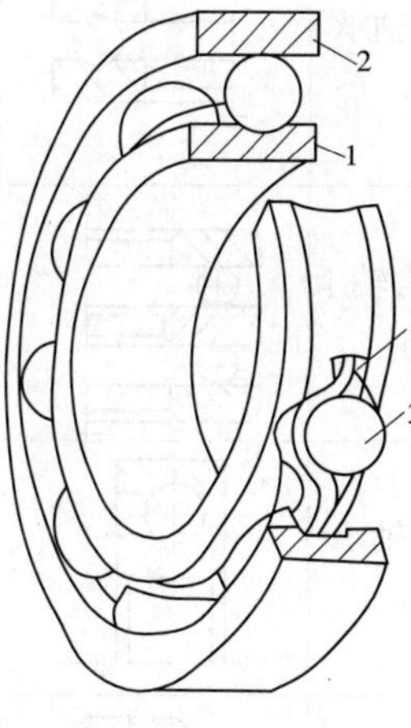

1—内圈;2—外圈;3—滚动体;4—保持架。

图 7-28　滚动轴承的结构

滚动轴承的机械效率较高,对轴承的维护要求较低,因此在中、低转速及精度要求较高的场合得到了广泛应用。

二、滚动轴承的类型及代号

(一)滚动轴承的类型

滚动轴承按受载方向分为向心轴承和推力轴承两大类。向心轴承主要承受径向载荷,推力轴承主要承受轴向载荷。按滚动体形状,滚动轴承又可分为球轴承与滚子轴承两大类。轴承的基本类型及特性见表7-10。

表7-10　滚动轴承的基本类型及特性

类型及代号	结构简图	承载方向	主要性能及应用
调心球轴承 (1)	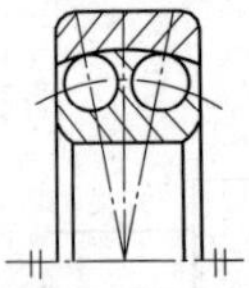		其外圈的内表面是球面,内、外圈轴线间允许角偏移为2°~3°,极限转速低于深沟球轴承。可承受径向载荷及较小的双向轴向载荷。用于轴变形较大及不能精确对中的支承处
调心滚子轴承 (2)	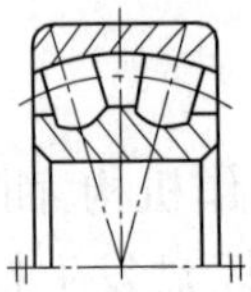		轴承外圈滚道是球面,主要承受径向载荷及一定的双向轴向载荷,但不能承受纯轴向载荷,允许角偏移为0.5°~2°。常用在长轴或受载荷作用后轴有较大变形及多支点的轴上
圆锥滚子轴承 (3)	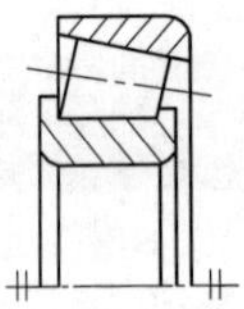		可同时承受较大的径向及轴向载荷,承载能力大于"7"类轴承。外圈可分离,装拆方便,成对使用
推力球轴承 (4)	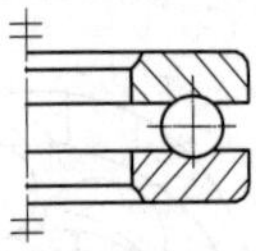		只能承受轴向载荷,而且载荷作用线必须与轴线相重合,不允许有角偏差,极限转速低
双向推力轴承 (5)	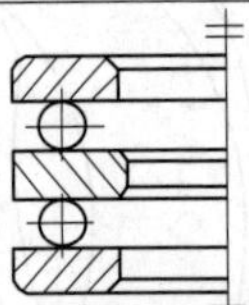		能承受双向轴向载荷。其余与推力轴承相同
深沟球轴承 (6)	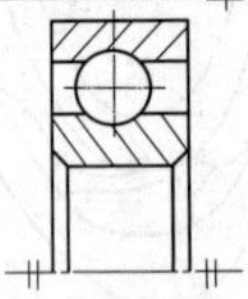		可承受径向载荷及一定的双向轴向载荷。内、外圈轴线间允许角偏移为8′~16′
角接触球轴承 (7)	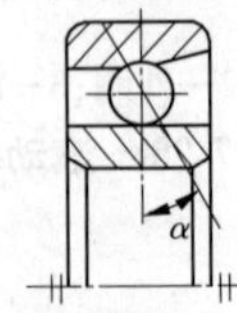 7000C型(α=15°) 7000AC型(α=25°) 7000B型(α=40°)		可同时承受径向载荷及轴向载荷。承受轴向载荷的能力由接触角α的大小决定,α大,承受轴向载荷的能力高。由于存在接触角α,承受纯径向载荷时,会产生内部轴向力,使内、外圈有分离的趋势,因此这类轴承要成对使用。极限转速较高

续表 7-10

类型及代号	结构简图	承载方向	主要性能及应用
推力滚子轴承 (8)	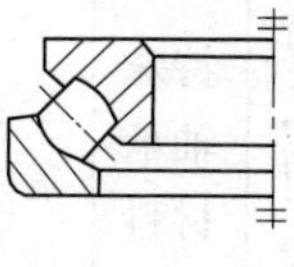		能承受较大的单向轴向载荷,极限转速低
圆柱滚子轴承 (N)	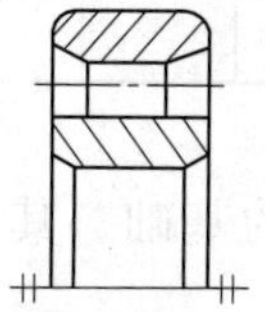		能承受较大的径向载荷,不能承受轴向载荷,极限转速也较高,但允许的角偏移很小,为 $2'\sim4'$。设计时,要求轴的刚度大,对中性好
滚针轴承 (NA)	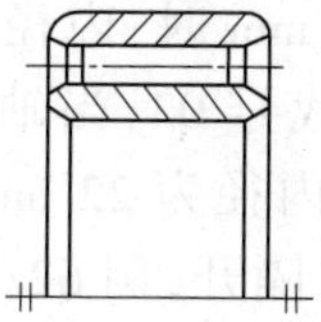		不能承受轴向载荷,不允许有角度偏斜,极限转速较低。结构紧凑,在内径相同的条件下,与其他轴承比较,其外径最小。适用于径向尺寸受限制的部件中

滚动轴承的内、外圈与滚动体之间存在一定的间隙,如图 7-29 所示。因此,内、外圈可以有相对位移,最大位移量称为轴承游隙。当轴承的一个座圈固定时,另一座圈沿径向的最大移动量称为径向游隙 Δr,沿轴向的最大移动量称为轴向游隙 Δa。游隙的大小对轴承的寿命、温升和噪声都有很大的影响。

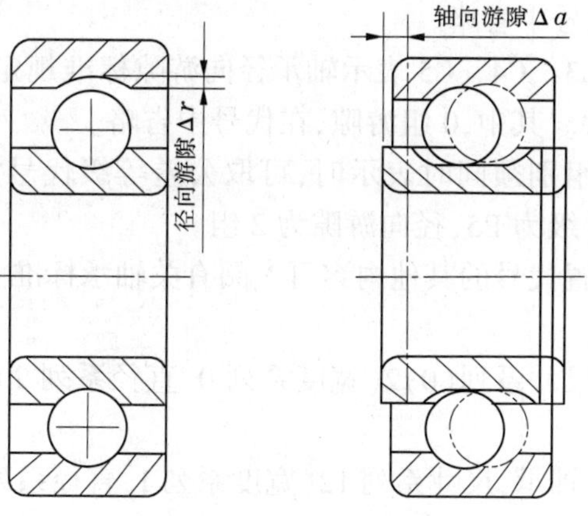

图 7-29 滚动轴承的游隙

(二)滚动轴承的代号

滚动轴承代号是表示其结构、尺寸、公差等级和技术性能等特征的产品符号,由字母和数字组成。按《滚动轴承 代号方法》(GB/T 272—2017)的规定,轴承代号由基本代号、前置代号和后置代号构成,其排列见表 7-11。

表 7-11　轴承代号的构成

<table>
<tr><td>前置代号</td><td colspan="5">基本代号</td><td colspan="7">后置代号</td></tr>
<tr><td rowspan="3">轴承分部件代号</td><td>五</td><td>四</td><td>三</td><td>二</td><td>一</td><td rowspan="3">内部结构代号</td><td rowspan="3">密封和防尘结构代号</td><td rowspan="3">保持架及其材料代号</td><td rowspan="3">特殊轴承材料代号</td><td rowspan="3">公差等级代号</td><td rowspan="3">游隙代号</td><td rowspan="3">其他代号</td></tr>
<tr><td rowspan="2">类型代号</td><td colspan="2">尺寸系列代号</td><td colspan="2" rowspan="2">内径代号</td></tr>
<tr><td>宽度系列代号</td><td>直径系列代号</td></tr>
</table>

基本代号表示轴承的基本类型、结构和尺寸，是轴承代号的基础。其中，类型代号用数字或字母表示，其余用数字表示，最多有 7 位数字或字母。

内径代号表示轴承的内径尺寸。当轴承的内径小于 20 mm 时，内径 10 mm 代号 00，内径 12 mm 代号 01，内径 15 mm 代号 02，内径 17 mm 代号 03；当轴承的内径在 20～480 mm 范围内时，内径代号乘以 5 即为轴承公称内径；内径为 22 mm、28 mm、32 mm，以及内径大于 500 mm 的轴承直接用内径表示，并用“/”隔开，例 62/32 表示内径 32 mm 的深沟球轴承。

直径系列代号表示内径相同的同类轴承有几种不同的外径。

宽度系列代号表示内、外径相同的同类轴承宽度的变化。

类型代号表示轴承的基本类型，其对应的轴承类型见表 7-10。

在后置代号中用字母和数字表示轴承的公差等级。按精度高低排列分为 2 级、4 级、5 级、6x 级、6 级和 0 级，分别用/P2、/P4、/P5、/P6x、/P6 和/P0 表示。其中，P2 级精度最高，P0 级为普通级，在代号中省略。

用/C1、/C2、/C0、/C3/、C4、/C5 表示轴承径向游隙标准规定的 1、2、0、3、4、5 组游隙组别，游隙依次由小到大。其中，0 组游隙，在代号中省略。

当公差等级和游隙组别须同时表示时，可取公差等级代号加上组游隙组号(0 组省略)，如/P52 表示公差等级为 P5，径向游隙为 2 组。

有关前置代号和后置代号的其他内容可参阅有关轴承标准及专业资料。

代号举例：

6208：深沟球轴承，尺寸系列(0)2(宽度系列 0，直径系列 2)，内径 40 mm，0 级公差，0 组游隙。

71210B 为角接触球轴承，尺寸系列 12(宽度系列 1，直径系列 2)，内径 50 mm，接触角 $\alpha=40°$，0 级公差，0 组游隙。

LN312/P5 为单列圆柱滚子轴承，可分离外圈，尺寸系列(0)3(宽度系列 0，直径系列 3)，内径 60 mm，5 级公差，0 组游隙。

三、滚动轴承类型的选择

滚动轴承选择的原则如下所述：

(1)轴承工作载荷的大小、方向及性质。

当载荷较小而平稳、转速较高时,可选用球轴承;反之,宜选用滚子轴承。

当轴承同时承受径向及轴向载荷时,若以径向载荷为主,可选用深沟球轴承;当轴向载荷比径向载荷大很多时,可选用推力轴承与向心轴承的组合结构;当径向载荷和轴向载荷均较大时,可选用向心角接触轴承。

(2)对轴承的特殊要求。

跨距较大或难以保证两轴承孔同轴度的轴及多支点轴,宜选用调心轴承。为便于安装、拆卸和调整轴承游隙,宜选用内外圈可分离的圆锥滚子轴承。

(3)经济性。

一般球轴承比滚子轴承价廉;有特殊结构的轴承比普通结构的轴承贵。同型号的轴承,精度越高,价格也越高,一般机械传动宜选用普通级(P0)精度。

四、滚动轴承的工作能力分析

(一)滚动轴承的主要失效形式

1. 疲劳点蚀

疲劳点蚀使轴承产生振动和噪声,旋转精度下降,影响机器的正常工作,是一般滚动轴承的主要失效形式。

2. 塑性变形

当轴承转速很低($n \leqslant 10$ r/min)或间歇摆动时,一般不会发生疲劳点蚀,此时轴承往往因承受过大的静载荷或冲击载荷而产生塑性变形,使轴承失效。磨损、润滑不良、杂质和灰尘的侵入都会引起磨损,使轴承丧失旋转精度而失效。

(二)滚动轴承的设计准则

滚动轴承的设计准则如下:

(1)一般转速(10 r/min$\leqslant n<n_{\lim}$)时,若轴承只承受径向载荷 F_r 作用,由于各元件的弹性变形,轴承上半圈的滚动体将不受力,而下半圈各滚动体受力的大小则与其所处的位置有关,故轴承运转时,轴承套圈滚道和滚动体受变应力作用,滚动轴承的主要失效形式是疲劳点蚀。为防止疲劳点蚀现象的发生,滚动轴承应按额定动载荷进行寿命计算。

(2)转速较低($n<10$ r/min)的滚动轴承,可能因过大的静载荷或冲击载荷,使套圈滚道与滚动体接触处产生过大的塑性变形。因此,低速重载的滚动轴承应进行静强度计算。

(3)高速($n_{\lim} \leqslant n$)转动的轴承,可能因润滑不良等原因引起磨损甚至胶合。因此,除进行寿命计算外,还要校核极限转速。

(三)轴承的寿命计算

1. 寿命计算中的基本概念

1)寿命

滚动轴承的寿命是指轴承中任何一个滚动体或内、外圈滚道上出现疲劳点蚀前轴承转过的总圈数,或在一定转速下总的工作小时数。

2)基本额定寿命

一批类型、尺寸相同的轴承,材料、加工精度、热处理与装配质量不可能完全相同。即使在同样条件下工作,各个轴承的寿命也是不同的。在国标中规定以基本额定寿命作为计算依据。基本额定寿命是指一批相同的轴承,在同样工作条件下,其中10%的轴承产生疲劳点蚀时转过的总圈数,或在一定转速下总的工作小时数。

3)额定动载荷

基本额定寿命为10^6转时轴承所能承受的载荷,称为额定动载荷,以"C"表示。轴承在额定动载荷作用下,不发生疲劳点蚀的可靠度是90%。各种类型和不同尺寸轴承的C值可查设计手册。

4)当量动载荷

额定动载荷是向心轴承只承受径向载荷、推力轴承只承受轴向载荷的条件下,根据试验确定的。实际上,轴承承受的载荷往往与上述条件不同,因此必须将实际载荷等效为一假想载荷,这个假想载荷称为当量动载荷,以"P"表示。

2. 寿命计算

滚动轴承的基本额定寿命的计算公式如下:

$$L_h = \frac{10^6}{60n}\left(\frac{f_T C}{f_P P}\right)^{\varepsilon} \tag{7-10}$$

式中 L_h——滚动轴承的基本额定寿命。

在实际应用中,额定寿命常用给定转速下运转的小时数L'_h(滚动轴承预期寿命)表示。考虑到机器振动和冲击的影响,引入载荷因数f_P(见表7-12);考虑到工作温度的影响,引入了温度因数f_T(见表7-13)。

表7-12 载荷因数f_P

载荷性质	f_P	举例
无冲击或有轻微冲击	1.0~1.2	电动机、汽轮机、通风机、水泵
中等冲击和振动	1.2~1.8	车辆、机床、内燃机、起重机、冶金设备、减速器
强大冲击和振动	1.8~3.0	破碎机、轧钢机、石油钻机、振动筛

表7-13 温度因数f_T

轴承工作温度/℃	100	125	150	175	200	225	250	300
温度因数f_T	1	0.95	0.90	0.85	0.80	0.75	0.70	0.60

实用寿命的计算公式为

$$C_c = \frac{f_P P}{f_T}\sqrt[\varepsilon]{\frac{60nL'_h}{10^6}} \leqslant C \tag{7-11}$$

式中 C_c——计算额定动载荷,kN;

C——额定动载荷,kN,可查设计手册;

ε——寿命指数,球轴承$\varepsilon=3$,滚子轴承$\varepsilon=10/3$。

想一想：同等条件下，滚子与球类轴承的寿命哪个更长？

若当量动载荷 P 与转速 n 均已知，预期寿命 L'_h（推荐值见表 7-14）已选定，则可根据式（7-11）选择轴承型号。

表 7-14　滚动轴承预期寿命推荐值

机器种类		预期寿命/h
不常使用的仪器和设备		500
航空发动机		500~2 000
间断使用的机器	中断使用不致引起严重后果的手动机械、农业机械等	4 000~8 000
	中断使用会引起严重后果，如升降机、运输机、吊车等	8 000~12 000
每天工作 8 h 的机器	利用率不高的齿轮传动、电机等	12 000~20 000
	利用率较高的通信设备、机床等	20 000~30 000
连续工作 24 h 的机器	一般可靠性的空气压缩机、电机、水泵等	50 000~60 000
	高可靠性的电站设备、给排水装置等	>100 000

3. 当量动载荷的计算

当量动载荷是一假想载荷，在该载荷作用下，轴承的寿命与实际载荷作用下的寿命相同。当量动载荷 P 的计算公式为

$$P = XF_r + YF_a \tag{7-12}$$

式中　X——径向载荷系数（见表 7-15）；

Y——轴向载荷系数（见表 7-15）；

F_r——轴承承受的径向载荷；

F_a——轴承承受的轴向载荷。

表 7-15　单列向心轴承的径向载荷系数 X 和轴向载荷系数 Y

轴承类型	F_a/C_0	e	$F_a/F_r>e$		$F_a/F_r\leq e$	
			X	Y	X	Y
深沟球轴承（6类）	0.014	0.19	0.56	2.30	1	0
	0.028	0.22		1.99		
	0.056	0.26		1.71		
	0.084	0.28		1.55		
	0.11	0.30		1.45		
	0.17	0.34		1.31		
	0.28	0.38		1.15		
	0.42	0.42		1.04		
	0.56	0.44		1.00		

续表 7-15

轴承类型		F_a/C_0	e	$F_a/F_r>e$		$F_a/F_r \leqslant e$	
				X	Y	X	Y
角接触球轴承(7类)	7000C($\alpha=15°$)	0.015	0.38	0.44	1.47	1	0
		0.029	0.40		1.40		
		0.058	0.43		1.30		
		0.087	0.46		1.23		
		0.12	0.47		1.19		
		0.17	0.50		1.12		
		0.29	0.55		1.02		
		0.44	0.56		1.00		
		0.58	0.56		1.00		
	7000AC($\alpha=25°$)	—	0.68	0.41	0.87	1	0
	7000B($\alpha=40°$)	—	1.14	0.35	0.57	1	0
圆锥滚子轴承(3类)		—		0.40		1	0

对于只承受径向载荷的轴承,当量动载荷为轴承的径向载荷 F_r,即

$$P = F_r \tag{7-13}$$

对于只承受轴向载荷的轴承,当量动载荷为轴承的轴向载荷 F_a,即

$$P = F_a \tag{7-14}$$

4. 向心角接触轴承轴向载荷的计算

1) 向心角接触轴承的内部轴向力

由于向心角接触轴承有接触角,故轴承在受到径向载荷作用时,承载区内滚动体的法向力分解,产生一个轴向分力 F_s(见图 7-30)。F_s 是在径向载荷 F_r 作用下产生的轴向力,通常称为内部轴向力,其大小按表 7-16 计算。内部轴向力的方向沿轴向,由轴承外圈的宽边指向窄边。

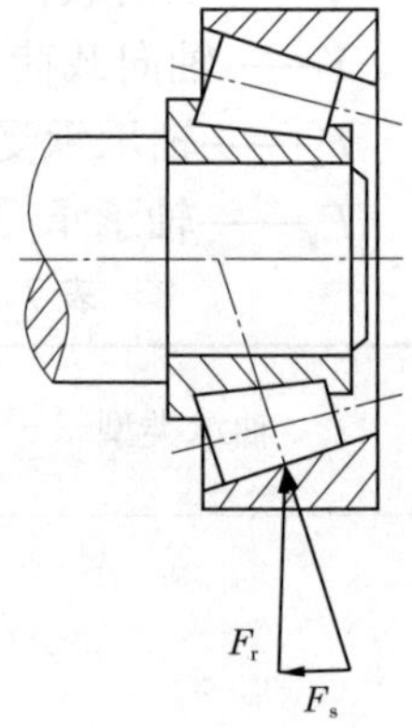

图 7-30 内部轴向力

表 7-16 向心角接触轴承的内部轴向力

圆锥滚子轴承	角接触球轴承		
3000 型	7000C 型	7000AC 型	7000B 型
$F_s=F_r/(2Y)$	$F_s=0.4F_r$	$F_s=0.7F_r$	$F_s=1.14F_r$

2）向心角接触轴承的实际轴向载荷

向心角接触轴承在使用时实际所受的轴向载荷 F_a，除与外加轴向载荷 F_A（见图 7-31）有关外，还应考虑内部轴向力 F_s 的影响。计算两支点实际轴向载荷的步骤如下：

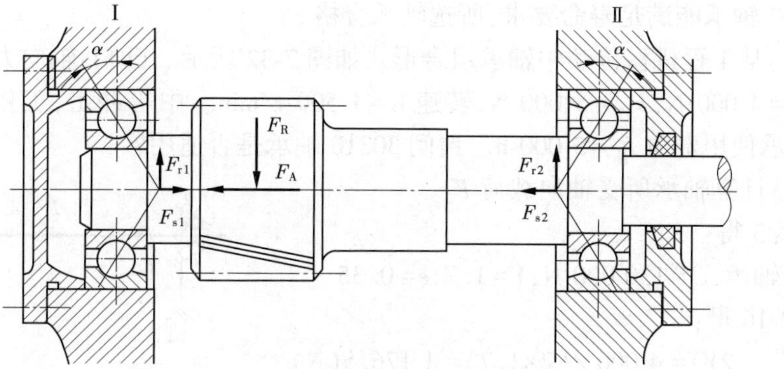

图 7-31　角接触轴承的轴向力

（1）计算出两支点内部轴向力 F_{s1}、F_{s2} 的大小，并绘出其方向。规定内部轴向力中与外加轴向荷载方向一致的轴承标为轴承 2，另一轴承标为轴承 1。

（2）将外加轴向载荷 F_A 及与之同向的内部轴向力之和与另一内部轴向力进行比较，以判定轴承的"压紧"端与"放松"端。

（3）"放松"端轴承的轴向载荷等于它本身的内部轴向力。

（4）"压紧"端轴承的轴向载荷等于除了它本身内部轴向力外的其他轴向力的代数和。

实战训练　滚动轴承型号选择

训练 1：设某水泵转速 $n=2\,900$ r/min，轴颈直径 $d=35$ mm，轴的两端受径向载荷 $F_{r1}=F_{r2}=1\,810$ N，轴向载荷 $F_a=740$ N，预期寿命 $L_h'=5\,000$ h，试选择轴承型号并校核轴承寿命。

解：（1）初选轴承型号。水泵轴主要承受径向载荷（$F_r>F_a$），转速相当高，所以选深沟球轴承（6 类）；因水泵承受的是中等载荷，则选 0 类宽度系列和 3 类直径系列（注：不是唯一的选择）；根据轴颈直径 $d=35$ mm，所以选用 6307 轴承，水泵属一般通用机械，对轴承的精度和游隙无特殊要求。

（2）计算径向当量动载荷。按 6307 轴承查附表 1，查得 $C=33.2$ kN，$C_0=19.2$ kN，则 $F_a/C_0=740/19\,200=0.038\,5$，以此值查表 7-15，利用插值法得界限值 $e=0.235$。

轴承 1 为游动端，不承受轴向载荷，轴向载荷由轴承 2 承受，即 $F_{a2}=F_a$。

因 $F_{a2}/F_{r2}=740/1\,810=0.409>e$，根据 $F_a/C_0=0.038\,5$，插值查得 $Y=1.885$，$X=0.56$。

$$P_1=F_{r1}=1\,810\ \text{N}$$

$$P_2=XF_{r2}+YF_{a2}=0.56\times1\,810+1.885\times740=2\,408.5\ (\text{N})$$

(3)校核轴承寿命。按已知条件查表7-12、表7-13得$f_P=1.1$,$f_T=1$,球轴承$\varepsilon=3$,由式(7-11)得:

$$C_c=\frac{f_P P}{f_T}\times\sqrt[\varepsilon]{\frac{60nL_h'}{10^6}}=\frac{1.1\times 2\,408.5}{1}\times\sqrt[3]{\frac{60\times 2\,900\times 5\,000}{10^6}}=25.29(\mathrm{kN})<C=33.2\ \mathrm{kN}$$

故6307轴承能满足寿命要求,所选轴承合格。

训练2:某工程机械传动中轴承组合形式如图7-32所示。已知:轴向力$F_k=2\,000$ N,径向力$F_{r1}=4\,000$ N,$F_{r2}=5\,000$ N,转速$n=1\,500$ r/min。中等冲击,工作温度低于100 ℃,要求轴承使用寿命$L_h=5\,000$ h。请问30310轴承是否适用?

解:(1)计算轴承所受轴向载荷F_a。

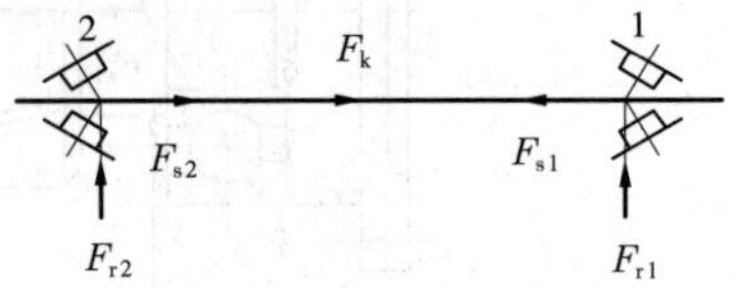

图7-32

查附表3得:

30310轴承,$C=130\,000$ N,$Y=1.7$,$e=0.35$。

查表7-16得:

$F_{s1}=F_{r1}/(2Y)=4\,000/(2\times1.7)=1\,176.5(\mathrm{N})$

$F_{s2}=F_{r2}/(2Y)=5\,000/(2\times1.7)=1\,470.6(\mathrm{N})$

$F_{s2}+F_k=1\,470.6+2\,000=3\,470.6(\mathrm{N})>F_{s1}$

可知,轴承1被“压紧”,轴承2被“放松”,故:

$F_{a1}=F_{s2}+F_k=1\,470.6+2\,000=3\,470.6\ (\mathrm{N})$

$F_{a2}=F_{s2}=1\,470.6$ N

(2)计算当量动载荷P。

轴承1:$F_{a1}/F_{r1}=3\,470.6/4\,000=0.867\,7>e$。查表7-15得$X=0.4$,则:

$$P_1=XF_{r1}+YF_{a1}=0.4\times4\,000+1.7\times3\,470.6=7\,500(\mathrm{N})$$

轴承2:$F_{a2}/F_{r2}=1\,470.6/5\,000=0.294<e$。查表7-15得$X=1$、$Y=0$,则:

$$P_2=XF_{r2}+YF_{a2}=1\times5\,000+0\times1\,470.6=5\,000(\mathrm{N})$$

(3)验算基本额定动载荷C。

由载荷中等冲击,查表7-12得$f_P=1.6$,查表7-13得$f_T=1$。

按式(7-11)得所需的基本额定动载荷$C_c=\frac{f_P P}{f_T}\sqrt[\varepsilon]{\frac{60nL_h'}{10^6}}$,因$P_1>P_2$,所以按$P_1$计算:

$$C_c=\frac{1.6\times 7\,500}{1}\sqrt[\frac{10}{3}]{\frac{60\times 1\,500\times 5\,000}{10^6}}=75\,014(\mathrm{N})<C=130\,000\ \mathrm{N}$$

所以,采用一对30310圆锥滚子轴承寿命是足够的。

任务三　滚动轴承的组合设计

为了保证轴承的正常工作,除合理选择轴承的类型和尺寸外,还必须进行轴承的组合设计,妥善解决滚动轴承的固定,轴系的固定,轴承组合结构的调整,轴承的配合、装拆、润滑和密封等问题。

一、滚动轴承内、外圈的轴向固定

为了防止轴承在承受轴向载荷时相对于轴或座孔产生轴向移动，轴承内圈与轴、外圈与座孔必须进行轴向固定。滚动轴承常用的内、外圈轴向固定方式见表 7-17。

表 7-17　滚动轴承常用的内、外圈轴向固定方式

轴承内圈的轴向固定方式		结构图形	轴承外圈的轴向固定方式	
名称	特点与应用		名称	特点与应用
轴肩	结构简单，外廓尺寸小，可承受大的轴向负荷	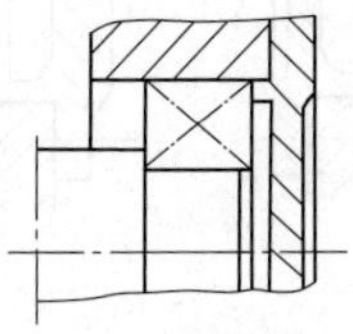	端盖	可为通孔，以通过轴的伸出端，适于高速及轴向负荷较大的场合
弹性挡圈	由轴肩和弹性挡圈实现轴向固定，弹性挡圈可承受不大的轴向负荷，结构尺寸小	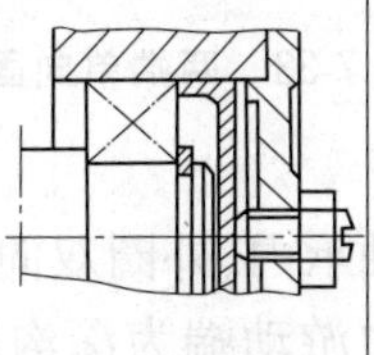	螺钉压盖	类似于端盖式，但便于在箱体外调节轴承的轴向游隙，螺母为防松措施
轴端挡板	由轴肩和轴端挡板实现轴向固定，销和弹簧垫圈为防松措施，适于轴端不宜切制螺纹或空间受限制的场合	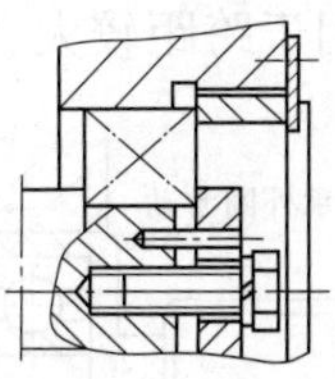	螺纹环	便于调节轴承的轴向游隙，应有防松措施，适于高转速、较大轴向负荷的场合
锁紧螺母	由轴肩和锁紧螺母实现轴向固定，有止动垫圈防松，安全可靠，适于高速重载	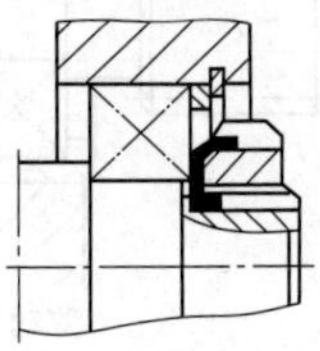	弹性挡圈	结构简单，拆装方便，轴向尺寸小，适于转速不高、轴向负荷不大的场合，弹性挡圈与轴承间的调整环可调整轴承的轴向游隙

二、轴系的固定

轴系固定的目的是防止轴工作时发生轴向窜动，保证轴上零件有确定的工作位置。常用的固定方式有以下两种。

(一) 两端单向固定

如图 7-33 所示，在轴的两个支承点上，采用两个深沟球轴承，分别利用轴肩、轴承端盖固定轴承内圈、外圈。两个支承各限制轴系的一个方向的轴向移动，对整个轴系而言，两个方向都受到了定位。为补偿轴的热伸长，在一个轴承外圈和轴承盖之间留有轴向补偿间隙 Δ，通常取 $\Delta = 0.2 \sim 0.3$ mm。间隙量可用调整轴承盖与机座端面间的垫片厚度来控制。对于向心角接触轴承，补偿间隙可留在轴承内部。这种形式结构简单、安装调整方便,适用于支承跨距较小(l<300 mm)和温差不大的场合。

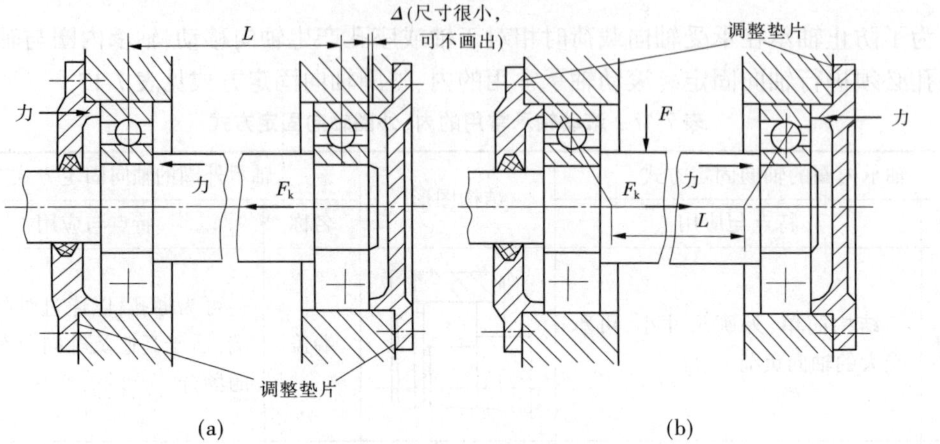

图 7-33 两端单向固定

(二)一端双向固定、一端游动

如图 7-34 所示,一个支点处的轴承内、外圈双向固定,另一个支点处的轴承可以轴向游动,以适应轴的热伸长。图 7-34 中游动端为深沟球轴承,在轴承外圈与端盖间留适当间隙 C(2~3 mm)。这种固定方式适用于跨距较大、温差较大的轴。

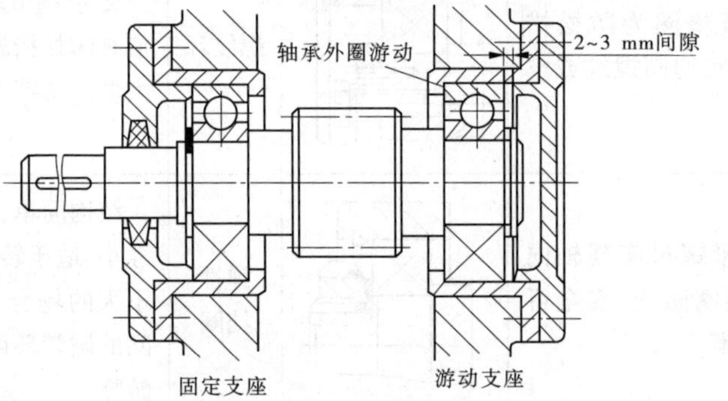

图 7-34 一端双向固定、一端游动

码 7-12 一端双向固定、一端游动

三、滚动轴承组合结构的调整

(一)轴承间隙的调整

轴承间隙的大小将影响轴承的旋转精度、轴承寿命和传动零件工作的平稳性。轴承间隙调整的方法有:

(1)如图 7-35(a)所示,靠加减轴承端盖与箱体间垫片的厚度进行调整。

(2)如图 7-35(b)所示,利用调整环进行调整,调整环的厚度在装配时确定。

(3)如图 7-35(c)所示,利用调整螺钉推动压盖移动滚动轴承外圈进行调整,调整后用螺母锁紧。

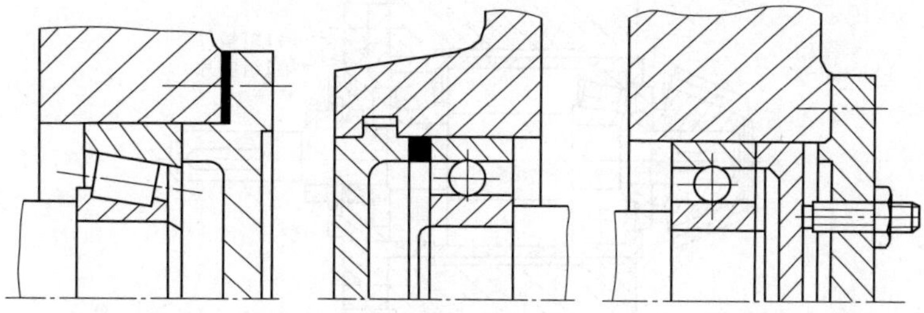

图 7-35　轴承间隙的调整

(二)轴承的预紧

轴承预紧的目的是提高轴承的精度和刚度,以满足机器的要求。在安装轴承时,要加一定的轴向预紧力,消除轴承内部的原始游隙,并使套圈与滚动体产生预变形,在承受外载后,仍不出现游隙,这种方法称为轴承的预紧。预紧的方法有:①在一对轴承内圈之间加金属垫片[见图 7-36(a)];②磨窄外圈[见图 7-36(b)];③用弹簧压紧[见图 7-36(c)]等。

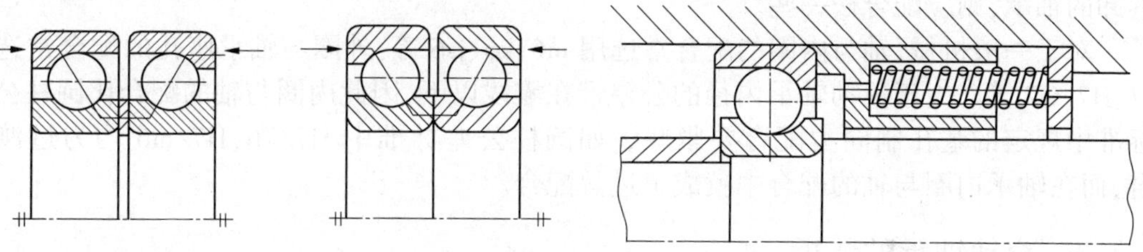

图 7-36　轴承的预紧

(三)轴系轴向位置的调整

轴系轴向位置调整的目的是使轴上零件有准确的工作位置。如蜗杆传动,要求蜗轮的中间平面必须通过蜗杆轴线[见图 7-37(a)];直齿锥齿轮传动,要求两锥齿轮的锥顶必须重合[见图 7-37(b)]。图 7-38 为锥齿轮轴的轴承组合结构,轴承装在套杯内,通过加、减第 1 组垫片的厚度来调整轴承套杯的轴向位置,即可调整锥齿轮的轴向位置;通过加、减第 2 组垫片的厚度,则可以实现轴承间隙的调整。

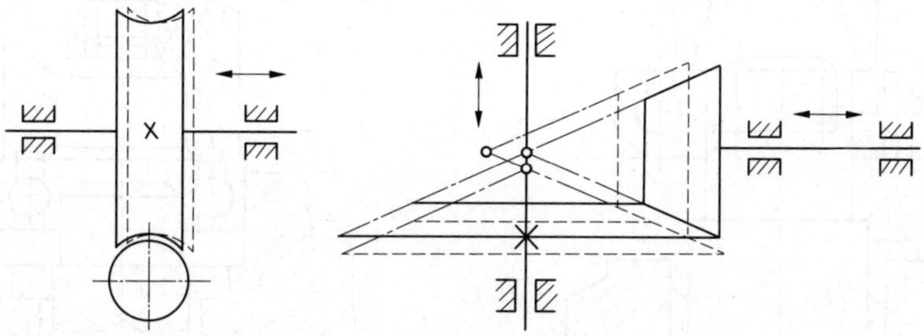

图 7-37　轴向位置要求

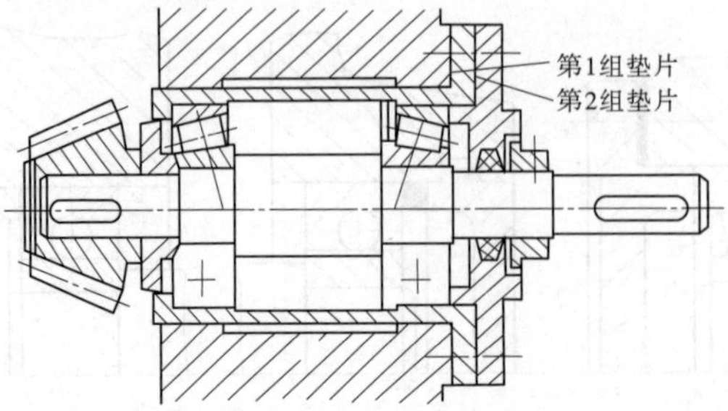

图 7-38 锥齿轮轴系位置调整

四、滚动轴承的配合

滚动轴承的配合是指轴承内圈与轴颈、轴承外圈与轴承座孔的配合。由于滚动轴承是标准件,故内圈与轴颈的配合采用基孔制,外圈与轴承座孔的配合采用基轴制。配合的松紧程度根据轴承工作载荷的大小、性质、转速高低等确定。转速高、载荷大、冲击振动比较严重时应选用较紧的配合,旋转精度要求高的轴承配合也要紧一些;游动支承和需经常拆卸的轴承,则应配合松一些。

对于一般机械,轴与内圈的配合常选用 m6、k6、js6 等,外圈与轴承座孔的配合常选用 J7、H7、G7 等。由于滚动轴承内径的公差带在零线以下,因此内圈与轴的配合比圆柱公差标准中规定的基孔制同类配合要紧些。如圆柱公差标准中 H7/k6、H7/m6 均为过渡配合,而在轴承内圈与轴的配合中就成了过盈配合。

五、滚动轴承的装拆

安装和拆卸轴承的力应直接加在紧配合的套圈端面,不能通过滚动体传递。由于内圈与轴的配合较紧,在安装轴承时,应注意以下几点:

(1)对中、小型轴承,可在内圈端面加垫后,用手锤轻轻打入(见图 7-39)。

(2)对尺寸较大的轴承,可在压力机上压入或把轴承放在油里加热至 80~100 ℃,然后取出套装在轴颈上。

(3)当同时安装轴承的内、外圈时,须用特制的安装工具(见图 7-40)。

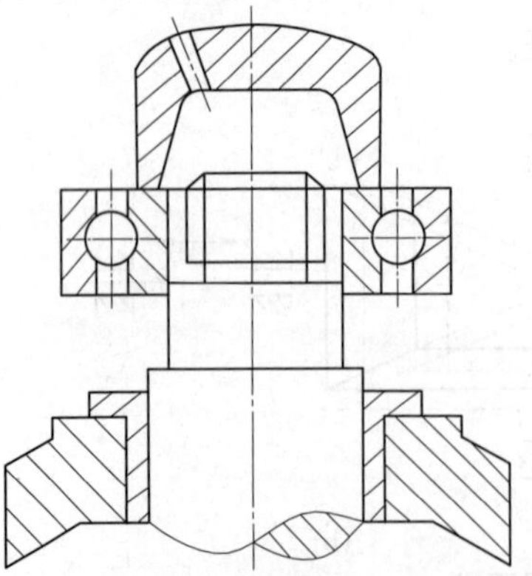

图 7-39 安装轴承内圈

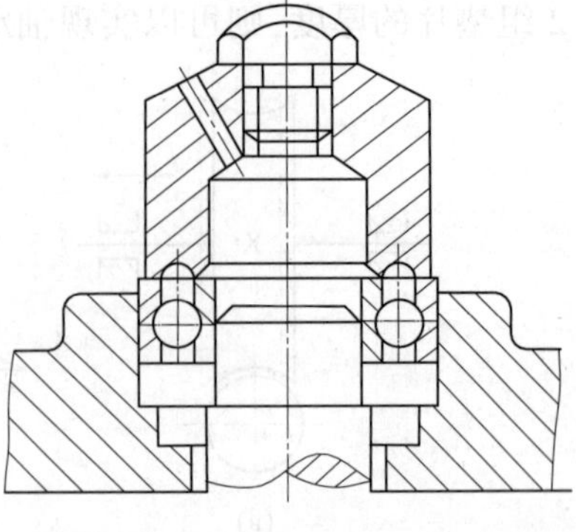

图 7-40 同时安装轴承的内、外圈

轴承的拆卸可根据实际情况按图 7-41 实施。为使拆卸工具的钩头钩住内圈,应限制轴肩高度。轴肩高度可查设计手册。

内、外圈可分离的轴承,其外圈的拆卸可用压力机、套筒或螺钉顶出,也可以用专用设备拉出。为了便于拆卸,座孔的结构一般采用图 7-42 的形式。

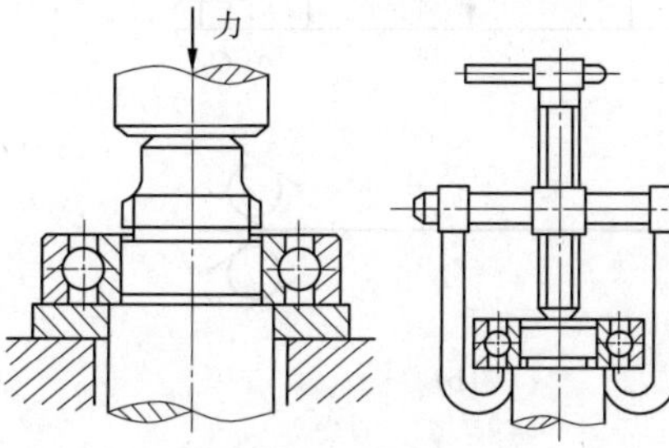

图 7-41　轴承的拆卸

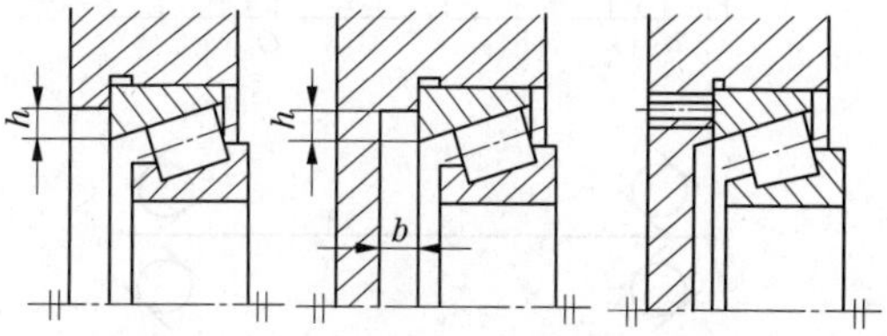

图 7-42　便于外圈拆卸的座孔结构

六、支承部位的刚度和同轴度

为保证支承部位的刚度,轴承座孔壁应有足够的厚度,并设置加强肋以增强刚度(见图 7-43)。为保证支承部位的同轴度,同一轴上两端的轴承座孔必须保持同心。为此,两端轴承座孔的尺寸应尽量相同,以便加工时一次镗出,减少同轴度误差。若轴上装有不同外径尺寸的轴承,可采用套杯结构(见图 7-44)。

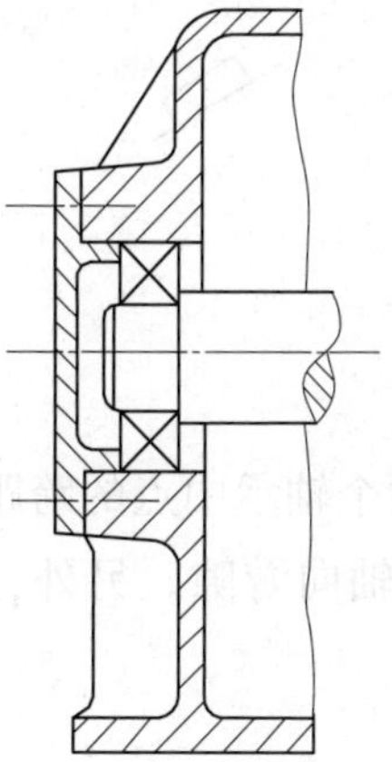

图 7-43　支承部位刚度

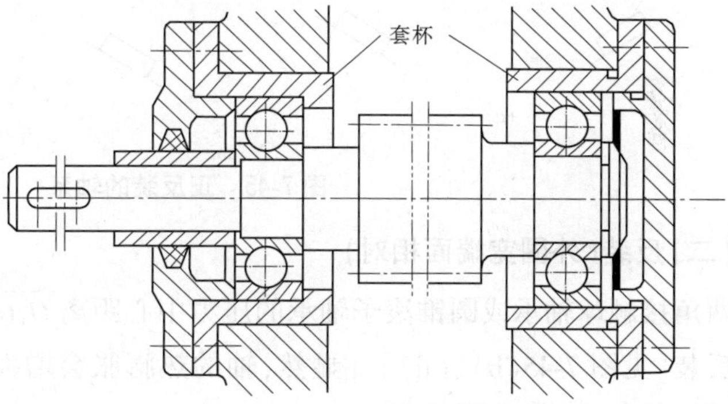

图 7-44　轴承座孔的同轴度

七、角接触球轴承和圆锥滚子轴承的排列方式

角接触球轴承和圆锥滚子轴承一般成对使用,根据调整、安装及使用场合的不同,有如下两种排列方式。

(一)正装(外圈窄端面相对)

两角接触球轴承或圆锥滚子轴承的压力中心距离 $\overline{O_1O_2}$ 小于两个轴承中点跨距时,称为正装[见图 7-45(a)、(c)]。正装的轴系结构简单,装拆、调整方便,但是轴的受热伸长会减小轴承的轴向游隙,甚至会卡死。

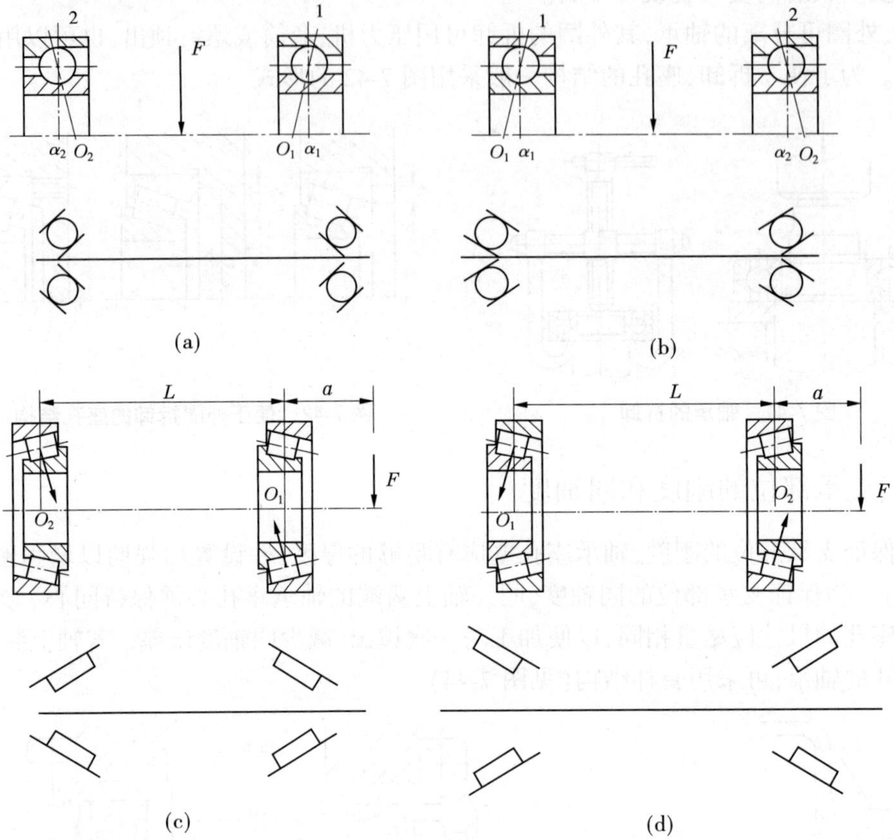

图 7-45　正反装的轴系

(二)反装(外圈宽端面相对)

两角接触球轴承或圆锥滚子轴承的压力中心距离 $\overline{O_1O_2}$ 大于两个轴承中点的跨距时,称为反装[见图 7-45(b)、(d)]。显然,轴的热膨胀会增大轴承的轴向游隙。另外,反装的结构较复杂,装拆、调整不便。

(三)正、反装的刚度分析

当传动零件悬臂安装时,反装的轴系刚度比正装的轴系高,这是因为反装的轴承压力中心距离较大,使轴承的反力、变形及轴的最大弯矩和变形均小于正装。

当传动零件介于两轴承中间时,正装使轴承压力中心距离减小而有助于提高轴的刚度,反装则相反。

八、滚动轴承的润滑

轴承润滑的主要目的是减小摩擦与磨损、吸振和散热。一般采用脂润滑或者油润滑。多数滚动轴承采用脂润滑。润滑脂黏性大,不易流失,便于密封和维护,且不需经常添加;但转速较高时,功率损失较大。润滑脂的填充量不能超过轴承空间的1/3~1/2。油润滑的摩擦阻力小，润滑可靠，但需要供油设备和较复杂的密封装置。当采用油润滑时，油面高度不能超出轴承中最低滚动体的中心。高速轴承宜采用喷油或油雾润滑。

九、滚动轴承的密封

密封的目的是防止外部的灰尘、水分及其他杂物进入轴承，并阻止轴承内润滑剂的流失。密封分接触式密封和非接触式密封。

（一）接触式密封

接触式密封是在轴承盖内放毡圈、皮碗，使其直接与轴接触，起到密封作用。由于工作时轴与毛毡等相互摩擦，故这种密封适用于低速，且要求接触处轴的表面硬度大于 40 HRC，粗糙度 $Ra<0.8$ μm。

1. 毡圈密封［见图 7-46(a)］

矩形毡圈压在梯形槽中与轴接触，适用于脂润滑，环境清洁，轴颈圆周速度 $v<4\sim5$ m/s、工作温度<90 ℃的场合。

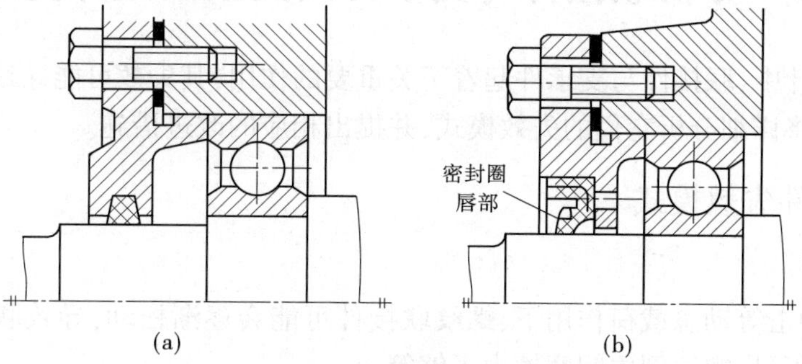

图 7-46　接触式密封

2. 密封圈密封［见图 7-46(b)］

密封圈用皮革或橡胶制成，有或无骨架，利用环形螺旋弹簧，将密封圈的唇部压在轴上，图 7-46(b) 中唇部向外，可防止尘土入内；如唇部向内，可防止油泄漏。密封圈密封适用于油润滑或脂润滑、轴颈圆周速度 $v<7$ m/s、工作温度在 $-40\sim100$ ℃的场合，密封圈为标准件。

（二）非接触式密封

非接触式密封是利用狭小和曲折的间隙密封，不直接与轴接触，故可用在高速场合。

1. 间隙密封［见图 7-47(a)］

在轴与轴承盖间，留有细小的环形间隙，半径间隙为 0.1~0.3 mm，中间填以润滑脂。它用于工作环境清洁、干燥的场合。

2. 迷宫密封［见图 7-47(b)］

在轴与轴承盖间有曲折的间隙，纵向间隙要求 1.5~2 mm，以防轴受热膨胀。迷宫密封适用于脂润滑或油润滑、工作环境要求不高、密封可靠的场合。

此外，也可将毡圈和迷宫组合使用，其密封效果更好。

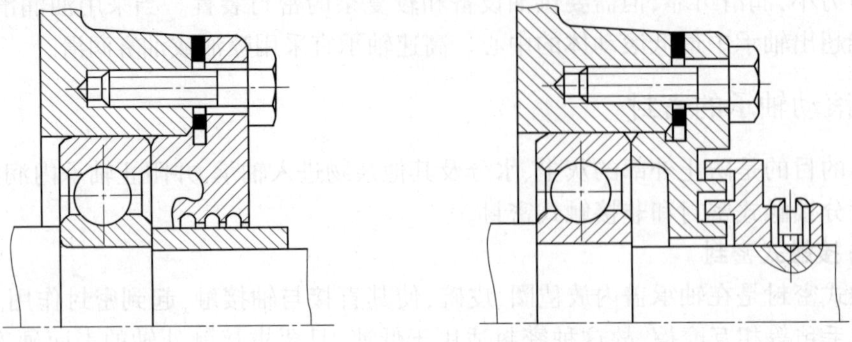

(a)　　　　　　　　　　　　(b)

图 7-47　非接触式密封

任务四　分析联接件与支承件的失效模式并提出改进措施

在机械设计中,联接件与支承件起着至关重要的作用,其失效可能导致整个机械系统的故障。以下将详细分析它们的失效模式,并提出相应的改进措施。

一、联接件失效模式

(一)松动

在振动、冲击等动态载荷作用下,螺纹联接件可能会逐渐松动,导致联接失效。原因主要是预紧力不足、螺纹副之间摩擦力不够等。

实例:汽车发动机的气缸盖螺栓,由于发动机工作时产生强烈的振动和高温,若螺栓预紧力不足,在长期使用后,螺纹联接就容易松动。一旦松动,会导致气缸漏气,使发动机功率下降,甚至引发严重故障。

(二)疲劳断裂

长期承受交变载荷,像螺栓这类联接件易在应力集中部位发生疲劳断裂。应力集中可能是由于螺纹加工精度不够、过渡圆角过小等造成的。

实例:起重机的起升机构中,用于联接吊钩与吊臂的高强度螺栓,频繁地承受起吊重物时的拉力和放下重物时的卸载力。在这种交变载荷作用下,若螺栓的螺纹加工精度欠佳,在经过一定次数的起吊作业后,螺栓就会在螺纹根部应力集中处出现疲劳裂纹,随着裂纹的不断扩展,最终导致螺栓疲劳断裂,可能引发严重的安全事故。

(三)剪切破坏

销、键等联接件在传递较大扭矩或承受较大横向力时,可能发生剪切破坏,其材料强度不足或尺寸设计不合理会引发此类问题。

实例:在机床的变速箱中,花键用于联接齿轮与传动轴,以传递扭矩。当机床进行重切削加工时,传递的扭矩瞬间增大,如果花键的尺寸设计过小或者材料强度不满足要求,花键就可能发生剪切破坏,导致齿轮与传动轴之间失去正常的传动关系,使机床无法正常工作。

二、支承件失效模式

(一)变形

支承件在承受较大载荷时,可能发生弹性或塑性变形,影响机械系统的精度和稳定性。材料的弹性模量低、结构设计不合理是变形的主要原因。

(二)磨损

滑动支承面在相对运动过程中,由于摩擦会产生磨损,导致间隙增大,降低支承精度。润滑不良、表面粗糙度不合适等因素会加剧磨损。

(三)疲劳裂纹

如反复承受交变载荷,支承件的某些部位会产生疲劳裂纹,裂纹扩展最终导致支承件失效。应力集中、材料内部缺陷等都可能引发疲劳裂纹。

三、改进措施

(1)优化设计:合理选择联接件与支承件的材料和结构形式,根据载荷大小和性质进行精确计算,确保有足够的强度和刚度。例如,增大螺纹联接件的预紧力,优化螺纹牙型设计,以减小应力集中;合理设计支承件的结构形状,增加加强筋等,以提高其刚度。

零件优化设计实例如图 7-48 所示。

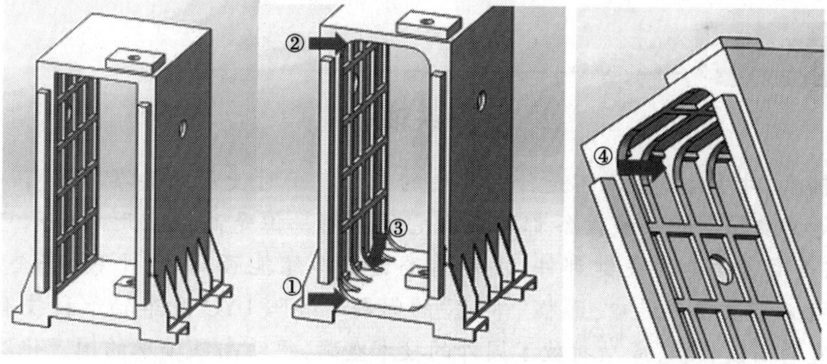

优化前　　优化后(一)　　优化后(二)

图 7-48　零件优化设计实例

(2)提高制造精度:保证螺纹加工精度、表面粗糙度等,减少应力集中源。对于支承件,严格控制加工精度,保证配合精度和表面质量。高精度螺纹加工设备如图 7-49 所示。

(3)采用表面强化处理:对易发生疲劳失效的部位,如采用喷丸(见图 7-50)、滚压等表面强化处理,提高材料表面的疲劳强度。

(4)加强润滑与维护:对支承件的滑动表面提供良好的润滑,定期检查和维护,及时更换磨损严重的零件(见图 7-51)。

图 7-49　高精度螺纹加工设备

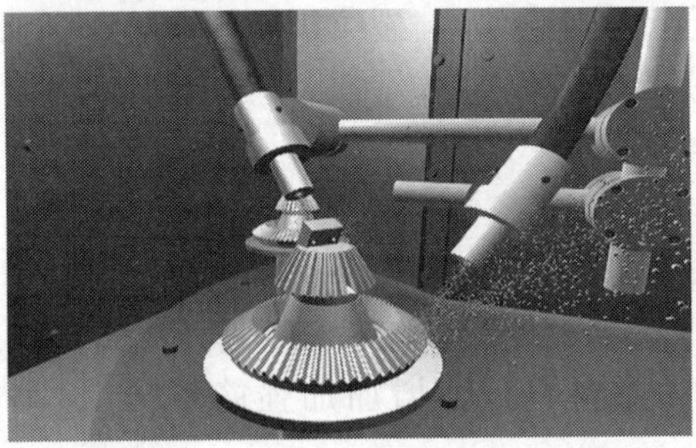

图 7-50　喷丸表面强化处理

图 7-51　对支承件进行润滑维护

学·思·悟

高铁轴承

轴承,对于大多数人不是什么陌生的东西。平时使用的共享单车、汽车、洗衣机等需要转动的机械设备都能找到它的身影。但是高铁上用的轴承可不一般,它是高速列车的关键部件,决定着高速动车组能否高速、平稳、安全运行。2019年以前主要靠进口,面临"卡脖"的问题。洛阳LYC汽车轴承科技有限公司研发的高铁轴承,成功打破了国外的技术垄断,推动高铁轴承的国产化取得重大突破。

码 7-13　高铁风火轮——高铁轴承

码 7-14　唐氏螺纹

读者笔记:

基础理论训练

一、填空题

1. 圆柱普通螺纹的螺距是指相邻螺牙在中径线上________间的________距离。导程 L 与螺距 P 的关系式为________。

2. 圆柱普通螺纹的公称直径是指________径。

3. 根据采用的标准制度不同，螺纹分为____制和____制，我国除管螺纹外，一般都采用________制螺纹。

4. 平键的工作面是________，楔键的工作面是________，半圆键的工作面是________。

5. 深沟球轴承内径 100 mm，宽度系列 0，直径系列 2，公差等级为 0 级，游隙 0 组，其代号为________。

6. 滚动轴承的外圈与座孔的配合采用____________________制配合。

7. 标准平键静联接的主要失效形式是__________________。

8. 滚动轴承的内圈与轴的配合采用____________制配合。

9. 两相交轴之间可采用________联轴器联接。

10. 能在工作时随时使两轴接合或分离的是________。

二、选择题

1. 螺栓联接是一种(　　)。

A. 可拆联接　　B. 不可拆联接

2. (　　)不能作为螺栓联接的优点。

A. 构造简单　　B. 装拆方便　　C. 联接可靠

D. 在变载荷下也具有很高的疲劳强度

E. 多数零件已标准化，生产率高，成本低廉

3. 螺纹的牙形有三角形、矩形、梯形、锯齿形、圆形五种。其中，用于联接和用于传动的各有(　　)。

A. 一种和四种　　B. 两种和三种　　C. 三种和两种

D. 三种和三种　　E. 四种和一种

4. 一角接触球轴承，内径 85 mm，公差等级为 6 级，游隙 2 组，宽度系列 0，直径系列 3，接触角 15°，其代号为(　　)。

A. 7317B/P62　　B. 7317C/P6/C2　　C. 7317AC/P6/C2　　D. 7317C/62

5. 键的长度主要是根据(　　)来选择。

A. 传递扭矩的大小　　B. 传递功率的大小　　C. 轮毂的长度　　D. 轴的直径

6. 直齿齿轮减速器，当载荷平稳、转速较高时，应选用(　　)。

A. 深沟球轴承　　B. 推力球轴承　　C. 角接触球轴承

7. 设计键联接的几项主要内容是(　　)。

A. 按轮毂长度选择键的长度　　B. 按使用要求选择键的适当类型

C. 按轴的直径选择键的剖面尺寸　　D. 对键进行必要的强度校核

8. 在具体设计时,一般顺序是(　　)。

A. b→a→c→d　　B. b→c→a→d　　C. a→c→b→d　　D. c→d→b→a

三、判断题

1. 圆柱普通螺纹的公称直径是指螺纹最大直径。(　　)
2. 在同样的外廓尺寸条件下,球轴承比滚子轴承有较大的承载能力。(　　)
3. 三角形螺纹主要用于传动。(　　)
4. 梯形螺纹主要用于联接。(　　)
5. 金属切削机床上丝杠的螺纹通常都是采用三角螺纹。(　　)
6. 双头螺柱联接适用于被联接件厚度不大的联接。(　　)
7. 普通平键联接能够使轴上零件轴向固定和周向固定。(　　)
8. 键联接主要用来联接轴和轴上的传动零件,实现轴向固定并传递转矩。(　　)
9. 半圆键联接,由于轴上的键槽较深,故对轴的强度削弱较大。(　　)
10. 联轴器和离合器主要用来联接两轴。用离合器时要经拆卸才能把两轴分开,用联轴器时则无需拆卸就能使两轴分离或接合。(　　)

实践训练

1. 选择并校核齿轮与轴的键联接。该齿轮传递的功率 $P=7.2$ kW,轴的转速为110 r/min,轴径 $d=65$ mm,齿轮轮毂长 $L=100$ mm,轮毂材料为铸铁,轴的材料为45钢,该齿轮轴工作有轻微冲击。分别画出轴和轮毂的断面图,并在图上标注出键槽的宽度和深度的尺寸,以及极限偏差。

2. 试选择一皮带运输机中减速器的输入轴和输出轴处的联轴器。与减速器输入轴相联的电动机型号为Y160L-6;减速器的输入轴直径 $d_1=42$ mm,轴头长度 $E_1=80$ mm;输出轴的直径 $d_2=70$ mm,轴头长 $E_2=105$ mm;与输出轴相联的工作机轴径 $d_3=70$ mm,轴头长 $E_3=105$ mm;减速器的实际输出功率 $P_2=9$ kW,减速器的传动比 $i=13.5$,减速器效率 $\eta=0.9$,带载启动,载荷平稳。

3. 轴上一6208轴承,所承受的径向载荷 $F_r=3\,000$ N,轴向载荷 $F_a=1\,270$ N。试求其当量动载荷 P。

4. 某水泵的轴颈 $d=30$ mm,转速 $n=1\,450$ r/min,径向载荷 $F_r=1\,320$ N,轴向载荷 $F_a=600$ N。要求寿命 $L_h'=5\,000$ h,载荷平稳,试选择轴承型号。

5. 某矿山机械轴承组合形式如图7-52所示。已知轴向力 $F_k=2\,000$ N,径向力 $F_{r1}=3\,000$ N、$F_{r2}=4\,000$ N,转速 $n=1\,450$ r/min,中等冲击,工作温度不超过100 ℃。要求轴承使用寿命 $L_h=5\,000$ h,问采用31310轴承是否适用?

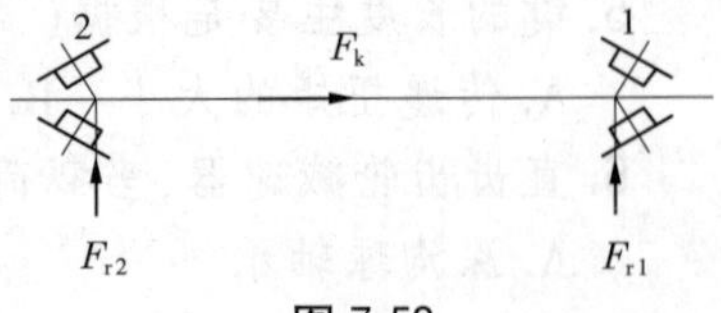

图7-52

项目八　轴及轴系设计

【学习目标】

(1)掌握轴系设计原理,掌握轴、轴承、联轴器和轮毂等各部件的工作原理、结构特点及装配关系,熟悉不同类型轴(如心轴、转轴、传动轴)的应用场景与设计要求。

(2)能够根据轴的工况,依照轴设计的一般步骤,确定轴的结构形式,对轴进行结构设计及主要尺寸设计,并对轴进行强度校核。

(3)了解轴设计的有关国家标准及行业标准,熟练运用(查选)轴设计时所需的各类图表。

码 8-1　课程思政教学案例

(4)增强对民族产业自豪感,培养爱岗敬业的职业素养;体会优化设计的重要性,设计要精益求精、追求品质、不断创新。

【项目导入】

轴[见图 8-1(a)]是机械设备中的重要零件之一,它的主要功能是直接支承回转零件,如齿轮、车轮和带轮等,以实现回转运动并传递动力。轴要由轴承支承以承受作用在轴上的载荷,而且轴上有很多的零件需要彼此联接,它们的性能互相影响,所以将轴及轴上零部件统称为轴系零部件。如图 8-1(b)所示减速器的输出轴由轴 1、轴承 2、齿轮 3、联轴器 4、键 5 等组成,其中轴为核心零件。

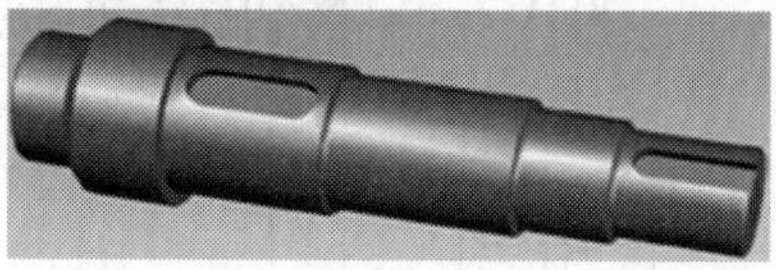

(a)

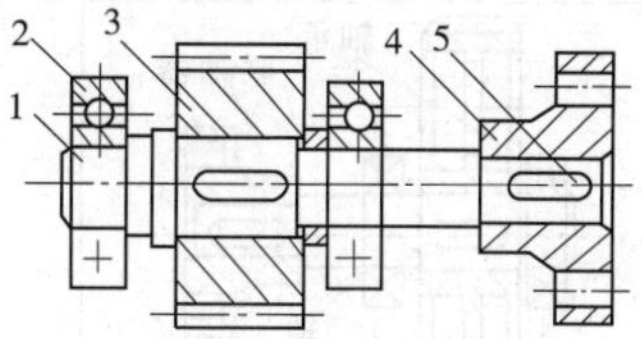

1—轴;2—轴承;3—齿轮;4—联轴器;5—键。

(b)

图 8-1　减速器的输出轴

任务一　根据工况选择轴的类型与材料

一、轴的类型

(一)根据轴线的形状分类

按轴的轴线形状不同可将轴分为直轴(见图 8-1)、曲轴(见图 8-2)和挠性钢丝轴(见图 8-3)。

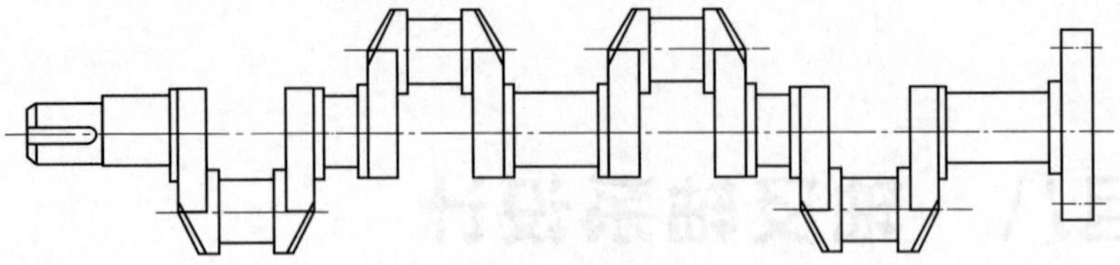

图 8-2 曲轴

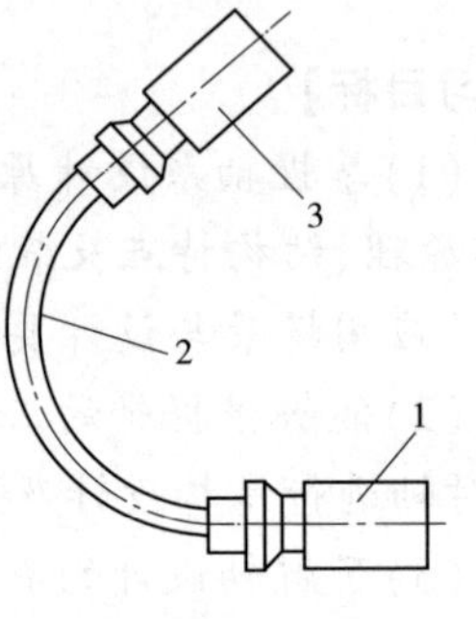

1、3—联接头;2—软轴。

图 8-3 挠性钢丝轴

曲轴常用于往复式机械(如内燃机、空气压缩机等)中,挠性轴可将旋转运动灵活地传到所需要的位置,常用于医疗设备中。

本项目中只讨论直轴,直轴按其外形的不同又分为光轴和阶梯轴两种。

(1)光轴:外径相同的轴,形状简单,加工容易,应力集中源少,但轴上的零件不易装配和定位。

(2)阶梯轴:各轴段外径不同的直轴,便于轴上零件定位。

直轴按其内部不同又分为实心轴和空心轴(质量轻,中空部分可用作供料或润滑等通道,但制造成本高)等。

(二)根据轴的承载性质分类

按轴的承载情况不同,可以将轴(直轴)分为转轴、心轴和传动轴三类,其举例、受载等情况见表 8-1。

表 8-1 轴的分类(按所承受载荷)

分类	转轴	心轴		传动轴
		回转心轴	静止心轴	
举例	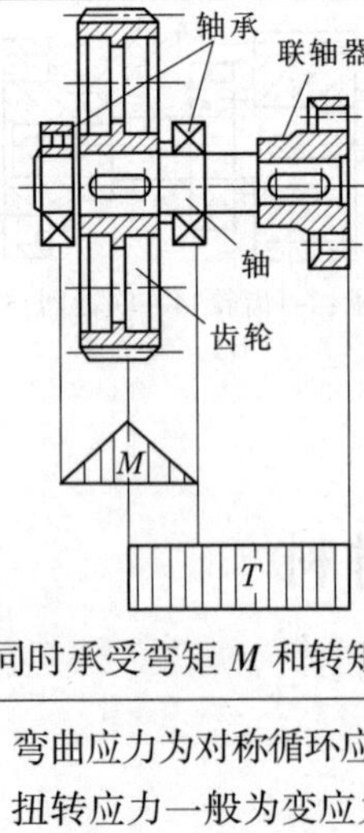 同时承受弯矩 M 和转矩 T	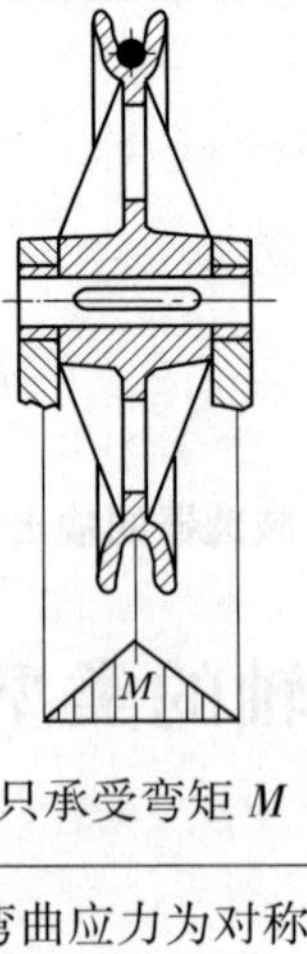 只承受弯矩 M	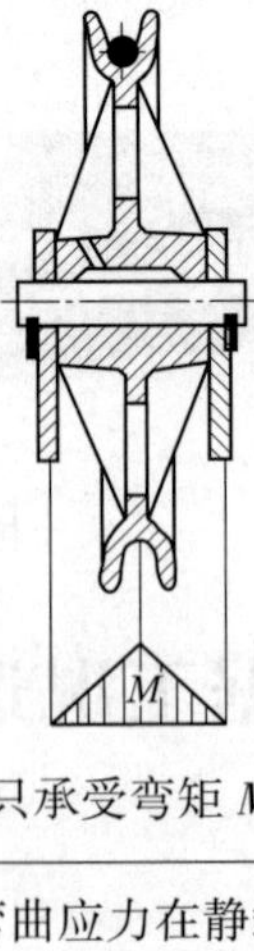 只承受弯矩 M	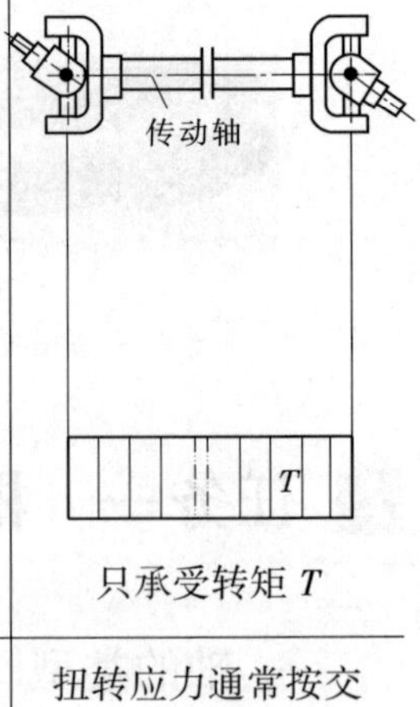 只承受转矩 T
应力	弯曲应力为对称循环应力,扭转应力一般为变应力	弯曲应力为对称循环应力	弯曲应力在静载荷下为静应力	扭转应力通常按交变应力考虑

二、轴的材料

轴的失效多为疲劳破坏，所以轴的材料应满足强度、刚度、耐磨性等方面的要求，常用的材料有以下几种。

（一）碳素钢

对较重要或传递载荷较大的轴，常用 35、40、45 和 50 等优质碳素钢，其中 45 钢应用最广泛。这类材料的强度、塑性和韧性等都比较好，进行调质或正火处理可提高其机械性能；对不重要或传递载荷较小的轴，可用 Q235、Q275 等普通碳素钢。

（二）合金钢

合金钢具有较好的机械性能和淬火性能。但对应力集中比较敏感，价格较高，多用于有特殊要求的轴，如要求质量轻或传递转矩大而尺寸又受到限制的轴。常用的低碳合金钢有 20Cr、20CrMnTi 等，一般采用渗碳淬火处理，表面耐磨性和芯部韧性都较好。合金钢与碳素钢的弹性模量相差不多，故不宜用合金钢来提高轴的刚度。

（三）球墨铸铁

球墨铸铁具有价廉、吸振、耐磨等优点，对应力集中不敏感，容易制成复杂形状的轴（如曲轴），但品质不易控制，可靠性差。

轴常用的金属材料及力学性能见表 8-2。

表 8-2 轴常用的金属材料及力学性能

材料牌号	热处理	毛坯直径/mm	硬度/HBW	抗拉强度 σ_b/MPa	屈服强度 σ_s/MPa	许用弯曲应力$[\sigma_{-1}]$/MPa	许用剪应力$[\tau]$/MPa	应用说明
Q275～Q235				440～600	235～275	40～55	20～40	用于不重要的轴
35	正火	≤100	149～187	520	270	45	20～30	用于一般轴
	调质	≤100	156～207	560	300			
45	正火	≤100	170～217	600	300	55	30～40	用于强度高、韧性中等的较重要的轴
	调质	≤200	217～255	650	360			
40Cr	调质	≤100	241～286	750	550	60	40～52	强度要求高、有强烈磨损而无很大冲击的重要轴
35SiMn	调质	≤100	229～286	800	520	70	40～52	可代替 40Cr，用于中、小型轴
42SiMn	调质	≤100	229～286	800	520	70	40～52	与 35SiMn 相同，但专供表面淬火之用

续表 8-2

材料牌号	热处理	毛坯直径/mm	硬度/HBW	抗拉强度 σ_b/MPa	屈服强度 σ_s/MPa	许用弯曲应力[σ_{-1}]/MPa	许用剪应力[τ]/MPa	应用说明
40MnB	调质	≤200	241~286	750	500	70	40~52	可代替40Cr,用于小型轴
35CrMo	调质	≤100	207~269	750	550	70	40~52	用于重载的轴
QT600-2			229~302	600	420			用于发动机的曲轴和凸轮等

想一想:轴的毛坯一般用轧制的圆钢或锻件。重要的轴及大尺寸或阶梯尺寸变化较大的轴,应采用锻件毛坯,这是为什么?

任务二　轴的结构设计

一、轴的结构及各部分名称

轴的结构设计就是根据工作条件,确定轴的合理外形、各段轴径和长度及全部结构尺寸。为了便于装拆,一般的转轴均为中间大、两端小的阶梯轴,如图 8-1 所示的齿轮减速器输出轴。轴与轴承配合处的轴段称为轴颈,安装轮毂的轴段称为轴头,轴头与轴颈间的轴段称为轴身。阶梯轴上截面尺寸变化的部位,称为轴肩和轴环。轴肩和轴环常用于轴上零件的轴向定位。图 8-1 中齿轮由右方装入,依靠轴环限定轴向位置,右端的联轴器和左端的轴承靠轴肩定位。为了固定轴上的零件,轴上还设有其他相应的结构,如右端制有安装轴端挡圈用的螺纹孔;轴上开有键槽,通过键联接实现齿轮的周向固定。为便于加工和装配,轴上还常设有倒角、中心孔和退刀槽等工艺结构。

二、轴的结构设计中应重点解决的问题

轴的结构设计应满足以下几点:

(1)轴上零件定位准确,固定可靠。

(2)轴上零件便于装拆和调整。

(3)具有良好的制造工艺性。

(4)尽量减少应力集中。

轴的结构形式取决于轴上零件的装配方案。应拟定几种不同的装配方案,以便进行

比较与选择,力求轴的结构简单,轴上的零件最少。

(一)轴上零件的轴向定位及固定

轴上零件的轴向定位及固定的方式常用轴肩、轴环、锁紧挡圈、套筒、圆螺母和止动垫圈、弹性挡圈、轴端挡圈等。其特点和应用见表 8-3。

表 8-3 轴上零件的轴向定位和固定方式

固定方式	结构图形	应用说明
轴肩或轴环结构	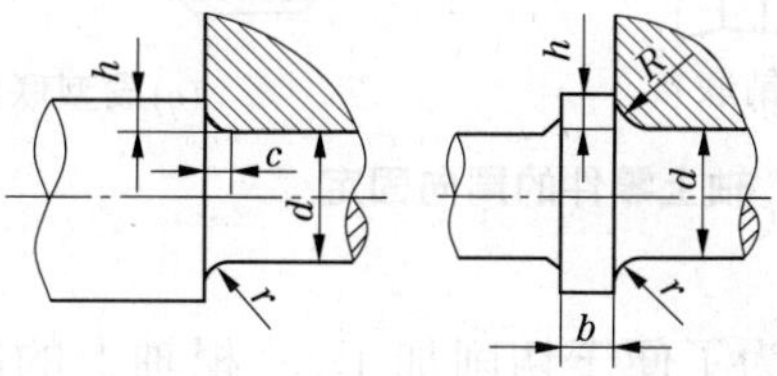	固定可靠,承受轴向力大[轴肩、轴环高度 h 应大于轴的圆角半径 r 和倒角高度 c,一般取 $h_{\min} \geqslant (0.07 \sim 0.1)d$],但安装滚动轴承的轴肩、轴环高度 h 必须小于轴承内圈高度 h_1(由轴承标准查取),以便轴承的拆卸。轴环宽度 $b \approx 1.4h$
套筒结构	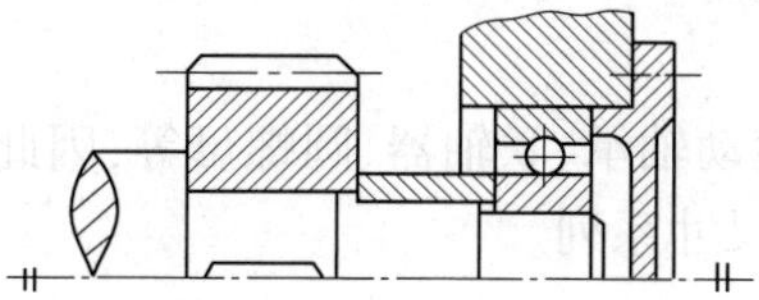	同上,多用于两个相距不远的零件之间
圆螺母与垫圈结构	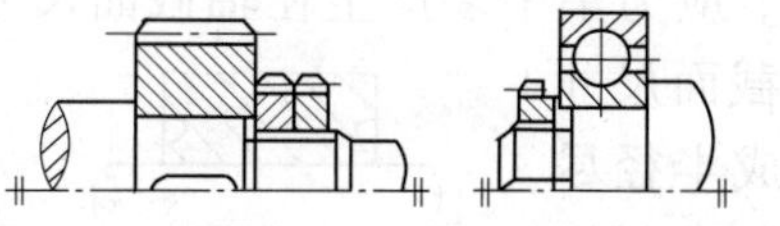 双圆螺母 圆螺母与止动垫圈	常用于轴承之间距离较大且轴上允许车制螺纹的场合
弹性挡圈结构	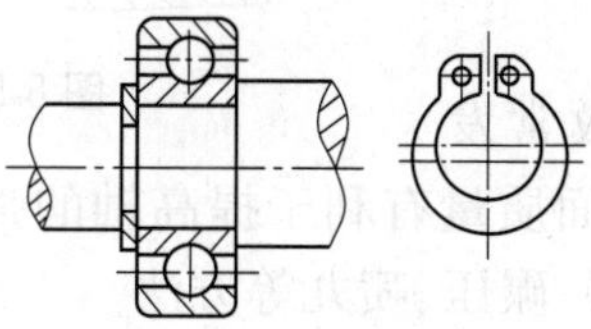	用于承受轴向力小或不承受轴向力的场合,常用作滚动轴承的轴向固定
轴端挡圈结构	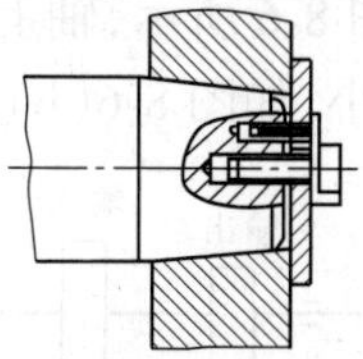	用于轴端要求固定可靠或承受较大轴向力的场合
紧定螺钉结构	锁紧挡圈 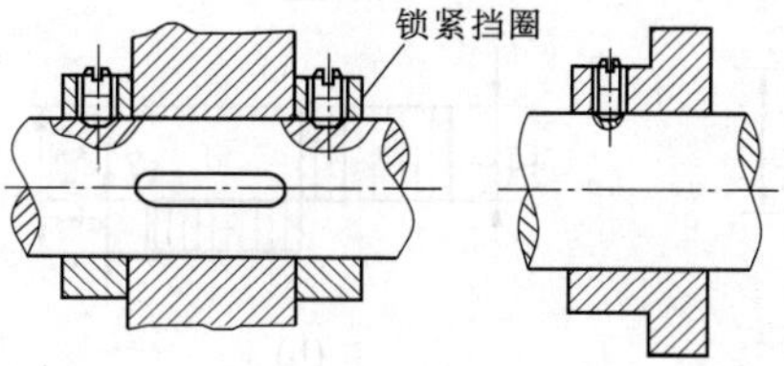	用于承受轴向力小或不承受轴向力的场合

(二)轴上零件的周向固定

轴上零件的周向固定方法常用键联接、销联接，以及过盈配合、成型联接等，力不大时，也可采用紧定螺钉作为周向固定方法，如图 8-4 所示。

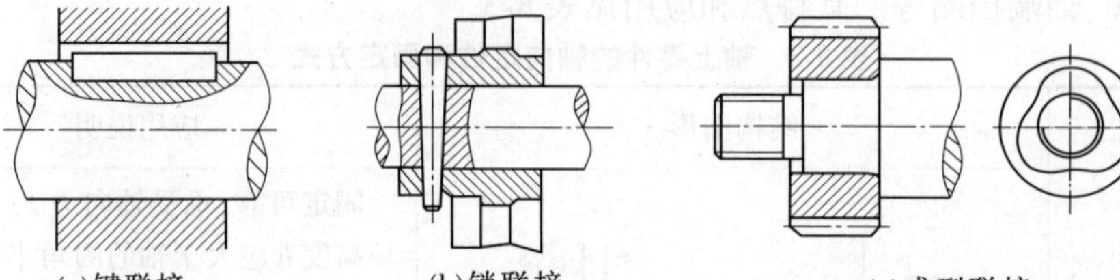

图 8-4 轴上零件的周向固定

(三)轴的结构工艺性

轴的结构应便于加工和装配。如为了便于切削加工，一根轴上的圆角应尽可能取相同半径；退刀槽或砂轮越程槽尽可能取相同宽度；一根轴的各轴段上的键槽应开在同一母线上。为了便于装配，轴端应加工出倒角。

(四)标准尺寸要求

轴上的零件多数是标准零件，如滚动轴承、联轴器、圆螺母等，因此与标准零件配合处的轴段尺寸必须符合标准零件的标准尺寸系列。

(五)提高轴强度和刚度的措施

(1)改进轴的结构，降低应力集中。应力集中多产生在轴截面尺寸发生急剧变化的地方，要降低应力集中，就要尽量减缓截面尺寸的变化。直径变化处应平滑过渡，制成半径尽可能大的圆角；轴上尽可能不开槽、孔及制螺纹，以免削弱轴的强度；为了减小过盈配合处的应力集中，可采用卸荷槽(见图 8-5)。

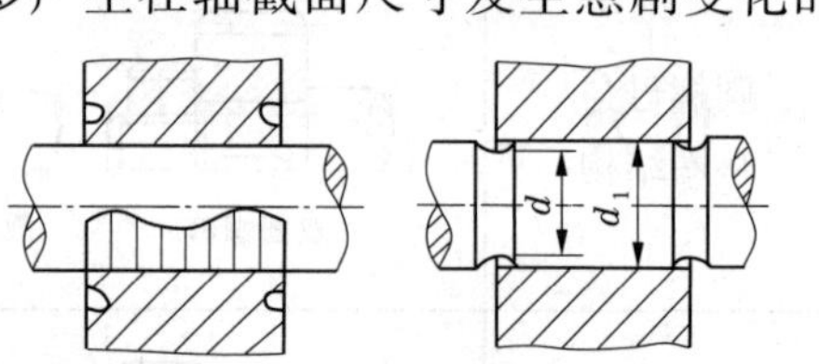

图 8-5 卸荷槽

(2)提高轴的表面质量。因疲劳裂纹常发生在轴表面质量差的地方，故提高轴的表面质量有利于提高轴的强度。除控制轴的表面粗糙度外，还可采用表面强化处理，如渗碳、碾压、喷丸等方法。

(3)改变轴上零件的位置，减小载荷。如图 8-6 所示，轴上转矩需由两轮输出，输入轮宜置于两输出轮中间。此时，轴的最大扭矩较小，如图 8-6(b)所示。

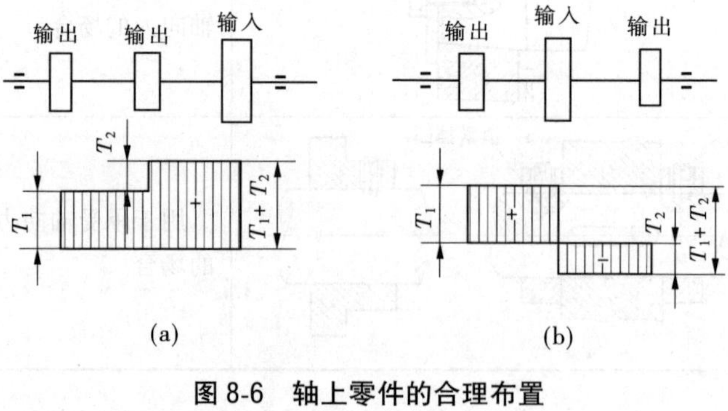

图 8-6 轴上零件的合理布置

三、各轴段的直径和长度的确定

(一)各轴段直径的确定

初步设计时,还不知道轴上支反力的作用点,故不能按轴的弯矩计算轴径。通常按扭转强度来初步估算轴的最小直径,求得最小直径后可按拟订的装配方案,兼顾轴上零件的安装、定位等要求,从最小直径起逐一确定各段轴的直径。

注意:①与标准零件相配合轴径应取标准值;②同一轴径轴段上不能安装3个以上零件。

(二)各轴段长度的确定

轴的各段长度可根据各零件与轴配合部分的轴向尺寸确定。考虑零件间的适当间距,特别是转动零件与静止零件之间必须有一定的间隙。为保证轴向定位可靠,轴头长一般比与之配合的轮毂长缩短2~3 mm。

想一想:对一般减速器,可采用经验公式来估算轴的直径。高速输入轴的直径 d 按与其相联的电动机轴的直径 D 估算,$d=(0.8\sim1.2)D$,各级低速轴的直径 d 可按同级齿轮传动中心距 a 估算,$d=(0.3\sim0.4)a$。除上述经验公式法可进行轴直径的初步估算外,还有哪些简易估算方法?

任务三 校核轴的工作能力并优化设计

轴在工作时应有足够的疲劳强度,所以设计时必须验算轴的强度。常用的强度计算方法是:按转矩或用类比法来初步估算轴的最小直径,验算传动轴的强度;按弯扭合成强度条件验算转轴的强度。

一、按扭转强度计算

开始设计轴时,由于轴上零件的位置和两轴承间的距离通常尚未确定,故对轴所承受的弯矩就无法进行计算,只能先按扭转强度估算轴的最小直径(根据标准尺寸与其相配的孔圆整成整数),再进行轴的结构设计。由材料力学可知,圆轴受扭转时的强度条件为

$$\tau=\frac{T}{W_n}=\frac{9.55\times10^6\times P}{0.2d^3n}\leqslant[\tau] \tag{8-1}$$

式中 τ——轴的扭转剪应力,MPa;

T——转矩,N · mm;

W_n——抗扭截面模量,mm³;

P——轴传递的功率,kW;

n——轴的转速,r/min;

d——轴的直径,mm;

$[\tau]$——许用剪应力,MPa,见表8-2。

将式(8-1)改写为轴径的计算公式:

$$d \geqslant \sqrt[3]{\frac{9.55 \times 10^6 P}{0.2[\tau]n}} \tag{8-2}$$

二、按弯扭合成强度计算

在轴的结构设计完成后,外载荷和轴的支点位置就可确定,轴各截面的弯矩即可算出,此时可用弯扭合成强度校核。对于钢制轴,应用材料力学第三强度理论可得:

$$\sigma = \frac{M_e}{W} = \frac{\sqrt{M^2 + (\alpha T)^2}}{0.1d^3} \leqslant [\sigma_{-1}] \tag{8-3}$$

式中 M_e——危险截面的当量弯矩,N·mm;

α——根据轴所传递的扭矩性质而定的校正系数,若为不变扭矩,则 $\alpha=0.3$;扭矩为脉动循环,则 $\alpha\approx0.6$;对称循环的扭矩,取 $\alpha=1$;对于单向回转的轴,一般按扭矩为脉动循环处理;

T——扭矩,N·mm;

M——合成弯矩,N·mm,$M=\sqrt{M_H^2+M_V^2}$,M_H 和 M_V 分别为水平面和垂直面的弯矩;

$[\sigma_{-1}]$——对称循环状态下的许用弯曲应力,见表8-2。

计算轴的直径 d 时,可将式(8-3)写为

$$d \geqslant \sqrt[3]{\frac{M_e}{0.1[\sigma_{-1}]}} \tag{8-4}$$

若计算的截面上有键槽,直径要适当增大。一个键槽时轴的直径增大3%~5%,而同一截面上有两个键槽时轴径增大7%~10%,然后圆整至标准直径(见表8-4)。

表8-4 标准直径

12*	13	14	15	16	17	18	20	21	22	24	25*	26	28	30	32*	34	36	38
40*	42	45	48	50*	53	56	60	63*	67	71	75	80*	90	95	100*	105	110	
120	125*	130	140	150	160*	170	180	190	200*									

注:1. 带“*”者为Ra10系列,优先选用。

2. 本表不适用于另有其他标准的机械零件(如轴承、螺纹、联轴器等)。

三、轴的刚度计算简介

受载后轴会产生弹性变形,若轴的刚度不足,则将产生过大的变形,从而影响轴上零件的正常工作,如齿轮偏载、轴承磨损等,使机床精度降低。所以,对重要的和精度要求高的轴,通常要进行刚度校核计算,详细计算可查阅相关资料。

（一）轴的弯曲刚度校核计算

轴的弯曲刚度校核计算就是用材料力学中的公式和方法算出轴的挠度 y 或偏转角 θ，并应满足下式：

$$y \leqslant [y] \quad 或 \quad \theta \leqslant [\theta] \tag{8-5}$$

式中　$[y]$——许用挠度；

$[\theta]$——许用偏转角。

（二）轴的扭转刚度校核计算

用材料力学的公式和方法算出轴每米长的扭转角 φ，并满足：

$$\varphi \leqslant [\varphi] \tag{8-6}$$

式中　$[\varphi]$——轴每米长的许用扭转角。

想一想：如何理解“强度计算与结构设计是轴的设计的两个主要部分，它们相互依赖、相互制约”？

任务实施：设计如图 8-7 所示减速器的从动轴。已知：传递功率 $P=13$ kW，从动轮转速 $n_2=220$ r/min，齿轮分度圆直径 $d_2=269.1$ mm，螺旋角 $\beta=9°59'12''$，齿轮宽度 $b=90$ mm，设采用 6211 深沟球轴承，单向传动。

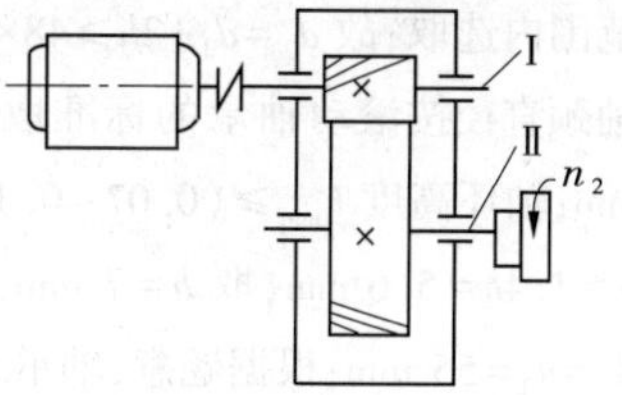

图 8-7

解：将设计计算过程与结果列于表 8-5。

表 8-5　计算过程与结果

计算与说明	结果
1. 选择轴的材料，确定许用应力。 因减速器为一般机械，无特殊要求，故选用 45 钢，正火处理。查表 8-2，取 $\sigma_b=600$ MPa，$[\tau]=35$ MPa，$[\sigma_{-1}]=55$ MPa	$\sigma_b=600$ MPa $[\sigma_{-1}]=55$ MPa
2. 按扭转强度初估轴的最小直径。 将有关数据代入式(8-2)得 $d\geqslant\sqrt[3]{\dfrac{9.55\times10^6 P}{0.2[\tau]n}}=\sqrt[3]{\dfrac{9.55\times10^6\times13}{0.2\times35\times220}}=43.2(\text{mm})$ 轴端装联轴器开有键槽，故应将轴径增大 5%，即 $d=43.2\times1.05=45.36$（mm）。考虑补偿轴的位移，选用弹性柱销联轴器。由 n 和转矩 $T_c=KT=1.5\times9\,550\times10^3\times13/220=846\,477.3$（N·mm），查 GB/T 5014—2017 选用 LX3 弹性柱销联轴器，标准孔径 $d=48$ mm。（查表 7-9 得：工况系数 $K=1.5$）	联轴器规格： LX3 联轴器 48×84 GB/T 5014—2017 $d=48$ mm $K=1.5$

续表 8-5

计算与说明	结果
3. 轴的结构设计。 在进行轴的结构设计时,绘制轴的结构草图(见图 8-8)和确定各部分尺寸应交替进行。 (1)确定轴上零件的位置和固定方式。半联轴器左端用轴肩定位,依靠 A 型普通平键联接和过渡配合(H7/k6)实现周向固定。齿轮布置在两轴承中间,左侧用轴环定位,右侧用套筒与轴承隔开并做轴向定位;齿轮和轴选用 A 型平键和过盈配合(H7/r6)做周向固定;两端轴承选用过渡配合(H7/k6)做周向固定;左轴承靠轴肩和轴承盖、右轴承靠套筒和轴承盖作轴向定位。 (2)径向尺寸的确定。从轴段 $d_1=48$ mm 开始,逐段选取相邻轴段的直径,如图 8-8 所示,d_2 起定位作用,定位轴肩高度 $h_{\min}$ 可在(0.07~0.1)d_1 范围内选取,故 $d_2=d_1+2h\geqslant 48\times(1+2\times 0.07)=53.72$ mm,取 $d_2=54$ mm,右轴颈直径按滚动轴承的标准取 $d_3=55$ mm;装齿轮的轴头直径取 $d_4=60$ mm;轴环高度 $h_{\min}\geqslant(0.07\sim 0.1)d_4$,取 $h=4$ mm,故直径 $d_5=68$ mm,宽度 $b\approx 1.4h=5.6$ mm,取 $b=7$ mm;左轴颈直径 d_7 与右轴颈直径 d_3 相同,即 $d_7=d_3=55$ mm;根据题意,轴承型号为 6211,由附表 1 查得 $r_s=1.5$ mm,考虑到轴承的装拆,左轴颈与轴环间的轴段直径 $d_6=64$ mm。 (3)轴向尺寸的确定。与传动零件(如齿轮、带轮、联轴器等)相配合的轴段长度,一般略小于传动零件的轮毂宽度。根据齿轮宽度为 90 mm,取轴头长为 88 mm,以保证套筒与轮毂端面贴紧;6211 轴承宽度由手册查得 21 mm,故左轴颈长亦取 21 mm,为使齿轮端面、轴承端面与箱体内壁均保持一定距离(图 8-8 中分别取为 18 mm 和 5 mm),取套筒宽为 23 mm;轴穿过轴承盖部分的长度,根据箱体结构取 52 mm;轴外伸端长度根据联轴器尺寸取 70 mm。可得出两轴承的跨距为 $L=157$ mm	$d_1=48$ mm $d_2=54$ mm $d_3=55$ mm 轴承 6211 $d_4=60$ mm $d_5=68$ mm $d_6=64$ mm $d_7=55$ mm
4. 按弯扭组合校核轴的强度。 (1)计算齿轮受力。 转矩 $$T=9.55\times 10^6\times\frac{P}{n_2}=5.64\times 10^5(\text{N}\cdot\text{mm})$$ 齿轮圆周力 $$F_t=\frac{2T}{d_2}=\frac{2\times 5.64\times 10^5}{269.1}=4\,192(\text{N})$$ 齿轮径向力 $$F_r=F_t\frac{\tan\alpha_n}{\cos\beta}=4\,192\frac{\tan 20°}{\cos 9°59'12''}=1\,557(\text{N})$$	$T=5.64\times 10^5$ N·mm $F_t=4\,192$ N $F_r=1\,557$ N

续表 8-5

计算与说明	结果
齿轮轴向力 $F_a = F_t \tan\beta = 4\ 192\tan9°59'12'' = 739(\mathrm{N})$	$F_a = 739\ \mathrm{N}$
(2)绘制轴的受力简图,如图 8-9(a)所示。	
(3)计算支承反力[见图 8-9(b)、(c)]。 水平平面支承反力为 $R_{HA} = R_{HB} = \dfrac{F_t}{2} = \dfrac{4\ 192}{2} = 2\ 096(\mathrm{N})$	$R_{HA} = 2\ 096\ \mathrm{N}$
垂直平面支承反力 $R_{VA} = \dfrac{F_r \cdot \dfrac{L}{2} - F_a \cdot d_2}{L} = \dfrac{1\ 557 \times \dfrac{157}{2} - 739 \times \dfrac{269.1}{2}}{157} = 145(\mathrm{N})$	$R_{VA} = 145\ \mathrm{N}$
$R_{VB} = F_r - R_{VA} = 1\ 557 - 145 = 1\ 412(\mathrm{N})$	$R_{VB} = 1\ 412\ \mathrm{N}$
(4)绘制弯矩图。 水平平面弯矩图[见图 8-9(b)]。C 截面处的弯矩为 $M_{HC} = R_{HA} \times \dfrac{L}{2} = 2\ 096 \times \dfrac{0.157}{2} = 164.5(\mathrm{N \cdot m})$	$M_{HC} = 164.5\ \mathrm{N \cdot m}$
垂直平面弯矩图[见图 8-9(c)]。C 截面偏左处的弯矩为 $M'_{VC} = R_{VA} \times \dfrac{L}{2} = 145 \times \dfrac{0.157}{2} = 11(\mathrm{N \cdot m})$	$M'_{VC} = 11\ \mathrm{N \cdot m}$
C 截面偏右处的弯矩为 $M''_{VC} = R_{VB} \times \dfrac{L}{2} = 1\ 412 \times \dfrac{0.157}{2} = 110.8(\mathrm{N \cdot m})$	$M''_{VC} = 110.8\ \mathrm{N \cdot m}$
作合成弯矩图[见图 8-9(d)]。C 截面偏左的合成弯矩为 $M'_C = \sqrt{M_{HC}^2 + M'^2_{VC}} = \sqrt{164.5^2 + 11^2} = 165(\mathrm{N \cdot m})$	$M'_C = 165\ \mathrm{N \cdot m}$
C 截面偏右的合成弯矩为 $M''_C = \sqrt{M_{HC}^2 + M''^2_{VC}} = \sqrt{164.5^2 + 110.8^2} = 198(\mathrm{N \cdot m})$	$M''_C = 198\ \mathrm{N \cdot m}$
(5)作扭矩图[见图 8-9(e)]。 $T = 564\ \mathrm{N \cdot m}$	
(6)校核轴的强度。轴在截面 C 处的弯矩和扭矩最大,故为轴的危险截面,校核该截面直径。因是单向传动,扭矩可认为按脉动循环变化,故取 $\alpha = 0.6$,危险截面的最大当量弯矩为 $M_e = \sqrt{M''^2_C + (\alpha T)^2} = \sqrt{198^2 + (0.6 \times 564)^2} = 392(\mathrm{N \cdot m})$	$M_e = 392\ \mathrm{N \cdot m}$
轴危险截面所需的直径为 $d_C \geqslant \sqrt[3]{\dfrac{M_e}{0.1[\sigma_{-1}]}} = \sqrt[3]{\dfrac{392 \times 10^3}{0.1 \times 55}} = 41.5(\mathrm{mm})$ 考虑到该截面上开有键槽,故将轴径增大 5%,即 $d_C = 41.5 \times 1.05 = 43.6(\mathrm{mm}) < 60\ \mathrm{mm}$。	$d_C = 43.6\ \mathrm{mm}$
结论:该轴强度足够。如所选轴承和键联接等经计算后确认寿命和强度均能满足,则该轴的结构无须修改	该轴的强度足够

续表 8-5

计算与说明	结果

5. 绘制轴的零件工作图

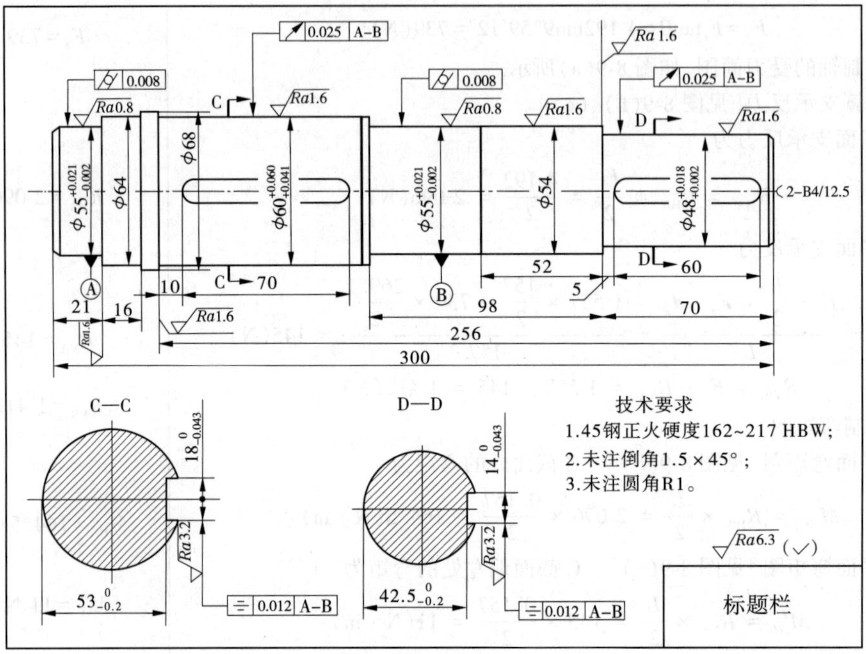

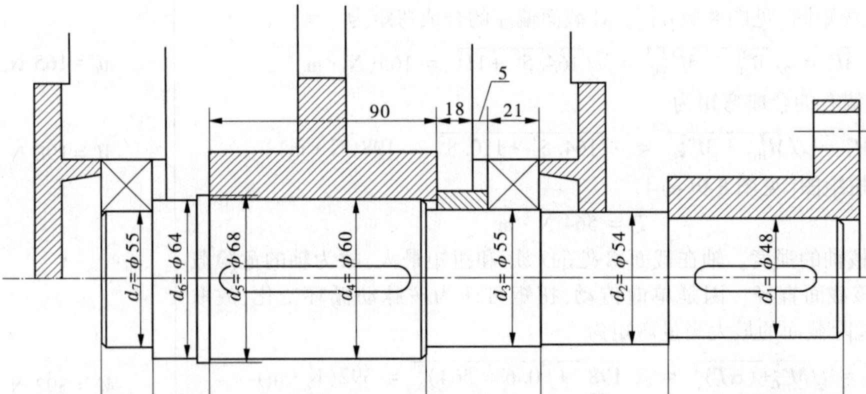

图 8-8　减速器的输出轴

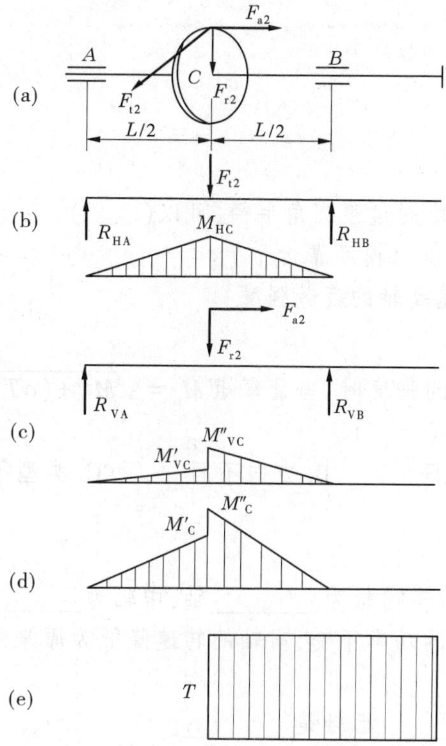

图 8-9　轴的受力和弯矩、扭矩图

学·思·悟

百炼精车　千钧瞬止

6 500 m、112 s，这是全球最快高铁——CR450 动车组从时速 400 km 到 0 必须实现的制动距离和时间。动车组制动系统的关键零部件——制动盘盘毂的精度要达到 0.005 mm，这只有头发丝的 1/16。张洪宾尝试了 7 种不同结构刀具，变更了 9 种走刀路径，攻破了车床生产“复兴号”制动盘盘毂的关键技术，并且减少一道工序，比国外磨削加工的效率整整提高了一倍。让我们一起认识这位数控车工——张洪宾。

读者笔记：

码 8-2　大国工匠张洪宾

基础理论训练

一、选择题

1. 增加轴在截面变化处的过渡圆角半径,可以(　　)。

A. 使零件的轴向定位比较可靠

B. 降低应力集中,提高轴的疲劳强度

C. 使轴的加工方便

2. 按弯扭合成计算轴的强度时,当量弯矩 $M_e=\sqrt{M^2+(\alpha T)^2}$,式中,$\alpha$ 是为了考虑扭矩 T 与弯矩 M 产生的应力(　　)。

A. 循环特性可能不同　　B. 方向不同　　C. 类型不同　　D. 位置不同

二、填空题

1. 根据承载情况,自行车前轴为________轴,中轴为________轴。

2. 汽车传动轴所传递的功率不变,当轴的转速降低为原来的1/2时,轴所受的外力偶矩较之转速降低前将________。

3. 汽车的前轴是________,后轴是________。

4. 轴一般应是阶梯形,一定要使中间轴段________,两边轴段________。

5. 用弹性挡圈或紧定螺钉作轴向固定时,只能承受________的轴向力。

6. 为便于零件的装拆、定位,一般机械中的轴多设计成________。

7. 轴肩或轴环是一种常见的________方法,它具有结构简单、________可靠和能承受较大的________的特点。

三、判断题

1. 轴的常用材料是中碳钢,有特殊要求时可用合金钢。(　　)

2. 轴肩的主要作用是实现轴上零件的轴向定位。(　　)

3. 一根轴上不同轴段上键槽尺寸尽量统一,并排布在同一母线方向上。(　　)

4. 合金钢对应力集中较敏感,设计合金钢轴时更应注意从结构上避免应力集中。(　　)

5. 轴各部位的直径应符合标准尺寸系列,支承轴颈的直径还应符合轴承内孔的直径系列。(　　)

实践训练

1. 有一台离心风机,由电动机直接驱动,电动机功率 $P=7.5$ kW,轴的转速 $n=1\,440$ r/min,轴的材料为45钢。试估算轴的基本直径。

2. 指出图8-10中轴的结构错误,并画出改正后的结构图。

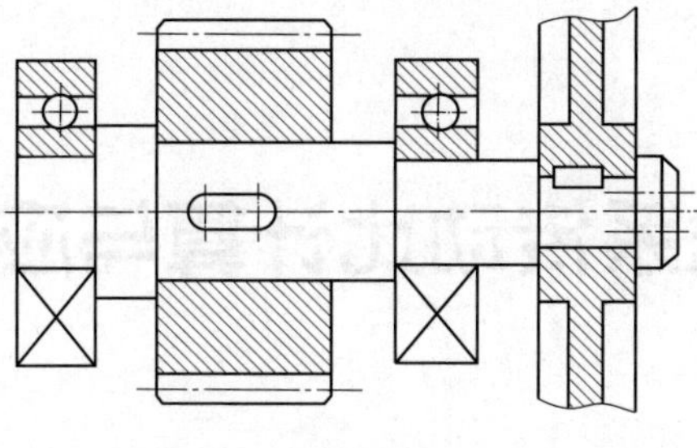

图 8-10

3. 齿轮轴上各零件的结构及位置如图 8-11 所示。试设计该轴的外形并定出各段轴的直径。

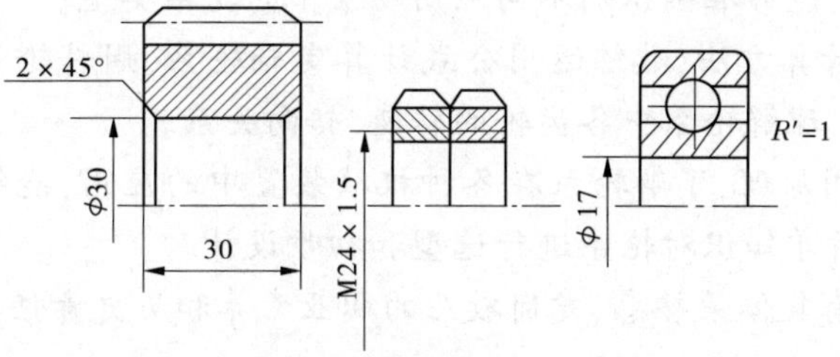

图 8-11

4. 设计如图 8-12 所示双级圆柱齿轮减速器的中间轴。已知该轴传递功率 $P=10.46$ kW，转速 $n=278.1$ r/min，齿轮 2（大斜齿轮）的分度圆直径 $d_2=353.01$ mm，齿轮宽度 $b_1=70$ mm，$b_2=60$ mm，$\beta=14.0136°$（左旋），齿轮 3（小直齿轮）的分度圆直径 $d_3=108$ mm，宽度 $b_3=94$ mm。该带式运输机由电动机驱动，长期工作。

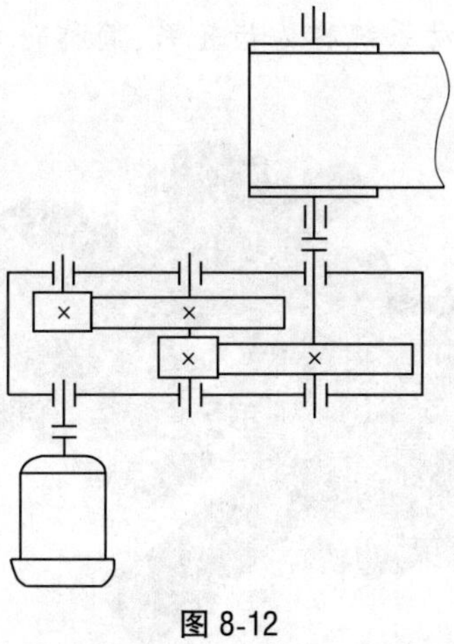

图 8-12

项目九　轮系传动比计算与应用

【学习目标】

(1)理解轮系的基本概念,深入掌握轮系的定义、分类及基本组成,熟悉定轴轮系、周转轮系及复合轮系的结构特点与运动特性,清晰辨别各类轮系的差异,能够准确识别不同应用场景下的轮系类型。

(2)掌握传动比计算方法,熟练运用公式计算定轴轮系、周转轮系和复合轮系的传动比,理解轮系中各齿轮的转速、转向关系。

(3)明晰轮系应用原理,了解轮系在各种机械装置中的应用,能够根据实际需求,运用所学知识对轮系进行选型和初步设计。

(4)培养学生具有集体荣誉感、爱岗敬业的职业素养和历史责任感。

码 9-1　课程思政教学案例

【项目导入】

在实际机械中,由一对齿轮组成的齿轮机构往往不能满足不同的工作要求。例如,在机床上需将电动机的一种转速变为主轴的多种转速;在飞机、船舶上需将发动机的高速变为螺旋桨的低速;在制氧机上需将电动机的转速增至空压机的转速;在汽车后轮的传动中,为了满足汽车转弯时道路弯曲的不同程度,将发动机的一种转速分解为两个后轮的不同转速等。因此,常常需要采用由一系列彼此啮合的齿轮构成的传动系统进行传动。这种由一系列齿轮组成的轮系传动系统称为齿轮系,简称轮系(见图9-1)。

图 9-1　轮系实物图

轮系可以由各种类型的齿轮(如圆柱齿轮、圆锥齿轮、蜗轮蜗杆等)组成。根据运转时齿轮的轴线在空间相对于机架的位置是否固定,可把轮系分为定轴轮系和周转轮系两种基本类型。

任务一　掌握定轴、周转及复合轮系的传动比计算方法

一、定轴轮系的传动比计算

当轮系运转时,如果各个齿轮的轴线相对于机架的位置都是固定的,则称为定轴轮系。如图 9-2 所示,其所有齿轮的轴线相对于机架的位置都是固定的。

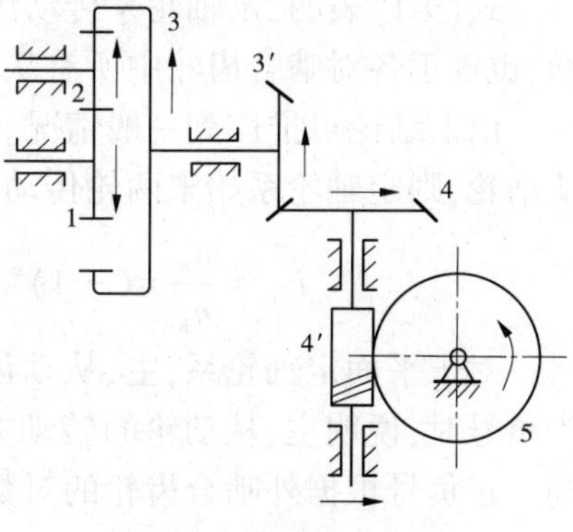

图 9-2　定轴轮系(1)

(一)齿轮系的传动比

在轮系中,主动齿轮和从动齿轮角速度(或转速)之比称为轮系的传动比。用字母“i”表示传动比,并在其右下角用下标表明其对应的齿轮。例如,i_{16} 表示齿轮 1 和齿轮 6 的角速度之比。确定轮系的传动比包含以下两个方面:

(1)计算传动比的大小。

(2)确定输出轴(轮)的传动方向。

有了上述两点内容才能全面表达主动齿轮和从动齿轮角速度(或转速)之间的关系。

(二)定轴轮系传动比的计算公式

根据轮系传动比的定义,一对齿轮的传动比为

$$i_{12}=\frac{\omega_1}{\omega_2}=\frac{n_1}{n_2}=\pm\frac{z_2}{z_1}$$

式中　“±”——从动轮的转动方向符号,当主、从动轮转向相同(内啮合)时取“+”号;当主、从动轮转向相反(外啮合)时取“-”号。

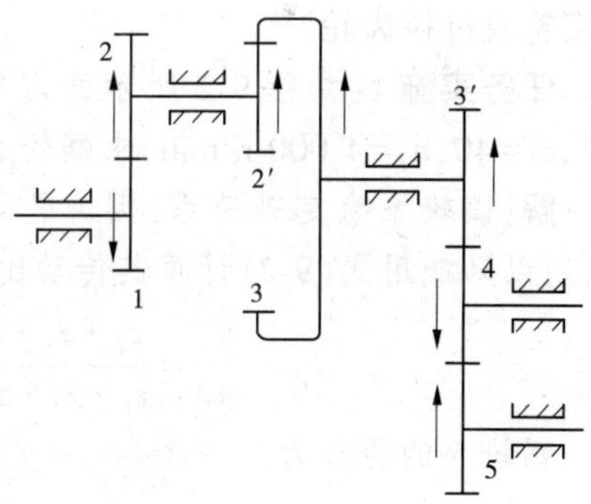

图 9-3　定轴轮系(2)

如图 9-3 所示的定轴轮系,设各轮的齿数为 z_1、z_2、…,各轮的转速为 n_1、n_2、…,则该轮系的传动比 i_{15} 可由各对啮合齿轮的传动比求出。

该轮系中各对啮合齿轮的传动比分别为

$$i_{12}=\frac{n_1}{n_2}=-\frac{z_2}{z_1}\qquad i_{2'3}=\frac{n_{2'}}{n_3}=+\frac{z_3}{z_{2'}}$$

$$i_{3'4}=\frac{n_{3'}}{n_4}=-\frac{z_4}{z_{3'}}\qquad i_{45}=\frac{n_4}{n_5}=-\frac{z_5}{z_4}$$

将以上各等式两边连乘,并考虑到 $n_2=n_{2'}$, $n_3=n_{3'}$,可得:

$$i_{12}\cdot i_{2'3}\cdot i_{3'4}\cdot i_{45}=\frac{n_1 n_{2'} n_{3'} n_4}{n_2 n_3 n_4 n_5}=(-1)^3\frac{z_2 z_3 z_4 z_5}{z_1 z_{2'} z_{3'} z_4}$$

即

$$i_{15}=\frac{n_1}{n_5}=i_{12}\cdot i_{2'3}\cdot i_{3'4}\cdot i_{45}=(-1)^3\frac{z_2z_3z_5}{z_1z_{2'}z_{3'}} \tag{9-1}$$

式(9-1)表明,定轴轮系传动比的大小等于组成该轮系的各对啮合齿轮传动比的连乘积,也等于各对啮合齿轮中所有从动轮齿数的乘积与所有主动轮齿数的乘积之比。

以上结论可推广到一般情况。设轮A为计算时的起始主动轮,轮K为计算时的最末从动轮,则定轴轮系始末两轮传动比计算的一般公式为

$$i_{AK}=\frac{n_A}{n_K}=(-1)^m\frac{\text{齿轮 A 到 K 间所有从动轮齿数的乘积}}{\text{齿轮 A 到 K 间所有主动轮齿数的乘积}} \tag{9-2}$$

对于平面定轴轮系,主、从动齿轮的相对转向关系可以用传动比的正负号表示。i_{AK}为负号时,说明主、从动轮的转动方向相反;i_{AK}为正号时,说明主、从动轮的转动方向相同。正负号根据外啮合齿轮的对数m确定:奇数为负,偶数为正。也可用画箭头的方法来表示主、从动轮转向关系。

对于空间定轴轮系,若主、从动轮的轴线平行,先用画箭头的方法逐对标出转向,若主、从动轮的转向相同,等式右边取正号,否则取负号。正负号的含义同上。若主、从动轮的轴线不平行,只能用画箭头的方法判断两轮的转向,传动比取正号,但这个正号并不表示转向关系。

另外,在该轮系中,齿轮4同时和两个齿轮啮合,它既是前一级的从动轮,又是后一级的主动轮。其齿数z_4在上述计算式中的分子和分母上各出现一次,最后被消去。即齿轮4的齿数不影响传动比的大小。这种不影响传动比的大小、只起改变转向作用的齿轮称为惰轮或过桥齿轮。

任务实施1:如图9-2所示的定轴轮系,设$z_1=z_2=z_{3'}=20$,$z_3=80$,$z_4=40$,$z_{4'}=2$(右旋),$z_5=40$,$n_1=1\,000$ r/min,求蜗轮5的转数n_5及各轮的转向。

解:该轮系为定轴轮系,因为轮4、轮4′、轮5的轴线和其他齿轮的轴线不平行或重合,所以只能用式(9-2)计算其传动比的大小。

$$i_{15}=\frac{n_1}{n_5}=\frac{z_2\cdot z_3\cdot z_4\cdot z_5}{z_1\cdot z_2\cdot z_{3'}\cdot z_{4'}}=\frac{20\times80\times40\times40}{20\times20\times20\times2}=160$$

蜗轮5的转数为

$$n_5=\frac{n_1}{i_{15}}=\frac{1\,000}{160}=6.25(\text{r/min})$$

各轮的转向如图9-2中箭头所示。

想一想:上述例题中齿轮2的作用是什么?

二、周转轮系的传动比计算

周转轮系包括行星轮系和差动轮系。图9-4(a)所示轮系中,齿轮1和齿轮3为太阳轮,齿轮2为行星轮,构件H为行星架。由于行星轮2既绕轴线O_1O_1转动,又随行星架H绕OO转动,不是绕定轴的简单转动,所以,不能直接用求定轴轮系传动比的公式来求

周转轮系的传动比。

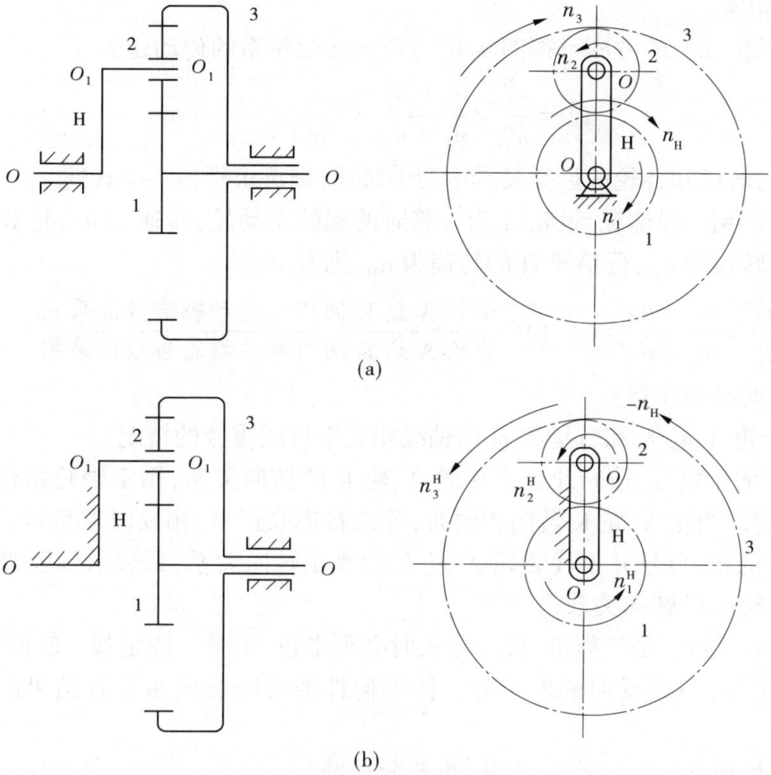

图 9-4　周转轮系

码 9-2　周转轮系

想一想:图 9-4(a)所示的周转轮系自由度是多少?需要几个主动件才有确定的运动?

为了求出周转轮系的传动比,可以采用“转化机构法”。即假想给整个周转轮系加上一个与行星架的转速大小相等而方向相反的公共转速“$-n_H$”,由相对运动原理可知,轮系中各构件之间的相对运动关系并不因之改变,但此时行星架变为相对静止不动,齿轮 2 的轴线 O_1O_1 也随之相对固定,周转轮系转化为假想的“定轴轮系”。即将图 9-4(a)所示的周转轮系转化为图 9-4(b)所示的定轴轮系。这个经转化后得到的假想定轴轮系,称为该周转轮系的转化轮系。之后,利用求解定轴轮系传动比的方法,借助于转化轮系,就可以将周转轮系的传动比求出来。现将各构件在转化前后的转速列表(见表 9-1)。

表 9-1　转化轮系中各构件的转速

构件	周转轮系中的转速	转化轮系中的转速
齿轮 1	n_1	$n_1^H = n_1 - n_H$
齿轮 2	n_2	$n_2^H = n_2 - n_H$
齿轮 3	n_3	$n_3^H = n_3 - n_H$
行星架 H	n_H	$n_H^H = n_H - n_H = 0$

转化轮系中各构件的转速 n_1^H、n_2^H、n_3^H、n_H^H 右上方加的角标H,表示这些转速是各构件相对行星架H的转速。

按求定轴轮系传动比的方法可得图9-4(b)所示转化轮系的传动比为

$$i_{13}^H = \frac{n_1^H}{n_3^H} = \frac{n_1 - n_H}{n_3 - n_H} = -\frac{z_3}{z_1} \tag{9-3}$$

在式(9-3)中,若已知各轮的齿数及其中两个转速,则可求得另一个转速。

将式(9-3)推广到一般情况,设轮A为计算时的起始主动轮,转速为 n_A,轮K为计算时的最末从动轮,转速为 n_K,行星架H的转速为 n_H,则有

$$i_{AK}^H = \frac{n_A^H}{n_K^H} = \frac{n_A - n_H}{n_K - n_H} = (-1)^m \frac{\text{齿轮A到K间所有从动轮齿数的乘积}}{\text{齿轮A到K间所有主动轮齿数的乘积}} \tag{9-4}$$

应用式(9-4)时必须注意:

(1)只适应于轮A、轮K和行星架H的轴线相互平行或重合的情况。

(2)等式右边的正负号,按转化轮系中轮A、轮K的转向关系,用定轴轮系传动比的转向判断方法确定。当轮A、轮K转向相同时,等式右边取正号,相反时取负号。需要强调说明的是:这里的正、负号并不代表轮A、轮K的真正转向关系,只表示行星架H相对静止不动时轮A、轮K的转向关系。

(3)转速 n_A、n_K 和 n_H 是代数量,代入公式时必须带正、负号。假定某一转向为正号,则与其同向的取正号,与其反向的取负号。待求构件的实际转向由计算结果的正负号确定。

任务实施2:如图9-5所示的轮系中,如已知各轮齿数 $z_1=50$,$z_2=30$,$z_{2'}=20$,$z_3=100$;且已知轮1与轮3的转速分别为 $n_1=100$ r/min,$n_3=200$ r/min。试求:

(1)当 n_1、n_3 同向转动时,行星架H的转速及转向如何?

(2)当 n_1、n_3 反向转动时,行星架H的转速及转向又是如何的?

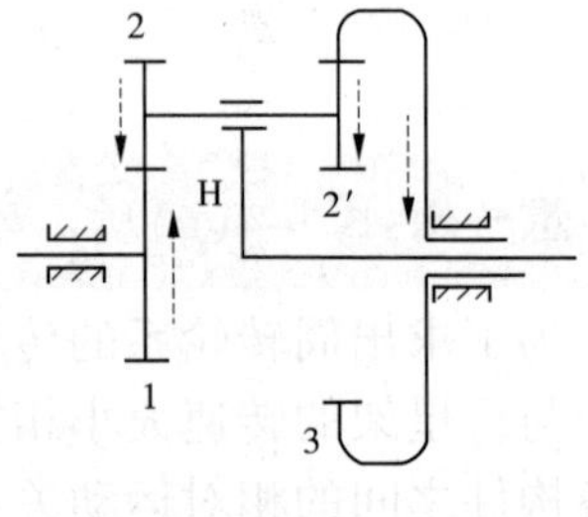

图9-5

解:这是一个周转轮系,其自由度为2,现给出了两个原动件的转速 n_1、n_3,故可以求得 n_H。根据转化轮系基本公式可得:

$$i_{13}^H = \frac{n_1^H}{n_3^H} = \frac{n_1 - n_H}{n_3 - n_H} = (-1)^m \frac{z_2 z_3}{z_1 z_{2'}} = -\frac{30 \times 100}{50 \times 20} = -3$$

齿数比前的符号确定方法同前,即按定轴轮系传动比计算公式来确定符号。在此,$m=1$,故取负号。

(1)当 n_1、n_3 同向转动时,它们的符号相同,取为正,代入上式得:

$$\frac{n_1 - n_H}{n_3 - n_H} = \frac{100 - n_H}{200 - n_H} = -3$$

由上式求得:$n_H=175$ r/min。由于 n_H 符号为正,说明 n_H 的转向与 n_1、n_3 相同。

(2)当 n_1、n_3 反向时,它们的符号相反,取 n_1 为正,则 n_3 为负,代入上式得:

$$\frac{n_1 - n_H}{n_3 - n_H} = \frac{+100 - n_H}{-200 - n_H} = -3$$

求得 $n_H = -125$ r/min。由于 n_H 符号为负,说明 n_H 的转向与 n_1 相反,而与 n_3 相同。

任务实施 3:图 9-6 所示为圆锥齿轮组成的轮系,已知各轮的齿数为 $z_1 = 45$、$z_2 = 30$、$z_3 = z_4 = 20$,$n_1 = 60$ r/min,$n_H = 100$ r/min,若 n_1 与 n_H 转向相同,求 n_4、i_{14}。

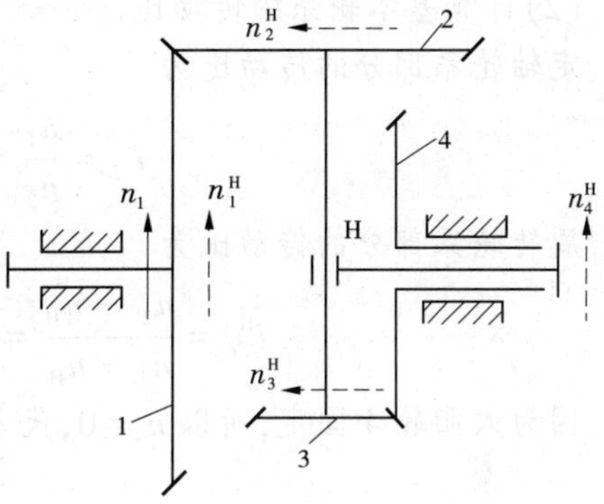

图 9-6

解:由式(9-4)得

$$i_{14}^H = \frac{n_1 - n_H}{n_4 - n_H} = \pm \frac{z_2 z_4}{z_1 z_3} = \pm \frac{30 \times 20}{45 \times 20}$$

用画箭头的方法可知转化轮系中,n_1^H 与 n_4^H 的转向相同,i_{14}^H 应为正值。即

$$i_{14}^H = \frac{n_1 - n_H}{n_4 - n_H} = \frac{30 \times 20}{45 \times 20} = \frac{30}{45}$$

将 $n_1 = 60$ r/min,$n_H = 100$ r/min 代入上式得

$$\frac{60 - 100}{n_4 - 100} = \frac{30}{45}$$

解得,$n_4 = 40$ r/min,由此得

$$i_{14} = \frac{n_1}{n_4} = \frac{60}{40} = 1.5$$

正号表明 1、4 两齿轮的实际转向相同。

三、复合轮系的传动比计算

复合轮系一般是由定轴轮系与周转轮系复合而构成的。对于复合轮系,既不能转化为单一的定轴轮系,也不能转化为单一的周转轮系,所以不能用一个公式来求解其传动比。求解复合轮系传动比时,必须首先将各个基本的周转轮系和定轴轮系部分划分开来,然后分别列出各部分的传动比的计算公式,最后联立求解。

划分轮系的关键是先找出周转轮系。根据行星轮轴线不固定的特点,先找出行星轮,再找出支撑行星轮的行星架(注意,它不一定是简单的杆状,有可能是齿轮)及与行星轮相啮合的太阳轮,这些行星轮、行星架及太阳轮就构成一个基本的周转轮系。同理,再找出其他的行星轮系,剩下的就是定轴轮系部分。

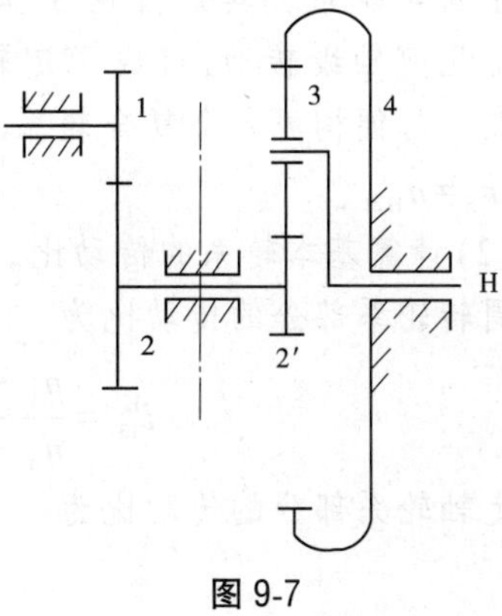

图 9-7

任务实施 4:在图 9-7 所示的轮系中,$z_1 = 20$,$z_2 = 40$,$z_{2'} = 20$,$z_3 = 30$,$z_4 = 80$,试求传动比 i_{1H}。

解:(1)划分轮系。由图 9-7 可见,在轮系中,齿轮3的几何轴线是绕齿轮2的轴线转动的,故是行星轮;支撑它的构件H是行星架;与行星轮3相啮合的齿轮2′和齿轮4是太阳轮,且太阳轮4固定不动。因此,齿轮2′、齿轮3、齿轮4和行星架H组成周转轮系,齿轮1、齿轮2则组成定轴轮系。图示轮系是由一个定轴轮系和一个周转轮系组成的复合轮系。

(2)计算基本轮系的传动比。

定轴轮系部分的传动比为

$$i_{12} = \frac{n_1}{n_2} = -\frac{z_2}{z_1} = -\frac{40}{20} = -2 \tag{a}$$

周转轮系部分的传动比为

$$i_{2'4}^{H} = \frac{n_{2'} - n_H}{n_4 - n_H} = -\frac{z_3 z_4}{z_{2'} z_3} = -\frac{z_4}{z_{2'}} = -\frac{80}{20} = -4$$

因为太阳轮4固定,所以 $n_4=0$,代入上式得到:

$$n_H = \frac{1}{5} n_{2'} \tag{b}$$

(3)计算复合轮系的传动比。

由图9-7可知,$n_2=n_{2'}$,把上述式(a)、式(b)代入下式得到:

$$i_{1H} = \frac{n_1}{n_H} = \frac{-2n_2}{\frac{1}{5}n_{2'}} = -10$$

任务实施5:在图9-8所示的电动卷扬机中,已知各轮的齿数 $z_1=24$,$z_2=48$,$z_{2'}=30$,$z_3=90$,$z_{3'}=20$,$z_4=30$,$z_5=80$,$n_1=1\ 450$ r/min,求卷筒的转速 n_H。

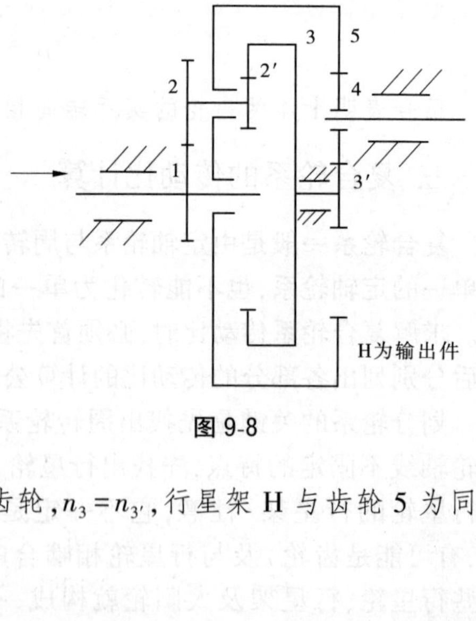

图 9-8

解:(1)划分轮系。该轮系中,由于双联齿轮2—2′的轴线不固定,所以这两个齿轮是双联的行星轮,支承它运动的卷筒H就是行星架,与行星轮2—2′相啮合的齿轮1、3为太阳轮,因此齿轮1、2—2′、3和行星架H一起组成了周转轮系。其余齿轮3′、4、5各绕自身固定几何轴线转动,组成了定轴轮系。二者合在一起便构成一个复合轮系。3—3′为双联齿轮,$n_3=n_{3'}$,行星架H与齿轮5为同一构件,$n_5=n_H$。

(2)计算基本轮系的传动比。

周转轮系部分的传动比为

$$i_{13}^{H} = \frac{n_1 - n_H}{n_3 - n_H} = -\frac{z_2 z_3}{z_1 z_{2'}} = -\frac{48 \times 90}{24 \times 30} = -6 \tag{a}$$

定轴轮系部分的传动比为

$$i_{3'5} = \frac{n_{3'}}{n_5} = -\frac{z_4 z_5}{z_{3'} z_4} = -\frac{z_5}{z_{3'}} = -\frac{80}{20} = -4 \tag{b}$$

又有：

$$n_3 = n_{3'} \tag{c}$$

$$n_5 = n_H \tag{d}$$

联立式(a)～式(d)四式并代入数值，可解得

$$n_H = \frac{1\ 450}{31} = 46.77(\text{r/min})$$

n_H 为正值，表明卷筒 H 与齿轮 1 的转动方向相同。

任务二　分析轮系在机械系统中的作用

轮系在现代各种机械和仪表中的应用非常广泛，其主要功用可大致归纳为以下几个方面。

一、实现相距较远的两轴之间的传动

当两轴间距离较远时，如果仅用一对齿轮传动，如图 9-9 中虚线所示，则两轮的尺寸必然很大，从而使机构总体尺寸也很大，结构不合理；如果采用一系列齿轮传动，如图 9-9 中实线所示，就可避免上述缺点。如汽车发动机曲轴的转动要通过一系列的减速传动才使运动传递到车轮上，如果只用一对齿轮传动是无法满足要求的。

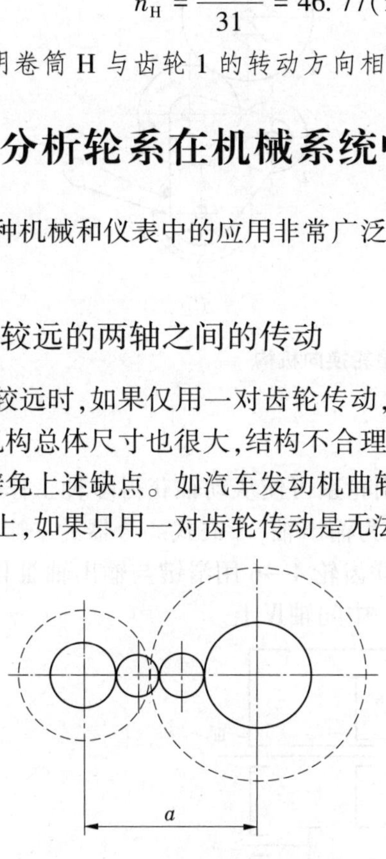

图 9-9　远距离两轴之间的传动

码 9-3　远距离间传动

二、获得大的传动比

采用定轴轮系或周转轮系均可获得大的传动比，尤其是周转轮系能在构件数量较少的情况下获得大的传动比。当两轴间需要较大的传动比时，若仅用一对齿轮来实现，两轮的尺寸必然颇为悬殊，势必增加外廓尺寸，致使结构不太合理，而且小齿轮也容易损坏。因此，一对齿轮的传动比一般不大于 8。要获得较大的传动比，可选用定轴轮系或周转轮系来传动。若采用定轴轮系传动，只要增加啮合齿轮的对数，它们的传动比连乘积就可以达到很大的数值，但由于齿轮的数量增加会使机构趋于复杂，故传动比不宜过大。若采用周转轮系传动，则可以用很少的几个齿轮获得很大的传动比，且结构非常紧凑。

三、实现换向传动

在主动轴转向不变的条件下,利用轮系中的惰轮,可以改变从动轴的转向。图 9-10 所示为三星轮换向机构,通过扳动手柄转动三角形构件,使齿轮 1 与齿轮 2 或齿轮 3 啮合,可使齿轮 4 得到两种不同的转向。

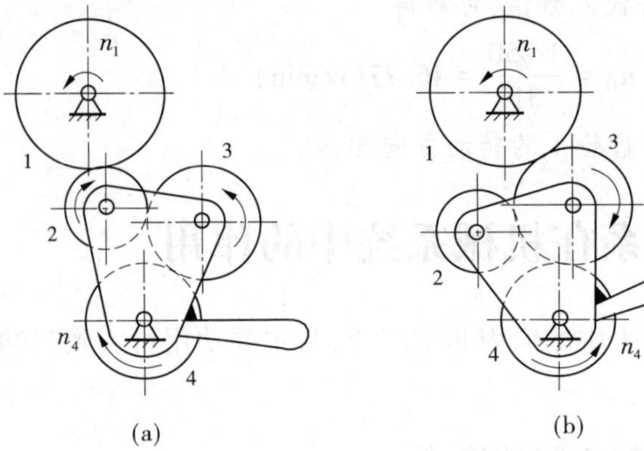

图 9-10 三星轮换向机构

码 9-4 三星轮换向机构

四、实现变速传动

在主动轴转速不变的条件下,利用轮系可使从动轴获得多种工作转速。如图 9-11 所示的汽车变速箱,Ⅰ轴为输入轴,Ⅲ轴为输出轴,牙嵌式离合器的一半 A 和齿轮 1 固联在输入轴Ⅰ上,其另一半 B 则和滑移双联齿轮 4—6 用滑键与输出轴Ⅲ相连。齿轮 2、3、5、7 固联在中间轴Ⅱ上,齿轮 8 固联在另一中间轴Ⅳ上。

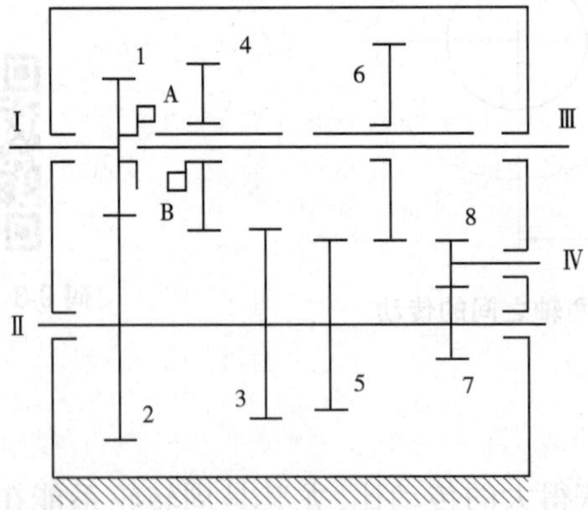

图 9-11 汽车的变速箱

码 9-5 汽车变速器

查一查:请自行分析图 9-11 所示的汽车的变速箱可以获得哪几种转速。

五、实现特殊的工艺动作和轨迹

在周转轮系中,行星轮做平面运动,其上某些点的运动轨迹很特殊。利用这个特点,可以实现要求的工艺动作及特殊的运动轨迹。图 9-12(a)所示为某食品搅拌设备中搅拌头的行星轮系传动简图，行星架 H 为输入构件，齿圈 1 固定，行星轮 2 带动搅拌桨 3 在容器内运动，搅拌桨上的某些点会产生如图 9-12(b)所示的运动轨迹，可以满足将糖浆、面浆等物料搅拌调和均匀的要求。

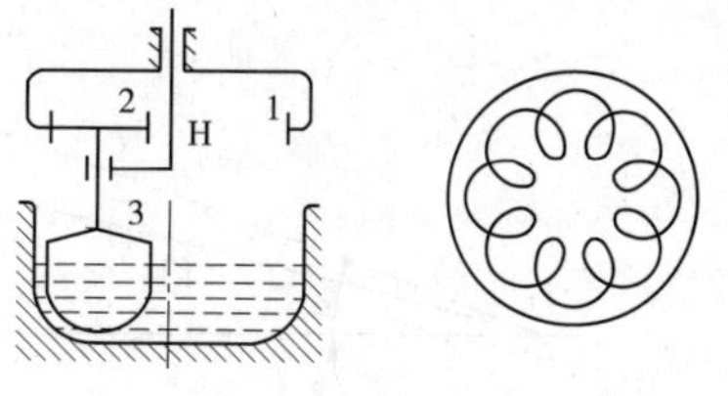

图 9-12 搅拌头的行星传动

六、实现运动的合成

在图 9-13 所示的由圆锥齿轮组成的滚齿机轮系中，分齿运动由齿轮 1 传入，附加运动由行星架 H 传入，合成运动由齿轮 3 传出，若齿轮 1 及齿轮 3 的齿数 $z_1=z_3$，则

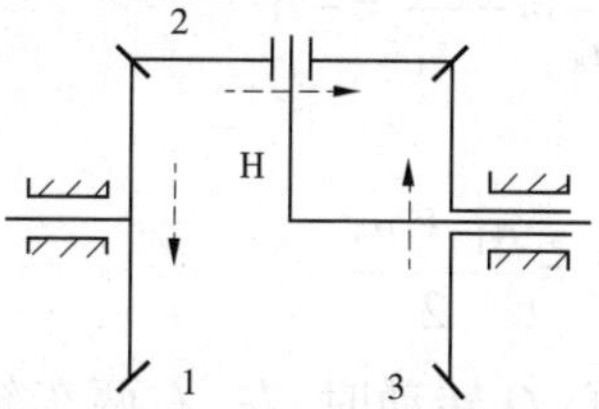

图 9-13 滚齿机轮系

码 9-6 滚齿机轮系

$$\frac{n_1-n_H}{n_3-n_H}=-\frac{z_3}{z_1}=-1$$

可得

$$2n_H=n_1+n_3$$

由上式可知，分别输入 n_1 和 n_3，合成为 n_H。

若 n_1 和 n_3 转向相同，则 n_H 为两个输入之和的 1/2 倍；若 n_1 和 n_3 转向相反，则 n_H 为两个输入之差的 1/2 倍。可见，这种轮系可用作机械式加、减法机构，它具有不受电磁干扰的特点，可用于处理敏感信号，其广泛应用于运算机构、机床等机械传动装置中。

七、用于运动的分解

如图 9-14 所示的汽车后桥上的差速器，就是用于运动分解的实例。它可以将一个输入转动分解为两个输出转动。

当汽车直线行驶时，左、右两轮转速相同，行星轮 2 及 2′不发生自转，齿轮 1、2、3 如同一个整体，一起随齿轮 4 转动，此时 $n_1=n_3=n_4$。

当汽车转弯时，为了保证两车轮与地面之间做纯滚动，以减少轮胎的磨损，就要求左轮转得慢一些，右轮转得快一些。此时，齿轮 1 与齿轮 3 之间发生相对转动，齿轮 2 除随齿轮 4 做公转外，还绕自身轴线回转。齿轮 2 是行星轮，齿轮 4 与行星架 H 固结在一起，齿轮 1、3 是太阳轮。齿轮 1、2、3 及行星架 H 组成了行星轮系。

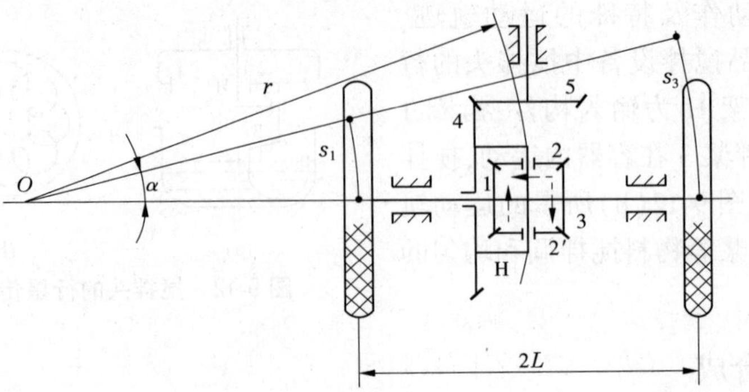

图 9-14 汽车后桥差速器

码 9-7 汽车差速器

$$\frac{n_1 - n_4}{n_3 - n_4} = -\frac{z_3}{z_1} = -1$$

则有：

$$n_4 = \frac{n_1 + n_3}{2}$$

又由图 9-14 可见，当汽车绕瞬时回转中心 O 转动时，左、右两车轮滚过的弧长 s_1 及 s_3 应与两车轮到瞬心 C 的距离成正比，即：

$$\frac{n_1}{n_3} = \frac{s_1}{s_3} = \frac{\alpha(r-L)}{\alpha(r+L)} = \frac{r-L}{r+L}$$

当从发动机传过来的转速 n_4、轮距 $2L$ 和转弯半径 r 为已知时，即可由以上两式计算出转速 n_1 和 n_3。

由此可见，差速器可将齿轮 4 的一个输入转速 n_4，根据转弯半径 r 的变化，自动分解为左、右两后轮不同的转速 n_1 和 n_3。

差速器广泛应用于车辆、飞机、农机及船舶等机械设备中。

任务三　设计满足特定传动比要求的轮系

一、明确设计需求

在设计满足特定传动比要求的轮系系统前，首先要清晰掌握设计需求。明确给定的传动比数值，了解输入轴与输出轴的转向关系，以及系统的工作环境、载荷条件等。例如，若应用于汽车变速器，须考虑车辆不同行驶工况下的动力传输需求；用于工业设备，要依据设备的运行参数和生产工艺来确定设计要求。

二、轮系类型选择

定轴轮系：当传动比要求不高且结构简单时，可选用定轴轮系。其特点是所有齿轮的轴线位置固定,传动比计算相对简单,通过各对齿轮齿数比的连乘积就能得到总传动比。例如,在一些简单的减速装置中,定轴轮系能有效实现转速降低。

周转轮系:若需要较大传动比且结构紧凑,周转轮系是不错的选择。它包含行星轮、太阳轮和齿圈等,利用行星轮的公转和自转实现运动传递。像在一些精密仪器的传动机构中,周转轮系可在有限空间内提供大传动比。

复合轮系:对于复杂的传动比要求,往往需要采用复合轮系,即定轴轮系和周转轮系的组合。它能充分发挥两种轮系的优势,满足多样化的设计需求。例如,在航空发动机的传动系统中,复合轮系能实现多轴、多工况下的精确传动。

三、传动比计算与齿轮参数确定

根据选定的轮系类型,运用相应的传动比计算公式进行计算。对于定轴轮系,直接使用定轴轮系传动比的计算公式即可。对于周转轮系,须先通过转化机构将其转化为定轴轮系,再利用定轴轮系传动比公式计算。

在确定传动比后,根据齿轮的强度、模数标准系列等因素,确定齿轮的模数、齿数、齿宽等参数。同时,要考虑齿轮的材料选择,不同材料的齿轮在强度、耐磨性等方面有所差异,例如钢材适用于重载工况,而工程塑料常用于轻载、低噪声的场合。

四、轮系结构设计与优化

进行轮系的结构设计,包括齿轮的布置方式、轴的结构设计、轴承的选择等。合理布置齿轮,确保载荷均匀分布,减少轴的弯曲变形。选择合适的轴径和轴的结构形式,保证轴有足够的强度和刚度。根据载荷大小和转速高低,选用合适类型的轴承,如深沟球轴承适用于一般工况,圆锥滚子轴承可承受较大的径向载荷和轴向载荷。

对设计好的轮系结构进行优化,通过计算机辅助设计(CAD)和计算机辅助工程(CAE)软件进行模拟分析,检查轮系在运转过程中的应力分布、变形情况等,对不合理的地方进行改进,提高轮系的可靠性和工作效率。

五、设计验证与调整

完成设计后,制作轮系的样机或通过虚拟样机技术进行模拟试验,验证设计是否满足传动比要求以及其他性能指标。在试验过程中,测量输入轴和输出轴的转速,计算实际传动比,与设计要求进行对比。

根据试验结果,对设计进行调整和优化。若实际传动比与设计值存在偏差,分析原因,可能是齿轮制造误差、装配误差或设计计算误差等,针对具体问题采取相应的改进措施,如调整齿轮齿数、优化装配工艺等,直至轮系系统满足设计要求。

学·思·悟

轮系与集体、个人

集体仿佛是一个齿轮系统,而个人则是一个齿轮。如个人思想出现偏差,素质不达标,则会影响整个集体的发展。为了使集体可以高速地运转,个人应该和轮系中的每个齿轮一样承担着特定责任,不断学习,使自身的思想与集体的思想吻合,努力提升自己水平,满足集体的要求,这样才能为集体做出贡献。

读者笔记:____________________

码 9-8 风力发电机

基础理论训练

一、判断题

1. 所谓惰轮就是在轮系中不起作用的齿轮。 ( )
2. 定轴轮系就是所有齿轮的轴都固定的轮系。 ( )
3. 将周转轮系转化为定轴轮系后,其各构件间的相对运动关系发生了变化。 ( )
4. 使用周转轮系可获得大传动比。 ( )

二、填空题

1. 所谓定轴轮系是指________,周转轮系是指________。
2. 惰轮对________并无影响,但却可能改变从动轮的________。
3. 周转轮系中 i_{13}^{H} 表示的意思是________,i_{13} 表示的意思是________。
4. 周转轮系是由________、________、________和________组成的。

三、选择题

1. 定轴轮系有下列情况:①所有齿轮轴线都平行;②主、从动轮轴线平行;③首、末两轮轴线不平行;④所有齿轮轴线都不平行。其中有( )情况的传动比冠以正负号。

A. 1 种　　B. 2 种　　C. 3 种　　D. 4 种

2. 某人总结惰轮在轮系中作用如下:①改变从动轮转向;②改变从动轮转速;③调节齿轮轴间距离;④提高齿轮强度。其中有( )是正确的。

A. 1 条　　B. 2 条　　C. 3 条　　D. 4 条

3. 周转轮系的转化轮系传动比 $i_{AB}^{H}=\dfrac{n_A-n_H}{n_B-n_H}$ 若为负值，则齿轮 A 与齿轮 B 转向（　　）。

A. 一定相同　　B. 一定相反　　C. 不一定

4. 轮系的下列功用中，（　　）功用必须依靠周转轮系实现。

A. 实现变速传动　　B. 实现大的传动比

C. 实现分路传动　　D. 实现运动的合成与分解

实践训练

1. 在图 9-15 所示的定轴轮系中，已知各齿轮的齿数分别为 z_1、z_2、$z_{2'}$、z_3、z_4、$z_{4'}$、z_5、$z_{5'}$、z_6，求传动比 i_{16}。

2. 在图 9-16 所示的轮系中，已知各齿轮的齿数分别为 $z_1=18$、$z_2=20$、$z_{2'}=25$，$z_{3'}=2$（右旋）、$z_4=40$，且已知 $n_1=100$ r/min（A 向看为逆时针），求齿轮 4 的转速及其转向。

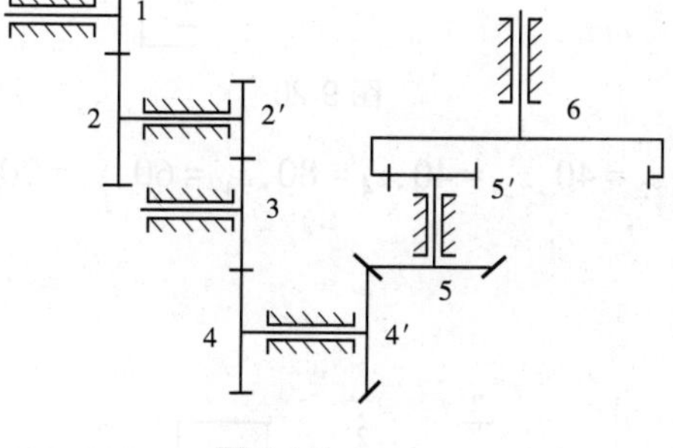

图 9-15

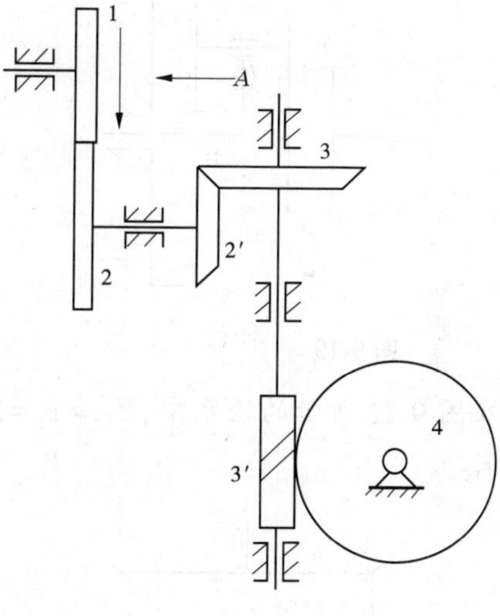

图 9-16

3. 如图 9-17 所示，$z_1=20$，$z_2=30$，$z_{2'}=z_3=z_4=25$，$z_5=74$，且已知 $n_{H1}=100$ r/min。求 n_{H2}。

4. 在图 9-18 所示的轮系中，已知：$z_1=20$，$z_2=40$，$z_3=80$，$z_4=z_5=30$，$z_6=90$。求 i_{16}。

5. 在图 9-19 所示的轮系中，各齿轮均为标准齿轮，且其模数均相等，若已知各齿轮的齿数分别为 $z_1=20$、$z_2=48$、$z_{2'}=20$。试求齿数 z_3 及传动比 i_{1H}。

6. 在图 9-20 所示的轮系中，$z_1=15$、$z_2=25$、$z_3=20$、$z_4=60$，$n_1=200$ r/min（顺时针），$n_4=50$ r/min（顺时针），试求 H 的转速。

7. 在图 9-21 所示的轮系中，已知 $z_1=z_3=20$，$z_2=80$，$z_4=60$，$z_5=z_6$，$z_7=80$，$z_8=40$，$n_1=100$ r/min，$n_3=99$ r/min，转向如图所示。试求齿轮 8 的转速 n_8 的大小和方向。

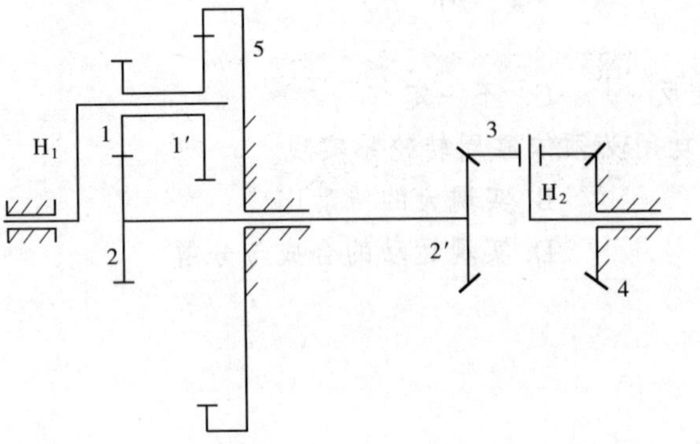

图 9-17

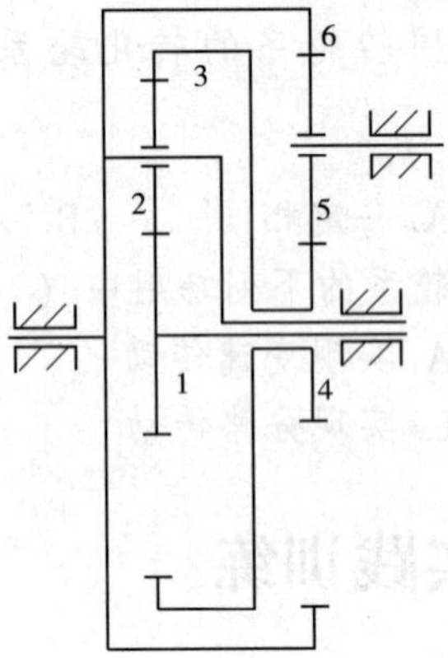

图 9-18

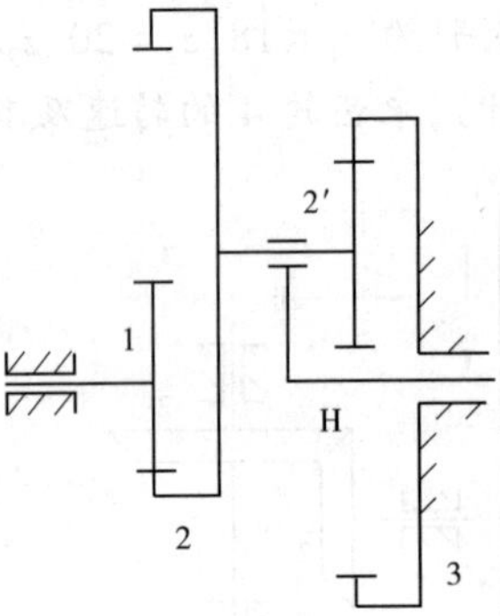

图 9-19

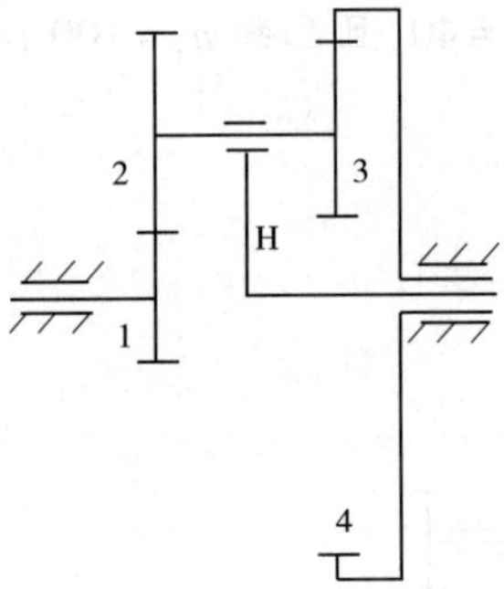

图 9-20

8. 在图 9-22 所示的轮系中，已知 $z_1=20$，$z_2=40$，$z_{2'}=40$，$z_4=80$，$z_{4'}=60$，$z_5=20$。试求传动比 i_{15}。

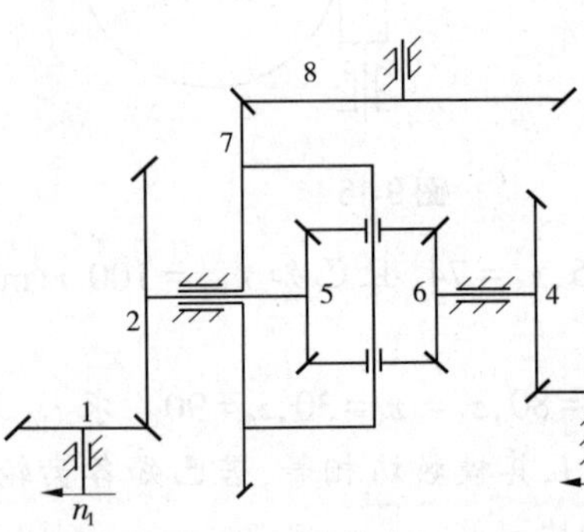

图 9-21

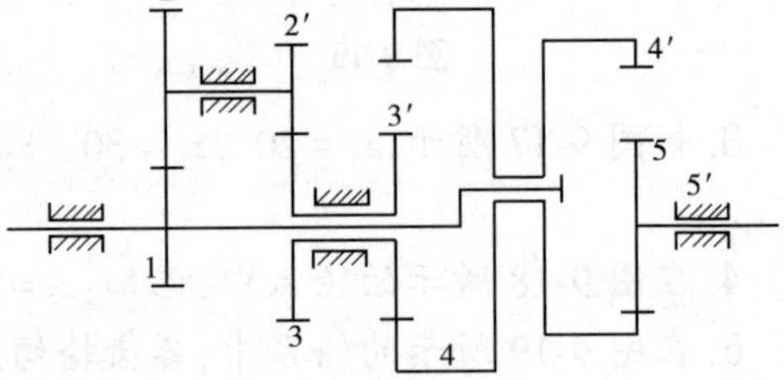

图 9-22

附录 深沟球轴承、角接触球轴承、圆锥滚子轴承的国家标准节选

附表 1 深沟球轴承

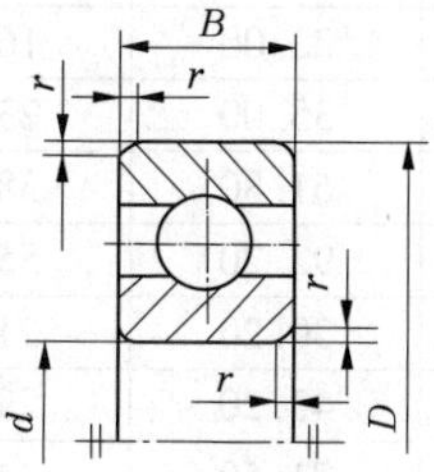

标准外形

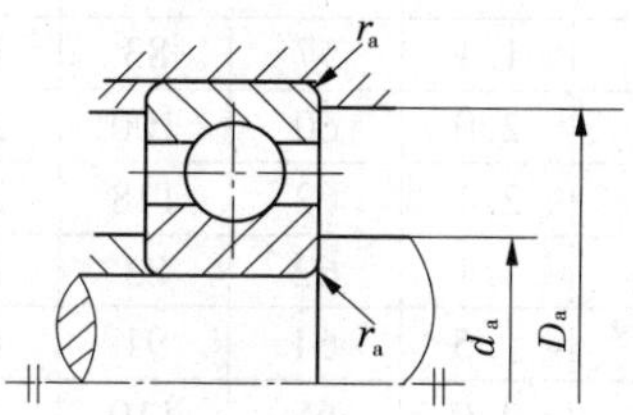

安装尺寸

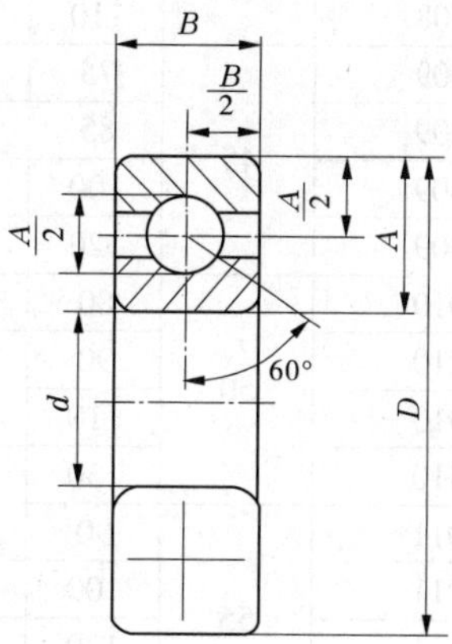

简化画法

轴承代号	基本尺寸/mm				安装尺寸/mm			基本额定动载荷 C/kN	基本额定静载荷 C_0/kN
	d	D	B	r_{min}	d_{amin}	D_{amax}	r_{amax}		
6004	20	42	12	0.6	25	37	0.6	9.38	5.02
6204		47	14	1.0	26	41	1.0	12.80	6.65
6304		52	15	1.1	27	45	1.0	15.80	7.88
6404		72	19	1.1	27	65	1.0	31.00	15.20
6005	25	47	12	0.6	30	42	0.6	10.00	5.85
6205		52	15	1.0	31	46	1.0	14.00	7.88
6305		62	17	1.1	32	55	1.0	22.20	11.50
6405		80	21	1.5	34	71	1.5	38.20	19.20
6006	30	55	13	1.0	36	49	1.0	13.20	8.30
6206		62	16	1.0	36	56	1.0	19.50	11.50
6306		72	19	1.1	37	65	1.0	27.00	15.20
6406		90	23	1.5	39	81	1.5	47.50	24.50
6007	35	62	14	1.0	41	56	1.0	16.20	10.50
6207		72	17	1.1	42	65	1.0	25.50	15.20
6307		80	21	1.5	44	71	1.5	33.20	19.20
6407		100	25	1.5	44	91	1.5	56.80	29.50

续附表1

轴承代号	基本尺寸/mm				安装尺寸/mm			基本额定动载荷 C/kN	基本额定静载荷 C_0/kN
	d	D	B	r_{min}	d_{amin}	D_{amax}	r_{amax}		
6008	40	68	15	1.0	46	62	1.0	17.00	11.80
6208		80	18	1.1	47	73	1.0	29.50	18.00
6308		90	23	1.5	49	81	1.5	40.80	24.00
6408		110	27	2.0	50	100	2.0	65.50	37.50
6009	45	75	16	1.0	51	69	1.0	21.10	14.80
6209		85	19	1.1	52	78	1.0	31.50	20.50
6309		100	25	1.5	54	91	1.5	52.80	31.80
6409		120	29	2.0	55	110	2.0	77.50	45.50
6010	50	80	16	1.0	56	74	1.0	22.00	16.20
6210		90	20	1.1	57	83	1.0	35.00	23.20
6310		110	27	2.0	60	100	2.0	61.80	38.00
6410		130	31	2.1	62	118	2.1	92.20	55.20
6011	55	90	18	1.1	62	83	1.0	30.20	21.80
6211		100	21	1.5	64	91	1.5	43.20	29.20
6311		120	29	2.0	65	110	2.0	71.50	44.80
6411		140	33	2.1	67	128	2.1	100.00	62.50
6012	60	95	18	1.1	67	88	1.0	31.50	24.20
6212		110	22	1.5	69	101	1.5	47.80	32.80
6312		130	31	2.1	72	118	2.1	81.80	51.80
6412		150	35	2.1	72	138	2.1	108.00	70.00
6013	65	100	18	1.1	72	93	1.0	32.00	24.80
6213		120	23	1.5	74	111	1.5	57.20	40.00
6313		140	33	2.1	77	128	2.1	93.80	60.50
6413		160	37	2.1	77	148	2.1	118.00	78.50
6014	70	110	20	1.1	77	103	1.0	38.50	30.50
6214		125	24	1.5	79	116	1.5	60.80	45.00
6314		150	35	2.1	82	138	2.1	105.00	68.00
6414		180	42	3.0	84	166	2.5	140.00	99.50
6015	75	15	20	1.0	82	108	1.0	40.20	33.20
6215		130	25	1.5	84	121	1.5	66.00	49.50
6315		160	37	2.1	87	148	2.1	112.00	76.80
6415		190	45	3.0	89	176	2.5	155.00	115.00

注:1. 标准摘自《滚动轴承 深沟球轴承 外形尺寸》(GB/T 276—2013)。

2. 表中 r_{min} 为 r 的单向最小倒角尺寸,r_{amax} 为 r_a 的单向最大倒角尺寸。

附表 2 角接触球轴承

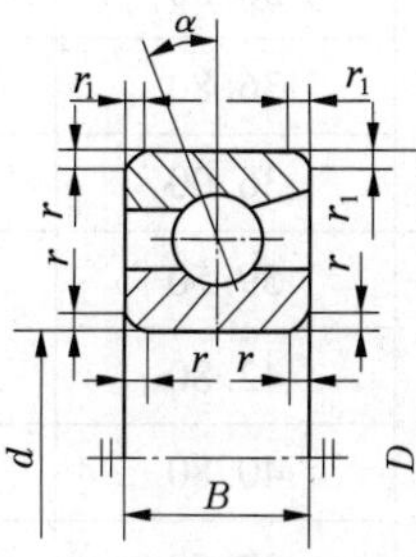

标准外形

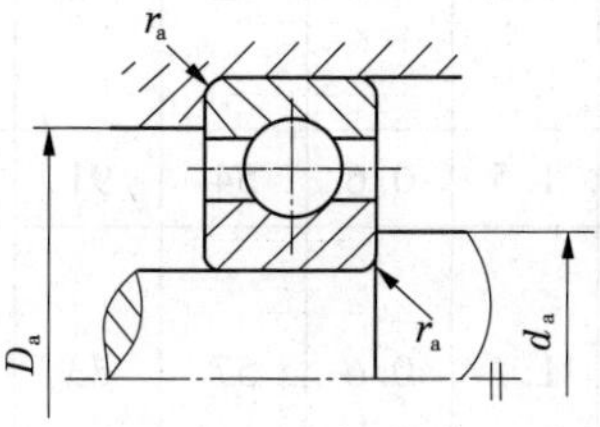

安装尺寸

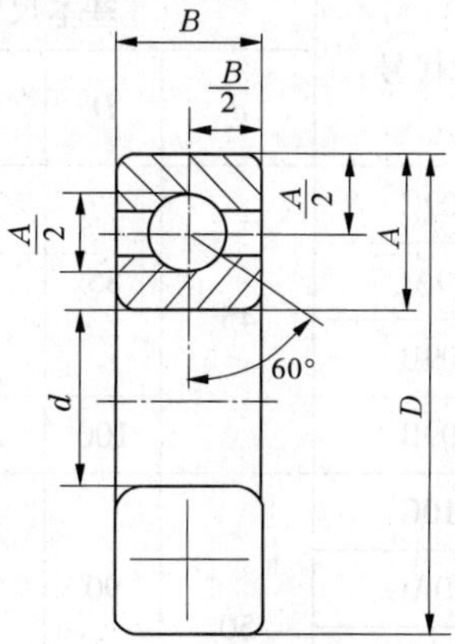

简化画法

轴承代号	基本尺寸/mm					安装尺寸/mm			基本额定动载荷 C/kN	基本额定静载荷 C_0/kN
	d	D	B	r_{min}	r_{1min}	d_{amin}	D_{amax}	r_{amax}		
7204C									14.50	8.22
7204AC	20	47	14	1.0	0.3	26	41	1.0	14.00	7.82
7204B									14.00	7.85
7205C									16.50	10.50
7205AC		52	15	1.0	0.3	31	46	1.0	15.80	9.88
7205B	25								15.80	9.45
7305B		62	17	1.1	0.6	32	55	1.0	26.20	15.20
7206C									23.00	15.00
7206AC	30	62	16	1.0	0.3	36	56	1.0	22.00	14.20
7206B									20.50	13.80
7306B		72	19	1.1	0.6	37	65	1.0	31.00	19.20
7207C									30.50	20.00
7207AC	35	72	17	1.1	0.6	42	65	1.0	29.00	19.20
7207B									27.00	18.80
7307B		80	21	1.5	0.6	44	71	1.5	38.20	24.50
7208C									36.80	25.80
7208AC		80	18	1.1	0.6	47	73	1.0	35.20	24.50
7208B	40								32.50	23.50
7308B		90	23	1.5	0.6	49	81	1.5	46.20	30.50
7408B		110	27	2.0	1.0	50	100	2.0	67.00	47.50

续附表2

轴承代号	基本尺寸/mm					安装尺寸/mm			基本额定动载荷 C/kN	基本额定静载荷 C_0/kN
	d	D	B	r_{min}	r_{1min}	d_{amin}	D_{amax}	r_{amax}		
7209C	45	85	19	1.1	0.6	52	78	1.0	38.50	28.50
7209AC									36.80	27.20
7209B									36.00	26.20
7309B		100	25	1.5	0.6	54	91	1.5	59.50	39.80
7210C	50	90	20	1.1	0.6	57	83	1.0	42.80	32.00
7210AC									40.80	30.50
7210B									37.50	29.00
7310B		110	27	2.0	1.0	60	100	2.0	68.20	48.00
7211C	55	100	21	1.5	0.6	64	91	1.5	52.80	40.50
7211AC									50.50	38.50
7211B									46.20	36.00
7311B		120	29	2.0	1.0	65	110	2.0	78.80	56.50
7212C	60	110	22	1.5	0.6	69	101	1.5	61.00	48.50
7212AC									58.20	46.20
7212B									56.00	44.50
7312B		130	31	2.1	1.1	72	118	2.1	90.00	66.30
7213C	65	120	23	1.5	0.6	74	111	1.5	69.80	55.20
7213AC									66.50	52.50
7213B									62.50	50.20
7313B		140	33	2.1	1.1	77	128	2.1	102.00	77.80
7214C	70	125	24	1.5	0.6	79	116	1.5	70.20	60.00
7214AC									69.20	57.50
7214B									70.20	57.20
7314B		150	35	2.1	1.1	82	138	2.1	115.00	87.20
7215C	75	130	25	1.5	0.6	84	121	1.5	79.20	65.80
7215AC									75.20	63.00
7215B									72.80	62.00
7315B		160	37	2.1	1.1	87	148	2.1	125.00	98.50

注:1 标准摘自《滚动轴承 角接触球轴承 外形尺寸》(GB/T 292—2023)。

2. 表中 r_{min}、r_{1min} 分别为 r、r_1 的单向最小倒角尺寸,r_{amax} 为 r_a 的单向最大倒角尺寸。

3. 轴承代号中的 C、AC、B 分别代表轴承接触角 α=15°、25°、40°。

附表 3 圆锥滚子轴承

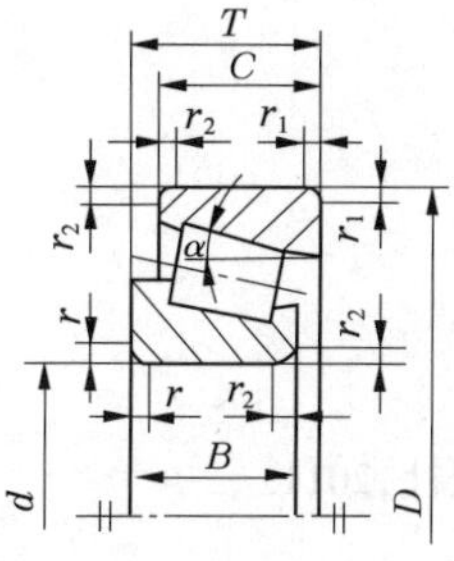

标准外形

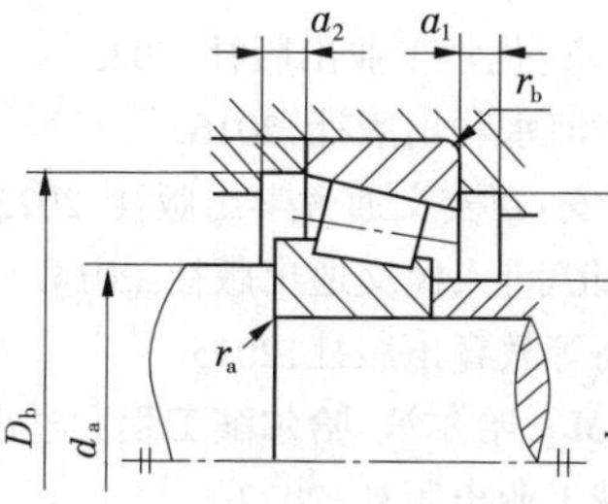

安装尺寸

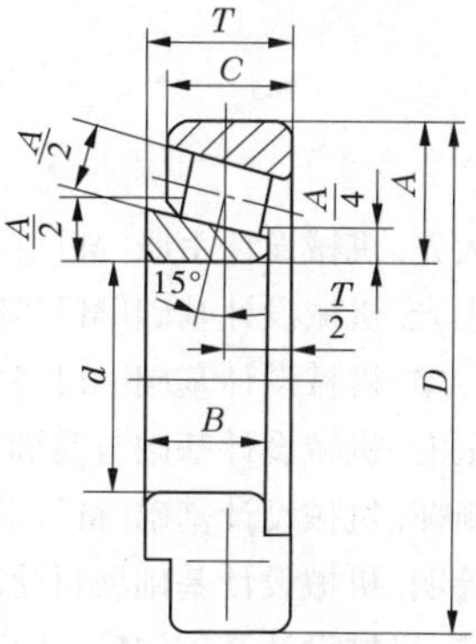

简化画法

轴承代号	基本尺寸/mm					安装尺寸/mm				基本额定动载荷	基本额定静载荷	计算系数		
	d	D	T	B	C	d_a	d_b	D_a	D_b	C/kN	C_0/kN	e	Y	Y_0
30204	20	47	15.25	14	12	26	27	41	43	28.2	30.5	0.35	1.7	1.0
30304		52	16.25	15	13	27	28	45	48	33.0	33.2	0.30	2.0	1.1
30205	25	52	16.25	15	13	31	31	46	48	32.2	37.0	0.37	1.6	0.9
30305		62	18.25	17	15	32	34	55	58	46.8	48.0	0.30	2.0	1.1
30206	30	62	17.25	16	14	36	37	56	58	43.2	50.5	0.37	1.6	0.9
30306		72	20.75	19	16	37	40	65	66	59.0	63.0	0.31	1.9	1.0
30207	35	72	18.25	17	15	42	44	65	67	54.2	63.5	0.37	1.6	0.9
30307		80	22.75	21	18	44	45	71	74	75.2	82.5	0.31	1.9	1.0
30208	40	80	19.75	18	16	47	49	73	75	63.0	74.0	0.37	1.6	0.9
30308		90	25.25	23	20	49	52	81	84	90.8	108.0	0.35	1.7	1.0
30209	45	85	20.75	19	16	52	53	78	80	67.8	83.5	0.40	1.5	0.8
30309		100	27.75	25	22	54	59	91	94	108.0	130.0	0.35	1.7	1.0
30210	50	90	21.75	20	17	57	58	83	86	73.2	92.0	0.42	1.4	0.8
30310		110	29.25	27	23	60	65	100	103	130.0	158.0	0.35	1.7	1.0
30211	55	100	22.75	21	18	64	64	91	95	90.8	115.0	0.40	1.5	0.8
30311		120	31.50	29	25	65	70	110	112	152.0	188.0	0.35	1.7	1.0
30212	60	110	23.75	22	19	69	69	101	103	102.0	130.0	0.40	1.5	0.8
30312		130	33.50	31	26	72	76	118	121	170.0	210.0	0.35	1.7	1.0
30213	65	120	24.75	23	20	74	77	111	114	120.0	152.0	0.40	1.5	0.8
30313		140	36.00	33	28	77	83	128	131	195.0	242.0	0.35	1.7	1.0
30214	70	120	26.25	24	21	79	81	116	119	132.0	175.0	0.42	1.4	0.8
30314		150	38.00	35	30	82	89	138	141	218.0	272.0	0.35	1.7	1.0
30215	75	130	27.25	25	22	84	85	121	125	138.0	185.0	0.44	1.4	0.8
30315		160	40.00	37	31	87	95	148	150	252.0	318.0	0.35	1.7	1.0

注：标准摘自《滚动轴承 圆锥滚子轴承 外形尺寸》（GB/T 297—2015）。

参 考 文 献

[1] 成大先. 机械设计手册[M]. 7版. 北京:化学工业出版社,2025.
[2] 张志光. 机械设计基础[M]. 郑州:黄河水利出版社,2016.
[3] 孟玲琴. 机械设计基础[M]. 5版. 西安:西安交通大学出版社,2022.
[4] 周玉海. 机械设计基础与实训[M]. 北京:人民交通出版社,2014.
[5] 蒋新萍. 机械设计基础[M]. 北京:高等教育出版社,2015.
[6] 张锦明. 机械设计基础项目化教程[M]. 哈尔滨:哈尔滨工程大学出版社,2011.
[7] 刘伟. 机械设计基础[M]. 北京:机械工业出版社,2022.
[8] 王军. 机械设计基础[M]. 北京:科学出版社,2015.
[9] 杨可桢. 机械设计基础[M]. 7版. 北京:高等教育出版社,2020.
[10] 徐钢涛. 机械设计基础[M]. 北京:高等教育出版社,2017.
[11] 徐丽娜. 机械设计基础[M]. 北京:机械工业出版社,2020.
[12] 刘慧. 机械设计基础[M]. 北京:北京理工大学出版社,2021.
[13] 牟红霞. 机械设计基础[M]. 北京:高等教育出版社,2021.
[14] 邓海英. 机械设计基础[M]. 北京:机械工业出版社,2021.
[15] 李敏. 机械设计基础[M]. 2版. 北京:机械工业出版社,2022.
[16] 冯建雨. 机械设计基础[M]. 北京:北京理工大学出版社,2020.
[17] 万苏文. 机械设计基础[M]. 重庆:重庆大学出版社,2021.